高等学校应用型人才规划教材

西方经济学

王家胜　洪丽君　主编

中国地质大学出版社有限责任公司
ZHONGGUO DIZHI DAXUE CHUBANSHE YOUXIAN ZEREN GONGSI

图书在版编目(CIP)数据

西方经济学/王家胜，洪丽君主编．—武汉：中国地质大学出版社有限责任公司，2013.1
ISBN 978-7-5625-3060-2

Ⅰ．①西…
Ⅱ．①王…②洪…
Ⅲ．①西方经济学-高等职业教育-教材
Ⅳ．①F091.3

中国版本图书馆 CIP 数据核字(2013)第 020974 号

西方经济学 **王家胜　洪丽君　主编**

责任编辑：舒立霞　策划组稿：毕克成　方　菊　责任校对：张咏梅

出版发行：中国地质大学出版社有限责任公司(武汉市洪山区鲁磨路 388 号)　邮编：430074
电　话：(027)67883511　传真：(027)67883580　E-mail：cbb @ cug.edu.cn
经　销：全国新华书店　http://www.cugp.cug.edu.cn

开本：787 毫米×1 092 毫米　1/16　字数：461 千字　印张：18
版次：2013 年 1 月第 1 版　印次：2013 年 1 月第 1 次印刷
印刷：武汉教文印刷厂　印数：1—3 000 册

ISBN 978-7-5625-3060-2　定价：38.00 元

序 言

在经济全球化的今天，随着我国改革开放的不断深入，人们越来越重视对现代西方经济学的了解和研究。实践证明，系统而全面地介绍现代西方经济学，并批判地加以吸收，能够拓宽人们的视野，正确地制定和运用微观搞活、宏观调控的方法和措施，对加快建设有中国特色的社会主义，具有十分重要的意义。可以说，在当今的市场经济社会里，一个人如果不懂得供求规律就是文盲。因而，西方经济学不仅是经济类专业的必修课，而且也应该成为其他专业的公共课。

本书编写人员都是置身于教学一线的教师，在教学中我们感到学生对西方经济学的学习既满怀热情，又常常畏难止学。我们根据多年的教学经验，从高职高专学生学习需求和接受能力的实际出发，按照“培养高等技能型人才”的目标，突出“基础充实、理论适度”的原则，编写了这本教材。教材的编写强调理论与实际相结合，突出实用性，力求将抽象的理论具体化、形象化，使之通俗易懂。每章均附有一定量的案例资料、实务分析，使教材具有可读性。通过本课程的学习，学生既可以了解西方经济学的理论体系，又能掌握经济分析的基本方法，学会“经济思维”。

本书的主要内容包括：经济学导论（第一章），介绍西方经济学研究的基本问题和研究方法；需求与供给（第二章），介绍市场供求及其均衡价格的形成机理；弹性理论及其应用（第三章），介绍研究市场供求的一种工具或模式；消费者行为理论（第四章），介绍如何使用基数效用、序数效用理论分析消费者均衡；生产者行为理论（第五章），介绍生产理论及其研究方法（生产函数）；成本理论（第六章），介绍生产者行为的本质特性是如何控制成本，以及成本与利润的关系；市场结构理论（第七章），介绍四种市场类型；生产要素分配理论（第八章），介绍工资、利息、地租和利润形成机理；微观经济政策（第九章），介绍市场失灵外部性、不完全信息、公共产品、政府干预理论；国民收入核算（第十章），介绍 GDP、人均 GDP、真实 GDP 和名义 GDP 理论；经济增长（第十一章），介绍经济短期与长期增长理论；货币和货币供给（第十二章），介绍货币市场、金融投资理论；失业和通货膨胀（第十三章），介绍失业理论与通货膨胀理论；总需求与总供给（第十四章），介绍经济增长与波动的机理及其研究方法——总供给与总需求模型；货币政策和财政政策（第十五章），介绍政府宏观调控理论；开放经济中的宏观政策（第十六章），介绍内部均衡与外部均衡的互动理论。

本书由王家胜、洪丽君任主编，负责编写教材提纲，并对全书进行修改、统稿。

教材各章编写分工如下：洪丽君（中国地质大学江城学院）编写第一章、第二章、第六章、第十章、第十一章；何晖（中国地质大学江城学院）编写第三章、第四章；笪凤媛（西南财经大学）编写第五章、第七章；王曦（汉口学院）编写第八章、第十四章；王家胜、熊霞（中国地质大学江城学院）编写第九章；王丹（中国地质大学江城学院）编写第十二章；胡蕲（中国地质大学江城学院）编写第十三章；吴凡（中国地质大学江城学院）编写第十五章、第十六章。全书最后由王家胜教授统一修改、定稿。

本书是全体参编人员对高职高专教材改革与建设的一次尝试。在本书编写过程中，我们参阅了国内外学者的大量相关文献，在此表示衷心的感谢！此外本书的编写得到中国地质大学出版社的鼎力支持，在此一并致以诚挚的谢意！

由于编者水平有限，编写时间仓促，书中难免存在不妥之处，敬请专家和读者不吝赐教。

编　者

2012 年 12 月

目　录

第一章　经济学导论

学习目的：

1. 了解西方经济学的含义、基本假定和研究的基本问题；
2. 理解微观经济学与宏观经济学的研究内容及区别；
3. 掌握稀缺性、机会成本的含义。

教学要求：

1. 掌握稀缺性、机会成本、理性经济人的概念；
2. 理解均衡分析、规范分析、实证分析、静态分析、动态分析的含义；
3. 理解经济学研究的基本问题；
4. 掌握经济学研究问题的基本方法；
5. 了解微观经济学与宏观经济学的区别。

我们经常提到"经济学"，那么经济学到底研究什么？经济学研究的基本方法是什么？经济学家也经常提到"稀缺性"，稀缺性在经济学和经济社会中到底扮演一个怎样的角色？本章将主要介绍经济学的基本含义、研究的主要问题及方法等内容。

第一节　经济学的含义

1776年，亚当·斯密(Adam Smith)《国富论》(*An Inquiry into the Nature and Cause of the Wealth of Nations*)(又译《国民财富的性质和起源的研究》)的发表奠定了现代经济学的基础。关于经济学的定义有多种说法，从大量性质不同的文献资料中可见一斑，针对这一内容广泛而松散的名词，学者们给出的定义也是见仁见智、各不相同。

经济学(economics)是研究人们如何利用现有的经济资源去生产、交换、分配以及消费物品和劳务的科学，它解释了经济制度是如何有效地把稀缺资源配置到各种可供选择的用途中去。

首先，从研究对象上来看，经济学以生产、交换、分配和消费作为核心内容。从生产方面来看，经济学研究生产者如何组织生产才能在产出一定时使投入成本尽可能小，或者在成本一定时使产出尽可能大。这里既涉及到生产的组织制度，也涉及到投入要素的结构比例以及产品性质和数量的决定。从交换方面来看，经济学研究专业化分工的生产者如何有效地进行交换，以实现自身经济利益的最大化。这里既涉及到交换条件，也涉及到保证交换顺利进行的制度以及交换可能付出的额外成本即交易费用问题。从分配方面来看，经济学研究要素供给者以什么样的比例分配生产出来的产品才是科学且公平的。这里涉及到哪些要素供给者有资格分配和按何种比例分配的问题。经济学研究分配，重要在于研究分配的公平合理并能最大限度地激发各种要素所有者将要素投入生产的积极性。从消费方面来看，经济学研究消费者如何科学合理地进行消费，即在支出一定时使消费带来的效用尽可能大，或者在效用一定时使消费支出尽可能小。

其次，从研究目的来看，经济学以优化资源配置作为根本目的。资源配置效率决定着经济的宏观和微观效率，而效率又是经济问题的核心。因此，经济学试图通过对现有的资源配置制度进行分析，找出可以改进的地方和改进的方法，从而最大限度地发挥经济资源在经济生活中的作用。

一、稀缺性

人类社会产生之初就存在一个基本矛盾，即人类需求的无限和资源的有限之间的矛盾，这一矛盾就是经济学中通常所说的稀缺性(scarcity)。稀缺性是经济学研究的根本主题，如果没有稀缺性，也就不需要研究经济学，理解稀缺这一概念要注意以下两点。

1. 人类的需求是无限的

人类的需求即欲望、偏好，是指人们期望得到的物质及精神上的满足感。有的人想要买大房子，有的人想到国外留学，有的人想欣赏最新的超级影片，可以说不同的人或者同一个人在不同时期的需求是千差万别的。美国著名心理学家马斯洛提出人类需求的五个层次——生理需求、安全需求、归属和爱的需求、自尊需求和自我实现的需求，随着较低层次的需求逐渐得到满足，人类又会在更高层次上产生新的需求，并且因种族传统、心理特性、文化背景及宗教信仰的不同，这些需求也在不断变化，呈现出需求的无限多样性。

2. 资源是有限的

资源是指用于生产能满足人类需求的物品或劳务的投入。资源可以分为经济资源与自由取用资源。我们的地球拥有丰富的自由取用资源，其中比如空气、阳光几乎是“取之不尽、用之不竭”的，因此不存在稀缺性。而经济资源则是指为了实现物品和劳务的生产必须投入的东西。比如，要进行粮食的生产，农民必须投入劳动，花钱购买种子、化肥、农药、生产工具等，还必须进行田间管理，并且还要掌握基本的种植技术，这些为了粮食生产所投入的东西都可称为经济资源。

经济资源 (economic resources) 也叫稀缺资源 (scarce resources) 或生产要素 (factors of production)，是指那些用于生产物品或劳务所必须投入的东西，包括土地、劳动、资本和企业家才能。土地，是指各种自然资源的总称，主要包括矿藏、森林、陆地、海洋、河流等。劳动，是指人作为一种参与消费与生产活动的主体所耗费的体力劳动和脑力劳动。资本，包括物质资本(physical capital)和金融资本(financial capital)，前者如机器、厂房等，后者如有价证券、货币等。也可以划分为有形资本和无形资本，前者如机器、厂房、有价证券和货币等，后者如专利、商标和人力资源等。企业家才能，是指能使所有生产要素组织起来更有效率的经营管理活动，包括组织、经营、管理、创新和承担风险等活动。

稀缺性强调的资源有限是指经济资源是有限的。首先经济资源在数量上是有限的，另外，相对于人类欲望的无限而言，经济资源也是有限的。

同时，稀缺性一般可以分为消费品的稀缺和生产要素的稀缺，后者决定前者。换言之，如果生产消费品的所有生产要素都是取之不尽、用之不竭的自由物品，那么，消费品也不存在稀缺性，而会自然成为自由物品。

最后，经济学中所说的稀缺性，归根到底源于时间的稀缺，即“人的生命是有限的”这一基本事实。可以想象，如果人的生命是无限的，时间对人并不稀缺，那么，任何经济物品都可以通过人类长期不懈的努力得到并加以享用，时间偏好也不复存在，即现在享用和将来享用是没有区别的，稀缺性因此也就无从谈起。

二、选择及机会成本

经济资源的稀缺性衍生出一个重要的经济学概念：选择(choice)。

选择与稀缺性是一对孪生概念，反映了一个问题的两个方面。土地是稀缺的，那就必须作出选择：有限的土地应该如何使用，是用来生产农产品呢，还是用来建工厂？资本是稀缺的，那就必须作出选择：有限的资本是用来生产飞机大炮呢，还是用来生产衣食住行的用品？劳动是稀缺的，那就必须作出选择：有限的劳动者是被武装起来派往战场呢，还是派往企业、农村、科研院所去从事生产劳动？可以说这些都是经济活动中的选择问题，选择广泛存在于社会生活的方方面面。

从宏观方面来看，一个社会每时每刻都在作出选择，只是选择的方式不同而已。在传统计划经济体制下，计划者以行政命令的方式把社会经济资源配置到他们认为应该配置到的部门和地区去，这就是行政命令式的选择。而在市场经济条件下，经济资源的流向主要依靠市场调节。例如，在社会大量需要小汽车时，小汽车市场旺盛，生产小汽车的企业就会盈利并扩大产量，于是，经济资源如钢材、劳动力、资金、技术、企业家就会自动流向这样的企业，这就是市场选择。

从微观方面来看，社会中的每个企业和个人每时每刻都在作出选择。对企业而言，要不要开发一个新产品，要不要开发一个新市场，都必须作出选择。对个人而言，选择就更加广泛，是读研究生呢，还是先就业；将来是从政呢，还是到企业工作或从事学术研究，这些都是比较重要的选择。其他选择如“今晚是去看电影呢，还是到夜校听课？”等，虽然是次要的选择，但也每时每刻发生在我们的生活中。

可见，选择具有广泛存在性，选择是稀缺性的必然结果，稀缺性是选择的直接原因。可以说，没有经济资源和经济物品的稀缺性，就根本不会存在选择；反过来，没有选择余地的稀缺性同样没有任何意义。下面给出选择的定义。

选择(choice)是把稀缺的经济资源从多种用途中挑选一种或几种加以利用的过程。选择具有几个特征：①经济学中所说的选择是指对稀缺资源(经济资源)的选择，自由物品不存在选择。②经济资源可以被选择到几种用途中，而不一定只有一种。例如，今天的午餐你准备花10元钱，你可以把10元钱分配到几种你喜爱的食品中以求效用最大化。③选择同时也意味着放弃，换句话说，选择也需要付出代价。这是因为，在经济资源稀缺的情况下，选择一种用途必然意味着放弃其他用途。假定你有10万元人民币，你选择了投资股票和债券，就得放弃购买小汽车或其他用途，后者也就是你选择的代价。

稀缺资源的选择问题衍生出另外一个经济学概念，选择付出的代价——机会成本(opportunity cost)。机会成本这个概念是由稀缺资源在不同的配置过程中引起的，资源的稀缺性决定于资源用于甲用途，就不能用于乙用途。比如一个家庭决定将100万元储蓄用于购置一套商品房，那么就不能将100万元另作他用了。我们在分析该家庭决策的成本时用到的一个概念就是机会成本。

机会成本是指如果一项资源既能用于甲用途，又能用于其他用途，那么资源用于甲用途的机会成本就是资源用于其他用途能带来的最大的收益。

让我们举一个例子来说明机会成本：假定你有 10 万元人民币用于投资，可供投资的方向和年收益见表 1 - 1，假定投资的其他成本都相同。

表 1 - 1 不同投资决策可能带来的收益

投资决策	股票	债券	房地产	贸易	储蓄
投资收益（万元）	2	1	1.5	1.2	0.7

如果你是理性投资者，你必然选择股票投资而放弃其他投资方向。在放弃的投资方向中，房地产可能给你带来最大的收益（1.5 万），则你投资股票的机会成本就是 1.5 万元。

理解机会成本这一概念时应注意以下几点。

第一，从被放弃的选择中考虑机会成本。即选择一旦确定，必然放弃一种或几种其他选择，机会成本只能从被放弃的其他选择中考察。第二，机会成本是被放弃的选择可能带来的最大收益，换句话说，综合考虑所有可能选择，机会成本是次优选择可能带来的收益。第三，这种最大收益是可能的而非现实的，即最大收益是一种不存在的可能性，因为最优选择已经被确定了，就不可能使次优选择同时发生，收益也不可能真正存在。第四，机会成本不是被放弃的几种选择可能带来的收益的加总，而只是其中最大的一种可能的收益。

机会成本是衡量决策正确与否的重要因素，一旦做出决策，决策者一般会取得相应的现实收益，同时付出机会成本。当现实收益大于机会成本时，决策是正确的，否则就是决策失误。我们通常所说的“后悔”就是由于机会成本大于现实收益所造成的，可以说，选择不一定导致后悔，但后悔必然是选择的结果。

第二节 经济学研究的基本问题

在分析经济学研究的基本问题前，有必要先介绍经济学的三个基本假定，这些假定是我们分析经济问题的出发点。

一、基本假定

1. 理性的经济人

经济人(economic person)是指参与经济活动的每个人都是利己的，其经济行为都是完全合乎理性的，即以最小的经济代价追逐自身利益的最大化。

经济学分析的前提是经济人假定，这是经济学研究的基础。这一假定认为，首先，社会生活中的经济主体（企业、家庭、政府等）无一例外，都具备经济人的特征。企业追求产出最大，成本最小；工人追求工资率最高而实际付出劳动最小；家庭追求支出最小，消费效用最大；资本家追求投入资本最小而利润最大等。这种以正当自利为特征的个人主义也正是现代市场经济运行的哲学基础。如果经济主体都是利他的，都在首先为对方经济利益着想，那么，经济本身就不能达到相对的均衡状态，因为社会中只要有一个主体具备自利行为，社会财富就会在其余利他者的驱动下向利己者积聚，这是显而易见的。需要说明的是，经济学上所说的利己并不是建立在“损人”的基础之上，与我们批评的“损人利己”和自私自利是两回事。

其次，自利的经济主体在最大化自身利益的同时必定要努力工作和合理生存，客观上也促进了社会的繁荣与整体福利的提高。经济学鼻祖亚当·斯密对理性人这一假定也有精彩阐述：每个人“只想得到自己的利益”，但是又好像“被一只无形的手牵着去实现一种他根本无意要实现的目的，……他们促进社会的利益，其效果往往比他们真正想要实现的还要好。

2. 完全信息

完全信息(complete information)是指市场上每一个从事经济活动的主体(消费者和企业)都对有关经济情况具有完全的信息。

消费者不仅清楚自己的偏好，同时了解市场各种商品的全部可能价格，并能够从个人的偏好和市场价格出发，计算出实际需求和预期潜在的需求。同样，厂商知道生产要素及价格与投入、产出之间各种形式的可能组合配置。这样，他们在任何时点都能了解市场各种商品的供求状态，于是，市场出现均衡价格。

3. 市场出清

市场出清是指无论劳动市场上的工资还是产品市场上的价格都具有充分的灵活性，可以根据供求情况迅速进行调整。有了这种灵活性，产品市场和劳动市场都不会存在超额供给。因为一旦产品市场出现超额供给，价格就会下降，直至商品价格降到使买者愿意购买为止；如果劳动市场出现超额供给，工资就会下降，直至工资降到使雇主愿意为所有想工作的失业者提供工作为止。因此，每一个市场都处于或趋向于供求相等的一般均衡状态。

二、基本问题

人类社会总是通过选择的方法来处理自身面临的经济问题。从本质上来看，人类对经济资源的选择内容构成了人类面临的最基本的经济问题，这就是：在经济资源稀缺的情况下，人们必须作出这样三个最基本的选择：(1)生产什么？生产多少？(what?)(2)如何生产？(how?)(3)为谁生产？(for whom?)这三个问题是任何社会都无法回避的基本问题，下面分别加以说明。

1. 生产什么？生产多少？

由于经济资源的稀缺性，人类往往会面临这样的问题：生产了这种产品，就不能再生产那种产品，或者这种产品生产多了，那种产品就必须少生产。有限的资源，是生产大炮，还是生产黄油？不同的社会，不同的决策者在不同的条件下会作出不同的选择。

在计划经济体制下，生产什么，生产多少，是由计划当局的主观意志所决定，而在市场经济条件下，则是由市场的需求所决定。换句话说，企业必须生产那些有市场需求的产品，必须多生产那些市场需求量大的产品，只有这样，有限的经济资源才能最大限度满足社会的需要。与此同时，低收入的社会一般会生产或多生产那些与衣食住行息息相关的产品，高收入的社会一般会生产或多生产一些高档用品。显然，生产什么、生产多少的问题是经济学首先应该解决的问题，最终的选择取决于被选择对象的轻重缓急和生活需求的数量。经济社会总是把这些备选对象根据轻重缓急进行排序，然后根据需求的数量再决定生产多少。

2. 如何生产？

在决定了生产什么和生产多少的问题以后，一个重要的问题随之产生，那就是如何生产。这实际上涉及到生产要素在生产单位（企业）内部的配置问题。是投入更多的资本，还是投入更多的劳动或土地生产出既定的数量？在计划产出决定的条件下，如何配置投入的生产要素才能达到成本最小？这里，技术水平和产品的性质决定上述问题的解决。例如，技术水平低和资本缺乏决定了中国1958年的钢产量只能靠全民动员建造土高炉的生产方法达到，但采用人海战术无论如何也不可能生产出相当数量的电子计算机。

其实，如何生产的问题暗含了生产要素具有一定的可替代性，即一单位的一种生产要素（比如劳动）可以按照一定比例替代若干单位的另一种生产要素（比如资本）而保持产出不变。

经济学家的任务是在支付成本一定时，选择一种最优的要素配置比例实现最大的产出，或在产出一定时，选择一种最优的要素配置比例实现最小的成本支出。例如，同样是纺织品，在美国应该采取资本密集型生产方式（较多的资本和较少的劳动），因为美国的劳动力成本较高；而在中国则应该采取劳动密集型生产方式（较少的资本和较多的劳动力），因为中国的劳动力成本非常低。这显然是一个如何生产的问题。

3. 为谁生产？

社会实现产出以后这些产品如何在社会成员之间进行分配？这实际上涉及到产品的公平分配问题。目前中国的小轿车基本上不是给下岗工人家庭生产的；自行车也不是给腰缠万贯的大款们生产的。上面已经谈到，产品的生产一般需要投入相应的资本、土地、劳动、企业家才能、知识和公共产品，各种要素的相应所有者——资本家、自然资源占有者、劳动者、企业家、知识所有者和政府都应该根据各自在生产中的贡献取得相应的产品或报酬。谁得到报酬，就意味着为谁生产。问题在于，各自的贡献份额如何确定？通常这是很难解决的问题，但又是一个非常普遍而基本的问题。不同的经济学家对此有不同的回答，形成了形形色色的分配理论。

上述三个基本经济问题既相互联系，又相互区别，构成了人类经济社会选择的基本内容，被称为资源配置的问题。从本质上看，“生产什么，生产多少”决定着“如何生产”和“为谁生产”。西方经济学家认为，上述三个问题是每个社会所必须抉择的最基本问题，也是一切经济制度所共有的，但是，不同的经济制度却是以不同的方式来解决这些问题的。

三、生产可能性曲线

为了说明本章至此提出的主要观点，下面将借助生产可能性曲线来进一步强调以上结论。

生产可能性曲线（production possibility curves，PPC）表示一个经济体在既定要素投入和技术条件下能生产的各种商品最大数量的组合形成的轨迹。

假设一个经济体生产两种产品：电脑和小汽车。要进行生产，该经济体投入一种生产要素——劳动力。在考察期间，劳动力得到充分利用，没有闲置劳动力，并且劳动力的数量不发生变化。该经济所处的生产技术条件不变。该经济体能够实现的产量组合如图1-1所示。

图1-1中横轴表示小汽车的产量，纵轴表示电脑的产量。该生产可能性曲线的纵截距表示将所有劳动力用于电脑生产时可以生产的电脑总量，即这个经济体能得到的最大电脑产量为1 000台；该生产可能性曲线的横截距表示将所有劳动力用于小汽车生产时可以生产的小汽车的总量，即这个经济体能得到的最大小汽车产量为500辆。在生产可能性曲线上的 A 点

表示该经济体将部分劳动力用来生产 900 台电脑，那么剩余劳动力能生产的小汽车的最大产量为 220 辆。与 A 点描述的状态类似，B、C、D 点也表示该经济体可以实现的最大产量组合。这些分布在生产可能性曲线上面的点又称为有效率点。而图 1－1 中的 E 点代表的产量组合(460 辆小汽车，800 台电脑)是该经济体无法实现的产量组合，这些位于生产可能性曲线以外的点又称为不可实现的点。F 点代表的产量组合(220 辆汽车，500 台电脑)是该经济体可以实现的产量组合，这些位于生产可能性曲线以内的点称为无效率点，因为利用现有资源完全可以在不减少电脑产量的同时使小汽车的产量增加至少 1 单位。

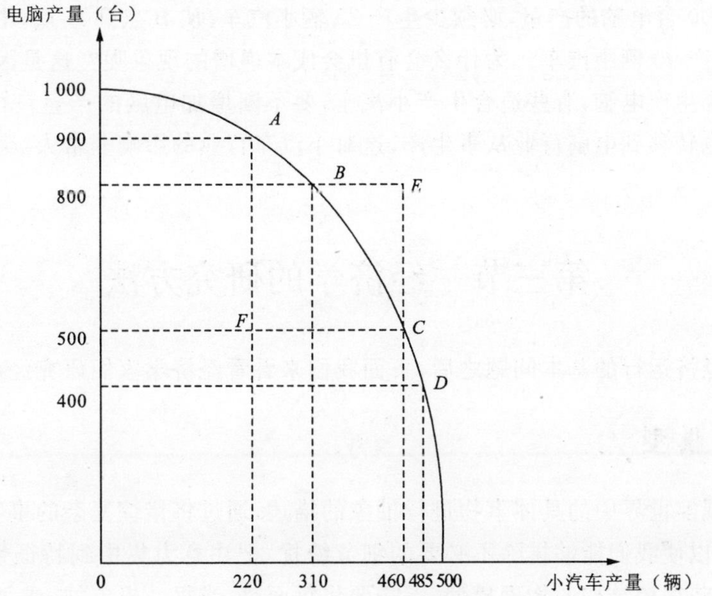

图 1－1　生产可能性曲线

生产可能性曲线展示了前文分析的一些基本的经济规律，下面分别来说明。

第一，生产可能性曲线说明了资源是稀缺的。换言之，如果没有稀缺性，能生产的产品就没有限制，也就不存在生产可能性曲线了。正如图 1－1 所示，如果该经济体的劳动力数量是无穷大的，则该经济体能实现任意的产量组合。生产可能性曲线实际上是把稀缺性具体化了。

第二，生产可能性曲线说明经济主体必须作出选择。从生产可能性曲线上来看，选择就是决定按生产可能性曲线上的哪一点来进行生产，即生产的两种产品的组合是哪一种。选择取决于社会的偏好。如果社会偏好更多的小汽车，则经济将会把更多的资源用来生产小汽车，而减少电脑的产量。因此，运用生产可能性曲线实际上是把社会的选择具体化了。

第三，生产可能性曲线也反映了三个基本经济问题，即：生产什么？如何生产？为谁生产？选择按生产可能性曲线上的哪一点进行生产，也就是决定了生产什么、如何生产与为谁生产。如图 1－1 所示，如果按照 A 点产量进行生产，则表明社会将生产 220 辆小汽车和 900 台电脑。同时表明将按照多投入劳动到电脑行业，少投入劳动到小汽车行业来实现这一产量组合。它也表明该经济体更多地考虑了电脑需求者的偏好，较少地考虑了小汽车需求者的偏好。

第四，生产可能性曲线表明了经济体的不同效率状态。生产可能性曲线上各点实现了最大化产量，是有效率的。生产可能性曲线以内各点则是无效率的。

第五，生产可能性边界向右下方倾斜说明选择的代价就是机会成本，即在资源与技术既定时，多生产一单位某种产品就要少生产某些单位另一种产品。当作出多生产一单位某种产品的选择时必然要付出这种机会成本，用生产可能性边界可以更好地解释机会成本的含义。如图1-1所示，如果该经济体生产状态从A点变动到B点，则表明要增加小汽车的产量，就必须减少电脑的产量。

第六，生产可能性曲线表明机会成本递增的原理。即随着一种产品的产量的增加，继续增加一单位该产品的产量，所放弃的另一种产品的产量是逐渐增加的。如图1-1所示，从C点到D点，增加100台电脑的产量，必须少生产25辆小汽车；从B点到A点，增加100台电脑的产量，必须少生产90辆小汽车。为什么会有机会成本递增的现象呢？这是因为投入生产的劳动力中有些适合生产电脑，有些适合生产小汽车，要不断增加电脑的产量，就必须将适合生产小汽车的工人也转移到电脑行业从事生产，这对小汽车行业的影响非常大，会极大地减少小汽车的产量。

第三节 经济学的研究方法

在了解了经济运行的基本问题之后，下面我们来看看经济学家们研究经济问题的方法。

一、经济模型

模型是对现实世界中的具体事物进行抽象的描述，通过将错综复杂的事物抽象化，忽略不必要的细节，可以使我们能够排除不必要的细节纷扰，把注意力集中到特征性、规律性的东西上面。比如，反映房屋结构的物理模型，不需要将每面墙，或每一根支柱，或每一个门框的位置详尽描述，只需要标注主要的框架结构即可。对经济世界的描述同样如此。

经济模型的建立依赖于科学的研究方法。经济学家们通过观察—理论分析—进一步观察这几个基本步骤得出结论。因为在经济学研究中，进行实验是不现实的。化学家为了得出金属与盐酸相互作用的结果，可以直接通过严格的实验来分析，但是经济学家要分析货币的供给与经济指标之间的关系，绝不会盲目地在一个国家进行增加货币的发行量的实验。经济学家们会通过对历史数据的观察来进行分析。

一个完整的经济模型通常包括：经济变量及其含义、假设条件、基本结论。

经济变量(economic variable)是指在经济活动中其数值可以变化的事物，通常有存量与流量，内生变量与外生变量。存量(stock)：在某一个时点上所观察到或所测定到的经济变量。流量(flow)：在某个时期内所观察到或所测定到的经济变量，是在两个时点之间所发生的量。存量制约或影响流量的变化，而流量的变化又会引起存量的变化，流量的结构变化会引起存量结构的变化。内生变量(endogenous variable)：由经济模型内部的其他经济变量所决定的经济变量。外生变量(exogenous variable)：由经济模型外部的其他因素所决定的经济变量。内生变量和外生变量的划分不是机械的或一成不变的。

假设条件是指某一理论所适用的约束条件。经济学家在分析问题时都是在一定的假设条件下进行的，尽管某些条件并不现实，但是没有假设条件就无法得出最终结论。这是因为经济现象是一个错综复杂的问题，只有忽略一些不重要的因素，才能使我们专注于核心因素对经济运行产生的影响。

经济模型有三种基本类型：文字叙述、几何图形及函数表达式。其中文字叙述比较直接，几何图形则比较直观，函数表达式则简练精准。目前大多是采用函数形式，因为约束条件下的优化问题在数学方面有比较完善的理论，数学方法也称为经济学的最有力的分析工具。

二、实证分析与规范分析

首先，我们看这样一个事例，假设有两个人正在讨论通货膨胀的问题。甲："通货膨胀导致了货币贬值"，乙："应该降低通货膨胀率"。

现在不管你是否同意这两种表述，应该注意的是，甲和乙想要做的事情是不同的。甲的说法像一个科学家：他作出了一种关于世界如何运行的表述。乙的说法像一个决策者，他作出了他想要如何改变世界的表述。

一般说来，关于世界的表述有两种类型。一种类型，如甲的表述，是实证的。他们作出关于世界是什么的表述。第二种类型，如乙的表述，是规范的。规范表述是命令性的，他们作出关于世界应该是什么的表述。

实证分析指的是关于纯事实的叙述和因果关系的描述分析。实证分析要运用一系列的分析工具，诸如个量分析与总量分析、均衡分析与非均衡分析、静态分析与动态分析、定性分析与定量分析、逻辑演绎与经验归纳、经济模型以及理性人的假定等。

规范分析法(normative analysis)是对经济状况、经济现象进行价值判断，它根据一定的价值判断标准，评价经济运行、经济状态的好坏优劣，并探讨怎样才能符合那些"好"的标准，力求回答"事物的本质应该是什么"。

三、均衡分析

均衡(equilibrium)是从物理学中引进的概念。在物理学中，均衡是表示同一物体同时受到几个方向不同的外力作用而合力为零时，该物体所处的静止或匀速运动的状态。英国经济学家马歇尔(Alfred Marshall)把这一概念引入经济学中，主要指经济中各种对立的、变动着的力量处于一种力量相当、相对静止、不再变动的境界。这种均衡与一条直线所系的一粒石子或一个盆中彼此相依的许多小球所保持的机械均衡大体上一致。均衡一旦形成后，如果有另外的力量使它离开原来的均衡位置，则会有其他力量使它恢复到均衡，正如一条线所悬着的一粒石子如果离开了它的均衡位置，地心引力立即有使它恢复均衡位置的趋势一样。

均衡分为局部均衡(partial equilibrium)与一般均衡(general equilibrium)。局部均衡分析是假定在其他条件不变的情况下来分析某一时间、某一市场的某种商品(或生产要素)供给与需求达到均衡时的价格决定。一般均衡分析是在分析某种商品的价格决定时，要求在各种商品和生产要素的供给、需求、价格相互影响的条件下，分析所有商品和生产要素的供给和需求同时达到均衡时商品的价格是如何决定的。一般均衡分析是关于整个经济体系的价格和产量结构的一种研究方法，是一种比较周到和全面的分析方法。但由于一般均衡分析涉及到市场或经济活动的方方面面，而这些又是错综复杂和瞬息万变的，因此使得这种分析非常复杂和耗费时间。所以在西方经济学中，大多采用局部均衡分析。

四、静态分析、比较静态分析和动态分析

经济学采用的分析方法，从另一角度看，又可分为静态分析、比较静态分析和动态分析。

静态分析(static analysis)就是分析经济现象的均衡状态以及有关的经济变量达到均衡状态所需要具备的条件，它完全抽掉了时间因素和具体变动的过程，是一种静止地、孤立地考察某些经济现象的方法。

比较静态分析(comparative static analysis)就是分析在已知条件发生变化以后经济现象均衡状态的相应变化，以及有关的经济总量在达到新的均衡状态时的相应变化，即对经济现象有关经济变量一次变动(而不是连续变动)的前后进行比较。也就是比较一个经济变动过程的起点和终点，而不涉及转变期间和具体变动过程本身的情况，实际上只是对两种既定的自变量和它们各自相应的因变量的均衡值加以比较。

动态分析(dynamic analysis)是对经济变动的实际过程进行分析，其中包括分析有关总量在一定时间过程中的变动，这些经济总量在变动过程中的相互影响和彼此制约的关系，以及它们在每一时点上变动的速率等。这种分析考察时间因素的影响，并把经济现象的变化当做一个连续的过程来看待。

在微观经济学中，无论是个别市场的供求均衡分析，还是个别厂商的价格、产量均衡分析，都采用静态和比较静态分析方法。动态分析在微观经济学中进展不大，只在蛛网定理(cobweb theorem)这类研究中，在局部均衡的基础上采用了动态分析方法。在宏观经济学中，主要采用的则是比较静态和动态分析方法。约翰·梅纳德·凯恩斯(John Maynard Keynes)在《就业、利息和货币通论》一书中采用的主要是比较静态分析方法。而其后继者们在发展凯恩斯经济理论方面的贡献，主要是长期化和动态化方面的研究，如经济增长理论和经济周期理论。

第四节　经济学的分类

目前的经济学家们通常把经济学分为宏观经济学和微观经济学，前者一般认为是由凯恩斯于1936年发表的《就业、利息和货币通论》(*General Theory of Employment*, *Interest and Money*)中创立的。后者主要由亚当·斯密以来的重要经济学家特别是马歇尔发展和完善起来。目前大多数经济学家认同这样的划分。

一、微观经济学

微观经济学(microeconomics)是经济学的分支之一，它重点研究市场经济条件下单个经济主体的决策行为及其对经济资源配置的影响。

微观经济学的研究对象是单个的经济主体，包括单个的消费者、单个厂商、单个行业、单个市场等。比如，消费者在追求效用最大化的前提下，如何在预算约束条件下进行最优的消费，单个企业在利润最大化的前提下如何生产决策，单个市场如何实现交易，其中价格会如何影响经济个体的交易行为等。

微观经济学从微观角度研究经济资源的有效配置问题。通过对消费者和厂商行为的研

究，说明在资源充分利用的条件下，通过产品市场价格机制的引导决定社会应该生产什么，通过厂商竞争及成本收益分析决定如何生产，通过要素市场价格机制决定为谁生产，从而为实现经济资源的合理配置提供可行的途径。

微观经济学的核心理论是价格理论。该理论强调在市场经济机制下“看不见的手”在资源配置中起着决定性的作用。

微观经济学采用了多种分析工具，其中最核心的是成本和收益分析。这里的成本既包括经济成本（如投入的资本和劳动等），也包括非经济成本（如投入的时间、精力和对健康的损害等）；同样，收益也包括经济收益（货币收入和实物收入等）和非经济收益（荣誉感、满足感等）。这样，微观经济学的研究领域就被大大拓展了。许多经济学家利用微观经济学的方法研究环境问题、民主政治中的决策和选举问题，甚至包括犯罪、婚姻、自杀以及法律所涉及的其他问题，并取得了很大成就。这些研究使得经济学正以强劲的势头向其他社会科学扩张，有人也称其为“经济学的帝国主义扩张”。微观经济学中的分析技术、思考逻辑、专业概念、基本原理、理论模型等已成为一种规范性的“世界通用语言”。

需要说明的是，微观经济学只是提供了分析的逻辑和框架，并不能直接代替对问题的解决。

二、宏观经济学

宏观经济学（macroeconomics）是经济学的又一分支，它从总体上对一国乃至全球经济进行研究，它主要关注一国价格水平、就业率、利息率、政府支出及其财政和货币政策等如何影响一国的经济增长，以及这些宏观指标之间存在怎样的关系等。

凯恩斯利用自己创立的宏观经济理论成功解释了 1929－1933 年的经济大衰退并提出了相应的对策，在主要发达国家取得了重要成效，因此，凯恩斯被后来的经济学家们誉为“宏观经济学之父”。

宏观经济学的对象是总体经济，采用的分析方法为总量分析法。比如一个国家、一个区域经济的问题。围绕着国家要实现经济增长与国民收入增长这一中心，着重研究经济资源总量的充分利用。

宏观经济学研究的问题是一个经济体的整体经济运行情况，如一国的国内生产总值，国民收入状况，社会就业问题，经济增长与波动，物价水平，政府的财政与货币政策，货币的供给等变量及它们之间的相互关系。宏观经济学从宏观角度研究经济资源的有效配置问题。

微观经济学与宏观经济学之间既有联系也有区别，两者是互为前提，相互补充的。两者在以下方面存在差异。

（1）研究对象不同。微观经济学的研究对象是单个经济单位，如家庭、厂商等。正如美国经济学家 J. 亨德逊（J. Henderson）所说“居民户和厂商这种单个单位的最优化行为奠定了微观经济学的基础”。而宏观经济学的研究对象则是整个经济，研究整个经济的运行方式与规律，从总量上分析经济问题。正如萨缪尔逊所说，宏观经济学是“根据产量、收入、价格水平和失业来分析整个经济行为”。

（2）解决的问题不同。微观经济学要解决的是资源配置问题，即生产什么、如何生产和为谁生产的问题，以实现个体效益的最大化。宏观经济学则把资源配置作为既定的前提，研究社会范围内的资源利用问题，以实现社会福利的最大化。

(3)研究方法不同。微观经济学的研究方法是个量分析,即研究经济变量的单项数值如何决定。而宏观经济学的研究方法则是总量分析,即对能够反映整个经济运行情况的经济变量的决定、变动及其相互关系进行分析。这些总量包括两类,一类是个量的总和,另一类是平均量。因此,宏观经济学又称为“总量经济学”。

(4)基本假设不同。微观经济学的基本假设是市场出清、完全理性、充分信息,认为“看不见的手”能自由调节实现资源配置的最优化。宏观经济学则假定市场机制是不完善的,政府有能力调节经济,通过“看得见的手”纠正市场机制的缺陷。

(5)中心理论和基本内容不同。微观经济学的中心理论是价格理论,还包括消费者行为理论、生产理论、分配理论、一般均衡理论、市场理论、产权理论、福利经济学、管理理论等。宏观经济学的中心理论则是国民收入决定理论,还包括失业与通货膨胀理论、经济周期与经济增长理论、开放经济理论等。

本章小结

1. 经济学是研究人们如何利用现有的经济资源去生产、交换、分配以及消费物品和劳务的科学,它解释了经济制度是如何有效地把稀缺资源配置到各种可供选择的用途中去。

2. 经济学研究问题的三个基本假定:完全信息、理性的经济人、市场出清。

3. 生产什么、如何生产、为谁生产是经济学研究的三个基本问题。

4. 人类需求的无限和资源的有限之间的矛盾,这一矛盾就是经济学中通常所说的稀缺性。

5. 经济学通过建立经济模型,对经济问题进行实证分析和规范分析,并且进行均衡分析,涉及到静态分析、比较静态分析和动态分析。

6. 生产可能性曲线表示一个经济体在既定要素投入和技术条件下能生产的各种商品最大数量的组合。

7. 微观经济学重点研究市场经济条件下单个经济主体的决策行为及其对经济资源配置的影响。宏观经济学重点研究一国价格水平、就业率、利息率、政府支出及其财政和货币政策等如何影响一国的经济增长,以及这些宏观指标之间存在怎样的关系等。

案例1 人生离不开选择

关于作出决策的第一课可以归纳为一句谚语:“天下没有白吃的午餐。”为了得到我们喜爱的一件东西,通常就不得不放弃另一件我们喜爱的东西。作出决策要求我们在一个目标与另一个目标之间有所取舍。

我们考虑一个学生必须决定如何配置他最宝贵的资源——时间。他可以把所有的时间用于学习经济学;他可以把所有的时间用于学习心理学;他也可以把时间分配在这两个学科上。他把某一个小时用于学习一门课时,他就必须放弃本来可以学习另一门课的一小时。而且,对于他用于学习一门课的每一个小时,他都要放弃本来可用于睡眠、骑车、看电视或打工赚点零花钱的时间。

还可以考虑父母决定如何使用自己的家庭收入。他们可以购买食物、衣服,或全家度假,他们也可以为自己退休后的生活或子女的教育储蓄一部分收入。当他们选择把额外的一元钱用于上述事物中的一种时，他们在另外的物品上就要少花一元。

当人们组成社会时，他们面临各种不同的交替关系。典型的交替关系是"大炮与黄油"之间的交替。我们把更多的钱用于国防以保卫我们的海岸免受外国入侵(大炮)时，我们能用于提高国内生活水平的个人物品的消费(黄油)就少了。在现代社会里，同样重要的是清洁的环境和高收入水平之间的交替关系。要求企业减少污染的法律增加了生产物品与劳务的成本。由于成本高，结果这些企业赚的利润少了，支付的工资低了，收取的价格高了，或者是这三种结果的某种结合。因此，尽管污染管制给予我们的好处是更清洁的环境，以及由此引起的健康水平提高，但其代价是企业所有者、工人和消费者的收入减少。

社会面临的另一种选择是效率与平等之间的选择。效率是指社会能从其稀缺资源中得到最多利益；平等是指这些资源的成果公平地分配给社会成员。换句话说，效率是指经济蛋糕的大小，而平等是指如何分割这块蛋糕。在设计政府政策的时候，这两个目标往往是不一致的。

我们来考虑目的在于实现更平等地分配经济福利的政策。某些这类政策，例如，福利制度或失业保障，是要帮助那些最需要帮助的社会成员。另一些政策，例如，个人所得税，是要求经济上成功的人士对政府的支持比其他人更多。虽然这些政策对实现更大平等有好处，但它以降低效率为代价。当政府把富人的收入再分配给穷人时，就减少了对辛勤工作的奖励；结果，人们工作少了，生产的物品与劳务也少了。换句话说，当政府想要把经济蛋糕切为更均等的小块时，这块蛋糕也就变小了。

认识到人们面临交替关系本身并没有告诉我们，人们将会或应该作出什么决策。一个学生不应该仅仅由于要增加用于学习经济学的时间而放弃心理学的学习，社会不应该仅仅由于环境控制降低了我们的物质生活水平而不再保护环境，也不应该仅仅由于帮助穷人会扭曲工作激励而忽视穷人的需求。然而，认识到生活中的交替关系是重要的，因为人们只有了解他们可以得到的选择，才能作出良好的决策。

资料来源：梁小民. 微观经济学纵横谈. 北京：生活、读书、新知三联书店出版社，2002.

案例 2　大学教育的成本是多少？

你上大学的成本是多少呢？如果你读一所公办大学或学院，你一年的学费和生活花费在 15 000 元到 20 000 元之间，具体费用因学校和专业不同而有所不同。如果你就读于一所民办大学，四年本科学习和生活你至少要花费 60 000 元。但上述这些都是你的显性成本，那么你上大学的隐性成本都有哪些呢？如果你放弃上大学找一份工作的话，四年下来你会挣多少钱呢？你愿意放弃挣钱的机会吗？

再回到最初的问题：大学教育的成本是多少？假设你大学一年学费、杂费、书费和其他大学开支是 7 000 元，利用假期做兼职可以赚到 1 500 元，但如果不读大学而做全职工作，则可以赚到 26 000 元。那么，你上大学的成本是多少呢？

显然，上大学的成本＝显性成本(7 000 元)＋隐性成本(26 000－1 500＝24 500 元)＝31 500元。即放弃一份全职工作而读大学的成本是 31 500 元。

可以看出，上大学的成本不仅仅包括显性成本，还包括隐性成本，即你上大学所放弃的收入。一个优秀的计算机专业学生全职工作所获得的高收入，足以促使他中途放弃学业。除非你已经为自己做出了一流的职业规划，否则，你可能不愿意为短期多工作几天而放弃学业。

资料来源：史蒂芬·斯拉文等. 微观经济学. 史先诚，译. 南京：南京大学出版社，2008.

本章练习

一、名词解释

经济学、稀缺性、机会成本、微观经济学、宏观经济学、理性人、实证分析、规范分析

二、选择题

1. 微观经济学要解决的问题是（　　）。

A. 资源配置　　B. 资源利用

C. 单个经济单位如何实现利润最大化　　D. 国民收入决定

2. 资源的稀缺性是指（　　）。

A. 世界上的资源最终会由于人们生产更多的物品而消耗光

B. 相对于人们的欲望而言，资源总是不足的

C. 生产某种物品所需要的资源绝对数量很少

D. 商品相对于人们的购买力不足

3. 一种行为的机会成本是指（　　）。

A. 为这种行为所花费的钱

B. 为这种行为所花费的时间的价值

C. 当你不必为这种行为付钱时就等于零

D. 投入这种行为的全部资源的其他可能的用途

4. 研究个别居民户与厂商决策的经济学称为（　　）。

A. 宏观经济学　　B. 微观经济学　　C. 实证经济学　　D. 规范经济学

5. 与宏观经济学不同，微观经济学研究的核心是（　　）。

A. 利用资源问题　　B. 配置资源问题　　C. 开发资源问题　　D. 资源循环问题

6. 现有资源不能充分满足人的欲望这一事实被称为（　　）。

A. 机会成本　　B. 稀缺性　　C. 规范经济学　　D. 生产什么的问题

7. 当经济学家说人们是理性的时，这是指（　　）。

A. 人们不会作出错误的判断　　B. 人们总会从自己的角度作出最好的决策

C. 人们根据完全的信息而行事　　D. 人们不会为自己所作出的任何决策而后悔

8. 经济学可定义为（　　）。

A. 研究政府如何对市场机制进行干预的科学

B. 消费者如何获取收入并进行消费的学说

C. 研究如何最合理地配置稀缺资源于诸多经济性用途的科学

D. 企业取得利润的活动

三、分析题

《阿凡达》(Avatar)是一部科幻电影，由著名导演詹姆斯·卡梅隆执导，二十世纪福克斯出品。该片有2D、3D和IMAX－3D三种制式供观众选择。影片的总成本预算超过5亿美元，成为电影史上预算金额最高的电影。同时打破票房记录，成为全球票房最高的影片。拍摄一

部成功的电影能给几百万人带来愉悦，同时为几千人创造工作机会，使得一部分人致富。请回答以下问题：

(1)像《阿凡达》这样的电影为解决稀缺问题作出了什么贡献？

(2)拍摄一部电影巨片的决定，是否意味着其他一些更有需求的活动未能得到其应得的资源？

(3)对上面的回答属于实证性表述还是规范性表述？

(4)谁来决定某部影片是否为巨片？

(5)你认为拍摄一部电影巨片会如何影响“生产什么”、“如何生产”与“为谁生产”产品和服务问题？假如由著名导演詹姆斯·卡梅隆执导另一部影片，那么《阿凡达》的制片人为雇用他来执导，就必须将其报酬加倍。这里的激励因素发生了怎样的改变？这些改变了的激励又如何改变他的选择？

第二章 需求与供给

学习目的：

1. 掌握需求的含义，掌握影响需求变化的因素；
2. 掌握供给的含义，掌握影响供给变化的因素；
3. 掌握需求定理及供给定理的含义；
4. 理解市场均衡含义及影响均衡变动的因素；
5. 理解政府政策对市场均衡的影响。

教学要求：

1. 了解市场运作的基本模式；
2. 掌握需求定理及供给定理的含义；
3. 理解市场均衡价格的生成机制；
4. 理解政府政策对市场价格机制的影响。

微观经济学的核心问题是价格问题。市场上的价格是如何形成的，这种价格如何调节经济，是本章所要解决的问题。我们要从参与市场经济的最主要的决定力量谈起。在分析市场是如何运行的时候，我们用一个简化的经济模型来对市场加以描述。

所谓市场就是指买卖双方实现交易的场所。在我们生活中有各种各样的市场，有形的市场(如日用百货市场、电脑市场、旅游服务市场等)，还有一些无形的市场(如电子商城、股票交易市场等)。在市场上交易的主要是商品和服务，买卖双方通过一定的价格达成交易，并实现商品和服务以及对应的资金流的流转，我们用一个循环流量图将这一过程简化。

假设一个经济交易只有家庭和企业两个主体，这里剔除政府及国际贸易对市场的影响，两者在产品和劳务市场及要素市场完成交易。图 2-1 展示了家庭和企业在产品与劳务市场和生产要素市场上交易的过程。

产品与劳务市场是指企业与家庭进行产品与劳务交换的场所，比如：家用电器的卖场、销售日用百货的超市、提供理发服务的理发店等。在该类市场上企业生产并出售产品与劳务，家庭购买产品与劳务并按物品价格支付。

生产要素市场是指企业与家庭进行生产要素交换的场所，比如：人才市场、房屋租赁市场、证券交易市场等。在该类市场上家庭生产并提供各类生产要素，企业购买并支付生产要素的报酬。

这一过程形成了两个循环，一个是实物的循环，在生产要素市场上，家庭提供生产要素，如劳动、土地、资本，企业通过使用这些要素，生产出家庭所需的产品与劳务，在产品与劳务市场上被家庭购买。另一个是货币资金循环，企业支付的报酬，如工资、租金、利润，转化成家庭的收入，而家庭又将其支出用于购买产品与劳务，最终成为企业的收入。

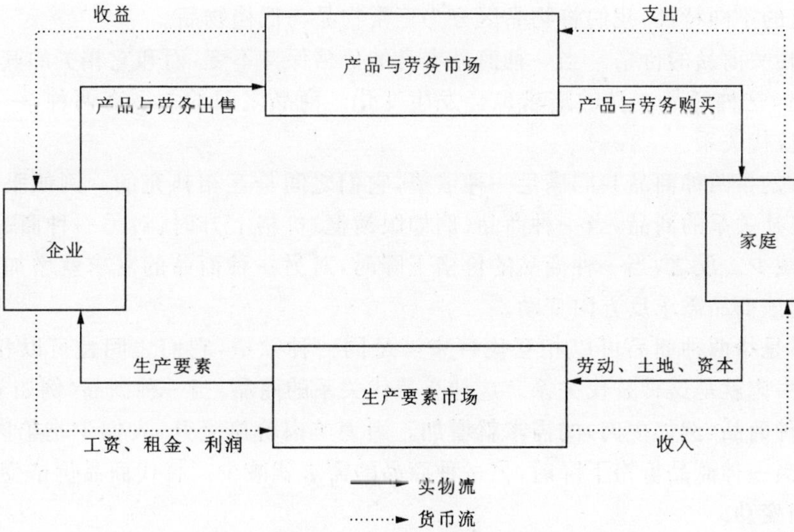

图 2-1　经济循环流量图

第一节　需　求

一、需求的含义

一种商品的需求(demand)是指消费者在一定时期内在各种可能的价格水平愿意而且能够购买的该商品的数量。根据定义,如果消费者对某种商品只有购买的欲望而没有购买的能力,就不能算作需求。需求必须是指既有购买欲望又有购买能力的有效需求。

需要说明的是,需求是个预期概念,不是指实际购买量,是消费者预计、愿意或打算购买的数量。需求是指有效需求,即有现实支付能力的需求。现实的支付能力指拥有足够的货币来支持。需求总是涉及两个变量:价格(price)、需求量(quantity demanded)。没有相应的价格,就谈不上需求。

二、影响需求的主要因素

一种商品的需求是由许多因素共同决定的。其中主要的因素有:该商品的价格、消费者的收入水平、相关商品的价格、消费者的偏好和消费者对该商品的价格预期等。它们各自对商品的需求的影响如下。

(1)商品本身的价格。一般来说,一种商品的价格越高,该商品的需求量就会越小。相反,价格越低,需求量就会越大。

(2)消费者的收入水平。消费者的收入水平与商品的需求的变化分为两种情况。对于一般商品来说,当消费者的收入水平提高时,就会增加对商品的需求;相反,当消费者的收入水平下降时,就会减少对商品的需求。即消费者的收入水平与商品的需求呈同方向变化。对于低档商品而言，消费者的收入水平与商品的需求呈反方向变化。根据物品的需求受收入水平的影响而表现出的不同特性，我们将物品区分为正常物品与低档物品。

(3)其他相关商品的价格。当一种商品本身的价格保持不变，而和它相关的其他商品的价格发生变化时，这种商品本身的需求也会发生变化。商品之间的关系有两种，一种是互补关系，另一种是替代关系。

互补关系是指两种商品共同满足一种欲望，它们之间是互相补充的。例如眼镜框与眼镜片。这种有互补关系的商品，当一种商品(例如眼镜框)价格上升时，对另一种商品(例如眼镜片)的需求就减少。反之，当一种商品的价格下降时，对另一种商品的需求就增加。互补商品价格变化引起该商品需求反方向变动。

替代关系是指两种商品可以相互代替来满足同一种欲望，它们之间是可以相互替代的。例如，羊肉和牛肉就是这种替代关系。这种有替代关系的商品，当一种商品(例如羊肉)价格上升时，对另一种商品(例如牛肉)的需求就增加。因为羊肉价格上升，人们少吃羊肉，必然多吃牛肉。反之，当一种商品价格下降时，另一种商品的需求就减少。替代商品价格变化引起该商品需求同方向变动。

(4)消费者的偏好。当消费者对某种商品的偏好程度增强时，该商品的需求就会增加。相反，偏好程度减弱，需求就会减少。消费者的偏好是心理因素，但更多地受人们生活的社会环境，特别是当时当地的社会风俗习惯的影响(如攀比心理等)。

(5)消费者对商品的价格预期。当消费者预期某种商品的价格在将来某一时期会上升时，就会增加对该商品的现期需求；当消费者预期某种商品的价格在将来某一时期会下降时，就会减少对该商品的现期需求。这也是一个心理因素，不过影响消费者需求的预期因素，不仅有价格预期，还有对未来收入和支出的预期、政府政策倾向的预期等。

三、需求函数

需求函数是用来表示一种商品的需求数量和影响该需求数量的各种因素之间的相互关系。也就是说，在以上的分析中，影响需求数量的各个因素是自变量，需求数量是因变量。一种商品的需求数量是所有影响这种商品需求数量的因素的函数。但是，如果我们对影响一种商品需求数量的所有因素同时进行分析，这就会使问题变得复杂起来。在处理这种复杂的多变量问题时，通常可以将问题简化，即把影响因素放在价格上，而同时又假定其他影响因素保持不变。这是因为一种商品的价格是决定需求数量的最基本的因素，所以，我们假定其他因素保持不变，仅仅分析一种商品的价格对该商品需求量的影响，即把一种商品的需求量仅仅看成是这种商品的价格的函数。于是，需求函数就可以用下式表示：

$$Q_d = f(P)$$

式中，P 为商品的价格；Q_d 为商品的需求量。

为了更进一步简化分析，在不影响结论的前提下，大多使用线性需求函数，其形式为：

$$Q_d = a - b(P)$$

式中，a、b 为常数，a 为截距，b 为斜率的倒数。

四、需求表与需求曲线

需求函数 $Q_d = f(P)$ 表示一种商品的需求量和价格之间存在着一一对应的关系。这种函数关系可以分别用商品的需求表和需求曲线来表示。

1. **需求表**

商品的需求表是表示某种商品的各种价格水平和与各种价格水平相对应的该商品的需求数量之间关系的数字序列表。表 2－1 是某超市苹果的需求表。

表 2－1 苹果的需求表

价格-数量组合	A	B	C	D	E	F	G
价格 P(元/千克)	1	2	3	4	5	6	7
需求量 Q(千克)	70	60	50	40	30	20	10

从表 2－1 可以清楚地看到苹果价格与需求量之间的关系。譬如，当价格为 1 元/千克时，商品的需求量为 70 千克；当价格上升为 2 元/千克时，需求量下降为 60 千克；当价格进一步上升为 3 元/千克时，需求量下降为更少的 50 千克。需求表实际上是用数字表格的形式来表示商品的价格和需求量之间的函数关系的。

2. **需求曲线**

需求曲线是以几何图形来表示商品的价格和需求量之间的函数关系。商品的需求曲线是根据需求表中商品不同的价格-需求量的组合在平面坐标系上所绘制的一条曲线。图 2－2 是根据表 2－1 绘制的一条需求曲线。

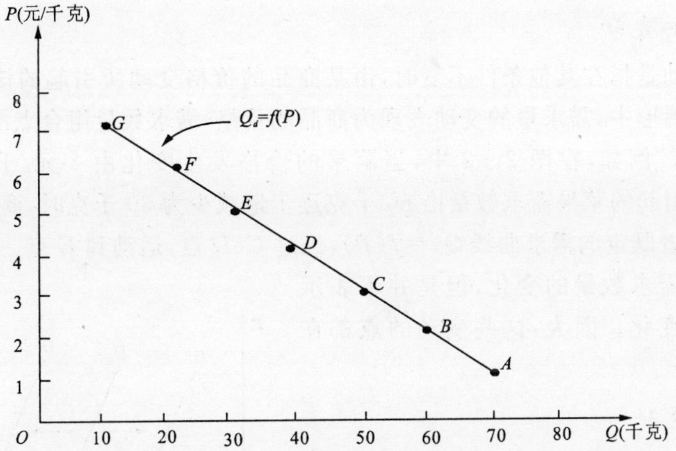

图 2－2 苹果的需求曲线

在图 2－2 中，横轴 OQ 表示商品的数量，纵轴 OP 表示商品的价格。根据表 2－1 中每一个商品的价格-需求量的组合，在平面坐标图中描绘相应的各点 A、B、C、D、E、F、G，然后顺次连接这些点，便得到需求曲线 $Q_d=f(P)$。它表示在不同的价格水平下消费者愿意而且能够购买的商品数量。应该指出的是，与数学上的习惯相反，在微观经济学分析需求曲线和供给曲线时，通常以纵轴表示自变量 P，以横轴表示因变量 Q。

图 2-2 中的需求曲线是一条直线。实际上，需求曲线可以是直线型的，也可以是曲线型的。当需求函数为线性函数时，相应的需求曲线是一条直线，直线上各点的斜率是相等的。当需求函数为非线性函数时，相应的需求曲线是一条曲线，曲线上各点的斜率是不相等的。

五、需求定理

建立在需求函数基础上的需求表和需求曲线都反映了商品的价格变动和需求量变动的关系。从表 2-1 中可见，商品的需求量随着商品价格的上升而减少。相应地，在图 2-2 中的需求曲线具有一个明显的特征，它是向右下方倾斜的，即它的斜率为负值。它们都表示商品的价格和需求量之间成反方向变动的关系，这种现象普遍存在，被称为需求定理。在理解价格的决定时，需求定理是很重要的。

需求定理的基本内容是：在其他条件不变的情况下，某商品的需求量与价格成反方向变动，即需求量随着商品本身价格的上升而减少，随商品本身价格的下降而增加。

需求定理作为一种经济理论也是以一定的假设条件为前提的。这个假设条件就是"其他条件不变"。所谓"其他条件不变"是指除了商品本身的价格之外，其他影响需求的因素都是不变的。离开了这一前提，需求定理就无法成立。

六、需求量的变动与需求的变动

在经济分析中特别要注意区分需求量的变动和需求的变动这两个概念。在西方经济学文献中，需求量的变动和需求的变动都是需求数量的变动，它们的区别在于引起这两种变动的因素是不相同的，而且，这两种变动在几何图形中的表示也是不相同的。

1. 需求量的变动

需求量的变动是指在其他条件不变时，由某商品的价格变动所引起的该商品的需求数量的变动。在几何图形中，需求量的变动表现为商品的价格-需求数量组合点沿着同一条既定的需求曲线的运动。例如，在图 2-2 中，当苹果的价格发生变化由 2 元/千克逐步上升为 5 元/千克时，它所引起的苹果需求数量由 60 千克逐步地减少为 30 千克时，商品的价格-需求数量组合由 B 点沿着既定的需求曲线 $Q_d=f(P)$，经过 C、D 点，运动到 E 点。需要指出的是，这种变动虽然表示需求数量的变化，但是并不表示整个需求状态的变化。因为，这些变动的点都在同一条需求曲线上。

2. 需求的变动

需求的变动是指在某商品价格不变的条件下，由于其他因素的变动所引起的该商品的需求数量的变动。这里的其他因素变动是指消费者的收入水平变动、相关商品的价格变动、消费者偏好的变化和消费者对商品的价格预期的变动等。在几何图形中，需求的变动表现为需求曲线的位置发生移动。下面以图 2-3 加以说明。

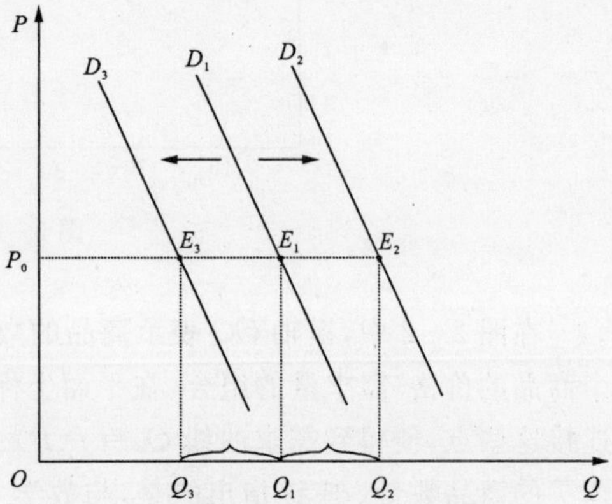

图 2-3 需求的变动和需求曲线的移动

图中原有的需求曲线为 D_1。在商品价格不变的前提下，如果其他因素的变化使得需求增加，则需求曲线向右平移，如由图中的 D_1 曲线向右平移到 D_2 曲线的位置；如果其他因素的变化使得需求减少，则需求曲线向左平移。由需求变动所引起的这种需求曲线位置的移动，表示在每一个既定的价格水平需求数量都增加或减少了。例如，在既定的价格水平 P_0，原来的需求数量为 D_1 曲线上 E_1 的对应点 Q_1，需求增加后的需求数量为 D_2 曲线上 E_2 的对应点 Q_2，需求减少后的需求数量为 D_3 曲线上 E_3 的对应点 Q_3。而且，这种在原有价格水平上所发生的需求增加量 Q_1Q_2 和需求减少量 Q_3Q_1 都是由其他因素的变动所引起的。譬如说，它们分别是由消费者收入水平的提高和下降所引起的。显然，需求的变动所引起的需求曲线的位置的移动，表示整个需求状态的变化。

第二节 供 给

一、供给的含义

一种商品的供给(supply)是指生产者在一定时期内在各种可能的价格下愿意并且能够提供出售的该种商品的数量。根据上述定义，如果生产者对某种商品只有提供出售的愿望，而没有提供出售的能力，则不能形成有效的供给，故不能称为供给。

需要说明的是，供给是个预期概念，不是指实际售卖量，是生产者预计、愿意或打算供给的数量。供给是指有效供给，即有现实生产能力的供给。现实的生产能力指拥有足够的生产条件来支持。供给总是涉及两个变量：价格(price)、供给量(quantity supplied)。没有相应的价格，就谈不上供给。

二、影响供给的主要因素

一种商品的供给数量取决于多种因素的影响，其中主要的因素有：该商品的价格、生产的成本、生产的技术水平、相关商品的价格和生产者对未来的预期。它们各自对商品的供给的影响如下。

第一，商品自身的价格。一般来说，一种商品的价格越高，生产者提供的产量就越大。相反，商品的价格越低，生产者提供的产量就越小。

第二，生产的成本。在商品自身价格不变的条件下，生产成本上升会减少利润，从而使得商品的供给量减少。相反，生产成本下降会增加利润，从而使得商品的供给量增加。

第三，生产的技术水平。在一般情况下，生产技术水平的提高可以提高劳动生产率，降低生产成本，增加生产者的利润，生产者会提供更多的产量。

第四，相关商品的价格。当一种商品的价格保持不变，而和它相关的其他商品的价格发生变化时，该商品的供给量会发生变化。例如，对某个生产小麦和玉米的农户来说，在玉米价格不变和小麦价格上升时，该农户就可能增加小麦的耕种面积而减少玉米的耕种面积。

第五，生产者对未来的预期。如果生产者对未来的预期是乐观的，如预期商品的价格会上涨，生产者在制订生产计划时就会增加产量供给。如果生产者对未来的预期是悲观的，如预期商品的价格会下降，生产者在制订生产计划时就会减少产量供给。

第六，政府税收政策。这是20世纪80年代以来一直引起重视的一大因素。

三、供给函数

一种商品的供给量是所有影响这种商品供给量的因素的函数。如果假定其他因素均不发生变化，仅考虑一种商品的价格变化对其供给量的影响，即把一种商品的供给量只看成是这种商品价格的函数，则供给函数就可以表示为：

$$Q_s = f(P)$$

式中，P 为商品的价格；Q_s 为商品的供给量。当使用线性函数时，其形式为：

$$Q_s = -c + d(P)$$

式中，c、d 为常数，且 c、$d > 0$。与该函数相对应的供给曲线为一条直线。

四、供给表与供给曲线

供给函数 $Q_s = f(P)$ 表示一种商品的供给量和商品价格之间存在着一一对应的关系。这种函数关系可以分别用供给表和供给曲线来表示。

1. 供给表

商品的供给表是表示某种商品的各种价格和与各种价格相对应的该商品的供给数量之间关系的数字序列表。表2-2是某超市苹果的供给表。

表2-2 苹果的供给表

价格-数量组合	A	B	C	D	E
价格 P(元/千克)	2	3	4	5	6
供给量 Q(千克)	0	20	40	60	80

表2-2清楚地表示了苹果的价格和供给量之间的函数关系。例如，当价格为6元/千克时，苹果的供给量为80千克；当价格下降为4元/千克时，苹果的供给量减少为40千克；当价格进一步下降为2元/千克时，苹果的供给量减少为0。供给表实际上是用数字表格的形式来表示商品的价格和供给量之间的函数关系的。

2. 供给曲线

商品的供给曲线是以几何图形表示商品的价格和供给量之间的函数关系，供给曲线是根据供给表中的商品的价格-供给量组合在平面坐标图上所绘制的一条曲线。图2-4便是根据表2-2所绘制的一条供给曲线。

图中的横轴 OQ 表示商品数量，纵轴 OP 表示商品价格。在平面坐标系中，把根据供给表中商品的价格-供给量组合所得到的相应的坐标点 A、B、C、D、E 连接起来的线，就是该商品的供给曲线。它表示在不同的价格水平下生产者愿意而且能够提供出售的商品数量。和需求曲线一样，供给曲线也是一条光滑、连续的曲线，它是建立在商品的价格和相应的供给量的变化具有无限分割性的假设基础上的。

如同需求曲线一样，供给曲线可以是直线型，也可以是曲线型。如果供给函数是一元一次

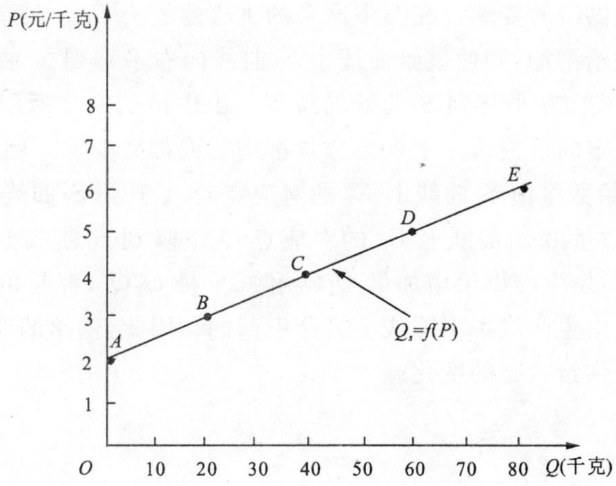

图 2-4　苹果的供给曲线

的线性函数，则相应的供给曲线为直线型，如图 2-4 中的供给曲线。如果供给函数是非线性函数，则相应的供给曲线就是曲线型的。直线型的供给曲线上各点的斜率是相等的，曲线型的供给曲线上各点的斜率则不相等。

五、供给定理

以供给函数为基础的供给表和供给曲线都反映了商品的价格变动和供给量变动二者之间的规律。从表 2-2 可见，商品的供给量随着商品价格的上升而增加。相应地，在图 2-4 中的供给曲线表现出向右上方倾斜的特征，即供给曲线的斜率为正值。它们都表示商品的价格与供给量成同方向变动的关系，这种现象称为供给定理。

六、供给量的变动与供给的变动

供给量的变动和供给的变动都是供给数量的变动，它们的区别在于引起这两种变动的因素是不相同的，而且，这两种变动在几何图形中的表示也是不相同的。

1. 供给量的变动

供给量的变动是指在其他条件不变时，由某商品的价格变动所引起的该商品供给数量的变动。在几何图形中，这种变动表现为商品的价格-供给数量组合点沿着同一条既定的供给曲线的运动。

图 2-4 表示的是供给量的变动：随着价格上升所引起的供给数量的逐步增加，A 点沿着同一条供给曲线逐步运动到 E 点。

2. 供给的变动

供给的变动是指在商品价格不变的条件下，由于其他因素变动所引起的该商品供给数量的变动。这里的其他因素变动可以指生产成本的变动、生产技术水平的变动、相关商品价格的变动和生产者对未来的预期的变化等。在几何图形中，供给的变动表现为供给曲线的位置发生移动。

图 2 - 5 表示的是供给的变动。在图中原来的供给曲线为 S_1。在除商品价格以外的其他因素变动的影响下，供给增加，则使供给曲线由 S_1 曲线向右平移到 S_2 曲线的位置；供给减少，则使供给曲线由 S_1 曲线向左平移到 S_3 曲线的位置。由供给的变化所引起的供给曲线位置的移动，表示在每一个既定的价格水平下供给数量都增加或都减少了。例如，在既定的价格水平 P_0 时，供给增加，使供给数量由 S_1 曲线上 E_1 的对应点 Q_1 上升到 S_2 曲线上 E_2 的对应点 Q_2；相反，供给减少，使供给数量由 S_1 曲线上 E_1 的对应点 Q_1 下降到 S_3 曲线上 E_3 的对应点 Q_3。这种在原有价格水平上所发生的供给增加量 Q_1Q_2 和减少量 Q_3Q_1，都是由其他因素变化所带来的。譬如，它们分别是由生产成本下降或上升所引起的。因此，供给的变动所引起的供给曲线位置的移动，表示整个供给状态的变化。

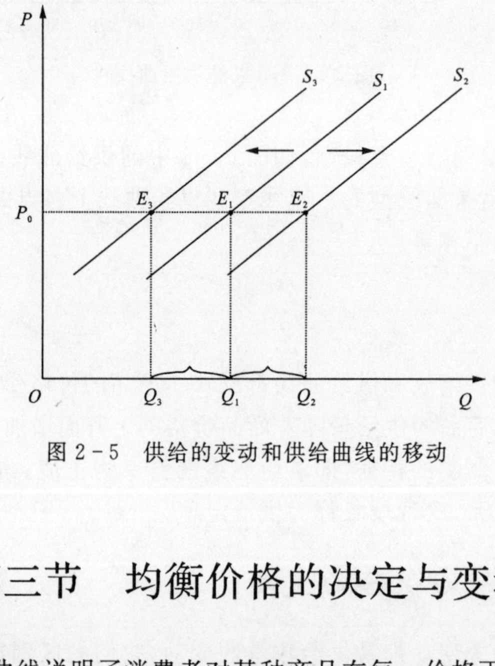

图 2 - 5　供给的变动和供给曲线的移动

第三节　均衡价格的决定与变动

我们已经知道，需求曲线说明了消费者对某种商品在每一价格下的需求量是多少，供给曲线说明了生产者对某种商品在每一价格下的供给量是多少。但是，它们都没说明这种商品本身的价格究竟是如何决定的。那么，商品的价格是如何决定的呢？微观经济学中的商品价格是指商品的均衡价格。商品的均衡价格是在商品的市场需求和市场供给这两种相反力量的相互作用下形成的。下面，将需求曲线和供给曲线结合在一起，运用经济模型与均衡分析说明均衡价格的形成。

一、均衡价格的决定

在西方经济学中，一种商品的均衡价格(equilibrium price)是指该种商品的市场需求量和市场供给量相等时候的同一价格。在均衡价格水平下的相等的供求数量被称为均衡数量(equilibrium quantity)。从几何意义上说，一种商品市场的均衡出现在该商品的市场需求曲线和市场供给曲线相交的交点上，该交点被称为均衡点。均衡点上的价格和相等的供求量分别被称为均衡价格和均衡数量。

现在把图 2-2 中的需求曲线和图 2-4 中的供给曲线结合到图 2-6 中,来说明苹果的均衡价格的决定。

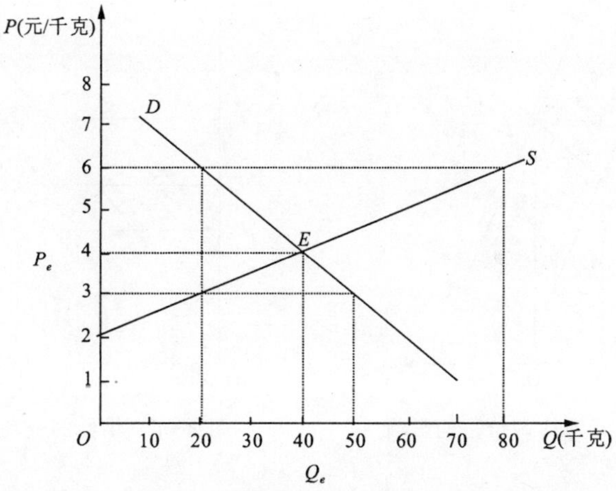

图 2-6　某超市苹果市场的均衡

商品的均衡价格表现为商品市场上需求和供给这两种相反的力量共同作用的结果,它是在市场的供求力量的自发调节下形成的。当市场价格偏离均衡价格时,市场上会出现需求量和供给量不相等的非均衡状态。一般说来,在市场机制的作用下,这种供求不相等的非均衡状态会逐步消失,实际的市场价格会自动地回复到均衡价格水平。

当供求不平衡时,市场出现两种状态:过剩与短缺。

当市场价格高于均衡价格时,市场出现供大于求的商品过剩或超额供给的状况,在市场自发调节下,一方面会使需求者压低价格来得到他要购买的商品量,另一方面又会使供给者减少商品的供给量。这样,该商品的价格必然下降,一直下降到均衡价格的水平。当市场价格低于均衡价格时,市场出现供不应求的商品短缺或超额需求的状况,同样在市场自发调节下,一方面需求者提高价格来得到他所需要购买的商品量,另一方面又使供给者增加商品的供给量。这样,该商品的价格必然上升,一直上升到均衡价格的水平。由此可见,当实际价格偏离时,市场上总存在着变化的力量,最终达到市场的均衡或市场出清。

二、均衡值的变动

一种商品的均衡价格是由该商品市场的需求曲线和供给曲线的交点所决定的。因此,需求曲线或供给曲线的位置移动都会使均衡价格发生变动。下面说明这两种移动对均衡价格以及均衡数量的影响。

需求变动对均衡价格的影响:在供给不变的情况下,需求增加会使需求曲线向右平移,从而使得均衡价格和均衡数量都增加;需求减少会使需求曲线向左平移,从而使得均衡价格和均衡数量都减少。如图 2-7 所示。

供给变动对均衡价格的影响:在需求不变的情况下,供给增加会使供给曲线向右平移,从而使得均衡价格下降，均衡数量增加；供给减少会使供给曲线向左平移，从而使得均衡价格上升，均衡数量减少，如图 2－8 所示。

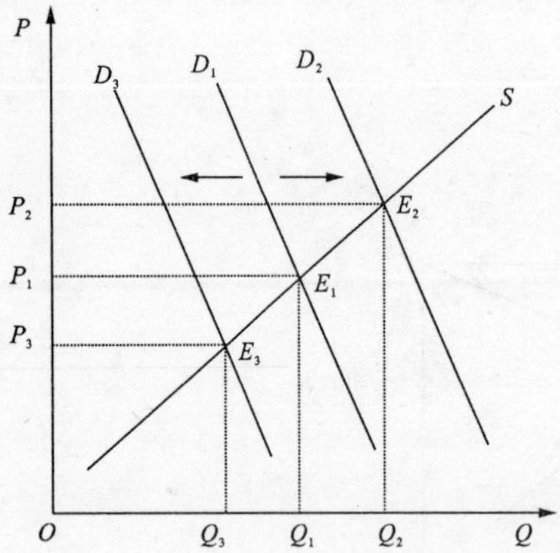

图 2－7　需求的变动对均衡价格的影响

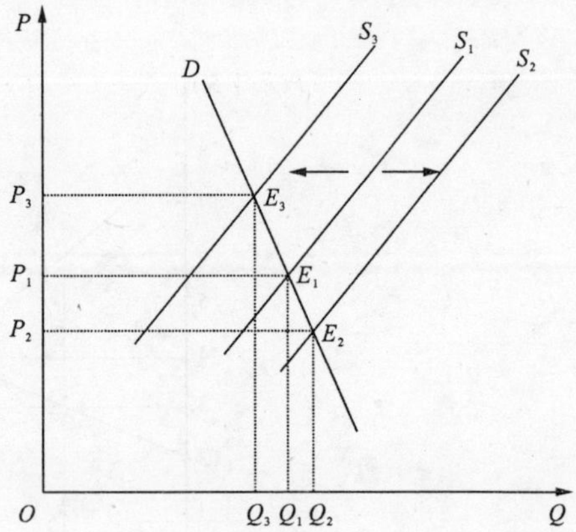

图 2－8　供给的变动对均衡价格的影响

综上所述，可以得到如下结论：在其他条件不变的情况下，需求变动分别引起均衡价格和均衡数量的同方向变动；供给变动分别引起均衡价格的反方向变动和均衡数量的同方向变动。

最后，需要指出的是，如果需求和供给同时发生变动，则商品的均衡价格和均衡数量的变化是难以肯定的，这要结合需求和供给变化的具体情况来决定。以图 2－9 为例进行分析。假定消费者收入水平上升引起的需求增加，使得需求曲线向右平移；同时，厂商的技术进步引起供给增加，使得供给曲线向右平移。比较 S_1 曲线分别与 D_1 曲线和 D_2 曲线的交点 E_1 和 E_2 可见，收入水平上升引起的需求增加，使得均衡价格上升。再比较 D_1 曲线分别与 S_1 曲线和 S_2 曲线的交点 E_1 和 E_3 可见，技术进步引起的供给增加又使得均衡价格下降。最后，这两种因素同时作用下的均衡价格，将取决于需求和供给各自增长的幅度。由 D_2 曲线和 S_2 曲线的交点 E_4 可得：由于需求增长的幅度大于供给增加的幅度，所以，最终的均衡价格是上升了。

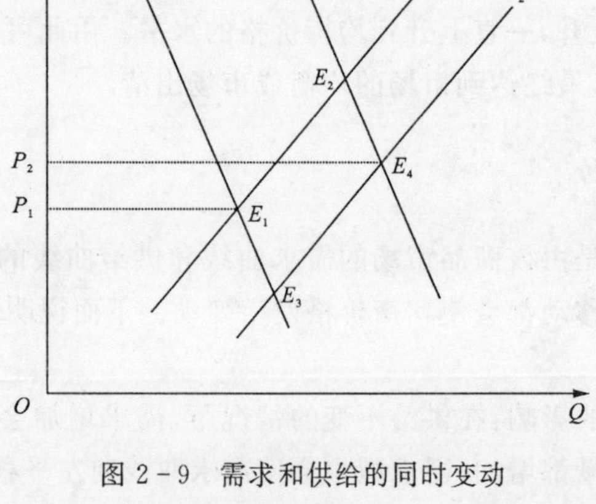

图 2－9　需求和供给的同时变动

第四节 需求和供给分析的实际应用

供求分析描述了商品的供求数量和价格之间的关系。在实际经济生活中，可以运用这些分析来解释许多经济现象，从而有助于经济问题的解决。

一、政府价格管制：最高限价和最低限价

政府根据不同的经济形势通常会采取两种价格政策：最高限价和最低限价。

1. 最高限价

最高限价(price ceiling)也称为限制价格。它是政府所规定的某种产品的最高价格。最高价格总是低于市场的均衡价格的。

图 2-10 表示政府对某种产品实行最高限价的情形。政府实行最高限价政策，规定该产品的市场最高价格为 P_0。由图可见，最高限价 P_0 小于均衡价格 P_e，且在最高限价 P_0 的水平，市场需求量 Q_2 大于市场供给量 Q_1，市场上出现供不应求的情况。

政府实行最高限价的目的往往是为了抑制某些产品的价格上涨，特别是为了应对通货膨胀。当然为了限制某些行业，如一些垄断性很强的公用事业的价格，政府也采取最高限价的做法。但是政府实行最高限价的做法也会带来一些不良的影响。最高限价下的供不应求会导致市场上消费者排队抢购和黑市交易盛行。在这种情况下，政府往往又不得不采取配给的方法来分配产品。此外，生产者也可能粗制滥造，降低产品质量，形成变相涨价。

2. 最低限价

最低限价(price floor)也称为支持价格。它是政府所规定的某种产品的最低价格。最低价格总是高于市场的均衡价格的。

图 2-11 表示政府对某种产品实行最低限价的情形。政府实行最低限价所规定的市场价格为 P_0。由图可见，最低限价 P_0 大于均衡价格 P_e，在最低限价 P_0 的水平，市场供给量 Q_2 大于市场需求量 Q_1，市场上出现产品过剩的情况。

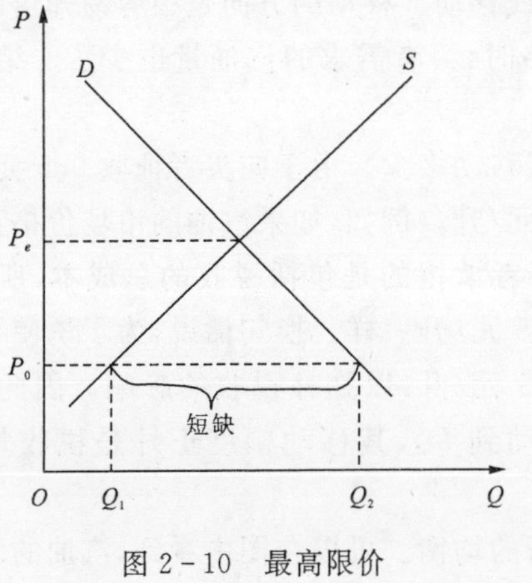

图 2-10 最高限价

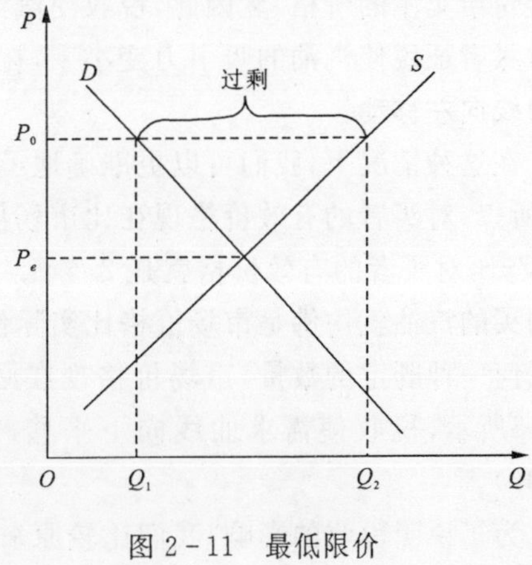

图 2-11 最低限价

政府实行最低限价的目的通常是为了扶持某些行业的发展。农产品的支持价格就是西方国家所普遍采取的政策。在实行这一政策时,政府通常收购市场上过剩的农产品。

二、数量管制:配额与许可证

政府除了进行价格控制外,还进行数量方面的控制,通常采取规定配额和颁发许可证的形式。在所有这些场合,由于市场供给的一部分受到限制,其直接效应是导致供给曲线向左移动,从而使市场价格上升。

许可证具有与进口配额相似的效应。美国国家医学理事会拥有确认内科医生和外科医生资格的权利,并且对无照行医者实行严厉的惩罚。只要颁发的许可证数量少于非管制市场可能保证的开业者数量,就会影响市场均衡。如图 2-12 所示,由于市场供给限制在 Q_1,它少于均衡数量 Q_e,所以市场的均衡价格由 P_e 上升为 P_1。

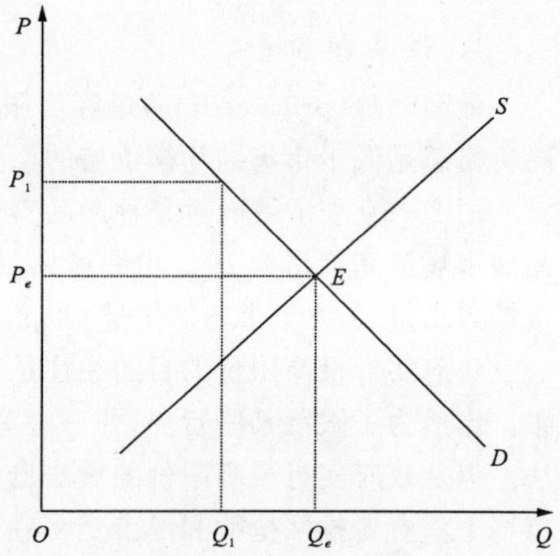

图 2-12 数量控制

三、税收对价格和数量的影响

政府对香烟和酒类、工资和利润等课征税收,运用供求分析有助于预测一种税收的真实负担者以及税收如何影响产出。

1. 向买者征税如何影响市场结果

我们首先考虑对一种物品的买者征税。为具体起见,假设政府要求汽油的买者为他们购买的每升汽油支付 0.5 元/升的税。这项政策如何影响汽油的买者和卖者呢?我们可以用供给与需求原理,并遵循三个步骤来考察:确定该政策影响的是供给曲线,还是需求曲线;确定曲线移动的方向;考察这项移动如何影响均衡。

这项税收最初是影响汽油的需求。供给曲线并不受影响,因为在既定的汽油价格时,卖者向市场提供汽油的激励是相同的。与此相比,买者只要购买汽油就不得不向政府支付税收(以及支付给卖主的价格)。因此,税收使汽油的需求曲线移动。移动的方向是很容易知道的。由于对买者征税使汽油的吸引力变小了,在每一种价格时,买者需求的汽油量也少了。结果,需求曲线向左移动。

在这种情况下,我们可以更准确地了解需求曲线移动多少。由于向买者征收 0.5 元/升的税,所以,对买者的有效价格现在比市场价格高 0.5 元/升。例如,如果汽油的市场价格正好是 2 元/升,对买者的有效价格就是 2.5 元/升。由于买者承担的是包括税收的总成本,所以,他们购买的汽油就仿佛是市场价格比实际价格高出 0.5 元/升一样。换句话说,为了诱使买者购买任何一种既定的数量,市场价格现在必须降低 0.5 元/升,以弥补税收的影响。因此,如图 2-13所示,税收使需求曲线向下平移,即从 D_1 移动到 D_2,其移动幅度正好是税收量(0.5 元/升)。

为了说明税收的影响,我们比较原来的均衡与新的均衡。可以在图中看到,汽油的均衡价格下降,而均衡数量减少。由于在新的均衡时,卖者卖得少了,而买者买得少了,所以对汽油征

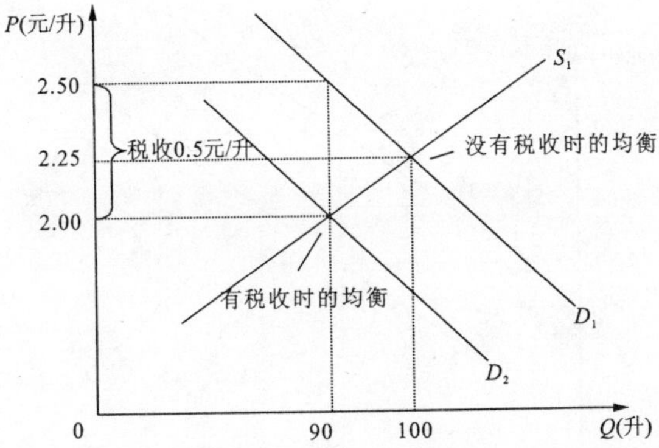

图 2-13 对买者征税

税减少了汽油市场的规模。

现在我们回到税收归宿问题：谁支付了税收？虽然买者向政府支付了全部税收，但买者与卖者分摊了负担。由于当引进税收时，市场价格下降为 2.8 元/升，卖者比没有税收时减少了收入，因此，税收使卖者的状况变坏了。买者虽付给卖者较低的价格(假定 2.8 元/升)，但包括税收在内的有效价格从税收前的 3 元/升上升为有税收时的 3.3 元/升(2.8 元/升+0.5 元/升=3.3 元/升)。因此，税收也使买者的状况变坏了。

总之，这种分析得出了两个一般性的结论：税收抑制了市场活动，当对一种物品征税时，该物品在新的均衡时销售量减少了；买者与卖者分摊税收负担，在新的均衡时，买者为该物品支付得多了，而卖者得到的少了。

2. *向卖者征税如何影响市场结果*

现在考虑向一种物品的卖者征税。假设政府要求汽油的卖者每卖 升汽油向政府支付 0.5 元。最初这项政策会影响汽油的供给。此时需求量是相同的，所以，需求曲线不变。与此相比，对卖者征税增加了销售成本，这就使卖者在每一价格水平时供给的数量少了。供给曲线向左移动。

我们仍可以准确地知道移动的幅度。在任何一种汽油的市场价格下，卖者的有效价格即他们在纳税之后得到的量要降价 0.5 元/升。例如，如果市场价格正好是 2 元/升，卖者得到的有效价格就是 1.5 元/升。无论市场价格是多少，卖者仿佛在比市场价格低 0.5 元/升的价格来供给。换个说法，为了诱使卖者供给任何一种既定的数量，现在市场价格必须提高 0.5 元/升，以弥补税收的影响。因此，如图 2-14 所示，税收使供给曲线向上平移，即从 S_1 移动到 S_2，其移动幅度正好是税收量(0.5 元/升)。

买者与卖者又一次分摊了税收负担。由于市场价格上升，买者单位价格比纳税前多支付了 0.3 元/升。卖者得到的价格高于没有税收时，但有效价格(在纳税之后)从 3 元/升下降为 2.8 元/升，卖者单位价格比没有税收时少收入 0.2 元/升。

比较图 2-13 和图 2-14 可以得出一个令人惊讶的结论：对买者征税和对卖者征税是相同的。在这两种情况下，供给和需求曲线的相对位置发生了移动，在新均衡时，买者和卖者分摊税收负担。对买者征税和对卖者征税的唯一差别是谁把钱交给政府。

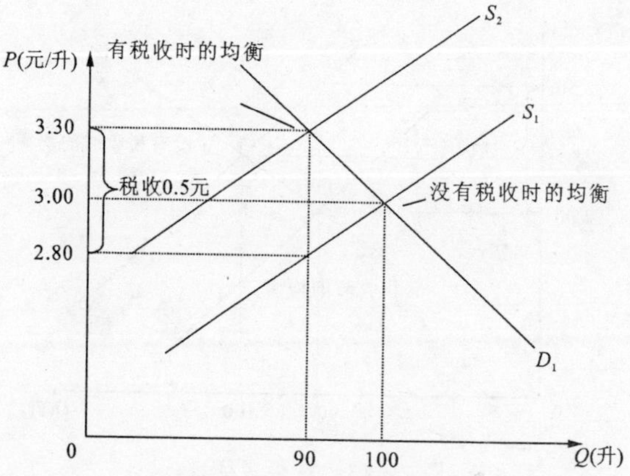

图 2-14　对卖者征税

本章小结

1. 一种商品的需求是指消费者在一定时期内在各种可能的价格水平愿意而且能够购买的该商品的数量。在其他条件不变的情况下，某商品的需求量与价格成反方向变动。

2. 一种商品的供给是指生产者在一定时期内在各种可能的价格下愿意并且能够提供出售的该种商品的数量。商品的供给量随着商品价格的上升而增加。

3. 一种商品的均衡价格是指该种商品的市场需求量和市场供给量相等时的同一价格。

4. 在其他条件不变的情况下，需求变动分别引起均衡价格和均衡数量的同方向变动；供给变动分别引起均衡价格的反方向变动和均衡数量的同方向变动。

5. 最高限价也称为限制价格。它是政府所规定的某种产品的最高价格。最高价格总是低于市场的均衡价格的。

6. 最低限价也称为支持价格。它是政府所规定的某种产品的最低价格。最低价格总是高于市场的均衡价格的。

7. 对买者征税和对卖者征税是相同的。在这两种情况下，供给和需求曲线的相对位置发生了移动，在新均衡时，买者和卖者分摊税收负担。对买者征税和对卖者征税的唯一差别是谁把钱交给政府。

案例 1　“是先有蛋还是先有鸡”

当然，有一个问题还不能说清楚：究竟是先产生需求再产生供给呢，还是先产生供给才产生需求？这有点像问“是先有蛋还是先有鸡”。我想，可能有时候是需求带动供给，很多的新产品就是在人们强烈的需求下产生的；也有时候是供给诱导需求，比如新潮的时装，常常是提供出来之后，才左右了人们的视线，引发了人们的需求。但在某一种商品的价格决定中，供给与需求就像一把剪刀的两个刀片，作用是不分彼此共同决定一种商品的价格；同时，价格又像一只无形的手在市场经济中自发地调节需求，调节供给，调节的最后结果使市场达到了均衡——

社会资源配置合理。

总之,许多的东西在经济学家眼里都成了产品,都可以从供给和需求的角度来进行分析。需求是提供产品的动力,供给是满足需求的前提。比如要兴办教育,是因为存在大量的对“教育”产品有需求的人,而有了“教育”产品的供给,才能满足“教育”产品的需求。如果想上学的都能上学,教育资源得到充分利用,也就达到了教育市场的供求平衡。

资料来源:梁小民.微观经济学纵横谈.北京:生活、读书、新知三联书店出版社,2002.

案例2 拥挤难道是我的错?收拥挤费到底有没有用?

据报道,北京市规划委员会近期组织相关部门针对城市发展进程中的交通问题进行研究,提出了解决北京旧城交通问题的十项策略。其中,“车辆进入旧城要交拥挤费”赫然在列。

北京的交通拥堵是出了名的,这些年来,人们为缓解交通拥堵问题想了很多招数。在市中心地区收取拥挤费,这个办法早有人提过,但一直颇有争议,赞同者很多,反对者也不少。此次市规划委员会有意将收拥挤费由政策设想变成现实,确实需要几分勇气。

收取拥挤费有没有用?

“拥挤费”是个舶来品。2003年,伦敦市长列文斯顿在市民的拥护和非议声中,在伦敦市中心开征拥挤费:凡是在工作日早7点至晚6点半进入市中心的车辆需交纳拥挤费,每车每天交费5英镑(2005年又涨到了8英镑),违规者要受重罚。有关调查显示,收取拥挤费后,伦敦市中心路面交通流量减少了30%,70%以上的伦敦市民认为拥挤费对改善市内交通发挥了高效作用。收取拥挤费,说到底就是政府利用价格杠杆调节特定区域车流量的一种方式,其通过改变公共服务价格(使用市中心道路的费用)影响人们的行为选择,确实能发挥出分流车辆、缓解市中心交通拥堵的作用。

收取拥挤费合不合理?

很多反对者质疑拥挤费的合理性,认为有失公平。政府收取拥挤费,等于让“有车一族”承担了额外的成本,但只要定价合理,这些额外的成本并不会破坏社会公平。第一,与那些步行、骑车和乘坐公交工具的人相比,“有车一族”占用的人均公共交通服务份额更多,自然要承担更大的责任,多负担一些“买路钱”也合乎情理。第二,大量小汽车(私车和公务车)的涌入是造成北京交通拥堵日益严重的重要原因。有车族(包括私家车车主和公务车使用者)在享受方便舒适的同时,却连带其他人时时饱受交通拥挤之苦。交纳一定的拥挤费,算是有车族为自己用车行为的“外部性”付了费,否则就真的有点不公平了。

收取拥挤费能不能根治北京的交通问题?拥挤费的确有用,但有限。在治理交通拥堵的大舞台上,拥挤费至多只能“暖暖场”,让它压大轴、当主唱是万万不可的。最重要的“治本”之策是改善公共交通服务。在旧城收取拥挤费,旨在限制车流,但永远也无法限制“人流”——该进旧城的人还是要按时进去,一个也少不了。

收取拥挤费的主要目的是鼓励市民多用公共交通工具出行,但如果公共交通工具还继续保持目前少、慢、挤加服务态度差的状况,那最后无非有两种结果:一是交通拥挤一时得到缓解,但以大家的生活质量下降为代价;二是有车族不堪忍受,重新被逼回小车里,分流车辆的目标完全落空。因此,要根本解决北京的交通问题,还必须从扩大公交容量、改善公交服务质量入手,只有公交才能担当“压轴”的角色。即使将来真的收取拥挤费,也要首先服务于改善公交状况的需要。还是以伦敦市为例，每年征收的拥挤费约1亿英镑，政府将其用于伦敦地铁及公共汽车等交通设施的建设，大大优化了公交服务，才使越来越多的市民乐于弃私车选公交。

目前，收取拥挤费应当是缓解市中心等特定区域交通拥堵问题的可行之策。不过，解决问题的根本还是要依靠综合治理，只有制定和执行好以改善公交服务为中心的"政策套餐"，公众出行才能舒心、省心、放心。

资料来源：北京青年报，2005-10-15.

案例3 价格到底谁说了算

2003年7月15日，民航国内航空运输价格改革方案听证会在北京举行。虽然此次听证会受"非典"影响延期两个多月，但社会对它的关注丝毫没减。值得回味的是，中国的改革就是从价格改革入手的。问题是，为什么改革这么多年，我们还停留在要由政府出面，为民航这样的垄断行业开价格听证会的阶段，而不能由市场来决定价格呢？

实事求是地说，这些年政府为了把垄断行业推向竞争的市场，是做了不少工作的。1999年底，中国电信一分为四；民航也早就各路诸侯分治，航空公司林立。于是乎，真的竞争来了，为打折打得头破血流。消费者得到了实惠，一片叫好。经济学家也喜出望外：总算与市场接轨了，该来个优胜劣汰了。

可这时，"婆婆"忍不住出面了——都是国有资产嘛，手心手背都是肉，干吗非拼个你死我活呢！在政府的倡导下，民航各路诸侯今日歃血，明日盟誓，又是"生死合约"，又是价格联盟，但结果总是拧不过市场法则的"大腿"，该打折还是打折，该降价还是降价，只不过"明火执仗"变成了"暗渡陈仓"。结果，竞争总是深入不下去，该死的死不掉，该长的长不大，市场真的"失灵"了。价格成了苦孩子，打折变成了瞎折腾。政府总"舍不得"放手让市场来裁决价格，苦孩子也永远不能长大成人。

经济学家常说，市场具有比任何权力更绝对的权威。1992年诺贝尔经济学奖得主加里·贝克尔认为，国营企业应该民营化。过去十几年来，经营不善的国企转为民营已经成为世界潮流。美国将邮政民营化了；英国在撒切尔夫人当政期间，就将原来由政府经营的航天、汽车、电子通讯甚至铁路移转为民营，成效显著。我们的民航、铁路、电力等为什么就不能姓"民"？为什么不能像食品、家电、服装等行业，取消政府管制，取消那么多的"局"、"部"呢？

我们的经济生活中有两种主要的经济组织形式：市场机制和命令经济。

所谓市场机制是指这样一种经济组织形式，即单个消费者和企业通过市场相互发生作用，来决定经济组织的三个中心问题：生产什么、如何生产和为谁生产。

所谓命令经济是指这样一种制度，其资源的分配由政府来决定，命令个人和企业按照国家经济计划行事。亚当·斯密把市场机制比喻为"看不见的手"。所谓"看不见的手"，是指当每个人追求他自私自利的目标时，他好像被一只看不见的手引导着去实现最好的公共福利。家庭和企业在市场上相互交易，他们仿佛被一只"看不见的手"所指引，引导着社会资源的合理配置。政府和其他机构根本不需要干预社会资源的配置，"看不见的手"就能做到这一点。那么，在市场机制作用下，政府有什么作用呢？

根据微观经济学，政府的作用体现在两方面：一是提高效率；二是促进公平。在提高效率方面，主要体现在三个方面：一是政府有必要利用法律手段维持一个竞争的市场环境，如反垄断法、反不正当竞争法等；二是解决外部性问题，如污染，政府可通过环境保护来增加经济福利；三是提供公共物品，如国防及法治、支持纯科学和公众健康等。在促进公平方面，主要是指政府通过再分配政策来缩小收入差距，来保障人民的基本生活需要。再分配政策包括：一是累进税制，即收入越高，税率也越高；二是转移支付制度，如失业保险制度，对低收入阶层给予消费补贴（如提供食品券、经济适用房等）。

资料来源：价格到底谁说了算．经济学阶梯教室．http://www.gimy.com. 2003－8.

本章练习

一、名词解释

需求、供给、需求定理、供给定理、需求曲线、供给曲线、市场均衡、最高限价、最低限价

二、选择题

1. 以下哪一个函数更可能是需求曲线的表达式：（　　）。
   A. $Q=3P-5$　　B. $Q=9-2P$　　C. $Q=P/20$　　D. $Q=8+6P$
2. 当出租车租金下调后，公共汽车服务将（　　）。
   A. 需求减少　　B. 需求量增加　　C. 需求增加　　D. 需求无法确定
3. 需求量的变动是指（　　）。
   A. 由于价格变动引起的需求曲线上点的移动
   B. 非价格因素引起的需求曲线的变动
   C. 不同需求曲线上点的移动
   D. 需求曲线本身的移动
4. 需求的变动是指（　　）。
   A. 由于价格变动引起的需求量的变动
   B. 由于价格变动引起的需求曲线本身的移动
   C. 同一条需求曲线上点的移动
   D. 非价格因素所引起的需求曲线本身的移动
5. 某一时期，电冰箱的供给曲线向右平行移动的原因可以是（　　）。
   A. 电冰箱的价格下降　　B. 生产者对电冰箱的预期价格上升
   C. 生产冰箱的要素成本上升　　D. 消费者的收入下降
6. 以下哪种因素导致小麦的供给曲线向左移动（　　）。
   A. 小麦的价格下降　　B. 小麦的种植技术提高
   C. 小麦的种植成本上升　　D. 预期小麦的价格上升
7. 在一般情况下，供给曲线（　　）。
   A. 向右上方倾斜　　B. 向右下方倾斜　　C. 向左下方倾斜　　D. 向左上方倾斜
8. 如果两种商品是互补关系，则一种商品的需求量与另一种商品的价格之间是（　　）。
   A. 反方向变动关系　　B. 同方向变动关系　　C. 没有关系　　D. 难以确定
9. 如果甲产品价格下降引起乙产品需求曲线向右移动，那么（　　）。
   A. 甲和乙产品是替代品　　B. 甲和乙产品是互补品
   C. 甲为低档商品，乙为高档商品　　D. 甲为高档商品，乙为低档商品

10. 假定某商品的需求价格为 $P=100-4Q$，供给价格为 $P=40+2Q$，均衡价格和均衡产量应为（　　）。

A. $P=60, Q=10$　　B. $P=10, Q=6$　　C. $P=40, Q=6$　　D. $P=20, Q=20$

11. 政府实行限制价格将导致（　　）。

A. 黑市交易　　B. 大量积压

C. 买者买到了希望购买的商品　　D. 过剩

三、简答题

1. 影响商品需求的主要因素有哪些？
2. 影响商品供给的主要因素有哪些？
3. 均衡价格是怎样形成的？
4. 政府的最高限价有什么影响？

四、分析题

1. 下列各因素会对中国玉米市场的供给曲线产生什么影响？

(1)先进庄稼轮作技术的发明；

(2)肥料价格的上升；

(3)政府对农民免征农业税；

(4)北方省市遭遇五十年一遇的大旱天气。

2. 简要说明各市场中，下列各因素会对需求曲线产生什么影响？

(1)旅游市场的消费者收入增加；

(2)酱油市场的消费者阅读了有关酱油塑化剂含量超标的报道；

(3)高速铁路消费市场上的旅客得知航空票价下降；

(4)玉米市场的消费者得知黄油（玉米的互补品）价格上涨。

3. 如果研究表明苹果可以预防感冒，但是一种菌类破坏了10%的现有苹果树，苹果的均衡价格和均衡数量会有什么变化？

第三章　弹性理论及其应用

学习目的：

1. 掌握需求价格弹性、供给价格弹性的含义及计算方法；
2. 理解需求收入弹性、需求交叉价格弹性的含义及类型；
3. 理解需求价格弹性与厂商收益的关系；
4. 了解价格弹性在实际生活中的应用。

教学要求：

1. 掌握需求的价格弹性、需求的收入弹性、需求的交叉弹性和供给的价格弹性的概念；
2. 掌握需求的价格弹性、需求的收入弹性、需求的交叉弹性的计算方法；
3. 掌握需求的价格弹性的种类，掌握需求价格弹性与厂商收益的关系；
4. 理解需求的价格弹性的影响因素；
5. 理解用需求的交叉弹性来判定互补品或替代品的方法；
6. 理解需求的收入弹性与商品分类。

先看一个实例，张三和李四都有机会去看演唱会。张三是发烧友，而李四却不是。演唱会入场券原价是1 000元/张（假设只有一个价格），而一票难求。入场券市场价格炒到1 500元/张。这时张三和李四该怎么办呢？结果，张三买了入场券，他认为即使多花500元，只要能看到这场向往已久的演唱会，就心满意足了，也就是说，他对于入场券涨价1/2的反应并不敏感。而李四没有买，他认为再多出500元划不来，也就是说他对于涨价1/2的反应是很敏感的。在这里，我们说张三对于演唱会入场券的价格缺乏弹性，而李四对于演唱会的价格富有弹性。

第一节　弹性的一般概念

弹性(elasticity)是衡量买者和卖者对市场条件(如价格)变动反应大小的指标。就像物理学中弹性指一物体对外部力量的反应程度一样。西方经济学中所谓的弹性是相对数之间的相互关系，即百分数变动的比率，或者说它是一个量变动1%，引起另一个量变动百分之多少(程度)的概念。也可以这样理解：弹性是指一个量(如商品的需求量)对另一相关量(如商品的价格)变动的反应程度(或叫“敏感程度”)。

如果B的一个微小的量的变动引起A的一个较大量的变动，就说“A对B富有弹性”或“A对于B的弹性较大”；如果B的一个较大量的变动只引起A的一个微小的变动，就说“A对B缺乏弹性”或“A对于B的弹性较小”。

按照上面的定义，我们可以给出弹性系数的定义：

$$\text{弹性系数}=\frac{\text{因变量的变动比率}}{\text{自变量的变动比率}}$$

假设两个经济变量之间的函数关系为 $Q = f(P)$，则弹性的一般公式可以这样表示：

$$e=\frac{\frac{\Delta Q}{Q}}{\frac{\Delta P}{P}}=\frac{\Delta Q}{\Delta P}\cdot\frac{P}{Q}\text{（弧弹性公式）}$$

式中，e 为弹性系数；ΔQ 和 ΔP 分别表示变量 Q 和 P 的绝对变动量；$\frac{\Delta Q}{Q}$ 和 $\frac{\Delta P}{P}$ 分别表示二者的相对变动量（变动的比率）。该公式表明，自变量变化 1%时，引起因变量变动百分之几。

如果经济变量无限小，就可以引入数学中的微分知识，即当上式中 $\Delta Q\to 0$ 且 $\Delta P\to 0$ 时，弹性公式变为：

$$e=\lim_{\Delta P\to 0}\frac{\frac{\Delta Q}{Q}}{\frac{\Delta P}{P}}=\frac{\frac{\mathrm{d}Q}{Q}}{\frac{\mathrm{d}P}{P}}=\frac{\mathrm{d}Q}{\mathrm{d}P}\cdot\frac{P}{Q}\text{（点弹性公式）}$$

第二节 需求的价格弹性

需求量的变动对于价格变化的反应程度就是需求的价格弹性，需求量的变动对于收入的反应程度就是需求的收入弹性，一种商品的需求量的变动对于相关商品价格的反应程度就是需求的交叉价格弹性。在这些需求弹性中，最重要的是需求的价格弹性。所以我们先研究需求的价格弹性。

一、需求的价格弹性计算

因为需求的价格弹性在所有的与需求相关的弹性中最重要，所以也常常称为需求价格弹性，简称为需求弹性。

需求的价格弹性表示在一定时期内，一种商品的需求量变动对于该商品的价格变动的反应程度。也可以这样说，需求价格弹性表示在一定时期内，一种商品的价格变化一个百分点，引起该商品需求量变化的百分比。所以公式可以表示如下：

$$\text{需求价格弹性系数}=-\frac{\text{需求量的变动比率}}{\text{价格变动比率}}$$

这里之所以加上负号，是因为在一般情况下，需求量变动的方向和价格变动的方向是相反的，如果不加负号，弹性系数为负值，这不大符合习惯，所以在前面加上负号，使弹性系数为正。

上面提到过，弹性分为弧弹性和点弹性，所以需求价格弹性也分为需求价格的弧弹性和需求价格的点弹性。

需求价格弧弹性的公式为：

$$e_d=-\frac{\frac{\Delta Q}{Q}}{\frac{\Delta P}{P}}=-\frac{\Delta Q}{\Delta P}\cdot\frac{P}{Q}$$

需求价格点弹性的公式为：

$$e_d=\lim_{\Delta P\to 0}-\frac{\frac{\Delta Q}{Q}}{\frac{\Delta P}{P}}=-\frac{\frac{dQ}{Q}}{\frac{dP}{P}}=-\frac{dQ}{dP}\cdot\frac{P}{Q}$$

需求价格的弧弹性计算，是用来计算一条需求曲线中两点之间的弧弹性。

在图 3－1 中，A 点的价格为 40，需求量为 200。当价格由 40 降为 30 后，需求量上升为 400。我们先来计算价格从 40 降为 30 时的需求价格弧弹性。按上述需求价格弧弹性的公式有：

$$e_d=-\frac{\Delta Q}{\Delta P}\cdot\frac{P}{Q}=-\frac{Q_B-Q_A}{P_B-P_A}\cdot\frac{P_A}{Q_A}=-\frac{400-200}{30-40}\cdot\frac{40}{200}=4$$

如果初始价格为 30，我们再来计算价格从 30 涨到 40 时需求价格的弧弹性：

$$e_d=-\frac{\Delta Q}{\Delta P}\cdot\frac{P}{Q}=-\frac{Q_A-Q_B}{P_A-P_B}\cdot\frac{P_B}{Q_B}=-\frac{200-400}{40-30}\cdot\frac{30}{400}=1.5$$

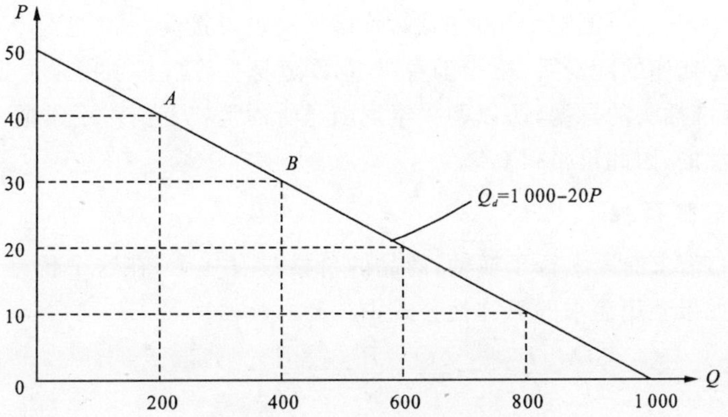

图 3－1　需求价格的弧弹性

这时，我们发现了一个问题：需求曲线上 A 点到 B 点的弧弹性和 B 点到 A 点的弧弹性是不同的。这是因为在上面两个计算中，ΔQ 和 ΔP 的绝对值虽然相等，但是 P 和 Q 所取的值是完全不同的。所以，同样的两点，降价的弧弹性和涨价的弧弹性数值是不一样的。

如果只是一般地计算需求曲线上某一段的价格弧弹性，而不考虑是涨价还是降价的结果。为了避免不同的计算结果，在经济分析中，一般采取两点价格的平均值$\frac{P_1+P_2}{2}$和两点需求量的平均值$\frac{Q_1+Q_2}{2}$来分别代替原来式中的 P 和 Q。这种计算弧弹性系数的方法叫做中点弹性法。所以中点弹性系数的计算公式为：

$$e_d=-\frac{\Delta Q}{\Delta P}\cdot\frac{\frac{P_1+P_2}{2}}{\frac{Q_1+Q_2}{2}}$$

按中点弹性系数计算图 3－1 中 A 点到 B 点的弧弹性为：

$$e_d=-\frac{400-200}{30-40}\cdot\frac{\frac{40+30}{2}}{\frac{200+400}{2}}=2.33$$

二、需求的价格弹性分类

1. 需求完全无弹性

在图 3-2 中，价格无论如何变动，需求量都不会变动，也就是说，需求量(原变动)对于价格变动的反应完全不敏感，这时需求完全无弹性，$e_d=0$。由图中可以看出，当需求完全无弹性时，需求曲线不是向右下方倾斜的，而是垂直的。

在现实经济生活中，有少量的商品的需求是完全无弹性的。例如，一个垂危的病人对于急救药的需求可能是完全无弹性的，因为急救药的价格即使突然升很高，为了救命，只要有钱，他都会接受。再如，酒吧的顾客对于酒吧里的酒的价格也是完全没有弹性的，因为消费者不能自己把酒带到酒吧中，只能买酒吧中出售的酒，价格再高也得接受。20 世纪 90 年代索尼(Sony)生产过一些带异型插座的随身听(磁带随身听、MD 随身听等)，必须用索尼生产的专用插头耳塞，不能用通用标准插头的耳塞，所以购买索尼随身听的消费者们对于索尼专用插头耳塞的价格是完全没有弹性的，因此价格很高。

2. 需求有无限弹性

在图 3-3 中，需求曲线平行于横轴，商品的价格只有一个，在这个价格之下，需求量可以从 0 到无穷大。如果套用需求的弧弹性公式，有：

$$e_{d2}=-\frac{\Delta Q}{\Delta P}\cdot\frac{P}{Q}=-\frac{\Delta Q}{0}\cdot\frac{P}{Q}=\infty\frac{P}{Q}=\infty$$

即这时的需求弹性系数无穷大。这种无穷大的弹性也叫做无限弹性或完全(富有)弹性。关于需求无限弹性，也可以这样理解：弹性是如此之大，以至于价格变动一点点，需求量就完全没有了。这可能是因为人们对于这种商品的价格太敏感，只要价格高出一点点，就没有人愿意购买这种商品了；只要价格低一点点，商品又会被抢购一空，由于供不应求，价格还是会回升到原来的价格。所以，商品只有一种价格。

在现实经济生活中，如果一种商品是完全竞争的，则这种商品的需求弹性无限大。例如，

图 3-2 需求完全无弹性

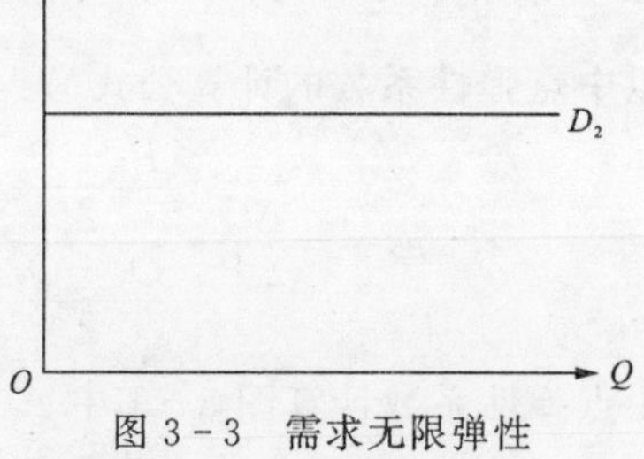

图 3-3 需求无限弹性

在一个菜市场中，各个小商贩所卖的白菜的价格往往是一样的。假设市场的白菜价格是1元/斤，由于白菜的价格众人皆知。假如有一个商贩的白菜卖1.1元/斤，买菜人都知道卖1.1元/斤贵了，就不会到这个商贩那里买白菜，而会转到其他商贩那里买1元/斤的白菜。在这个例子中，消费者对于白菜的价格反应特别敏感。

3. 需求单位弹性

在图3-4中，需求量的变动比率和价格变动的比率一样大，所以需求弹性系数为1。这个系数也可以通过需求价格的中点弹性公式计算出来。弹性系数为1时，我们说需求富有单位弹性。在数学图形上，需求单位弹性对应的需求曲线可能是一条正双曲线，也可能是斜率为－1的直线。

现实经济生活中，需求弹性完全等于1的商品（服务）很少。通过研究一些统计数据发现，美国20世纪80年代时的运输服务和住房服务的需求弹性接近于1。

4. 需求缺乏弹性

在图3-5中，需求曲线是一条较陡的向右下方倾斜的曲线。在这条曲线中，价格从P_1到P_2变动很大，而需求量从Q_1变动到Q_2，变动较小，说明需求量的变动对于价格的变动不敏感，也就是说需求缺乏弹性。需求曲线越陡峭，需求越缺乏弹性。

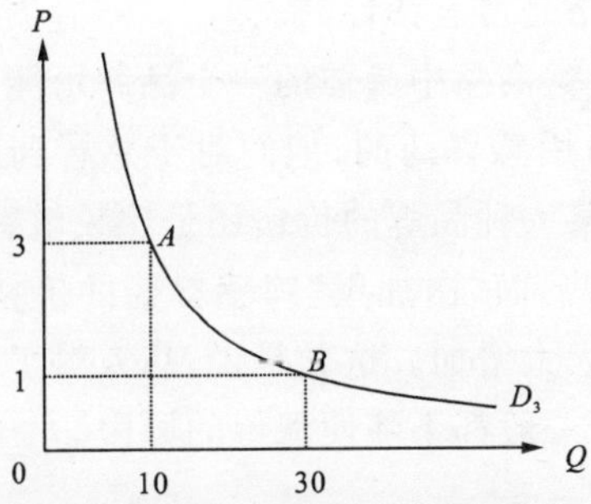

图3-4　需求单位弹性

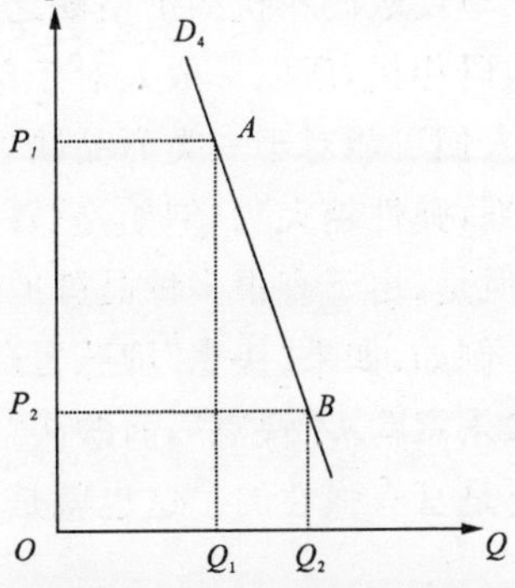

图3-5　需求缺乏弹性

在现实经济生活中，缺乏需求弹性的商品往往是生活必需品。例如，大米对于中国南方人来说，是缺乏需求弹性的。因为大米是生活必需品，米价即使上涨很多，人们还是得吃米，所以需求量不会减少很多。同样的道理，药品对于病人来说，是必需的，即使药品的价格上涨很多，他们的用药量也不能有太多的减少，所以病人对于药品的价格缺乏弹性。有些奢侈品（如进口高级香水、法国名酒路易十三），也是缺乏需求弹性的，因为用得起这类奢侈品的人都不太在乎价格，也就是说，这些人对于商品的价格变动并不敏感。

5. 需求富有弹性

在图3-6中，需求曲线是一条较平坦的向右下方倾斜的曲线。在这条曲线中，价格从P_1到P_2变动很小，而需求量从Q_1变动到Q_2，变动较大，说明需求量的变动对于价格的变动很敏感，也就是说需求富有弹性。需求曲线越平坦，需求越富有弹性。

在现实经济生活中，需求富有弹性的商品多是非生活必需品。例如，目前中国有很多工薪

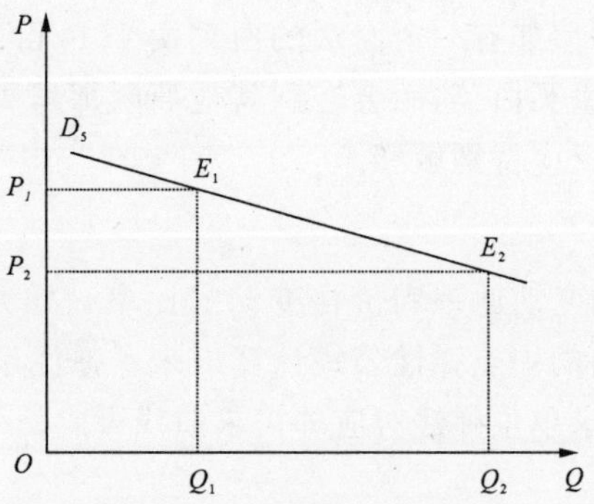

图 3-6　需求富有弹性

族买了小汽车，他们对于汽油的价格很敏感，如果汽油的价格上涨一点点，他们觉得自己开车划不来，而宁愿多乘公交车；如果汽油的价格下降一些，他们就很乐于开自己的汽车出行。所以这类人对于汽油的价格是富有弹性的，汽车和汽油其实对于他们来说是非生活必需品。

需要注意的是，同一种商品，对于某些人来说可能是必需品，而对于另一些人来说可能不是必需品，因而对于这两类人弹性是不同的。例如，对于摄影师来说，单反数码相机是必需品，摄影师对于单反数码相机的价格缺乏弹性；对于一般人来说，没有必要使用功能复杂、价格昂贵的单反数码相机，所以一般人对于单反数码相机的价格是富有弹性的。

此外，人们可能对于一类商品缺乏弹性，但是对于这类商品中具体的一个品牌可能富有弹性（分类越细，弹性越大）。例如，感冒病人一般总是要服用感冒药的，他们对于感冒药的价格缺乏弹性；但是，由于有很多种品牌的感冒药，他们对于某一种品牌的价格还是比较敏感的，弹性比较大。例如，如果"快克"牌感冒药的价格上涨了一些，而"白加黑"牌感冒药的价格不变，病人就不太乐意购买"快克"，而购买"白加黑"的可能性大大增加。这就是说，病人对于"快克"牌感冒药还是富有弹性的。这也就是各大品牌的感冒药一般都不随便涨价的原因。

三、需求的价格弹性和厂商的收益

在现实经济生活中，我们会发现：有些商品的价格在特定时期是会上升的，如春运期间的火车票和飞机票、盛世时的古董；有些商品价格一般是不下降的，如高级香水、进口洋酒、国产茅台酒、高级手表、大米、食油、面粉等，而有些商品的价格是不断下降的，如电器、过时服装、专利到期后的药品等。这些商品的降价或涨价除了成本的因素外，还有一个很重要的因素：弹性。也就是说，商品的价格弹性的大小也是导致厂商对自己的商品定价的重要原因。为什么会这样呢？下面我们通过证明弹性的大小与厂商的收益的关系来说明这个问题。

厂商的收益（sales revenue），等于商品的价格乘以商品的销售量。我们可以假定厂商的商品的销量等于需求曲线上售价对应的需求量。这样厂商的收益就可以表示为 $TR=P\cdot Q$，其中 P 表示商品的价格（售价），Q 表示商品的需求量（销售量）。

前面我们讲过，需求价格的弧弹性有五类情况，下面我们就分别对每一种情况进行弹性与收益的分析。

（1）需求价格弹性大于 1，降价扩大收益。在图 3-7 中，需求曲线比较平坦，需求弹性

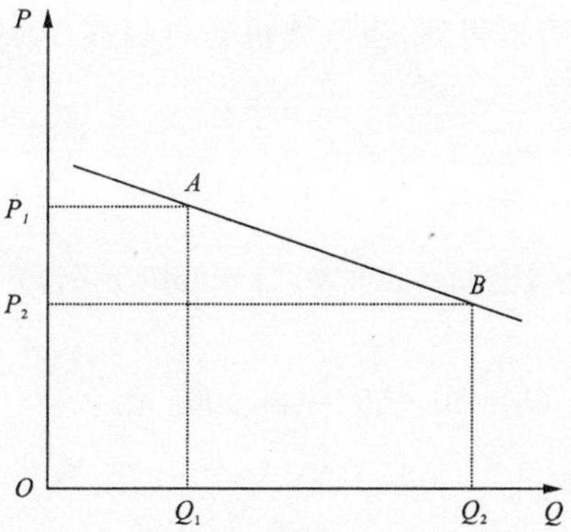

图 3-7　需求弹性大于 1 时收益的变化

$e_d>1$。从图中可以看出，当价格为高价格 P_1 时，需求量(销量)为 OQ_1，所以收益可以用矩形 P_1AQ_1O 的面积来表示。同理，当价格下降为 P_2 后，收益可以用矩形 P_2BQ_2O 的面积来表示。从图中可以直观地看出，矩形 P_2BQ_2O 的面积明显大于矩形 P_1AQ_1O 的面积。这就是说，降价之后，厂商的收益有所增加。

所以，对于富有弹性的商品($e_d>1$)，降低售价会增加厂商的收益，相反，提高售价却会减少厂商的收益，即厂商的收益与商品的价格成反向变动关系。可以通俗地说，弹性大的商品(人们对其价格敏感的商品)，薄利多销其实有利可图。这可以用下面的数理例子说明。

例 1：某电视机厂生产的电视机的需求价格弹性 $e_d=2$，初始售价(P_1)为 500 元/台，销售量(Q_1)为 100 台，请问：①如果价格下调 10%，厂商的收益会增加还是减少？②如果价格提高 10%，厂商的收益会增加还是减少？

解：

①因为 $e_d=2$，即：$e_d=-\dfrac{\frac{\Delta Q}{Q}}{\frac{\Delta P}{P}}=2$

价格下调 10%，即：$\dfrac{\Delta P}{P}=-10\%$，

所以有：$\dfrac{\Delta Q}{Q}=-e_d\cdot\dfrac{\Delta P}{P}=-2\times-10\%=20\%$

即销售量会增加 20%，则新的销售量 Q_2 为：

$$Q_2=Q_1(1+20\%)=100\times1.2=120(台)$$

新的销售价格 P_2 为：

$$P_2=P_1(1-10\%)=500\times0.9=450(元/台)$$

所以降价后的收益 TR_2 为：

$$TR_2=P_2\times Q_2=450\times120=54\ 000(元)$$

而降价以前的收益 TR_1 为：

$$TR_1=P_1\cdot Q_1=100\times500=50\ 000(元)$$

$$TR_2>TR_1$$

所以降价 10%后，厂商的收益会增加。

②用解第①问中的方法，可以得到，当电视机售价提高 10%后，电视机的销售减少 20%，提价后销售量 Q_3 为：

$$Q_3 = Q_1(1-20\%) = 80(\text{台})$$

提价后售价 P_3 为：

$$P_3 = P_1(1+10\%) = 500\times1.1 = 550(\text{元/台})$$

则提价后收益 TR_3 为：

$$TR_3 = P_3\cdot Q_3 = 80\times550 = 44\ 000(\text{元})$$

因为 $TR_3 < TR_1$，

所以，提价后收益减少。

这个结果正好和前面的几何证明的结果相一致。

在现实经济生活中，一些需求弹性较大的商品，往往降价比较快。以 DVD 影碟机为例：在 20 世纪 90 年代末，中国拥有 DVD 影碟机的家庭并不多，一方面是有很多家庭还在用 VCD 影碟机，另一方面是 DVD 影碟机的价格很高，2 000 多元的价格也不是一般家庭可以接受的。由于人们有 VCD 和电脑视频可以观看和娱乐，所以人们对于 DVD 影碟机和 DVD 碟片的价格比较敏感，也就是说，人们对于 DVD 影碟机的需求是富有弹性的。后来 DVD 影碟机降价的速度非常快。到了 2003 年，价格在 500 元之内的国产 DVD 影碟机已经不少；到了 2006 年，价格在 200 元之内的国产 DVD 影碟机已经到处都是。这里，DVD 影碟机的生产成本的降低虽然是降价的原因之一，但是弹性也是一个重要的因素。由于国人对于 DVD 影碟机的需求弹性较大，降价能扩大收益，所以 DVD 影碟机厂商在给消费者带来实惠的同时，也扩大了自己的收益。

(2)需求弹性小于 1，降价减少收益。在图 3-8 中，需求曲线比较陡峭，需求弹性 $e_d<1$。从图中可以看出，当价格为高价格 P_1 时，需求量（销量）为 OQ_1，所以收益可以用矩形 P_1AQ_1O 的面积来表示。同理，当价格下降为 P_2 后，收益可以用矩形 P_2BQ_2O 的面积来表示。从图中可以直观地看出，矩形 P_2BQ_2O 的面积明显小于矩形 P_1AQ_1O 的面积。这就是说，降价之后，厂商的收益有所减少。

所以，对于缺乏弹性的商品($e_d<1$)，降低售价会减少厂商的收益，相反，提高售价会增加

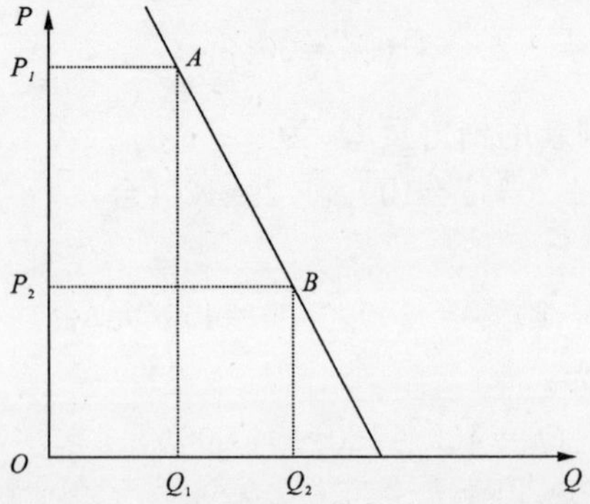

图 3-8 需求弹性小于 1 时收益的变化

厂商的收益，即厂商的收益与商品的价格成正向变动关系。

虽然提高售价对于厂商更有利，但是由于缺乏弹性的商品往往是人们生活的必需品（如大米、电信服务等），价格大幅上涨会对社会造成巨大冲击，所以价格往往是受政府限制的。所以，这类商品的生产商的定价策略往往是维护价格不变，或缓慢地涨价。例如，中国人对于大米和食用油的价格是缺乏弹性的，所以近年来，我国大米、食用油的价格一直都在缓慢上涨。我们前面讲过，高级香水的使用人群对于高级香水的价格是缺乏弹性的，所以这类香水在商场的价格很少下降，一般都是保持高价位不变。

(3)需求弹性等于1时，降价（提价）对于收益没有影响。在图3-9中，需求曲线斜率为一1，需求弹性 $e_d=1$。从图中可以看出，当价格为高价格 P_1 时，需求量（销量）为 OQ_1，所以收益可以用矩形 P_1AQ_1O 的面积来表示。同理，当价格下降为 P_2 后，收益可以用矩形 P_2BQ_2O 的面积来表示。从图中可以直观地看出，矩形 P_2BQ_2O 的面积等于矩形 P_1AQ_1O 的面积。这就是说，降价之后，厂商的收益没有变化。同理，提价之后，厂商的收益也没有变化。

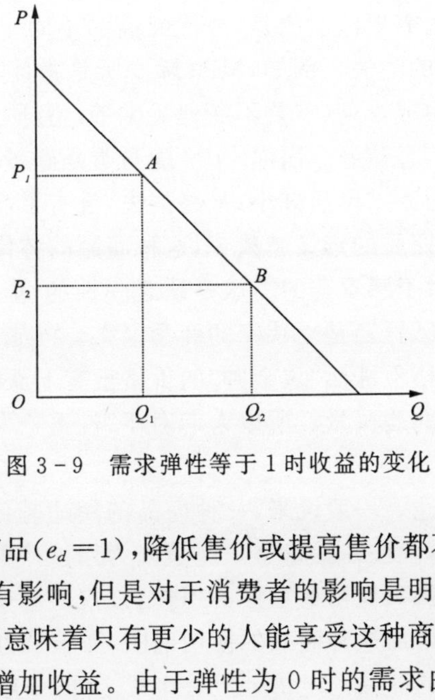

图3-9　需求弹性等于1时收益的变化

所以，对于单位弹性的商品（$e_d=1$），降低售价或提高售价都不会影响厂商的收益。注意，价格的变动虽然对于厂商没有影响，但是对于消费者的影响是明显的：降价就意味着有更多的人能享受这种商品，而提价则意味着只有更少的人能享受这种商品。

(4)弹性为0时，提价能增加收益。由于弹性为0时的需求曲线垂直于横轴（Q 轴），提高价格而消费者的需求量不变，显然收益会增加。但是，在现实生活中，弹性为零的商品往往是重要的生活物资，价格滥涨会影响社会的稳定，所以价格往往要受到政府的管制，厂商不能随便涨价，其定价策略就是维持价格不变。例如，人们对于食盐的需求弹性接近于0，食盐生产厂商抬价有利可图，但是食盐的价格是受到政府监督的，所以食盐的价格基本上是好多年都保持不变。

此外，需求弹性还有一种情况是弹性无穷大，由于这种情况只有一种价格，在这种情况下，收益可以无限增加，但是是以销量无限增加为前提的。由于只有一个价格，也就无所谓降价与提价的问题了。

需要注意的是，我们可以根据商品的价格弹性和价格的变化，来判断收益的变化，也可以反过来分析。如果一种商品的价格变化引起厂商收益反向变化，则该商品是富有弹性的；如果一种商品的价格变化引起厂商收益的正向变化，则该商品是缺乏弹性的；如果一种商品的价格变化没有引起厂商收益的变化，则该商品是单位弹性的。

四、影响需求价格弹性的因素

在前面所举的单反数码相机的案例中，可以看出同样是单反数码相机，在2008年之前，其价格对于消费者来说是缺乏弹性的，而到了2008年以后，其价格对于大部分消费者（摄影爱好者）来说是富有弹性的。可见，需求价格弹性是可以变化的，之所以有变化，是因为影响需求价格弹性的因素是多方面的。下面我们就来分析影响需求价格弹性的主要因素。

（1）商品的可替代性。一般说来，一种商品的可替代程度越高，可替代商品越多，可替代商品的价格越低，相近程度越高，则该商品的需求价格弹性越大。反之，需求价格弹性越小。这是因为一种商品越容易被替代，人们的选择越多，对于价格就越敏感，弹性就越大。典型的例子有手机对手表需求的影响。近年来，由于手机的普及，而手机上自带了时间，使很多人觉得不是那么必需再买手表了，于是对于手表的价格比较敏感。手表的价格上涨一点点，人们对手表的需求量就大量减少。这里需要注意的是，替代性商品不同于革命性商品。新的革命性商品的出现，往往导致旧有商品的消失。例如，MP3随身听是磁带随身听的革命性商品，因为磁带随身听体积大，更耗电，使用成本高（需要不断地买磁带），音质不高；而MP3随身听体积小，非常省电，边际使用成本为零，音质好。因而MP3随身听是磁带随身听的革命性产品，它的出现使得人们对于磁带随身听的需求迅速减小，最终消失，没有了需求，也就无所谓需求弹性了。

还需要注意的是，对一种商品的定义越狭窄，这种商品的替代品就越多，需求弹性就越大。前面我们分析过的感冒患者对于感冒药的需求是缺乏弹性的，但是对于“快克”牌感冒药是富有弹性的，就是因为“快克”牌感冒药是更狭窄的商品定义。再如，“黄金帅”苹果是“红富士”苹果的替代品，当“红富士”的价格上涨而“黄金帅”的价格没有上涨时，人们就会减少对“红富士”的需求量，而增加对“黄金帅”的购买量。所以人们对于“红富士”苹果的需求弹性大于对苹果的需求弹性。

（2）商品本身用途的广泛性。一般说来，一种商品的用途越广，则其需求价格弹性往往越大；用途越窄，则其需求价格弹性往往就越小。这是因为用途广的商品价格提高之后，人们很容易减少这种商品的使用范围，只保留最重要的用途，以规避涨价带来的损失；而当用途广的商品降价之后，人们就会逐渐增加这种商品的使用范围，需求量也就增加很快。

例如，电是一种用途很广的商品。电价一旦有小幅上涨，一般的家庭就会想方设法节约用电，减少使用电的范围。如用太阳能热水器取代电热水器，用天然气烧开水取代用电水壶烧开水，尽量少开空调等方法来减少用电量。所以电价小幅上涨后，用电量大幅减少。所以，一般家庭对于电的需求是有弹性的。

（3）商品对消费者生活的重要程度。一般说来，人们对于必需品的需求弹性较小，而对于非必需品的需求弹性较大。中国北方人对于面粉的需求弹性较小，而中国南方人对于大米的需求弹性较小，正是因为面粉或大米是他们的生活必需品。前面讲的单反数码相机对于摄影师来说需求缺乏弹性，而对于摄影爱好者来说富有弹性，正是因为单反数码相机对于摄影师是必需品，而对于摄影爱好者来说是非必需品，爱好者在没有单反数码相机的情况下，也可以用卡片数码相机或长焦数码相机来代替。

（4）商品的消费支出在消费者预算支出中所占的比重。商品的消费支出在消费者的预算支出中所占的比重越大,则需求弹性一般越大,因为所占的比重越大,人们越会慎重考虑是否购买,就越对价格敏感。反之,商品的消费支出在消费者的预算支出的比重越小,则需求弹性一般较小,因为这类商品价格很低,人们一般不太在意这些"小件"商品价格的变化。例如,大尺寸液晶电视机的价格比较高,一般家庭在购买之前要再三考虑是否真的需要,在购买的时候,又会货比三家,看看哪个品牌的性价比高一些,所以消费者对于大尺寸液晶电视机的价格变化比较敏感,需求弹性较大。

(5)消费者调节需求时间的长短。显然,消费者调节需求的时间越长,就越有机会找到替代方案,需求弹性就越大。反之,调节需求的时间越短,就越没有机会找到替代方案,需求弹性就越小。

这里,日本佳能复印机打败美国施乐复印机是一个非常典型的例子。在 20 世纪 60 年代至 70 年代中期,美国施乐复印机基本上垄断了复印市场,人们对于复印机没有选择,只有选择施乐,所以对于施乐复印机的需求弹性很小。施乐看到了这一点,就想方设法维护其垄断地位,增加了越来越复杂的功能,复印机的体积也越来越大,以至于复印机要占用专门的一个房间。那时复印机的价格是如此的贵(动辄几十万、上百万元一台),只有大公司才买得起。由于价格昂贵,很多部门不得不共享一台复印机(这就是施乐的集中复印的概念),经常出现排队等候复印的现象,浪费了大量时间。这时,佳能公司看到了市场契机,生产功能简单、体积小巧的复印机。由于功能简单,成本大幅降低,所以售价相对于施乐复印机要低很多。又由于体积较小,每一个需要复印的办公室里均可以放下一台佳能复印机,实现"分散复印",不需要专门的复印室,所以深受办公室白领的欢迎。从 1976 年到 1981 年,施乐在复印机市场的份额从 82%直线下降到 35%。也就是说,如果以 20 世纪 70 年代中期以前的某一年来看,人们对于施乐复印机的需求是缺乏弹性的,而如果从整个 70 年代来看,人们对于施乐复印机的需求则是富有弹性的。

除上面五种因素外,影响需求弹性的还有其他一些因素,如消费者的预期等,这里就不一一介绍了。需要注意的是,一种商品的需求弹性是受多种因素影响的,在进行经济分析的时候,要考虑各种因素,进行综合分析。

第三节　需求的收入弹性

一、需求的收入弹性的概念

需求的收入弹性(income elasticity of demand),简称收入弹性,表示在一定时期内,一种商品的需求量变动对于消费者收入量变动的反应程度。也可以说,它表示在一定时期内,当消费者的收入变化一个百分点所引起的商品需求量变化的百分点。用公式可以表示成需求量变动的百分比除以收入变动的百分比,所以需求收入弹性的弹性系数(用 e_M表示)公式为:

$$e_M=\frac{\frac{\Delta Q}{Q}}{\frac{\Delta M}{M}}=\frac{\Delta Q}{\Delta M}\cdot\frac{M}{Q}\text{(需求收入的弧弹性公式)}$$

或

$$e_M=\lim_{\Delta M\to 0}\frac{\frac{\Delta Q}{Q}}{\frac{\Delta M}{M}}=\frac{\frac{dQ}{Q}}{\frac{dM}{M}}=\frac{dQ}{dM}\cdot\frac{M}{Q}\text{（需求收入的点弹性公式）}$$

例如，收入增加 10%引起需求量增加 5%，则收入弹性是 $e_M=\frac{5\%}{10\%}=0.5$

二、需求的收入弹性的分类

收入弹性系数比较特别，它既可能大于 0，也可能等于 0，还可能小于 0。利用收入弹性系数的大小，我们可以对商品进行分类。下面我们分别分析。

1. 收入弹性大于 0（$e_M>0$）

收入弹性大于 0 的商品叫做正常商品（normal goods）。之所以称“正常”，是指人们对商品的需求量和人们的收入是成正向变动的。正常商品又可以细分为三类。

（1）必需品（$0<e_M<1$）。如果一种商品的收入弹性介于 0 和 1 之间，我们就说这种物品是必需品。对于这类物品，即使人们的收入变动很多，对这类物品的需求量的变动也不会太大，因为它们是人们生活“必需”的。如大米，对于中国南方人来说，就是必需品。

（2）单位收入弹性商品（$e_M=1$）。对于这类商品，需求量变动的比例与收入变动的比例是相同的，所以收入弹性为 1。例如，人们对于衣服的需求收入弹性是接近于 1 的。

（3）奢侈品（$e_M>1$）。收入弹性大于 1 的商品叫做奢侈品（luxury），是因为人们只有在收入增加了之后才想拥有这些商品，在收入减少后，就会大量减少购买这类商品，或者说，它们不是人们生活所必需的。

2. 收入无弹性（$e_M=0$）

这类商品比较特殊，消费者收入变化后，对这类商品的消费量完全没有变化。例如，胰岛素对于糖尿病病人来说，每天使用的剂量基本是固定的，病人不会因为收入增加而增加用药量；一般也不会因为病人收入减少而减少用药量。可见，糖尿病病人对于胰岛素的需求收入弹性基本等于 0。人们对于食盐的需求收入弹性也接近于 0。

3. 收入负弹性（$e_M<0$）

如果消费者收入增加后，对某种商品的需求量反而减少，则这种商品对于消费者来说需求收入弹性小于 0。我们把需求收入弹性小于 0 的商品叫做劣等品（inferior goods）或低档品。例如，人们对于肥肉、土豆、籼米、公共交通的需求收入弹性为负，所以这类物品在经济学中叫做劣等品。注意，这里的“劣等”并不是指商品的质量差。吉芬商品是劣等品中的特例。

三、恩格尔定律

如果用需求收入弹性来分析消费者食物支出对消费者收入变动的反应程度，就涉及到了一个重要的经济学概念——恩格尔定律。

19 世纪德国统计学家恩格尔根据统计资料，对消费结构的变化得出一个规律：一个家庭收入越少，家庭收入中（或总支出中）用来购买食物的支出所占的比例就越大。随着家庭收入的增加，家庭收入中（或总支出中）用来购买食物的支出所占的比例则会下降，这就是恩格尔定律(Engel's Law)。推而广之,一个国家越穷,每个国民的平均收入中(或平均支出中)用于购买食物的支出所占比例就越大,随着国家的越来越富裕,这个比例呈下降趋势。

$$恩格尔系数=\frac{食品支出总额}{消费支出总额}$$

按照联合国的标准,恩格尔系数在30%以下的国家是最富裕的国家,在30%～40%之间的国家属于富裕国家,在40%～50%之间的属于小康国家,在50%～60%之间的国家勉强度日(温饱),在60%以上的国家为绝对贫困。2005年,我国城镇居民家庭恩格尔系数为36.7%,说明我国城镇居民已经进入了富裕阶段。

第四节 需求的交叉弹性

在经济分析中,有时我们有必要研究一种商品的需求量的变化相对于另一种商品的价格变动的反应程度,如我们在研究人们对苹果的需求量的时候,有时候要考虑梨的价格的影响。这就涉及另一个弹性概念——需求的交叉弹性。

需求的交叉弹性(cross—price elasticity of demand)表示在一定时期内,一种商品的需求量的变动对于它的相关商品的价格的变动的反应程度。也可以这样说,需求的交叉弹性表示一定时期内,当一种商品的价格变化一个百分点时,引起另一种商品的需求量变化的百分点。如果有两种相关商品 X 和 Y,而 X 商品对于 Y 商品的价格的需求交叉弹性(简称 X 商品的需求交叉弹性或 X 商品的交叉弹性)为:

$$X\text{商品的需求交叉弹性}=\frac{X\text{商品需求量变动的比率}}{Y\text{商品价格变动的比率}}$$

所以,X 商品的需求交叉弹性的弧弹性公式为:

$$e_{XY}=\frac{\frac{\Delta Q_X}{Q_X}}{\frac{\Delta P_Y}{P_Y}}=\frac{\Delta Q_X}{\Delta P_Y}\cdot\frac{P_Y}{Q_X}$$

点弹性公式为:

$$e_{XY}=\lim_{\Delta P_Y\to 0}\frac{\frac{\Delta Q_X}{Q_X}}{\frac{\Delta P_Y}{P_Y}}=\frac{\frac{\mathrm{d}Q_X}{Q_X}}{\frac{\mathrm{d}P_Y}{P_Y}}=\frac{\mathrm{d}Q_X}{\mathrm{d}P_Y}\cdot\frac{P_Y}{Q_X}$$

需求的交叉弹性往往用于分析替代品和互补品。

如果两种商品是相互替代的,则一种商品的需求量会随着另一种商品价格的上涨而增加,随着另一种商品价格的下降而减少,所以相应的需求交叉弹性系数为正。例如,对于很多人来说,苹果和梨是可以相互替代的,当梨的价格上涨而苹果的价格不变,人们就不太愿意买梨而愿意买更多的苹果,所以苹果的需求量的变动和梨的价格的变动是同向的。如果两种商品是互补的,则一种商品的需求量会随着另一种商品价格的上涨而减少,随着另一种商品价格的下降而增加,所以相应的需求交叉弹性系数为负。例如,汽车和汽油是互补品,当汽油的价格上涨时,人们对于汽车的需求量会下降。

我们也可以根据两种商品的需求交叉弹性的正负来判断这两种商品是互补品还是替代品。如果交叉弹性为正,则是替代品;如果交叉弹性为负,则是互补品。

第五节 供给的价格弹性

如同消费者的需求对于价格具有反应一样，生产者的供给对于价格也是有反应的，这就是供给的价格弹性。

供给的价格弹性(price elasticity of supply)，简称为供给弹性，它表示在一定时期内，一种商品的供给量的变动对于该商品的价格的变动的反应程度。也可以这样说，一种商品的供给弹性表示在一定时期内，当一种商品的价格变化一个百分点，引起供给量变化的百分点。

供给的价格弹性的弧弹性公式为：

$$e_s=-\frac{\frac{\Delta Q}{Q}}{\frac{\Delta P}{P}}=-\frac{\Delta Q}{\Delta P}\cdot\frac{P}{Q}$$

供给价格点弹性的公式为：

$$e_s=\lim_{\Delta P\to 0}-\frac{\frac{\Delta Q}{Q}}{\frac{\Delta P}{P}}=-\frac{\frac{\mathrm{d}Q}{Q}}{\frac{\mathrm{d}P}{P}}=-\frac{\mathrm{d}Q}{\mathrm{d}P}\cdot\frac{P}{Q}$$

式中，e_s为商品的供给弹性系数，其他符号同需求的价格弹性公式中符号的含义。

由于供给曲线一般向右上方倾斜，所以供给弹性一般为正，$e_s>0$，所以并不像需求弹性那样在前面加负号。这一点一定要特别注意。

与需求的价格弹性类似，供给的价格弹性也分为五类：$e_s>1$ 表示供给富有弹性，$e_s<1$ 表示供给缺乏弹性，$e_s=1$ 表示供给具有单位弹性，$e_s=\infty$表示供给具有完全弹性，$e_s=0$ 表示供给完全无弹性。

对于供给的弧弹性，我们容易算出，供给曲线越平坦，两点间供给弹性越大；供给曲线越陡峭，两点间的弧弹性越小。这一点与需求弹性类似。

本章小结

1. 弹性是用来反应一个经济变量的变动对于另一个经济变量变动的反应程度。最重要的弹性是需求价格弹性。弹性分为点弹性和弧弹性。需求价格弹性可以分为富有弹性、缺乏弹性、单位弹性、无限弹性和零弹性五种情况。对于富有需求弹性的商品，一般降价能扩大收益，而涨价会减少收益；对于缺乏需求弹性的商品，一般提价能扩大收益，降价反而会减少收益；对于单位需求弹性的商品，价格变动对收益不造成影响。

2. 互为替代品的两种商品的需求交叉弹性大于零。互为互补品的两种商品的需求交叉弹性小于零。

3. 需求收入弹性大于零的商品属于正常品，正常品中需求弹性大于1的叫奢侈品，介于0和1之间的叫必需品，需求收入弹性小于零的商品叫劣等品。

4. 恩格尔定律是指一个国家或家庭的食物支出比重随着这个国家或家庭的收入水平的提高而降低。

案例 1　奢侈品需求弹性惊人

在这个纷争四起的世界上，持有不同政见的政客们大约至少会对一件事情持有相同态度，那就是他们都声称不喜欢加税，因为这样做通常只会引起选民的反感乃至抗议，闹不好就得下台。美国政府也是如此。1990 年，作为力图削减美国财政赤字的一揽子计划的一部分，美国国会同意对价格昂贵的奢侈品征收 10％的“奢侈品税”。这样的奢侈品包罗万象，几个明显例子就是豪华游艇、私人飞机、高级轿车、珠宝首饰和皮革。通常情况下，所有其他税项可能都是令人痛苦的负担，但是只对购买奢侈品的有钱人征收的税项却是一个例外，原因很简单，就是其实没有几个人真的不得不交上这笔额外的税项。有钱人可以选择是否购置奢侈品，从而选择自己是否需要为此交税。简言之，他们有选择是否交税的权利。所以，对奢侈品征税通常被认为是一种不那么痛苦的赋税。

事实证明，奢侈品的需求确实存在很大的弹性。到了次年，也就是 1991 年初，由于有钱人为了逃避税收转而前往邻国巴哈马等地购买游艇，导致美国东海岸度假胜地南佛罗里达地区的游艇销量迅速下降 90％，令人吃惊。包括德国“奔驰”和日本“凌志”在内的高级轿车的销量也出现急剧下降的趋势。加上 1991 年开始出现的经济衰退，导致有钱人的投资行业的收入下降，对于奢侈品的销量无异于雪上加霜，需求曲线向左移动，总体销量继续下跌。

奢侈品需求的高弹性颇有些出人意料，而且为经济带来两个不利影响：一是与政府的愿望背道而驰，原本预期由有钱人承担税务负担，最后落在有关产品的生产者和销售者身上，而这些人本身多半并不会富有到可以支付奢侈品税的地步。二是这一新税项带来的收入远远小于预期的数额。美国国会预算办公室曾经估计这一税项可以在未来 5 年内为国库带来大约 15 亿美元进账，平均每年应该达到 3 亿美元。然而就在第一年，即 1991 年，有钱人总共才为购置奢侈品上交了 3 000 万美元的税金，只有预期平均值的 1/10。如果将在全国范围内设立和实施这一税项所消耗的费用计算在内，这 3 000 万美元很有可能不敷支出，美国政府实际上还倒赔了钱。经过这么一番简单考虑，当我们知道美国政府在两年后的 1993 年便宣布撤销这一税项，使其成为最短命的税项之一时，就不该感到惊奇了。

资料来源：豆丁网/科普知识. http://www.doow.com.

案例 2　单反数码相机大降价的经济学解读

2009 年，单反数码相机在中国卷起了普及之风，因为单反数码相机已经从几年前的动辄几万元，下降到了 5 000 元以内。索尼公司 2009 年推出的入门级单反数码 α350 的售价在 4 000元以内，已经达到了中国普通城市家庭所能承受的范围内。

在 2008 年之前，单反数码相机价格一直都很高，单机（不带镜头）价格一般都在一万至二万元。大幅降价是从 2008 年真正开始的。在 2008 年以前，单反数码相机锁定的人群主要是摄影师等专业人士。对于摄影师等专业人士来说，单反数码相机是生产资料，是赚钱的工具，价格再高也能赚得回。这些人对于数码相机的成像质量要求是第一的，对于其价格的关心倒是其次，也就是说，他们对于价格的变动不敏感，即需求缺乏弹性。按经济学里弹性与收益的关系，缺乏弹性的商品降价之后厂商的收益会减少。所以，在 2008 年之前，单反数码相机的价格降得很慢。即使有降价,也基本是成本降低推动的。

但是到了2008年,欧洲和美国受到金融危机的冲击,人们的收入锐减。而中国经济还在快速增长,爱好摄影的人也越来越多了,普及单反数码相机的呼声越来越高,渴望拥有单反数码相机的摄影爱好者越来越多。摄影爱好者的相机一般是家用,他们对于价格的变动很敏感,也就是说,摄影爱好者对于单反数码相机的需求弹性是较大的。根据经济学中需求弹性与收益的关系,弹性大于1时,降价反而能扩大厂商的收益。像中国这样一个大国,摄影爱好者市场是一个巨大的市场,厂商当然不会放过。于是厂商就顺应这个要求,设计了一些入门级单反数码相机,通过大幅降低价格来吸引广大摄影爱好者(这类人的数量可比摄影师等专业人士多多了)。2008年价格最低的单反数码相机是Sony公司生产的α200,价格在4 000元人民币以内。到了2009年Sony把这款机型升级到了α350,价格还是在4 000元人民币以内。其他厂商也纷纷推出4 000元人民币以内的单反,如佳能把EOS 450D的价格降到了3 500元人民币左右,比2008年的价格降低了近1 200元人民币!需要注意的是,各大厂商虽然调低了入门级单反数码相机的价格,但是高端单反数码相机的价格仍然高高在上。例如佳能的高端单反EOS 5D MarkII的价格仍然高达1.79万元人民币/台。这是因为高端单反数码相机锁定的人群还是摄影师等高端人士,这些人的需求弹性小,价格下降就比较慢了。

总之,我国的消费者的弹性较大,是决定单反数码相机在国内频频降价的最主要原因。

资料来源:自编案例。

案例3　富人与穷人,奢侈品与必需品

这里研究的"富人",不是达官贵人的富人,而是经济条件优越的富人;这里研究的"穷人",不是某贫困县每天衣食无着的穷人,而是普通的经济条件较差的低收入者。我们聚焦的是"橄榄球"的中部,是大多数普通老百姓里的穷人和富人。只有他们才能代表中国消费市场的主力军。

中国楼市价格为什么居高不下,因为中国老百姓对楼市需求弹性很小。到了而立之年,你得成家立业了,成家就得有个房子不是?你不买房子谁嫁你!哪个岳母会同意自己的女儿嫁给一个没有房子的人?所以说中国的楼市是"丈母娘"推动下的经济,正是在"丈母娘"和世俗的压力下,楼市具有"刚性需求",让中国老百姓对楼市的需求弹性很小!楼市开出什么价你都得买。钱不够?按揭啊!银行等着呢!

还有一类是截然相反的,就是"富抠门"的,例如:洛克菲勒、比尔·盖茨、王永庆、李嘉诚。比尔·盖茨曾因5美元的停车费而拒绝支付。我们抛开这些原则性极强的大富大贵不提,一般的企业家里亦有不少"抠门"的。曾有一位企业家向我诉说在上海某地方用了80多块钱吃了一碗面,心疼了好久,而他平时几百万、几千万的生意支付却很少皱眉头的。

这些"穷大方"、"富抠门"的奇特现象又如何解释呢?我想至少有两个原因。

第一个原因:对于多数中国人来说,"面子"是必需品,而吃饭可有可无,自古有训:"饿死事小,失节事大。"死要面子活受罪正是此类。

第二个原因:中国的多数富人是从穷人转化过来的,还保持着年轻时固有的消费观念,保持着对不同商品的价值衡量。如果你毫无道理地把溢价商品卖给他,他会觉得你是在欺负他,把他当傻瓜。

毋庸置疑，穷人对价格是很敏感的，穷人总是想花更少的钱办更多的事，所以他们对打折优惠非常感兴趣。穷人喜欢网购、团购，他们总是喜欢逛完商店不买东西，而到网上淘到一个性价比更高的商品。虽然物流一拖再拖，但他们还是非常享受等待自己订购心爱之物的过程。

所以商家对付穷人最好的促销办法就是，先给商品一个昂贵的价格，然后再给一个极低的折扣，这样让穷人觉得占了很大便宜。

富人从来不屑于干这样的事，他们不想更麻烦。对于他们来说，时间才是宝贵的，便捷才最重要。他们想在什么时候消费就在什么时候消费。对于他们来说，他们的经济条件可以让他们获得更多的自由度。他们的购买总是即兴的，他们更喜欢在实体店里体验消费，享受店员为他们的讲解和赞誉，尽管他们知道那是阿谀之辞。他们会询问有没有折扣，但其实他们只是为了证明自己的精明，并不在意有多大折扣。

相对来说，富人更在意购物的体验过程，很多时候富人的消费愉悦只是购物后拥有的一刹那，事后他们往往对已经拥有的商品并没有多大兴趣了，甚至是买回去后再也没有用过。富人不懂得网购，不懂得团购，不懂得秒杀。他们更懂得名牌，懂得名牌间的细微差距。他们总是津津乐道并放大那些细微的见识，用以印证自己是个有品位的人。

穷人总是在买更有用的东西，总是想花少钱办多事；富人更在意的是自己的身份，他们所要获取的是跟穷人们的差距。

即便这样，我们也不能一致认定富人对所有商品需求弹性小，穷人对商品的需求弹性大。我们还必须区分商品。我们把商品分为必需品和奢侈品，就如同我们对穷人与富人的区分。必需品就如同我们的日常用品，虽不及空气、水般紧迫，但亦如柴米油盐酱醋茶之必需。奢侈品则与此相对，按照我们通俗的说法，就是我们离开奢侈品一样能过，但离开必需品就不行。

我们亦不能用价格去区分哪些是必需品，哪些是奢侈品，其分别仅仅在于必需性上。比如手表，当下已经成为奢侈品，现代人都备有手机，手机上有时间显示，手表上的时间显示效用对人们来说已经显得没那么重要了。手表是装饰性的，手机是功能性的，两相对比，手表成了奢侈品，手机成了必需品，当然你买 iPhone5 另当别论。

如果我们把人分作穷人和富人，把商品分作必需品和奢侈品，我们就可把这些要素纳入一张表中，在这张表中我们可以清晰地看到，穷人对必需品的需求弹性大，而富人对奢侈品的需求弹性大。

这也就解释了为什么：穷人对必需品很容易情绪紧张，富人超喜欢名牌打折！

中国的消费者结构发生了变化，所以，一方面我们看到消费者对 CPI 的增长怨声一片，另一方面我们也看到在奢侈品领域繁荣一片。这都是真实的，穷人不明白富人为何买那些没用的东西，富人不明白穷人为何那么斤斤计较。

如果你单纯地认为中国的穷人与富人已经划分清楚，穷人在意必需品，富人在意奢侈品，那你就错了！中国的消费者不是可以简单地用穷人和富人来区分的。中国历来都有“穷大方”、“富抠门”的说法，更多的消费者是兼具这两种品性的。

有时候我们真的不知道他们的收入状况。我们曾走访过国内许多城市的消费者，在我们作专项调查的时候，中国的消费者无一例外地虚报自己的收入，最离谱的是成都，收入虚报可以达到近 10 倍。他们并非恶意，而只是希望让别人看起来他们生活得很好。当然你若向他们借钱，他们会 180°地转弯，马上把自己描绘成负债累累、濒临跳楼的人。

国内的消费者很多是“面子消费”者，这一点很难用经济学去解读清楚，他们中的很多人并不是按照理性的穷人逻辑或者富人逻辑来决策自己的购买。

按照最大效用的原则，他们在支配自己的钱财时有着自己的标准。仍以成都为例：很多月收入 1 000 多元的年轻人抽的竟然是几十元一包的“娇子”香烟，当然从绝对购买力上没问题，但问题是：难道他就不进行别的消费？或者他认为抽几十元一包的“娇子”就是自己所认为的效用最大化。但的确看上去有“穷大方”之嫌。

再举一个上海姑娘的例子。有个上班族的上海姑娘为了买到一个 LV 包，宁可花一年时间节衣缩食，当然更多的是缩食。这是一个特例，但也代表了一部分人的心声。从这个特例中我们看到，这部分人在必需品上“抽脂”去买那些奢侈品，在这里马斯洛的需求层次理论完全失效，我们只能把这些消费者理解为“更有理想”。当一个穷人更有理想的时候，难免作出些匪夷所思的事来。比如：穿着貂皮挤公交，挎着 LV 挤地铁，这些已经不是什么新鲜的事了。

案例来源：杨江涛. 穷大方和富抠门. 销售与市场，2012，4.

本章练习

一、名词解释

弹性、需求价格弹性、需求收入弹性、需求交叉价格弹性、供给价格弹性、恩格尔定律

二、选择题

1. 某商品的价格从 10 元下降到 9 元，需求量从 70 增加到 75，则需求价格为(　　)。
   A. 缺乏弹性　　B. 富有弹性　　C. 单位弹性　　D. 无限弹性
2. 有四种产品：优质大米、高级工艺品、食盐、棉布 T 恤衫，需求的价格弹性最小的是(　　)。
   A. T 恤衫　　B. 高级工艺品　　C. 食盐　　D. 棉布 T 恤衫
3. 有四种产品：T 恤衫、品牌彩电、出国旅游、食盐，需求的价格弹性最大的是(　　)。
   A. T 恤衫　　B. 品牌彩电　　C. 出国旅游　　D. 食盐
4. 容易被替代的商品，其需求弹性(　　)。
   A. 大　　B. 小　　C. 较小　　D. 不确定
5. 如果某商品涨价后厂商的总收入增加，则这种商品的需求价格会是(　　)。
   A. 缺乏弹性　　B. 富有弹性　　C. 单位弹性　　D. 无限弹性
6. 需求价格弹性较大的商品是(　　)。
   A. 可代替程度差的商品　　B. 用途窄的商品
   C. 对消费者生活不很重要的商品　　C. 消费支出占收入比重小的商品
7. 儿童玩具、某一厂商生产的客运飞机、多家厂商生产的客运飞机、名人字画，这四种产品中，供给价格弹性最大的是(　　)。
   A. 儿童玩具　　B. 某一厂商生产的客运飞机
   C. 多家厂商生产的客运飞机　　D. 名人字画
8. 已知需求函数为 $Q=100-4P$，那么在价格为 5 时，需求价格弹性为(　　)。
   A. 0.25　　B. 4　　C. 2.5　　D. 8
9. 若 X 相对于 Y 产品的交叉价格弹性是 -2，则(　　)。
   A. X 和 Y 是替代品　　B. X 和 Y 是正常品
   C. X 和 Y 是劣等品　　D. X 和 Y 是互补品

10. 如果商品的需求价格弹性为单位弹性，则该商品价格上升(　　)。

A. 会使销售收益增加　　B. 销售收益不变

C. 会使该商品销售收益下降　　D. 销售收益可能增加也可能下降

三、简答题

1.需求价格弹性的类型？

2.影响需求价格弹性的因素有哪些？

3.需求价格弹性与厂商收益的关系如何？

4.“薄利多销”适合于什么商品？为什么？

四、分析题

1. 对于某种特定品牌的汽车而言，如雪佛兰，其需求价格弹性比所有汽车的需求价格弹性高还是低？为什么？

2. 牛奶价格增加 2%导致巧克力糖浆的需求量减少 4%。那么，巧克力糖浆关于牛奶价格的需求交叉价格弹性为多少？这两种产品是互补品还是替代品？

3. 为了让市民节约能源，政府积极推广高效节能的变频空调的使用，这些措施实施以后，政府官员惊奇地发现，人们的用电量比以前更多。用价格弹性的观点解释这一现象。

第四章 消费者行为理论

学习目的：

1. 掌握效用、基数效用和序数效用的含义；
2. 掌握边际效用递减规律的含义及应用；
3. 掌握无差异曲线的特征及含义；
4. 理解消费者均衡的含义及实现条件。

教学要求：

1. 了解效用的概念，了解基数效用论和序数效用论的基本概念；
2. 理解消费者均衡的条件；
3. 掌握边际效用递减的含义并能用其解释经济现象；
4. 掌握无差异曲线及其基本特征，掌握预算约束线的作用。

在第二章里，我们分析了需求和供给，并且得出市场价格是由市场上供给和需求这两种相对的力量达到均衡时所形成的。但是我们并没有说明为什么消费者有需求，消费者的需求是怎样达到均衡的，也没有说明生产者的行为规律是什么。所以在本章中，我们以效用或偏好作为分析工具，研究消费者的行为。

第一节 欲望与效用

一、欲望与效用

消费者消费某种商品是为了从商品中获得一种满足，这就是效用(utility)。在西方经济学中，效用(utility)是商品满足人的欲望的能力度量指标，也可以理解为人们从消费商品中得到的满足程度。既然是一种满足程度，所以它受主观欲望的影响。显然，欲望越大，满足程度越低；欲望越小，则满足程度越高。为了直观地表示欲望与效用的关系，美国经济学家萨缪尔森提出了著名的幸福方程式：

$$幸福=\frac{效用}{欲望}$$

按照这个公式，要想获得更多的幸福，有两种方法：

其一，增加效用。这一点我们可以简单地理解为消费更多的商品。

其二，清心寡欲。因为欲望越高，幸福感越低。

关于效用，我们还需要注意以下几点。

1. 偏好影响效用大小

效用完全是个人的心理感觉，不同的偏好决定了对同一种商品效用大小的不同评价。这正如当今人们对于手表的评价。有的人认为有了手机没有必要再用手表，所以对于手表完全没有偏好，手表也就没有什么效用可言；而有的人认为用手机看时间那是很没有品位的表现，所以还是有必要戴手表的，手表对他们效用很大。

2. 效用是有时限的

同一个消费者在生活的不同阶段，甚至生活的不同时段，其消费效用的内容、标准、评价方法，以及效用价值的认知与反馈，再消费的选择会出现明显的差异。所以，就某一个具体的效用表现来说，是有鲜明时间长度的。

3. 稀有物品效用高

一般来说，物品越稀有，人们就越珍视，心理上的满足感就越大，效用就越大。例如，玉石之类的东西，如果不在改造中加入具有观赏作用的人文要素，其原生形态并没有多少用处，但玉石价格很高，其实是因为玉石太稀少，所以人们认为，它给人们带来的效用很大。路上的普通石头对于人们来说没有什么效用，只不过因为普通石头太多，太常见了。

效用是一种主观的心理感受，它是客观物象在人们心中的一种愉悦度、满足感。可口可乐就是一个典型的例子。其实喝可口可乐对于身体并没有什么好处，但是可口可乐公司通过种种广告，把喝可口可乐和快乐的生活联系起来，就是为了培养人们喝可口可乐时心理上的满足感，让人们获得更高的效用。当然，一种商品的效用越大，人们愿意为这种商品支付的价格就越高。

二、两种效用理论简介

既然效用的大小对人们愿意支付的价格有重要的影响，那么，怎么度量效用的大小就成为一个值得研究的问题。在西方经济学的发展过程中，存在两种效用论：首先提出来的是基数效用论，后来又提出了序数效用论。

1. 基数效用论

基数效用(cardinal utility)论认为，效用的大小可以用基数(1，2，3，…)来表示，而且可以计量并加总求和。例如一个苹果的效用是2，一个梨的效用是1，一个苹果和一个梨的效用就是3。基数效用论采用的是边际效用分析法，提出了重要的边际效用递减规律。

在19世纪和20世纪初，基数效用论一度很流行，但是后来由于在理论方面的不严密，以及实践中又往往不能很好地解释经济现象，所以到了20世纪40年代，人们对于基数效用论的质疑声不断。二战之后，就基本上被新的效用论——序数效用论所取代。

2. 序数效用论

序数效用(ordinal utility)论认为效用作为一种心理现象无法计量，也不能加总求和，只能表示出满足程度的高低与顺序，效用只能用序数(第一，第二，第三，……)来表示。序数效用论采用的是无差异曲线分析法。序数效用论克服了基数效用论不能自圆其说的缺点，也不像基数效用论那样具有社会主义主张，所以在西方经济学里，逐渐取代了基数效用论，成为效用论的主流。

在下面两节中，我们将详细介绍这两种效用理论。

第二节 基数效用论

一、基数效用论的基本思想

基数效用论是19世纪和20世纪初西方经济学普遍使用的概念。西方经济学效用理论的思想渊源可以追溯到以边沁和密尔为代表的英国功利主义哲学，但其直接奠基的却是产生于19世纪50～70年代的“边际革命”。在此期间，德国的戈森、英国的杰文斯、奥地利的门格尔以及法国的瓦尔拉斯等人差不多同时但又都各自独立地发现了“边际效用递减规律”。边际效用学说建立在效用可以直接计量的假设之上，因此也被称为“基数效用论”。

效用(utility)，是指消费者从消费某种物品或劳务中所得到的满足程度。效用是一种心理感受，而不是客观用途。同一商品效用的大小因人、因时、因地而不同。

基数效用论基本观点如下。

第一，效用是可以计量并可以加总求和的。所谓效用可以计量，就是指消费者消费某一物品所得到的满足程度可以用效用单位来进行衡量。所谓效用可加总求和是指消费者消费几种物品所得到的满足程度可以加总而得出总效用。表示效用大小的计量单位被称为效用单位(utility unit)。

第二，效用的大小可以用基数(1，2，3，…)来表示，正如长度单位可以用米来表示一样。基数效用论采用的是边际效用分析法。基数效用论认为效用大小是可以测量的，其计数单位就是效用单位。根据这种理论，可以用具体的数字来研究消费者效用最大化问题。

第三，货币边际效用不变。基数效用论者认为，货币如同商品一样，也具有效用。所以，商品的边际效用递减规律对于货币也同样适用。对于一个消费者来说，随着货币收入量的不断增加，货币的边际效用是递减的。但是，在分析消费者行为时，通常又假定货币的边际效用是不变的。

二、边际效用递减规律

基数效用论者将效用区分为总效用和边际效用。

1. **总效用**

总效用(total utility，TU)，是指消费者在一定时间内从一定数量的商品的消费中所得到的效用量的总和。假定消费者从消费 X 和 Y 两种商品中获得效用，获得效用的总量与消费 X 和 Y 的数量有关，则效用函数表达式为：

$$\mathrm{TU}=f(X,Y)$$

2. **边际效用**

边际效用(marginal utility，MU)，是指消费者在一定时间内增加一单位商品的消费所得到的总效用量的增量。从而，假定消费者对一种商品的消费数量为 Q，则总效用函数为 $\mathrm{TU}=f(Q)$，相应的边际效用函数为：

$$\mathrm{MU}=\frac{\Delta \mathrm{TU}(Q)}{\Delta Q}$$

3. 总效用与边际效用的关系

某一消费者对一特定的物品的总效用与该物品的消费量的对应关系式为 $TU=14Q-Q^2$，则对上述公式进行一次求导就会得到该消费者对该物品的边际效用 $MU=14-2Q$。由微积分知识知道，MU>0，TU 递增；MU<0，TU 递减；MU=0，TU 达到最大值。由表 4-1 的数值对应关系可以看出 TU 和 MU 的变化规律。

表 4-1　总效用与边际效用

Q 消费量	0	1	2	3	4	5	6	7	8	9	10
TU 总效用	0	13	24	33	40	45	48	49	48	45	40
MU 边际效用	—	13	11	9	7	5	3	1	−1	−3	−5

由图 4-1 可以得出总效用与边际效用存在以下关系。

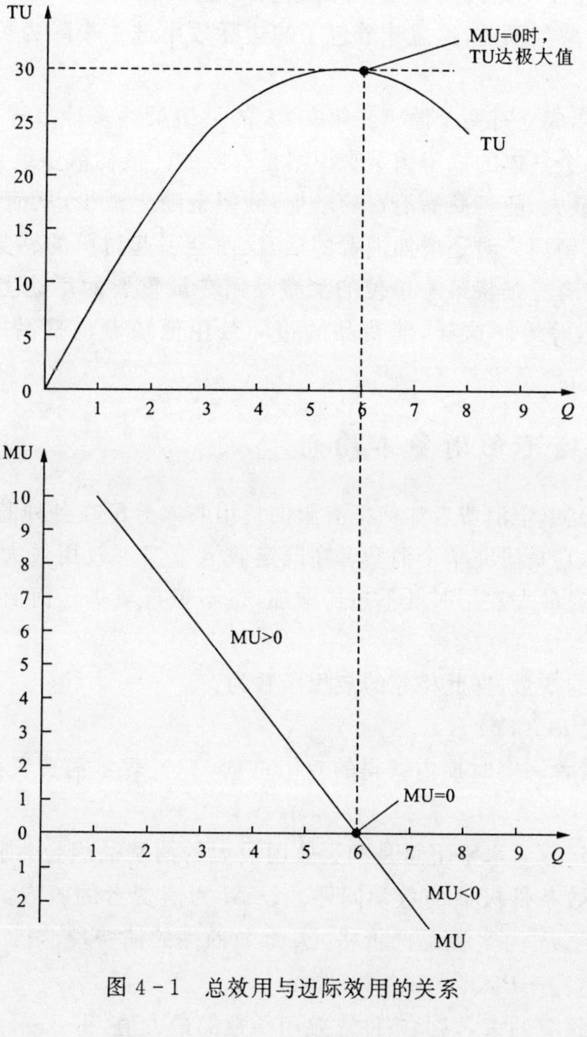

图 4-1　总效用与边际效用的关系

边际效用为总效用函数的导数，而总效用为边际效用函数的积分。一定消费量的边际效用，可用总效用曲线在该消费量的斜率表示；该消费量的总效用，可用其边际效用曲线与两轴所包围的面积表示。就总效用与边际效用来说，只要知其一，便可知其二。

总效用曲线以递减的速度递增，凹向横轴，具有正的斜率；边际效用曲线以递减的速度递减，凸向横轴，具有负的斜率。

当边际效用为正时，总效用处于递增状态；当边际效用为0时，总效用达到最佳状态；当边际效用为负时，总效用处于递减状态。

4. 边际效用递减规律

边际效用递减规律(the law of diminishing marginal utility)，指在一定时间内，在其他商品的消费数量保持不变的条件下，随着消费者对某种商品消费量的增加，消费者从该商品连续增加的每一消费单位中所得到的效用增量即边际替代效用是递减的。

例如：在一个人很饥饿的时候，吃第一个包子给他带来的效用是很大的，以后，随着这个人吃的包子数量的连续增加，虽然总效用不断增加，但每一个包子给他带来的效用增量即边际效用却是递减的。当他完全吃饱的时候，包子的总效用达到最大值，而边际效用却降为零。如果他还继续吃包子，就会感到不适，这意味着包子的边际效用进一步降为负值，总效用也开始下降。

边际效用递减规律成立有两个原因。第一，人的欲望虽然多种多样、永无止境，但由于生理等因素的限制，就每个具体的欲望满足来说则是有限的。最初欲望最大，因而消费第一单位商品时得到的满足也最大，随着商品消费的增加，欲望也随之减少，从而感觉上的满足程度递减，以致当要满足的欲望消失时还增加消费的话，反而会引起讨厌的感觉。第二，在一种商品具有几种用途时，消费者总是将第一单位的消费品用在最重要的用途上，第二单位的消费品用在次重要的用途上，等等。这样，消费品的边际效用便随着消费品的用途重要性的递减而递减。

三、基数效用论下的消费者均衡

消费者均衡是研究单个消费者如何把有限的货币收入分配在各种商品的购买中以获得最大的效用。也可以说，它是研究单个消费者在既定收入下实现效用最大化的均衡条件。这里的均衡是指消费者实现最大效用时既不想再增加，也不想再减少任何商品购买数量的一种相对静止的状态。

把效用看做消费的变量，据此构建的效用函数为：

$$U=u(X,Y)$$

式中，U 表示消费者一定时期内获得的效用总量；X、Y 表示消费者消费 X、Y 两种商品的数量。

假定消费者在一定收入水平下总是购买效用最大的消费品组合，则消费者的行为可以转化为一个求解效用函数条件极值的数学问题。设 M 为消费者的收入，P_X 为 X 商品的价格，Q_X 为 X 商品的消费量，P_Y 为 Y 商品的价格，Q_Y 为 Y 商品的消费量，则：

$$P_XQ_X+P_YQ_Y=M$$

该式为消费者的预算约束，以此条件求效用函数的最大值，得：

$$\frac{MU_X}{P_X}=\frac{MU_Y}{P_Y}=MU_M$$

式中，MU_X 表示消费 X 商品的边际效用；MU_Y 表示消费 Y 商品的边际效用；MU_M 表示货币收入的边际效用。该式就是消费者实现效用最大化的均衡条件，即：如果消费者的货币收入水平是固定的，市场上各种商品的价格是已知的，那么，消费者应该使自己所购买的各种商品的边际效用与价格之比相等。或者说，消费者应使自己花费在各种商品上的最后一元钱所带来的边际效用相等。

四、消费者剩余

由上一节，我们知道边际效用是逐步递减的，所以，消费者愿意支付的价格逐步下降，即需求曲线是向右下方倾斜。但是，消费者在购买商品时实际是按照一个市场价格支付的，而不是一个商品一个价格。于是，消费者愿意支付的价格和实际市场价格之间就存在一个差额，便构成消费者剩余的基础。

消费者剩余(consumer surplus，CS)，就是指消费者愿意支付的价格与实际支付的价格之间的差额。或者说，消费者消费某种商品所获得的总效用与为此花费的货币总效用的差额。特别注意，消费者剩余是消费者的主观心理评价，其反映消费者通过购买商品所感受到的福利改善。

下面进行消费者剩余的求解。

假设需求函数的反需求函数为 $P_d=f(Q)$，价格为 P_0 时的消费者的需求量为 Q_0。继而，消费者剩余就是图 4－2 中阴影的面积，即需求曲线以下、市场价格线之上的面积。

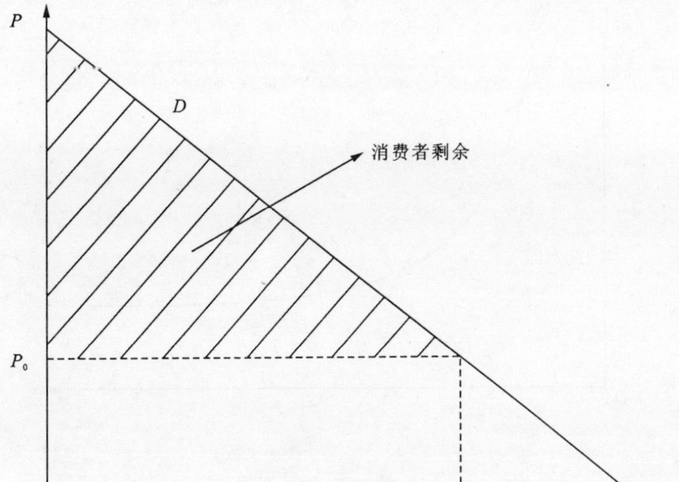

图 4－2　消费者剩余

第三节 序数效用论

一、序数效用论的基本思想

到了20世纪30年代,序数效用的概念为大多数西方经济学家所使用。序数效用论者认为,效用是一个类似于香、臭、美、丑那样的概念,效用的大小是无法具体衡量的,效用之间的比较只能通过顺序或等级来表示,即消费者能对可能消费的商品进行先后排列。

由我们日常常识不难发现,理性消费者有三大基本偏好。

第一,完全性。可以明确比较和排列不同商品组合。假设有两个物品,一个物品的效用为A,另一个物品的效用为B,两个物品的效用相比,要么$A<B$;要么$A=B$;要么$A>B$。

第二,可传递性。假设有三个物品,三个物品的效用依次为A、B、C。如果$A>B$,$B>C$,那么,$A>C$。

第三,非饱和性。对每一种商品的消费都没有达到饱和点。对任何商品,总认为多比少好。

二、序数效用论的分析工具——无差异曲线

序数效用论的学者在分析消费者的消费行为时使用的工具是无差异曲线(indifference curves),即用来表示X_1、X_2等多种商品的不同数量组合,却给消费者带来效用完全相同的一条曲线。图4-3就是一条假设只有商品X_1和商品X_2的无差异曲线。

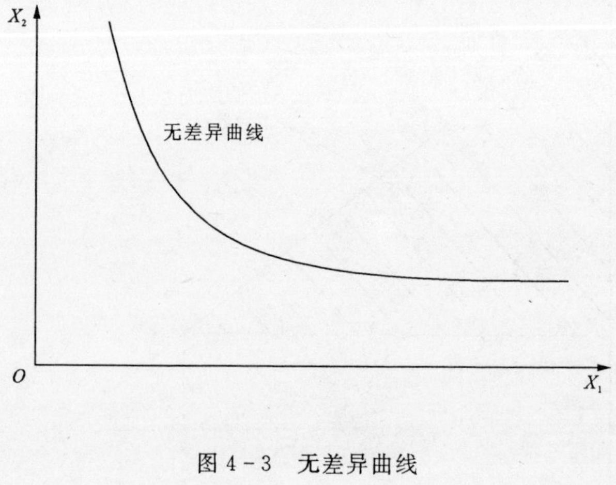

图4-3 无差异曲线

在无差异曲线上,不同的点代表所拥有的X商品和Y商品的数量各不相同,但是不同的点中X商品和Y商品所带给消费者的效用是一样的。也就是在同一条无差异曲线上效用保持不变。

用数学语言表示无差异曲线即为:在一条无差异曲线上,$U=f(X_1, X_2)=U_0$。X_1、X_2分别为商品1和商品2的数量;U_0是常数,表示某个效用水平。

无差异曲线有以下三个基本特征。

第一，同一坐标图上可以有无数条无差异曲线。并且，离原点距离越大的无差异曲线所代表的效用越大。如图 4－4 所示，在固定一种商品（X_1）的数量时，离原点距离越大的无差异曲线所拥有的另一种商品（X_2）的数量越多，从而该无差异曲线所代表的效用就越大。

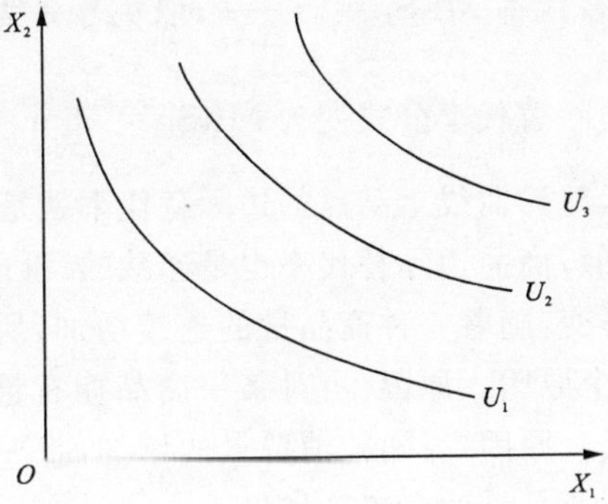

图 4－4　同一坐标图上的无差异曲线

第二，在同一坐标图上任意两条无差异曲线都不可能相交。

下面我们对特征二进行证明。如图 4－5 所示，假设同一坐标图上无差异曲线 1 和无差异曲线 2 相交于点 A，那么由于无差异曲线的性质，我们知道由于点 A 和点 B 在同一条无差异曲线上，所以 A 点处商品组合的效用和 B 点处商品组合的效用相同。同样道理，A 点处商品组合的效用和 C 点处商品组合的效用相同。所以 B 点处商品组合的效用和 C 点处商品组合的效用相同。然而，B 点处商品组合和 C 点处商品组合中商品 X_1 的数量是相同的，商品 X_2 的数量是不同的，所以 B 点处商品组合的效用和 C 点处商品组合的效用一定不同。从而产生矛盾，所以在同一坐标图上任意两条无差异曲线都不可能相交。

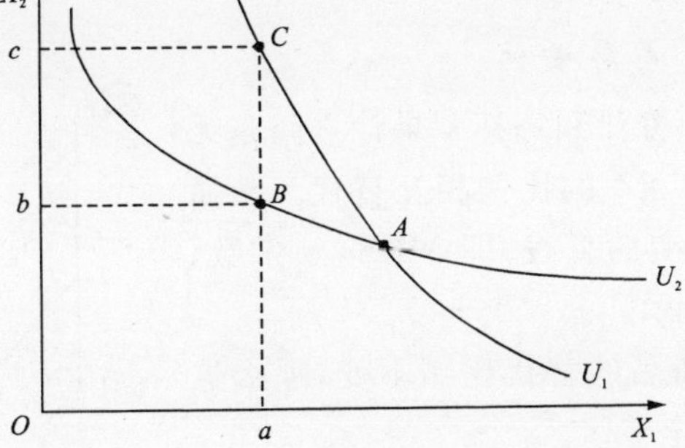

图 4－5　无差异曲线相交的不可能性

第三，无差异曲线凸向原点，这是由商品边际替代率递减规律决定的。这个特征的证明需要运用另一个经济学概念——边际替代率。

三、边际替代率

边际替代率(marginal rate of substitution,简记为 MRS),就是在维持效用水平不变的前提下,消费者增加一单位某种商品的消费量所需要放弃的另一种商品的消费量。

商品 1 对商品 2 的边际替代率 $MRS_{12}=-\dfrac{\Delta X_2}{\Delta X_1}$,取负号是为了使计算结果为正。当商品的变化量趋于无穷小时,则边际替代率公式变为 $MRS_{12}=\lim\limits_{\Delta X_1\to 0}-\dfrac{\Delta X_2}{\Delta X_1}=-\dfrac{dX_2}{dX_1}$,而$\dfrac{dX_2}{dX_1}$为无差异曲线上点的切线斜率,故无差异曲线上某点的边际替代率就是该点切线斜率的绝对值。

与边际效用递减规律相似,商品边际替代率也是递减的,继而商品边际替代率递减规律就是消费两种商品,维持效用不变,随着一种商品量的连续增加,所需放弃的另一种商品的消费量是递减的。这个规律有两个原因。原因一:对某一商品拥有量较少时,对其偏爱程度高;而拥有量较多时,偏爱程度较低。原因二:随着消费量的增加,想要获得更多这种商品的愿望就会减少,所愿意放弃的另一种商品量就会越来越少。

边际替代率递减,意味着无差异曲线的斜率的绝对值越来越小,因此无差异曲线必定凸向原点。

下面我们探析边际替代率与边际效用的关系。设任一条无差异曲线 $U(X_1,X_2)=e$,e 为常数,表示既定的效用水平。当消费者所消费的 X_1 与 X_2 商品发生变动(X_1 的变动量为 dX_1,X_2 的变动量为 dX_2)后,维持效用水平不变,即使得效用增量 $dU=0$。

从而,$dU=\dfrac{\partial U}{\partial X_1}dX_1+\dfrac{\partial U}{\partial X_2}dX_2=0$,整理得到$-\dfrac{dX_2}{dX_1}=\dfrac{\frac{\partial U}{\partial X_1}}{\frac{\partial U}{\partial X_2}}$,即 $MRS_{12}=\dfrac{MU_1}{MU_2}$。

这个结果说明任意两商品的边际替代率等于该两种商品的边际效用之比。

四、无差异曲线的特例

1. 完全替代品的无差异曲线

在某消费者看来,一杯橙汁和一杯苹果汁之间是无差异的,两者总是可以以 1∶1 的比例相互替代。从而无差异曲线是一条斜率不变的直线,即 MRS_{12} = 常数。该无差异曲线如图 4－6 所示。

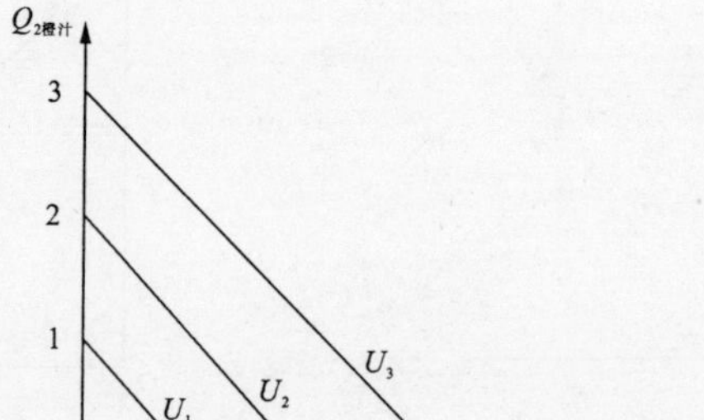

图 4－6 完全替代品的无差异曲线

如同上例,如果两个商品的替代比例不变,那么这组商品的交换关系称为完全替代。

2. 互补品的无差异曲线

由常识我们知道,一副眼镜架必须和两片眼镜片同时配合,才能构成一副可供使用的眼镜。我们由此可以画出眼镜架和眼镜片之间的无差异曲线,如图 4－7 所示。

由于一副眼镜架必须和两片眼镜片同时配合,所以无差异曲线是直角形状,边际替代率为

0(平行于横轴)或为∞(垂直于横轴)。

当两种商品必须按固定不变的比例配合同时被使用,则称这两个商品的替换关系为完全互补。

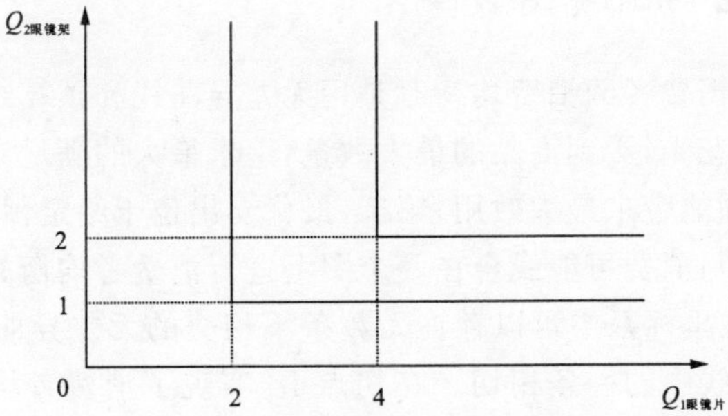

图 4-7　完全互补品的无差异曲线

五、预算线

一个消费者在消费时一定受其所拥有的资金的约束,所以在分析消费者消费均衡时,显然要考虑其所拥有的资金。因此引入预算线概念。

预算线(budget line)就是在收入与商品价格既定的条件下,消费者所能购买到的两种商品数量最大组合的线,又称消费可能线、价格线。

例:某消费者拿出收入中的600元进行消费,并且只对 X 商品和 Y 商品进行购买,已知 X 商品的价格是2元,Y 商品的价格是1元。此时这个消费者对商品 X 和商品 Y 的预算线如图4-8所示。

分别用字母表示其消费品的价格、数量和所拥有的总资金,就会得到预算线方程,以 I 表示消费者的既定收入,两种商品分别为 X_1 和 X_2,商品价格分别为 P_1 和 P_2,从而预算线方程为 $P_1X_1+P_2X_2=I$,在坐标上如图4-9所示。

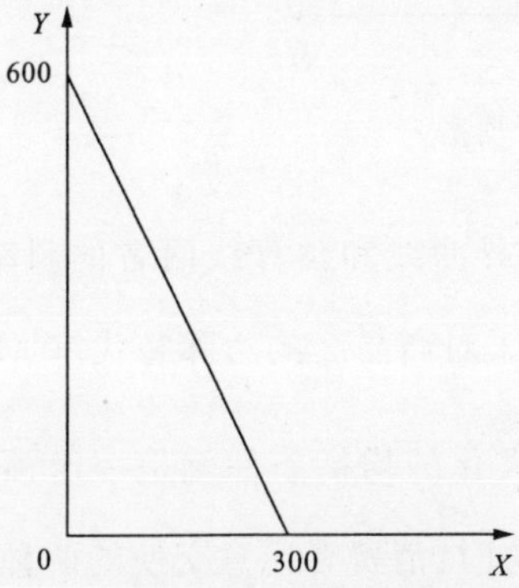

图 4-8　预算线

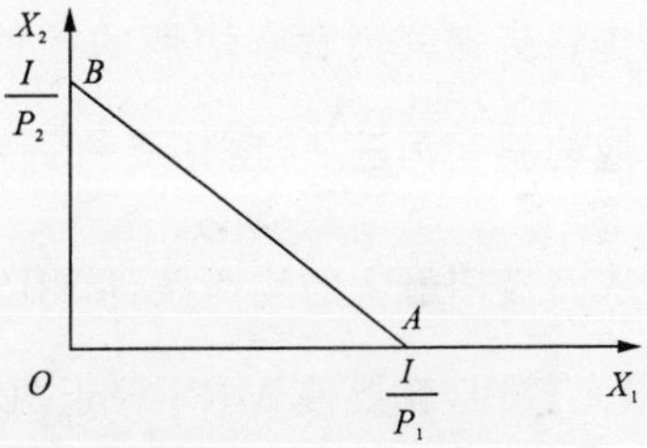

图 4-9　预算线的坐标

预算线在坐标上可以进行移动和旋转。如同直线在坐标轴上移动和旋转一样，当预算线 $P_1X_1+P_2X_2=I$ 中，I 变化或 P_1 和 P_2 同比例变动时，预算线就进行了移动；当 P_1 和 P_2 相对比例变化时，预算线就进行了旋转。

六、序数效用论的消费者均衡

序数效用论在分析消费者的消费均衡时是用无差异曲线和预算线进行研究的。消费者均衡显然就是把预算费用花光，买到商品的最大数量，追求最大的满足。最优购买行为条件有两个。第一，商品组合必须能带来最大效用；第二，最优支出位于给定预算线上。

下面把无差异曲线与消费可能线合在一个图上进行消费者均衡的探析。

如图 4-10 所示，在坐标系中可以存在无数条不相交的无差异曲线，当收入既定时，预算线必与无数条无差异曲线中的一条相切。在切点上，实现了消费者均衡——效用最大化。下面证明无差异曲线与消费可能线相切时，商品的组合 (M,N) 是消费者在既定支出水平上 (AB) 所能实现的最大化效用 (U_2)。无差异曲线 U_2 右上的无差异曲线 U_3 由于资金的约束显然实现不了，无差异曲线 U_2 左下的无差异曲线 U_1 与预算线有两个交点，这时资金是富裕的，此时还可以将多余的资金进行消费，则可以达到更大的效用，这时无差异曲线将向右上移动，直至移到无差异曲线 U_2 为止。

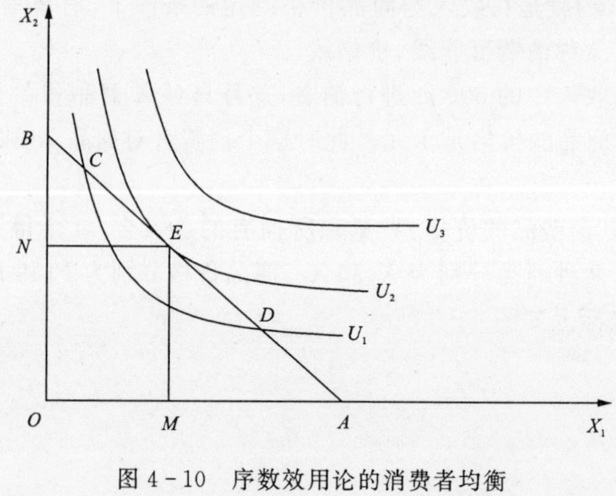

图 4-10　序数效用论的消费者均衡

下面进一步探究消费者均衡的条件。在切点 E，无差异曲线和预算线两者的斜率相等。无差异曲线的斜率为 $\frac{\Delta X_2}{\Delta X_1}$，预算线的斜率为 $-\frac{P_1}{P_2}$。而商品 1 对商品 2 的边际替代率 $MRS_{12}=-\frac{\Delta X_2}{\Delta X_1}$。从而效用最大的均衡条件 $MRS_{12}=\frac{P_2}{P_2}$。效用最大化的均衡条件就是一定预算约束下，实现最大效用，就要使 MRS 等于两种商品的价格比，这时：消费者愿意交换的两种商品的数量比，应等于该消费者能够在市场上用一单位的这种商品去交换得到另一种商品的数量。

第四节　消费者行为理论的应用

无论是基数效用论还是序数效用论，其实都没有得到严格的证明，所以在理论上存在着一些缺陷，而且在实践中往往不能很好地解释经济现象，所以效用论一直是西方经济学中最易受攻击的地方。所以，我们要对效用论有清醒的认识，不能盲信。虽然效用论并不完备，但是它毕竟在研究消费者行为方面迈出了重要的一步，它为政府制定消费政策提供了重要的理论依据，其重要作用是不容否定的。

一、消费者行为理论的局限性

1. 基数效用论的缺陷

在19世纪和20世纪初，基数效用论在经济学领域比较流行。但是基数效用往往不能很好地解释经济现象，因为，基数效用论存在以下三大缺陷。

其一，效用既然是一种主观的心理因素，就很难用客观的标准(像重量、长度那样)精确地度量出来。这个可以用可口可乐和百事可乐的有趣实验反映出来。让一个喜欢喝可口可乐的人和一个喜欢喝百事可乐的人，各喝两杯可乐，事先不告诉他们喝的是可口可乐还是百事可乐。如果你给A喝的两杯可乐都是可口可乐，然后请他猜，他往往会说一杯是可口可乐而另一杯是百事可乐。同样地，如果你给B喝的两杯可乐都是百事可乐，然后请他猜，他往往也会说一杯是可口可乐而另一杯是百事可乐。事实上，受试者往往不能分辨可口可乐与百事可乐，但是在喝同一种可乐时，却给出了是两种可乐的判断。这说明消费者效用大小的判断受主观因素影响太大，用基数效用来度量是不准确的。

其二，基数效用缺乏人与人之间的可比性。即同一种商品，对于不同人的效用是不相同的。例如，以吃苹果和梨为例。假设有两个人A和B，A喜欢吃苹果，B喜欢吃梨。现A吃1千克苹果，B吃1千克梨，由于效用是两人主观的心理评价，所以我们很难得出，究竟是A吃1千克苹果的效用大，还是B吃1千克梨的效用大。

其三，基数效用论的边际效用递减规律具有一个社会主义倾向的推论。按边际效用递减规律，金钱越多的人，额外1元钱的边际效用越小；反之，金钱越少的人，额外1元钱的边际效用就越大。那么，只要把富人的一元钱转到穷人那里(也就是“劫富济贫”)，显然整个社会的福利就会增加。这样，边际效用递减规律就成为了收入平均化的合理依据，具有社会主义倾向。这当然是资本主义所不能容忍的。于是序数效用论应运而生，以避免基数效用论的这些缺点。

2. 序数效用论的缺陷

序数效用论从表面看起来好像很完美，其实它只是在形式上改变了基数效用论，它和基数效用论在实质上都是相同的。而且，序数效用论的缺陷并不比基数效用论少。这主要表现在以下几个方面。

首先，无差异曲线建立的前提是两种商品之间可以通过此消彼长的关系来维持在不同的数量组合之下具有相同的效用。但事实上并非如此，因为按照马斯洛的需求层次理论，人的需求由较低层次到较高层次可以分为生理需求、安全需求、社交需求、尊重需求和自我实现需求五类，人们只有在低层次的需求得到满足之后才会有更高层次的需求。比如，对于一个饿着肚子的音乐迷来说,几场音乐会的入场券的效用可能也比不上一顿廉价的米饭的效用大;而对于追求音乐造诣的人来说(只要能吃饱),再多的美食,可能也比不上一把吉他带来的快乐多。由于人们需求的层次不同,社会上的各种商品很难说都可以相互替代。如果不能相互替代,无差异曲线就失去了存在的前提。

其次,序数效用组合顺序的判断不现实。按照序数效用论,消费者在消费任意两种商品时,都可以对这两种商品的不同数量组合做出效用孰大孰小的判断。如果一个社会中的商品数量是有限的,当然这种判断是可能的,但是现代市场经济社会一般都是商品高度发达的社会,各种商品加上服务的品种数不胜数,这时,要想让消费者判断社会中各种不同商品的不同数量组合的效用大小就不现实了。事实上,没有一个消费者在消费的时候,还会考虑所购买的一种商品和另一种商品的效用组合。从这一点来说,序数效用论脱离人们实际消费行为的程度,比起基数效用论来说,有过之而无不及。

再次,无差异曲线凸向原点不能被严格地证明。关于这一点,由于涉及到较深的数学知识,本书就不证明了。

最后,序数效用论中的效用不由商品的价格决定不太符合现实。效用论的目的是通过效用来影响需求决策,进而决定价格。那么价格就不能进入效用函数,否则那便是用价格决定价格,陷入了循环论证,效用论也就失去了意义。这就是说,效用的大小纯粹是受商品本身的属性的影响。例如,唐朝的杨贵妃喜欢吃荔枝,荔枝对她的效用很高,按序数效用论的说法,这仅仅是因为荔枝味道鲜美,而与当时长安的荔枝稀少价高没有关系。这显然不合事实,当时把远在数千里之外的荔枝从岭南运到长安,为了保持荔枝的新鲜性(荔枝鲜味不易长时保持),采用了快马驿道竭力传送的方式,把新鲜荔枝送到长安供杨贵妃享用,成本之大,条件之高,令人咋舌,谁能消受得起?由此可见,人们从消费某种商品中得到的感受很难不受价格因素的影响。简单地说,价格是影响效用的。这样一来,效用论就从根本上失去意义了。

所以,序数效用论只是在形式上比基数效用论有所进步,实际上仍然是差强人意。

二、消费者保护政策

我们上面讲的效用论其实是以个人为中心的消费者行为理论。该理论认为,只要确保消费者的个人自由,就可以实现满足程度的最大化,因为经济学中研究的人是“理性人”。而按照亚当·斯密“看不见的手”的原理,人们在追逐私利最大化时,也就实现了社会利益的最大化,这句话在效用论中可以理解为:只要每个消费者的效用最大化,整个社会的福利也就最大化了。但问题是,在现实经济社会中,消费者往往并非完全自由,也非完全理性,因为信息总是不对称的,消费者的行为需要引导与保护。政府应制定一些保护消费者的政策,同时也应对消费者的不当消费进行适当的干预。

虽然亚当·斯密崇尚自由放任的市场经济,但从各国市场经济的历史中可以看出,如果政府放任市场自由买卖,而不强有力地保护消费者的权益,那么由于道德风险的存在,假冒伪劣商品将横行于世,整个市场就会混乱。美国在20世纪早期就是这样。

目前,世界上各个市场经济国家为了保护消费者的利益,一般都制定了一些保护性政策,常见的有以下几个方面。

1. 商品质量的保证与三包服务

对于工业品来说,其质量标准最低要达到国家标准。目前世界上各国都有自己的国家标准，如我国的GB标准、美国的ASTN(ASME)标准、德国的DIN标准、日本的JIS标准及英国的BS标准。除了要符合国家标准之外，商品在销售之前，往往还要获得一些认证。如食品和药品要通过FDA认证。再如，近几年来，我国对六类产品(所有经过加工的食品、化妆品、塑料和纸包装容器、食用化工产品、食品加工用的相关设备、牙膏)实行强制性QS认证，以保证商品的质量，保护消费者利益。除了质量保证外，对电子类耐用消费品，一般还要求提供三包服务，即商品在购买后，至少在一个星期之内可以(有理由的)包退，一个月之内包换，一年之内保修。

2. 正确的消费宣传

这主要是为了防止虚假的广告宣传和一些对公众有危险的商品的宣传。如不得做虚假的广告，不得夸大产品功效，名人不得做药品的广告代言人等。此外，对于香烟(包括雪茄)和烈酒，不得在大众传媒上进行宣传。

3. 规定一些强制性消费

如各国对于义务教育基本上都是强制的。有的国家的医疗和保险也是强制性或半强制性的。

4. 禁止不正确的消费

这主要包括：禁止出售毒品和枪支，通过税收、宣传等手段限制烟、酒、有残留的农药等商品的使用量，电影的分级制度，禁止超市免费发放塑料购物袋等。

5. 对某些行业的从业人员进行资格限制

这主要出现在对一些服务行业的资格限制，以保证消费者得到较优质的服务。最常见的资格限制有：律师从业资格的限制，教师从业资格的限制，证券及期货从业人员资格的限制，医生从业资格的限制等。

6. 限价政策

这主要是针对垄断行业的商品或者服务的价格而言。例如，美国对供电的价格有严格的限制，我国对水价也有限制。这些行业的企业，不能随便提高自己生产的商品或者服务的价格。

7. 建立保护消费者的非官方机构

最常见的保护消费者的非官方机构是消费者协会。如果消费者在商品纠纷中处于弱势地位时，可以寻求消费者协会给予帮助，讨回公道。

8. 对低收入群体的消费性补贴

如我国近年来实行的家电下乡政策，就是对农民购买重要家电实行一定量的政府补贴，在刺激农民购买的同时，也保证了农民的基本生活质量。

应当注意的是，这些保护消费者的政策在一定程度上，对于生产企业来说是有影响的，它在使消费者变得更加挑剔的同时，也增加了生产企业的成本。但是，根据美国著名管理学大师迈克尔·波特的竞争优势理论，挑剔的消费者有利于提升企业的竞争优势，对于企业长期健康发展是有益的。

三、消费者行为的干预政策

在当今的市场经济中，个人消费并非绝对的自由，有时会受到政府的一些干预。这是因为消费有时存在外在化的问题。所谓消费外在化，就是指个人消费对社会的种种影响。政府干预人们的消费，其依据主要表现在以下三个方面。

1. 合理的资源配置

主要表现在政府利用法律或税收等手段来保护某些稀缺资源。如我国法律禁止人们对某些珍稀动物的消费，对水价实行梯形售价，对开矿企业征收资源税等。

2. 保护环境

因为有些个人消费会带来外部性的问题，也就是个人的消费给他人或社会带来了(不利的)影响。例如，某人吸烟，不仅会影响自己的健康，还会影响别人的健康；乱扔垃圾可能会污染环境；在城市里开着一辆冒着黑烟的拖拉机会污染城市空气；等等。对于外部性很强的产品，一般的做法是征收消费税。如各国一般对烟酒类商品征收消费税。

3. 形成健康的社会风尚

我国自古以来就以勤俭为美德，以奢侈为恶行，所以为了形成健康的消费风尚，国家会对某些商品消费实行限制。最常见的限制形式是征收消费税，如对夜总会这样的服务行业征收高达30%的消费税，对购置汽车征收10%的消费税。

总之，在当今有政府干预的市场经济中，如何既保护消费者的利益，又维护国家和社会的长远利益，实现可持续发展，是一个值得研究的问题。

本章小结

1. 消费者购买某种商品是因为这种商品的消费能给他带来一定的效用。效用简单地说就是消费者从商品消费中所得到的感受，它是一个主观因素。经济学中研究效用先后流行过基数效用论和序数效用论。

2. 基数效用论认为效用像长度和重量一样可以度量，其研究工具主要是边际分析法，其重要假设是边际效用递减规律。由边际效用递减规律推出边际效用曲线向右下方倾斜，进而推导出需求曲线向右下方倾斜。

3. 序数效用论认为效用不能用基数进行量度，而只能用序数进行排序。序数效用论的重要分析工具是无差异曲线。无差异曲线表示两种商品的效用相同的各种不同数量的组合。消费者效用的约束条件是预算线。无差异曲线与预算线相切的一点就是消费者消费均衡的点。均衡点的含义是：消费者应该使自己花费在每一种商品上的最后一元钱所带来的边际效用相等。只有这样，消费者才能实现在既定收入、价格和偏好条件下的效用最大化。

4. 一种商品降价或提价时，往往会产生收入效应和替代效应。正常物品的价格与收入效应呈反方向变化，劣等物品的价格与收入效应变化方向相同，而任何物品价格与替代效应呈反方向变化。这样，对于正常物品来说，商品的价格与总效用呈反向变动关系，所以正常物品的需求曲线是向右下方倾斜的。劣等物品分两种情况，大多数劣等物品的替代效应的作用大于收入效用的作用，所以从整体上看，大多数劣等物品的总效用还是和价格成反向变动关系，所以它们的需求曲线还是向右下方倾斜。吉芬商品其实是一类特殊的劣等商品，这类物品的替代效应的作用小于收入效应，故其价格与总效用的变化方向相同，所以吉芬物品的需求曲线是向右上方倾斜的。

5. 在现实经济生活中，消费者往往处于弱势地位，所以政府要制定保护消费者的各项政策；同时，也要对不良或不安全的消费进行干预。

案例 1　为什么现在听邓丽君的歌觉得没有 20 世纪 80 年代“带劲”？

20 世纪 80 年代，中国大陆人开始接触流行歌曲，是从邓丽君的歌开始的。那时一般人听歌只有三种途径：听收音机、看电视、听磁带。那时没有 mp3 随身听，所以并不能在任何时间、任何地点听歌；也没有网络下载，所以也不能想听什么歌就听什么歌。那时收音机、电视机和磁带播放机的音质，远远比不上今天号称支持无损音频、媲美 CD 音质的 mp3、mp4 随身听，更不能和各类落地音响相比。但是却有一个奇怪的现象。那就是，当年邓丽君的歌迷今天即使用高保真音响来听邓丽君的歌，也大都觉得少了点什么，都觉得没有 20 世纪 80 年代听的时候“带劲”。邓丽君的歌肯定是没有变的，今天的录音技术肯定是比原来更先进的，今天的放音设备也远比当年先进。为什么老歌迷会觉得没有当年“带劲”呢？如何用经济学的观点来解释这种变化呢？在学习完本章效用论之后，你就可以对消费者的很多行为作出经济解释。

案例 2　把每一分钱都用在刀刃上

消费者均衡就是消费者购买商品的边际效用与货币的边际效用相等。这就是说，消费者的每一元钱的边际效用和用一元钱买到的商品边际效用相等。假定一元钱的边际效用是 5 个效用单位，一件上衣的边际效用是 50 个效用单位，消费者愿意用 10 元钱购买这件上衣，因为这时的一元钱的边际效用与用在一件上衣的一元钱的边际效用相等。此时消费者实现了消费者均衡，也可以说实现了消费（满足）的最大化。低于或大于 10 元钱，都没有实现消费者均衡。我们可以简单地说，在收入既定、商品价格既定的情况下，花钱最少得到的满足程度最大就实现了消费者均衡。

我们前边讲到商品的连续消费边际效用递减，其实货币的边际效用也是递减的。在收入既定的情况下，你存货币越多，购买物品就越少，这时货币的边际效用下降，而物品的边际效用在增加，明智的消费者就应该把一部分货币用于购物，增加他的总效用；反过来，消费者卖出商品，增加货币的持有，也能提高他的总效用。通俗地说，假定你有稳定的职业收入，你银行存款有 50 万元，但你非常节俭，吃、穿、住都处于温饱水平。实际上这 50 万元足以使你实现小康生活。要想实现消费者均衡，你应该用这 50 万元的一部分去购房，用一部分去买一些档次高的服装，银行也要有一些积蓄；相反如果你没有积蓄，购物欲望非常强，见到新的服装款式，甚至借钱去买，买的服装很多，而效用降低，如遇到一些家庭风险，没有一点积蓄，使生活陷入困境。

经济学家的消费者均衡的理论看似难懂，其实一个理性的消费者，他的消费行为已经遵循了消费者均衡的理论。比如你在现有的收入和储蓄下是买房还是买车，你会作出合理的选择；你走进超市，见到如此之多的琳琅满目的物品，你会选择你最需要的；你去买服装肯定不会买回你已有的服装。所以说经济学是选择的经济学，而选择就是在你资源（货币）有限的情况下，实现消费满足的最大化，使每1分钱都用在刀刃上，这样就实现了消费者均衡。

资料来源：http://online.njtvu.com.

案例3 谁来警示“百万负翁”

随着个人消费信贷规模的扩大，我国一些大城市的居民悄然成为了家庭高负债一族。据报载，北京家庭债务比例已经高达122%，而2003年美国家庭债务比例仅为115%。对这些高负债比例的家庭，不少业内人称他们是“百万负翁”，尽管腰缠万贯，但是家庭资产却是靠消费信贷来支撑。

依据经济学家的说法，所谓家庭债务比例就是家庭债务与家庭可支配收入之间的比例。举例而言，如果一个家庭依靠银行贷款购买了房子和汽车，每月需要归还银行按揭5 000元，而自己家庭可支配收入是1万元，那么家庭债务比例就是50%。那么什么是家庭可支配收入呢？按照国家统计局权威的说法，它是家庭总收入扣除交纳的所得税、个人交纳的社会保障费以及记账补贴后的收入。以北京市统计局公布的数据推算，2003年北京市城镇居民人均可支配收入13 882.6元，那么平均每一个三口之家的家庭债务总额已经超过5万元。

在任何一个市场经济的国家中，居民的家庭负债是不可避免的。近十几年来，美、英、日等各主要发达国家的家庭债务（包括住房按揭贷款、各类分期付款、信用卡透支等）增长迅猛，家庭债务余额多数翻倍有余。目前，美国家庭债务总额已经超过9万亿美元，而在1990年还只有3.72万亿美元，13年来增长了140%。英国家庭债务从0到5 000亿英镑用了600年，而从5 000亿英镑达到目前的1万亿英镑则只用了7年时间。

家庭债务的增长说明了消费信贷的活跃。消费信贷是由金融机构向消费者提供资金，用以满足消费者需求的一种信贷方式。消费信贷的贷款对象是个人，贷款用途则是用于消费，目的是提高消费者即期消费水平，有利于消费者合理安排终生消费。消费信贷的产生和发展，与经济发展水平密切相关，有其自身的发展规律。从微观上看，它是消费水平发展到一定阶段，消费者合理安排跨期消费水平的必然结果；若从宏观上分析，它是经济发展到一定时期，从卖方市场走向买方市场的必然产物。

推行消费信贷的前提是以个人有持久性的收入为保障，这是由于家庭负债率的高低意味着银行风险的大小。同时，消费者之所以敢于负债甚至敢于高负债，也主要是基于对未来收入的个人预期。如果社会经济持续发展，不出现大的起伏波动，家庭负债率高一些并不可怕。国外学者对英国和北欧国家20世纪80年代后期的家庭债务情况的研究发现，家庭债务的增长对房地产价格的提高和宏观经济的增长都有明显贡献。

问题是家庭债务的负面影响。如果社会经济出现大幅度振荡甚至下滑，消费者的预期收入降低，有些甚至因失业而丧失收入来源，那么，这种恶性经济冲击的结果，必然导致借款人还贷能力下降。尤其当出现高通货膨胀、高利率、低经济增长率的所谓“经济滞胀”现象时，那些高负债家庭的“百万负翁”将被迫削减消费或动用储蓄。尽管所有消费信贷者的房屋或汽车都已经作为银行抵押品，但银行毕竟不是当铺，由经济不景气所造成的大范围的拖欠还贷或无法还贷的现象仍旧会形成“多米诺骨牌”式的连锁反应，加剧金融风险。并且一旦众多消费者的房屋和汽车由于无法按时还贷被收走，也会造成社会信用危机和社会民怨风潮。

虽然中国已经向市场经济转轨，不少城市和地区已经进入小康水平，但作为发展中国家，在消费信贷方面仍然必须采取谨慎的态度。这是由于相比较发达国家而言,无论是国民的收入水平,还是养老和医疗社会保障制度以及全社会的公共教育体系都存在着较大的差距。因此,中国消费者在承受债务能力方面要弱得多。

既然如此,对家庭高负债率的控制实际上也就是对未来经济和社会危机的控制。对此,确实需要有良知、有职业道德的经济工作者向那些“百万负翁”发出告诫,使消费信贷能够健康地发展。

资料来源:赵刚. 谁来警示“百万负翁”. 中华工商时报,新华网. 2004-11-22.

本章练习

一、名词解释

效用、基数效用论、序数效用论、消费者剩余、边际替代率、无差异曲线、预算线、边际效用递减规律、消费者均衡

二、选择题

1. 序数效用论认为,商品的效用大小( )。

   A. 取决于它的的使用价值　　B. 取决于它的价格

   C. 不能比较　　D. 能够比较

2. 同一无差异曲线上的不同点表示( )。

   A. 效用水平相同,但两种商品的数量组合不同

   B. 效用水平相同,两种商品的数量组合也相同

   C. 效用水平不同,但两种商品的数量组合相同

   D. 效用水平不同,两种商品的数量组合也不同

3. 预算线的位置和斜率取决于( )。

   A. 消费者的收入　　B. 商品的价格

   C. 消费者的收入和商品的价格　　D. 消费者的偏好、收入和商品的价格

4. 商品 X 和 Y 的价格按相同比列下降,而收入不变,预算线( )。

   A. 向右上方平行移动　　B. 向左下方平行移动

   C. 不移动　　D. 会移动,但不是平行移动

5. 以下不属于无差异曲线特征的是( )。

   A. 具有负斜率

   B. 离原点越远的无差异曲线的效用水平越高

   C. 其斜率的绝对值递减

   D. 任意两条无差异曲线不能相交

6. 消费者剩余可理解为( )。

   A. 消费过剩的商品

   B. 消费者得到的总效用

   C. 支出货币的总效用

   D. 消费者购买商品所得到的总效用减去支出货币的总效用

7. 已知商品 X 的价格为 1.5 元,商品 Y 的价格为 1 元,如果消费者从这两种商品的消费中得

到最大效用的时候，商品 X 的边际效用是 30，那么商品 Y 的边际效用应该是(　　)。

A. 20　　B. 30　　C. 45　　D. 55

8. 已知消费者的收入为 50 元，苹果的价格为 5 元/斤，雪梨的价格为 4 元/斤，假设该消费者计划购买 6 斤的苹果和 5 斤的雪梨，苹果和雪梨的边际效用分别为 60 和 30，如果实现效用最大化，应该(　　)。

A. 增加苹果和减少雪梨的购买量　　B. 增加雪梨和减少苹果的购买量

C. 同时减少苹果和雪梨的购买量　　D. 同时增加苹果和雪梨的购买量

9. 某个消费者的无差异曲线图包含无数条无差异曲线，因为(　　)。

A. 收入有时高有时低　　B. 欲望是无限的

C. 消费者人数是无限的　　D. 商品的数量是无限的

10. 当消费者的收入和两种商品的价格都同比例同方向变化时，预算线(　　)。

A. 向左下方平行移动　　B. 向右上方平行移动

C. 不变动　　D. 向左下方或右上方移动

三、简答题

1. 无差异曲线的特征是什么？
2. 消费者均衡的条件是什么？
3. 钻石用处极小而价格昂贵，生命必不可少的水却非常便宜。请用边际效用的概念加以解释？
4. 什么是边际效用递减规律？边际效用递减的原因有哪些？
5. 画出完全替代商品和完全互补商品的无差异曲线，并说明为什么是这样？

四、分析题

1. 你在自主餐厅享用晚餐，假定你是一位理性的消费者，那么你从最后吃下的一口食物中获得的边际效用应当是多少？
2. 小王从当前对橙汁的消费中获得了 75util/罐的边际效用，从对咖啡的消费中获得了 50util/罐的边际效用。如果橙汁的价格是 3 元/罐，咖啡的价格是 5 元/罐，那么，小王是否在对这两种饮料的消费中实现了效用最大化？如果是，解释原因；如果不是，他应当如何调整其支出？

第五章　生产者行为理论

学习目的：

1. 了解总产量、平均产量和边际产量之间的关系；
2. 理解边际产量递减、边际技术替代率递减等基本规律；
3. 理解企业如何选择最优的要素投入组合实现利润最大化目标。

教学要求：

1. 掌握总产量、平均产量和边际产量之间的关系；
2. 理解边际产量递减、边际技术替代率递减等基本规律；
3. 运用最优要素投入组合理论，实现企业利润最大化目标。

在第四章，我们分析了消费者理性消费的原则——效用最大化。在第五章及第六章我们将考查生产者行为，即企业的生产理论和成本理论。我们将发现，有关生产的理论分析框架与有关消费的理论分析框架有着惊人的相似之处。但是，在理论框架的背后，企业行为还是与消费者行为有着很多的不同。

在我们的生活中，有许多追逐不同目标的组织为我们生产并提供产品与劳务，但大多数都是由追逐利润的企业来提供。对企业追逐利润这一目标的批判从来就没有消停过。诺贝尔经济学奖得主乔治·斯蒂格勒(George Stigler)早在1963年发表的短文《知识分子与市场》里就指出，“知识分子对出于利润动机的行为所抱的疑问，也是根深蒂固的”。“事实上，对追求利润的厌恶，正是大部分宗教共同持有的少数几种看法之一。”“自柏拉图以来，我们知识分子对市场的基本态度一直没有转变”，但“我们应当重新审视知识分子敌视私人企业的传统”。

在指出市场的缺陷之前，我们首先应该明白，正是市场制度带来了世界经济的繁荣和改革开放以来中国经济的高速增长。在一些对市场制度充满偏见的人士对于企业的利润动机进行批判的时候，我们往往忘记了，正是企业的利润动机和企业家精神——而不是善良的愿望——成了经济增长和技术进步的基本动力，恰恰是市场所拥有的力量带来了生活质量的改善和贫困的减少，而且这样一些结果也正好符合人类的道德标准。在企业的发展中，“主观为自己，客观为他人”的原则能够得到较好的体现，甚至企业的社会责任与利润目标也并不矛盾。

第一节　生产函数

一、生产函数的含义

企业进行生产的过程就是从生产要素的投入到产品的产出的过程。在西方经济学中，生产要素一般包括劳动、土地、资本和企业家才能。劳动是指人们在从事生产过程中体力和智力方面的能力消耗。土地是任何生产活动都必需的自然资源，不仅包括土地本身，还包括地上和地下的一切自然资源，如森林、湖泊、海洋和矿藏等。资本可以表现为实物形态和货币形态。实物形态是指生产活动中所使用的人们过去劳动的产物，如厂房、机器设备、工具等，这些产品不是直接进入人们的消费领域，而是投入到生产中去，因此被称为投资品或资本品。人们过去的劳动创造的无形资产，如商标、企业荣誉、技术专利等，也被人们作为投资的一部分。资本的货币形态通常称为货币资本，对于一个企业来说，一定的货币形态的资金是生产活动所必需的，也是资本的一部分。企业家才能是指企业家经营管理企业的能力和创新的能力。

上面所提到的四种生产要素，必须以某种方式组合起来，才能生产出产品来。在现代生产的条件下，是由企业家把这四种生产要素进行有效的组织。同样的生产要素，同样的环境条件，由不同的企业家来经营，其结果常常会有很大的差别，这就表明了企业家才能这个要素在生产中的重要作用。

生产过程中生产要素的投入量和产品的产出量之间的关系，可以用生产函数来表示。生产函数表示在一定时期内，在技术水平不变的情况下，生产中所使用的各种生产要素的数量与所能生产的最大产量之间的一种函数关系。

在经济分析中，为了简单起见，我们通常假定生产中只使用资本 K 和劳动 L 两种生产要素。则生产函数可以写为：

$$Q=f(K,L)$$

它表明，在一定的技术水平时，生产 Q 的产量，需要一定数量的资本和一定数量的劳动的组合。或者说，在资本与劳动的数量与组合已知时，也就可以推算出最大的产量。生产函数表示生产中的投入量与产出量之间的依存关系，这种关系普遍存在于各种生产过程之中。不仅仅是工厂有自己的生产函数，甚至医院、饭店和旅馆都有各自的生产函数。

在理解生产函数的概念时应注意以下几个要点。

(1)生产函数从某个特定时期考察投入与产出之间的关系，如果考察的时期不同，生产函数也可能发生变化。

(2)生产函数取决于技术水平，在每一种既定的技术条件下，都存在着一个生产函数。

(3)要生产出一定数量的产品，生产要素投入量的比例通常是可以变动的，例如资本和劳动的比例在一定范围内变化以后，仍然能够生产出同样数量的产品。

(4)生产函数表示的产出量是最大可能的产量。这是因为，企业如果不能高效率地组织和管理资源，用既定的投入获得的产出小于最大产量，就难以在竞争激烈的市场环境里生存，就会被高效率生产者挤出市场。

二、柯布-道格拉斯生产函数

如果以社会总体为观察对象，还可以得出用社会生产的投入产出总量来表示的生产函数，它是关于一个国家或地区在某一特定历史时期的生产函数。20 世纪 30 年代初，美国经济学家柯布(Charles W. Cobb)和道格拉斯(Paul H. Dauglas)根据历史统计资料，研究 1899—1922 年美国的资本和劳动这两种生产要素投入量对产量的影响，得出这一时期美国的生产函数。柯布-道格拉斯生产函数的公式为：

$$Q=AK^{\alpha}L^{\beta}$$

式中，Q、K、L 与前面的含义相同；A、α、β 为三个参数，A 为正数，α 和 β 均在 0 与 1 之间取

值。其经济含义分别为资本和劳动对产出增加的贡献程度百分比。特别地，当 $\alpha+\beta=1$ 时，α 和 β 分别表示资本和劳动在生产过程中的相对重要性，α 表示资本所得在总产量中所占的份额，β 表示劳动所得在总产量中所占的份额。根据柯布和道格拉斯两人对美国 1899 年到 1922 年期间有关经济资料的分析和估算，α 值约为 0.25，β 值约为 0.75，它意味着在相关期的总产量中，资本所得所占的份额为 25%，劳动所得所占的份额为 75%。柯布-道格拉斯生产函数被认为是一种很有用的生产函数，因为该函数以其简单的形式表述了经济学家所关心的一些性质，它在经济理论的分析和应用中都具有重要意义。

在现实经济活动中，资本和劳动两种生产要素完全相互替代的情形是不多见的，常见的是资本和劳动各以百分之几的比例（两者比例和为 1）投入生产和交易活动的，所以，柯布-道格拉斯函数的应用是比较广泛的。

三、短期生产函数

微观经济学的生产理论可以分为短期生产理论与长期生产理论。短期和长期是两种非常重要的概念。短期指生产者来不及调整全部生产要素的数量，至少一种生产要素的数量是固定不变的时间周期；长期指生产者可以调整全部生产要素的数量的时间周期。相应地，在短期内，生产要素投入可分为不变要素投入与可变要素投入：生产者在短期内无法进行数量调整的那部分要素投入是不变要素投入，如厂房、机器设备等；生产者在短期内可以进行数量调整的那部分要素投入是可变要素投入，如劳动、原材料和燃料等。当然，不变要素与可变要素的区分只有在短期内才有意义。在长期内，生产者可以调整全部的要素投入。例如，生产者根据企业的经营状况，缩小或扩大生产规模，也可以加入或退出一个行业。在长期中建设新厂房，购置新的机器设备，甚至可以决定退出该行业，完全停产。

需要注意的是，短期和长期的划分不是以时间的长短，而是以生产者能否调整所有要素的投入数量为标准的。不同行业的短期和长期的具体时间是不同的。例如，变动一个大型炼钢厂的规模可能需要三年时间，而变动一个小食品店的规模可能只需要一个月时间，即前者的短期和长期分界线为三年，后者为一个月。

前文已经提到，为了简便起见，我们通常假定生产中只投入资本 K 和劳动 L 两种生产要素，相应地生产函数写成 $Q=f(K,L)$。微观经济学通常以一种可变生产要素的生产函数考察短期生产理论，以两种可变生产要素的生产函数考察长期生产理论。在生产函数 $Q=f(K,L)$ 中，假定短期内资本投入量是固定的，用 $\overline{K}$ 来表示，劳动投入量是可变的，用 L 表示，则短期生产函数可以写成：

$$Q=f(\overline{K},L)$$

如果要素种类不止两种，而是一般的 n 种，我们可以写出一般的短期生产函数，即 $Q=f(X_1,X_2,\cdots,\overline{X}_n)$，$\overline{X}_n$ 表示不变要素的投入量。对于长期生产函数，只要去掉短期生产函数中不变要素的上横线即可得到长期生产函数的形式。这样取巧的做法有着合理的经济含义，在长期中本来不可变的生产要素也可以变动了，短期生产函数也就成为长期生产函数了。

第二节 产量指标

一、总产量、平均产量与边际产量

假定短期内资本投入量是固定的。根据短期生产函数 $Q=f(\overline{K},L)$，可以得到总产量(total product，简记为 TP)、平均产量(average product，简记为 AP)和边际产量(marginal product，简记为 MP)的概念。

劳动的总产量 TP_L 是指与一定数量的劳动投入量相对应的最大产量。它的公式为：

$$TP_L=f(\overline{K},L)$$

劳动的平均产量 AP_L 是总产量与所使用的可变要素劳动的投入量之比。它的公式为：

$$AP_L=\frac{TP_L}{L}$$

劳动的边际产量 MP_L 是增加一单位可变要素劳动投入量所增加的产量。它的公式为：

$$MP_L=\frac{\Delta TP_L}{\Delta L}$$

二、边际产量递减规律

对于一种可变生产要素的生产函数来说，该可变要素的边际产量表现出来的先上升后下降的规律被人们称为边际产量递减规律。用规范的语言来说，在技术水平不变的条件下，连续等量地增加某一种可变要素的投入量，而其他要素的投入量保持不变，在这一过程中，当可变要素的投入量小于某一特定值时，增加一单位的可变要素所带来的边际产量是递增的；当可变要素的投入量超过某一特定值时，增加一单位的可变要素所带来的边际产量是递减的，这就是边际产量递减规律。我们可以举一个服务业的例子说明生活中的边际产量递减规律。在一家原有 10 名服务人员的餐馆，再增加 10 名服务员可能会使餐馆的服务更加热情周到而吸引更多的顾客，但是若干次增加服务员之后(每次增加 10 人)，这家餐馆可能就无人敢问津了，因为仅服务员已经使餐馆变得拥挤不堪了。

对于这一规律还可以这样理解：如果我们在固定的厂房和有限的机器设备(4 台机器)下投入一个工人生产，这个工人要从头到尾完成相关工作，其效率不会太高。如果增加一个工人，两人可以进行有效的分工协作，提高工作效率，使产量的上升超过一倍。如果再增加工人，由于有 4 台机器可以使用，还可以进一步地分工协作，边际产量仍然可以提高。但不断地增加工人，使得在固定厂房和有限机器设备下的劳动显得过剩，工作效率降低，边际产量开始下降。最后工人实在太多，挤在一间厂房无事可干，互相聊天扯皮，边际产量成了负数。反过来想一下：如果边际报酬递减规律不存在，只要无限地增加劳动投入而不增加其他投入，全世界所需要的粮食便可以在一个花盆里栽种出来，这显然是不可能的。

边际产量递减规律是从科学实验和生产实践中得出来的，在农业中的作用最明显。早在 1771 年，英国农学家 A. 杨格就用在若干相同的地块上施以不同量肥料的实验，证明了肥料施用量与产量增加之间存在着这种边际报酬递减的关系。此后，国内外学者又以大量事实证明了这一规律。在我国 1958 年的大跃进中，有些地方在有限的土地上盲目密植，造成粮食减产的事实也证明了这一规律。这一规律同样存在于其他部门：工业部门中劳动力增加过多，会使生产率下降；行政部门中机构过多、人员过多，会降低行政办事效率，造成官僚主义。我国俗话所说的“一个和尚担水吃，两个和尚抬水吃，三个和尚没水吃”正是对边际产量递减规律的形象表述。

边际产量递减规律发生作用的原因是：在任何产品的生产过程中，可变生产要素投入量和固定生产要素投入量之间都有一个最佳的组合比例。开始时，由于可变要素的投入量为零，而不变要素的投入所能达到的最大生产能力远远没有得到利用，所以最先增加的可变要素投入可以使边际产量递增。可变要素投入量继续增加到某一值时，可变要素的边际产量将达到最大值，此时生产要素的组合就达到最佳要素组合比例。此后可变要素的投入量的继续增加只会使生产要素的组合越来越偏离最佳组合比例，可变要素的边际产量便呈现递减的趋势了。

边际产量递减规律决定了边际产量曲线 MP_L 为倒 U 形曲线，即先上升再下降，如图 5－1 所示。

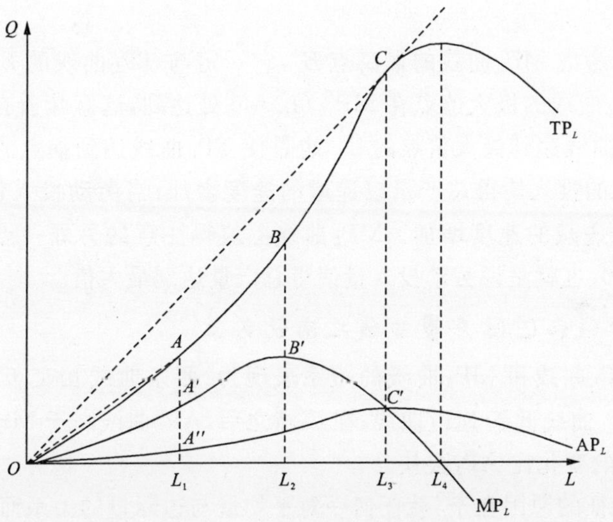

图 5－1　边际产量递减规律

三、总产量曲线、平均产量曲线和边际产量曲线

假定生产函数 $Q=f(\overline{K},L)$ 服从边际产量递减规律，那么我们就可以在同一坐标系下显示总产量曲线、平均产量曲线与边际产量曲线三者之间的关系。

图 5－1 中的横轴表示劳动的投入量 L，纵轴表示产量 Q，TP_L、AP_L 和 MP_L 三条曲线依次代表劳动的总产量曲线、劳动的平均产量曲线和劳动的边际产量曲线。这三条曲线都是倒 U 形的，即先上升，达到自身的最大值后下降。从图 5－1 上可以很清晰地看到总产量曲线、平均产量曲线和边际产量曲线之间的关系。

1. 总产量曲线和平均产量曲线之间的关系

由 TP_L 曲线上任何一点，都可以得到这一点上相应的 AP_L 值。这是由于 $AP_L = TP_L / L$，所以连接 TP_L 曲线上任何一点和坐标原点的线段的斜率就表示该点的 AP_L 值。在图 5-1 中，TP_L 曲线上的 A 点所对应的 AP_L 值，就是线段 OA 的斜率，即 AL_1/OL_1。正是由于这种关系，当 AP_L 曲线在 C' 点达到最大值时，必然有一条从原点出发的最陡的切线，相切曲线 TP_L 于相应的 C 点。

2. 总产量曲线和边际产量曲线之间的关系

由 TP_L 曲线上任何一点，还可以得到这一点上相应的 MP_L 值。这是因为，$MP_L = dTP_L/dL$，所以，TP_L 曲线上任何一点的切线的斜率，就是该点的 MP_L 值，它与线段 AL_1 相等。开始时总产量随着劳动投入量的增加而增加，TP_L 曲线的斜率为正，相应的 MP_L 值也为正。当劳动的投入量超过 L_4 以后，总产量开始随着劳动投入量增加而递减，TP_L 曲线的斜率为负，相应的 MP_L 值也为负。反过来说，只要边际产量为正，总产量总是随着可变要素投入量的增加而增加；当边际产量为负时，总产量总是随着可变要素投入量的增加而递减；当边际产量为零时，总产量达到最大点。

我们可以进一步考虑 MP_L 曲线的最高点 B'，它一定与 TP_L 曲线的 B 点有相同的劳动投入量。这是因为 MP_L 曲线的极大值点在 $MP'_L(L)=0$ 处达到，这意味着在该点 $TP''_L(L)=0$，也就是说，使得 MP_L 曲线达到极大值点的 L_2，也是使 TP_L 曲线达到拐点的 L 值。在劳动投入量小于 L_2 时，增加 L 的投入使得总产量以递增的速度增加；当劳动投入量大于 L_2 时，增加 L 的投入使得总产量以递减的速度增加。MP_L 曲线上值得注意的另外一点是它与横轴的交点 L_4，在该点处 $MP_L=0$，也就是说劳动投入量使得总产量达到最大值。

3. 平均产量曲线和边际产量曲线之间的关系

在图 5-1 中，AP_L 曲线和 MP_L 曲线的关系表现为：两条曲线相交于 AP_L 曲线的最高点 C'。在 C' 点之前，AP_L 曲线低于 MP_L 曲线；在 C' 点之后，AP_L 曲线高于 MP_L 曲线。它们同样都是倒 U 形曲线，MP_L 的变化比 AP_L 要快。

存在以上这些特征的原因在于：就任何一对平均量与边际量的关系而言，只要边际量大于平均量，边际量就把平均量往上抬；只要边际量小于平均量，边际量就把平均量往下拉。举一个例子，对于某一班级的平均成绩而言，假定从外校转入一名学生，如果该学生的成绩高于本班平均成绩，那么，该生的加入会使得本班的平均成绩上扬。反之，如果该生的成绩低于本班平均成绩，则该生的加入会使得班级平均成绩下滑。类似地，就平均产量与边际产量的关系来说，当 $MP_L > AP_L$ 时，AP_L 曲线是上升的；当 $MP_L < AP_L$ 时，AP_L 曲线是下降的。又由于 MP_L 曲线是先升后降的，所以当 $AP_L = MP_L$，即 MP_L 曲线和 AP_L 曲线相交时，AP_L 曲线必然达到最大值。

四、短期生产的三个阶段

根据可变要素的总产量曲线、平均产量曲线和边际产量曲线之间的关系，可将短期生产划分为三个阶段，如图 5-2 所示。

第Ⅰ阶段：边际产量从零增加到最大值，劳动的平均产量始终是上升的，劳动的边际产量

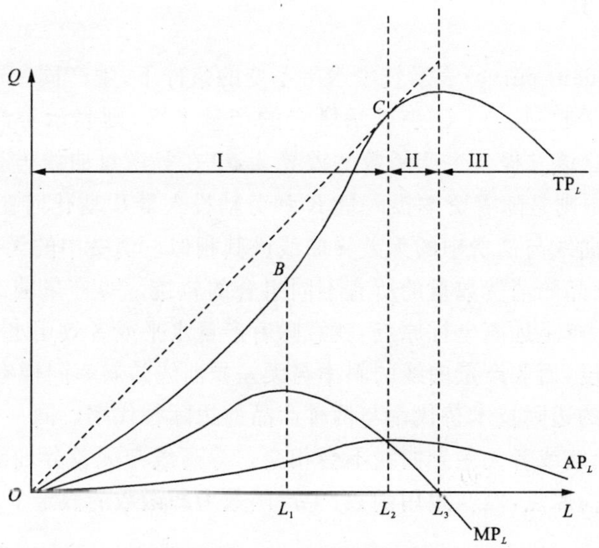

图 5-2　短期生产的三个阶段

大于劳动的平均产量，劳动的总产量是增加的。这说明：在这一阶段，相对于最优要素组合，不变要素资本的投入量相对过多，生产者只要增加可变要素劳动的投入量，就可以更好地发挥不变要素资本的潜能，增加总产量。因此，任何理性的生产者不会将生产停留在这一阶段，而是连续增加可变要素劳动的投入量，以增加产量，并将生产扩大到第Ⅱ阶段。

第Ⅱ阶段：由于任何理性的生产者都不会停留在生产的第Ⅰ阶段，生产者会继续扩大生产，使他投入的劳动数量在劳动的平均产量达到最高的数量与劳动总产量达到最高的数量之间，即 $L_2 \sim L_3$。但是，在实际操作中这个度较难掌握，当劳动的边际产量为零（达到最高产量）时，生产者还会增加劳动投入，这时，生产者发现最高产量下降，进入了生产的第Ⅲ阶段。所幸他终于找到了劳动的边际产量。目前的分析只能使我们得到关于资本数量固定时，企业劳动投入量的一个合理的区间，至于企业所选择的可变要素劳动的最佳投入数量究竟在哪一点，这一问题还有待于我们以后结合企业的成本、收益和利润进行综合的分析。

第Ⅲ阶段：劳动的平均产量继续下降，劳动的边际产量降为负值，劳动的总产量开始下降。这说明：在这一阶段，可变要素劳动的投入量相对于最优要素组合已经过多。这时，即使劳动要素是免费的，理性的生产者也会通过减少劳动的投入量来增加总产量，以脱离劳动的边际产量为负值的第Ⅲ阶段，从而使生产退回到第Ⅱ阶段。

第三节　长期生产函数

上一节对短期生产函数的考察，分析了一种可变生产要素的投入量与产量之间的关系。在长期中生产者可以调整所有的生产要素的数量，所以，本节对长期生产函数的考察，将以两种可变生产要素的生产函数为例，来讨论可变生产要素的投入组合和产量之间的关系。

一、等产量曲线

等产量曲线(isoquant curve)表示技术水平不变的条件下，生产同一产量的两种生产要素的投入量的不同组合的轨迹。以 Q 来表示既定的产量水平，则表示等产量曲线的代数方程为：$Q=f(K,L)=Q^0$。该方程与生产函数的差异为：Q 在等产量曲线方程中是一个给定的常数 Q^0，而在生产函数中则是随着资本投入量 K 和劳动投入量 L 变化而变化的变量。

生产中的等产量曲线与消费中的无差异曲线极其相似。消费中的无差异曲线是指效用水平保持不变时，两种商品的消费数量的所有不同组合的轨迹。等产量曲线与无差异曲线都类似于地理上的等高线，越是远离坐标原点，就意味着产量水平或者效用水平越高。等高线的斜率代表地形的陡峭程度，而等产量曲线的斜率与无差异曲线的斜率同样有着重要的经济意义：它们分别是两种要素的边际技术替代率与两种商品的边际替代率。同一平面坐标系中的任意两条等高线、等产量曲线或者无差异曲线不会相交。等高线与无差异曲线和等产量线的区别在于等高线不一定凸向原点，而在效用函数、生产函数为凹函数的假定下，无差异曲线、等产量曲线凸向原点。

归纳起来，在任何一种生产要素的边际产量都不为负的前提下，等产量曲线具有以下几个性质。

第一，在同一平面图上，可以有无数条等产量线。同一条等产量线代表相同的产量，不同的等产量线代表不同的产量水平。离原点越远的等产量线代表的产量水平越高，离原点越近的等产量线所代表的产量水平越低。

第二，任意两条等产量曲线不能相交。因为，同一组合的投入要素不可能生产出两个不同的产量，其证明方法与效用理论中的无差异曲线相似，在此不再赘述。

第三，等产量曲线凸向原点，向右下方倾斜，其斜率为负。因为，等产量曲线上的每一点都代表能生产一定产量的各种要素的有效组合。因此，要增加某种要素的投入量并保持产量不变，就必须相应地减少另一种要素的投入量。等产量曲线的这一性质，是由边际技术替代率递减的规律决定的。

在图 5-3 中，我们在二维坐标平面中任意画出三条等产量曲线：q_1、q_2、q_3，它们分别代表的产量为 Q_1、Q_2、Q_3。在等产量曲线 q_2 上取两点 A、C，我们可以借此来分析等产量曲线的经济含义。

与点 A 对应的投入要素组合为 K_1 单位的资本与 L_1 单位的劳动，在 C 点对应的投入要素组合为 K_2 单位的资本与 L_2 单位的劳动。A、C 两点位于同一条等产量曲线 q_2 上，这意味着它们都生产数量为 Q_2 的产品。在弧 AC 上任取一点 B，连接 OB 并延长，与等产量曲线 q_3 相交于点 D。我们可以清楚地看到：$|OD|>|OB|$，因而 $q_3>q_2$。虽然等产量曲线密布于整个坐标平面，但是这些等产量曲线就像图 5-3 中的 q_1、q_2、q_3 一样，永远不会相交。

二、边际技术替代率递减规律

生产中要使用各种生产要素，或称投入品。这些生产要素或投入品的不同组合就是各种生产方式或技术。在生产中，资本与劳动总是按一定的比例配合的。在有些情况下，资本与劳动的配合比例是固定的，资本与劳动不能互相代替。例如，一单位劳动与若干固定单位资本相

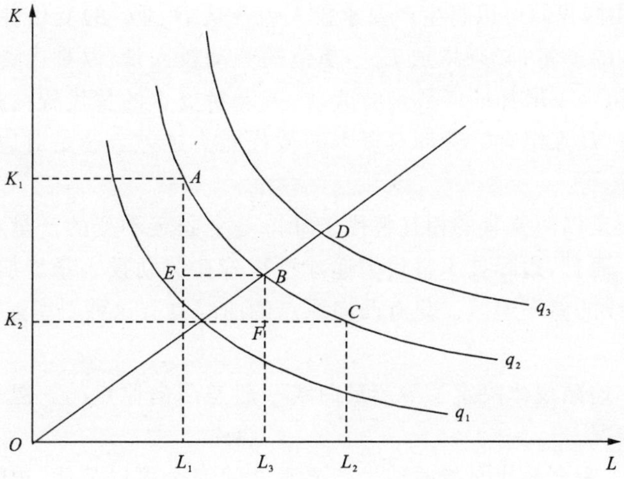

图 5-3　等产量曲线图

配合，如果劳动不增加而资本增加，则产量不能增加。这就是固定比例的生产函数。

但在大多数情况下，两种投入的不同比例可以达到相同的产量。劳动与资本可以互相代替，这就是生产要素的替代性。例如：为了生产 100 单位的某种产品，生产者可以使用较多的劳动和较少的资本，也可以使用较少的劳动和较多的资本。前者可以看成是劳动对资本的替代，后者可以看成是资本对劳动的替代。由两要素之间这种相互替代的关系，可以得到边际技术替代率的概念。

在维持产量水平不变的条件下，增加一单位的某种要素投入量时可以减少另一种要素的投入量被称为边际技术替代率(marginal rate of technical substitution，简记为 MRTS)。劳动对资本的边际技术替代率是指在保持产量不变时增加 1 单位劳动所需要减少的资本量。其计算公式为：

$$\mathrm{MRTS}_{LK}=-\frac{\Delta K}{\Delta L}$$

其中，ΔL 与 ΔK 分别表示生产既定的产量时劳动投入的增加量和资本投入的减少量。通常情况下，由于劳动和资本的变化量成反方向变动，为使 MRTS 为正值以便于比较，在公式前面加了一个负号，当某点沿着既定的等产量曲线所投入的生产要素量变动为无穷小时，即 $\Delta L\to 0$ 时，则边际技术替代率的公式为：

$$\mathrm{MRTS}_{LK}=\lim_{\Delta L\to 0}-\frac{\Delta K}{\Delta L}=-\frac{\mathrm{d}K}{\mathrm{d}L}$$

由此可见，在一条等产量曲线上某一点的要素投入组合的边际技术替代率等于在该点与等产量曲线相切的直线的斜率的绝对值。

我们借助图 5-3 来分析边际技术替代率递减规律。A、B、C 三点都在同一条等产量曲线 q_2 上。如果我们选取点 B 的横坐标为 $(L_2+L_1)/2$，即点 B 对横轴的垂线等分线段 L_1L_2，则由于 A、B、C 三点选取的特殊性，从 A 到 B 与从 B 到 C 的劳动投入量增加的数量是相同的，即 $L_1L_3=L_3L_2$。我们可以清楚地看到，从 A 到 B 与从 B 到 C 的资本的投入量的变化数量并不相同，前者远大于后者，即 $AE>BF$。我们可以将生产要素投入组合从 A 到 B 的变化视为在

A 点组合下进行的调整：为了维持 Q_2 的产量，需要增加 L_1L_3 单位的劳动投入量，以替代资本投入量减少 AE。同时，我们可以将生产要素投入组合从 B 到 C 的变化看做在 B 组合下进行的调整：为了维持 Q_2 的产量，必须增加 L_3L_2 单位的劳动投入量，以替代资本投入量减少 BF。在 A 点组合和 B 点组合下增加同样数量的劳动，劳动对资本的替代程度是不同的，而且劳动投入比例越大的位置(B 点组合)，劳动对资本的替代能力越差。这是对边际技术替代率递减规律最为直观的解释。

由于等产量曲线是以两要素的相互替代来维持一个固定不变的产量水平，所以等产量曲线是向右下方倾斜。而且，边际技术替代率递减意味着在劳动投入量增加和资本投入量减少的过程中，等产量曲线的斜率递减。只有凸向原点的曲线具有这种斜率递减的特征，所以等产量曲线必定凸向原点。

边际技术替代率递减规律决定了等产量曲线一般是凸向原点的。但是，等产量曲线也存在着下列一些特殊情况。

第一，完全替代。完全替代是指两种生产要素之间完全可以替代，边际技术替代率不变，等产量曲线为一条直线，见图 5-4(a)。例如，乐器的制造，可以完全由机器制作，也可以由技艺高超的工匠借助少量的工具完成。

第二，完全不能替代(完全互补)。完全不能替代是指两种生产要素之间的比例是固定的，不存在替代关系，即固定投入比例生产函数。等产量曲线为一条直角型的折线[图 5-4(b)]。例如，用风镐对人行道进行翻建，一个工人用一台风镐，一台风镐也只能由一人操作，多人一台风镐或一人多台风镐都不能增加产量。

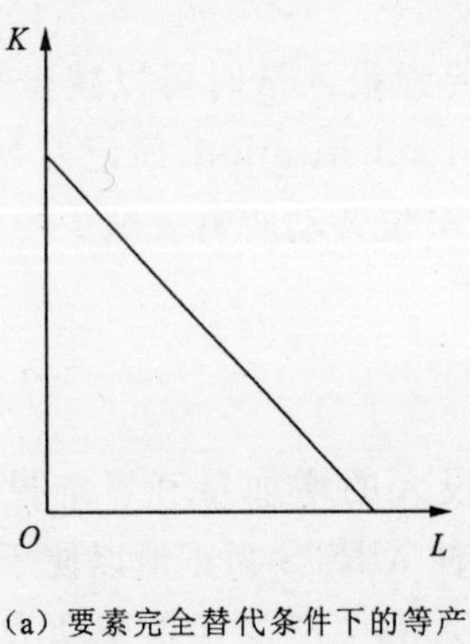

(a) 要素完全替代条件下的等产量曲线

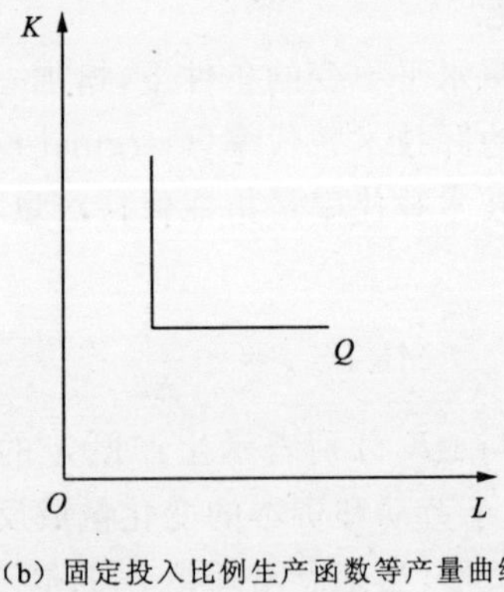

(b) 固定投入比例生产函数等产量曲线

图 5-4 特殊情况下的等产量曲线

三、规模报酬

经济学里另一个关于产量随着投入量变化而变化的概念是规模报酬。我们注意到，造船厂、钢铁厂没有数千个工人够不上规模，而服装厂、食品厂如果雇用上千工人，恐怕就大而不当了。可见，不同的生产技术有不同的适度规模。造船厂太小，效率不高；服装厂太大，效率也不高。换言之，当生产规模逐渐扩大时，对某些生产技术，效率就越来越高，对另一些生产技术，效率会越来越低，这就是所谓规模报酬问题。

规模报酬是指当厂商同比例地变动所有的投入量而产生的产量变动，也就是因生产规模的变动而引起的产量变动的情况。规模报酬也是以技术水平不变为前提的，它与边际报酬递减规律的差别在于不是考察一种生产要素变动对产量的影响，而是考察所有生产要素变动对产量的影响。

随着各种生产要素的增加，生产规模的扩大，产量的变动大致要经过三个阶段：第一阶段，产量增加的比例大于规模扩大比例，这是规模报酬递增阶段；第二阶段，产量增加的比例与规模扩大的比例相等，这是由规模报酬递增到规模报酬递减的过渡阶段，称为规模报酬不变阶段；第三阶段，产量增加的比例小于规模扩大的比例，甚至产量绝对减少，这就是规模报酬递减阶段。

所以说，规模报酬可以分成规模报酬递增、规模报酬不变和规模报酬递减三种情况。规模报酬递增是指产量增加的比例大于各种生产要素增加的比例，产生规模报酬递增的主要原因是由于企业生产规模扩大所带来的生产效率的提高；规模报酬不变是指产量增加的比例等于各种生产要素增加的比例；规模报酬递减是指产量增加的比例小于各种生产要素增加的比例，产生规模报酬递减的主要原因是由于企业生产规模过大，使生产的各方面难以协调，从而降低了生产效率。

规模报酬的三种情况可以用下面的方法来准确定义：对于企业的生产函数 $Q=f(K,L)$ 来说，在 $t>1$（t 为生产要素扩大倍数）的条件下，当 $f(tK,tL)>tf(K,L)$ 时，该企业处于规模报酬递增阶段；当 $f(tK,tL)=tf(K,L)$ 时，该企业规模报酬不变；当 $f(tK,tL)<tf(K,L)$ 时，该企业正处于规模报酬递减阶段。根据这个定义，在知道生产函数的形式后，我们就可以很方便地判断该企业所处的阶段是规模报酬递增、递减还是不变的。

以柯布-道格拉斯生产函数为例，其生产函数的形式为：$f(K,L)=AK^{\alpha}L^{\beta}$，对于任意 $t>1$，有 $f(tK,tL)=t^{\alpha+\beta}AK^{\alpha}L^{\beta}$。因此，只有当 $\alpha+\beta=1$ 时，才有 $f(tK,tL)=tf(K,L)$，此时的生产函数规模报酬不变；相应地，当 $\alpha+\beta<1$ 时为规模报酬递减；当 $\alpha+\beta>1$ 时为规模报酬递增。

至于规模报酬出现递增、递减的原因，主要在于规模扩大可能带来生产效率的提高，也可能带来生产效率的降低。规模扩大时，生产中的分工可能更加合理，从而使得生产效率提高。但是规模扩大，也可能使得企业内部协调的成本剧增，从而使得生产效率降低。当规模扩大带来的有利因素与不利因素刚好相抵时，可能就会出现规模报酬不变的情况。

第四节　长期生产的最优要素组合

在长期内，所有的生产要素的投入数量都是可以变动的。任何一个理性的企业都会选择最优的生产要素组合进行生产。本节将结合等成本线与等产量曲线，以图示的方法表明厂商如何在既定的成本下实现最大化产量，或者在给定产量时实现最小化成本。

一、等成本线

企业对生产要素的购买支付，构成了企业的生产成本。成本问题是追求利润最大化的企业密切关注的问题。生产理论中的等成本线与消费理论中的预算线非常类似，它是在既定的成本和生产要素价格条件下，企业可以购买到的两种生产要素的所有不同组合的轨迹；而预算线是指既定的收入和商品价格条件下，消费者可以购买到的两种消费品的所有不同组合的轨迹。从坐标图示中来看，它们都是一条线段。假定既定的成本是 C，已知的劳动价格（即工资率）为 w，已知的资本价格（即利息率）为 r，则成本方程为：

$$C=wL+rK$$

对该方程进行等价变形得：

$$K=-\frac{wL}{r}+\frac{C}{r}$$

根据上式就可以得到等成本线的斜率为 $-w/r$，即劳动和资本的相对价格的负值，其纵截距为 C/r，横截距为 C/w，如图 5－5 所示。

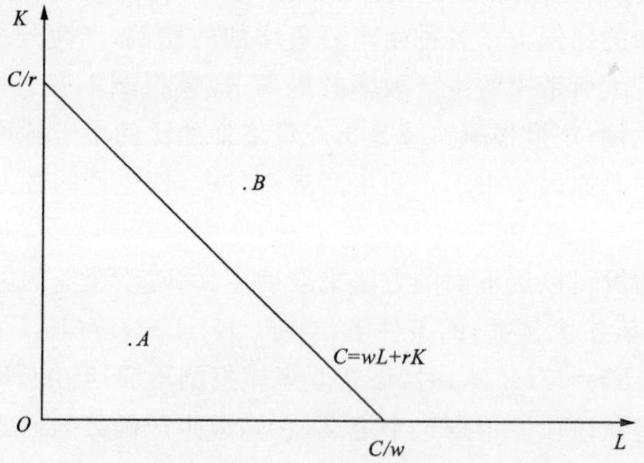

图 5－5　等成本线

在等成本线左下方区域内的点，如 A 点，表示用给定成本来购买此生产要素组合尚有剩余。在等成本线右上方区域中的点，如 B 点，则表示给定的成本不足以购买此生产要素组合。只有位于等成本线上的点，才是将给定成本恰好用完的生产要素的各种购买组合。

由任意给定成本值 C 和要素相对价格 w/r，我们都可以得到一条等成本线，且当 C 变动，w/r 不变时，等成本线在坐标平面中平移；当 C 不变，w/r 变化时，等成本线在坐标平面中旋转。变动的具体情况，与我们在前面对预算约束线的分析是十分类似的。

二、企业的生产均衡

假定企业用两种生产要素生产一种产品，这两种生产要素分别为劳动和资本，工资率和利息率都是已知的，企业用以购买生产要素的成本也是给定的，那么企业将如何决策，以在给定成本下生产出最大的产量？

我们将等成本线和等产量线画在同一坐标系中，就可以确定企业在既定成本下实现最大产量的最优要素组合点，即生产的均衡点。

在图 5－6 中，有一条等成本线 AB 和三条等产量线 q_1、q_2 和 q_3。等成本线 AB 代表了一个给定的成本计划以及一组给定的要素价格。根据等产量曲线的性质，我们知道只有唯一的一条等产量曲线与等成本线相切，假设切点为 E，则点 E 代表在给定成本下实现最大产量的最优要素组合，下面将具体说明。

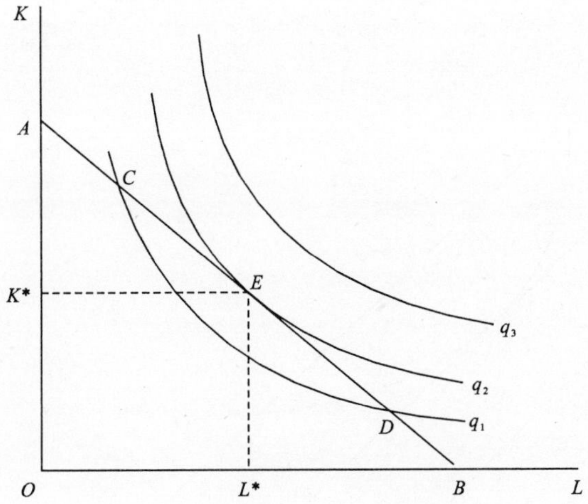

图 5-6　既定成本下的最优要素组合

等产量曲线是密布于整个坐标平面的，而且互不相交。我们举出其中三条 q_1、q_2和 q_3以代表三种情况：q_1与等成本线 AB 相交，q_2与之相切，q_3与之相离。q_1与等成本线相交于 C、D 两点，这两点虽然都恰好用完了全部的成本，但是其产量没有达到给定成本下所能生产的最大产量。我们再考虑一下与等成本线相离的等产量曲线 q_3的情况，虽然 q_3的产量比 q_2大，但是生产 q_3的成本也较高，超出了成木预算约束，因而位于等产量曲线 q_3上的点是不可行的生产计划。由此看来只有与等成本线相切的等产量曲线上的点才有可能是长期生产中的最优生产要素组合。这便是 q_2曲线上的 E 点：它既穷尽了给定成本所能达到的生产潜力，又不至于超出预算标准，所以点 E 就代表了生产的均衡点。

从图 5-6 中可以看出，等成木线与等产量曲线在点 E 相切，而等成本线与等产量曲线的斜率都有着特定的经济含义。等成本线的斜率代表两种要素的相对价格 w/r，等产量曲线的斜率代表着两种要素的边际技术替代率 MRTS_{LK}，等成本线与等产量曲线在点 E 相切意味着此时有：

$$\mathrm{MRTS}_{LK}=\frac{w}{r}=\frac{\mathrm{MP}_L}{\mathrm{MP}_K}$$

它表示：为了实现既定成本条件下的最大产量，企业选择最优生产要素组合的原则是两要素的边际技术替代率等于两要素的价格比例。将上式稍作调整即可得到：

$$\frac{\mathrm{MP}_L}{w}=\frac{\mathrm{MP}_K}{r}$$

这意味着厂商花费在购买劳动的每一单位货币与花费在购买资本的每一单位货币带来的边际产量相等，即给定产量条件下的成本最小化。如同企业在既定成本条件下会力求实现最大的产量，企业在给定产量的条件下会力求实现最小的成本。这可以用图 5-7 来说明。

图 5-7 中有一条等产量曲线 q 和三条等成本线 A_1B_1、A_2B_2、A_3B_3，由于要素的价格都不变，而等成本线的斜率为 $-w/r$，所以三条等成本线相互平行。三条等成本线与既定的等产量线 q 的关系分别为相交、相切与相离。等成本线的方程 $K=-\frac{wL}{r}+\frac{C}{r}$ 表明，在要素价格不变

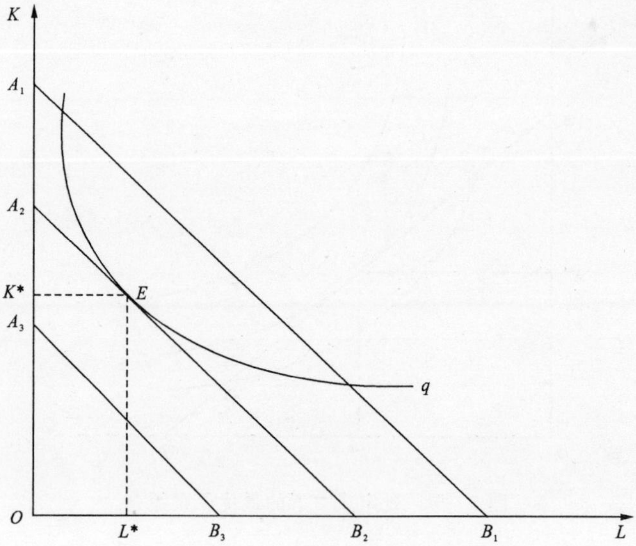

图 5-7 给定产量条件下的成本最小化

的情况下，等成本线的纵截距越大，该等成本线所代表的成本也越大。图 5-7 中所示的三条等成本线 A_1B_1、A_2B_2、A_3B_3 所代表的成本 C_1、C_2、C_3 的关系为：$C_1>C_2>C_3$。在给定产量的情况下寻找成本最小的要素组合，可以看做将等成本线向左下方平移，寻找刚好与等产量曲线相切、纵截距最小的等成本线。因而只有该等成本线与等产量线的切点才既能保证能够生产给定产量的产品，又能使成本最小。如图 5-7 所示，满足条件的等成本线 A_2B_2 与 q 相切于点 E，点 E 就是在既定产量水平下实现最小成本的要素组合。

与给定成本下的产量最大化问题相同，给定产量的成本最小化问题所得到的最优生产要素组合是等成本线与等产量曲线的切点所代表的生产要素组合。因而，给定产量的成本最小化问题同样需要满足边际技术替代率等于要素价格之比的条件，即：

$$\mathrm{MRTS}_{LK}=\frac{w}{r}=\frac{\mathrm{MP}_L}{\mathrm{MP}_K}$$

或者是该条件的等价变形：

$$\frac{\mathrm{MP}_L}{w}=\frac{\mathrm{MP}_K}{r}$$

本章小结

1. 生产者亦称厂商或企业，它是指能够作出统一的生产决策的单个经济单位。企业的目标是利润的最大化。

2. 企业的生产有短期和长期之分，短期和长期的划分不是以时间的长短，而是以生产者能否调整所有要素的投入数量为标准。生产函数表示在一定时期内，在一定的技术条件下，生产要素的投入量与它所能生产出来的最大产量之间的一种函数关系。

3. 边际报酬递减规律的基本内容是：在技术水平不变的情况下，当把一种可变的生产要素投入到一种或几种不变的生产要素中时，最初这种生产要素投入所带来的边际产量是递增的；但是当这种可变要素的投入量连续投入并超过一定限度时，增加该要素投入所带来的边际产量是递减的。

4. 规模报酬变化是指在其他条件不变的情况下，企业内部各种生产要素按相同比例变化时所带来的产量变化。企业的规模报酬可以分为规模报酬递增、规模报酬不变和规模报酬递减三种情况。

5. 企业实现既定成本条件下的最大产量，或是既定产量条件下的最小成本，企业选择最优生产要素组合的原则是两要素的边际技术替代率等于两要素的价格之比。

案例 1　边际产量递减规律

边际产量递减规律在农业生产中体现得最为显著。当技术水平与土地肥力不变时，对单位面积的土地不断追加劳动力的投入，最后会使劳动的边际产量递减。边际产量递减规律可以被用来解释马尔萨斯骇人听闻的“人口论”。马尔萨斯认为，土地所提供的人均食物量将会越来越少，人口和土地之间的矛盾无法调和，甚至要使用战争、瘟疫等极端方式，才能缓解人口与土地的矛盾。用边际产量递减规律来理解马尔萨斯的人口论时，可以将人类所拥有的耕地看做农业生产中的不变要素，将劳动力看做农业生产中的可变要素，随着人口的增长，每一单位的耕地都不断追加了劳动力的投入，然而最终会有一个时期追加劳动力带来的农产品产量的增加越来越少，甚至为负值。这意味着土地所提供的人均食物量越来越少，人口与土地的矛盾就不断地激化，马尔萨斯认为甚至需要用战争、瘟疫等极端方式来缓解这个矛盾。当然，马尔萨斯并没有预料到后来农业技术的进步使得他的预言破产，人类成功地跳出了边际产量递减规律的陷阱。但是在马尔萨斯生活的时代，农业生产技术的进步不大，边际产量递减规律在当时的确像一团愁云笼罩着人类的命运。时代已经宣告了马尔萨斯理论的错误性，不过这个例子有助于大家对边际产量递减规律的理解。

资料来源：梁小民. 微观经济学纵横谈. 北京：生活、读书、新知三联书店出版社，2002.

案例 2　王永庆的成功之路——规模报酬

台塑集团老板王永庆被称为“主宰台湾的第一大企业家”、“华人经营之神”。王永庆不爱读书，小学时的成绩总在最后 10 名之内，但他吃苦耐劳，勤于思考，终于成就了一番事业。王永庆大概也没有读过什么经济学著作，但他的成功之路却与经济学原理是一致的。

王永庆的事业是从生产 PVC 塑胶粉粒开始的。当他的企业开始生产塑胶粉粒时，每月的产量才 100t，是世界上规模最小的塑胶粉粒厂商。王永庆知道，PVC 塑胶粉粒的生产中有着非常强的规模经济效应，因而扩大产量、降低成本、打入世界市场是这个行业成功的关键。于是，他冒着产品被积压的风险，把产量扩大到每月 1 200t，并以低价格迅速占领了世界市场。王永庆扩大产量、降低成本的做法正是经济学中的规模经济原理。

王永庆的成功正在于他敢于扩大产量，实现规模收益递增。当时台湾塑胶粉粒产量低主要是受台湾本地塑胶粉粒需求有限的制约，结果厂商陷入了恶性循环：产量越低，成本越高，越打不开市场；越打不开市场，产量越低，成本越高。打破这个循环的关键就在于提高产量，降低成本。当产量由每月 100t 扩大到每月 1 200t 时，就可以采用当时最先进的设备和技术，成本大幅度降低，就有了低价进入世界市场竞争的能力。

当塑胶粉粒的生产规模扩大时，生产效率会提高是因为扩大产量才可以使用更先进的专业化设备，实现更精细的分工。一些大型的专业设备只有在达到一定产量水平的时候，才适宜使用。这是一个典型的利用生产中的规模经济原理而成功的例子。一般说来，在汽车、化工、电子、电讯等存在着显著的规模经济效应的行业，巨型企业也较多，世界 500 强企业也在这些行业中居多。对这些行业的企业而言，“大的就是好的”。

但千万别忘了《红楼梦》中王熙凤的一句话：“大有大的难处。”一个企业大固然有许多好处，但也会引起一些问题。这主要是因为随着企业规模扩大，管理效率下降，管理成本增加。一个大企业也像政府机构一样会滋生官僚主义，同时，企业规模大也会缺乏灵活性，难以适应千变万化的市场。所以，“大就是好”并不适用于一切企业。当企业规模过大引起成本增加、效益递减时就存在内在不经济，发生规模收益递减。对那些大才好的企业来说，要特别注意企业规模大引起的种种问题。王永庆在扩大企业规模和产量的同时，注意降低建厂成本、生产成本和营销成本，并精减人员，提高管理效率，这对他的成功也很重要。对那些未必一定要大的轻工、服务之类行业的企业来说，“小的也是美好的”。船小好调头，在这些设备、技术重要性较低，而适应市场能力要强的企业中，就不要盲目追求规模。甚至有些大企业也因管理效率差而分开，美国 IBM 公司就曾一分为三。

其实企业并不是一味求大或求小，而是以效益为标准。那种盲目合并企业，以追求进 500 强的做法往往事与愿违。绑在一起的小舢舨决不是航空母舰。王永庆的成功不在于台塑集团大，而在于台塑实现了规模收益递增的最优规模。

王永庆不爱读书而成功并不是规律。对更多的企业家来说，读一点经济学，按经济规律办事，还是可以事半功倍的，所以，王永庆让他儿子到美国学习。

资料来源：梁小民. 微观经济学纵横谈. 北京：生活、读书、新知三联书店出版社，2002.

本章练习

一、名词解释

生产函数、柯布-道格拉斯生产函数、边际产量递减规律、等产量函数、边际技术替代率递减规律、规模报酬、等成本线、生产均衡

二、选择题

1. 经济学分析中所说的短期是指(　　)。

A. 一年之内　　B. 全部生产要素都可随产量调整的时期

C. 至少有一种生产要素不能调整的时期　　D. 只能调整一年生产要素的时期

2. 在其他生产要素投入量不变的条件下，随着一种生产要素的不断增加，该种生产要素的边际产量(　　)。

A. 一直增加　　B. 一直减少　　C. 先增后减　　D. 先减后增

3. 经济学分析中所说的长期是指(　　)。

A. 一年之内　　B. 全部生产要素都可随产量调整的时期

C. 只能调整可变要素的时期　　D. 只能调整一种生产要素的时期

4. 当劳动(L)的总产量下降时(　　)。

A. AP_L 是递减的　B. AP_L 为零　C. MP_L 为零　D. MP_L 为负

5. 如果连续地增加某种生产要素，在总产量达到最大时，边际产量曲线(　　)。

A. 与纵轴相交　B. 经过原点

C. 与平均产量曲线相交　D. 与横轴相交

6. 当平均产量曲线与边际产量曲线相交时(　　)。

A. 总产量最大　B. 总产量最小　C. 平均产量最大　D. 边际产量最大

7. 两种生产要素的最适当组合是(　　)。

A. 等产量曲线与等成本曲线的相交之点

B. 等产量曲线与等成本曲线相切之点

C. 离原点最远的等产量曲线上的任何一点

D. 离原点最近的等成本曲线上的任何一点

8. 在边际产量发生递减时，如果要增加同样数量的产品，应该(　　)。

A. 增加变动生产要素的投入量　B. 减少变动生产要素的投入量

C. 停止增加变动生产要素　D. 同比例增加各种生产要素

9. 规模报酬递减是在下述情况下发生的(　　)。

A. 按比例连续增加各种生产要素

B. 不按比例连续增加各种生产要素

C. 连续地投入某种生产要素而保持其他要素不变

D. 上述都正确

10. 下列(　　)表示生产者达到了均衡。

A. $MP_K/MP_L=P_L/P_K$　B. $MP_K/P_L=MP_L/P_K$

C. $MP_K/P_K=MP_L/P_L$　D. $MP_K/P_K=P_L/MP_L$

三、判断题

1. 在其他条件不变的情况下，可变要素的报酬最终总是递减的。(　　)
2. 边际替代率为两种投入要素的边际产量之比。(　　)
3. 边际产量曲线与平均产量曲线的交点，一定在边际产量曲线向右下方倾斜的部分。(　　)
4. 生产阶段 II 开始于边际产量递减点。(　　)
5. 利用等产量曲线上任一点所表示的生产要素组合，都可以生产出同一数量的商品。(　　)

四、分析题

1. 一个公司老板在考虑是否雇用一个工人时，在劳动的平均产量和边际产量中更关注哪个？
2. 试用边际替代率理论来分析家具厂是多雇用工人还是多买电动工具来生产家具？
3. 分析规模报酬的三个阶段及其与生产函数的三阶段的区别。判断命题“规模收益递增的厂商不可能也会面临要素收益递减的现象”是否正确。

第六章 成本理论

学习目的：

1.理解显性成本、隐形成本的含义；

2.理解经济利润、会计利润的区别；

3.了解短期成本指标的种类以及边际报酬递减规律；

4.理解短期生产函数与短期成本函数之间的关系；

5.理解长期成本指标的类型，长期成本与短期成本之间的关系；

6.理解规模经济的含义。

教学要求：

1.理解显性成本、隐性成本、机会成本的含义，注意在经济活动中区分经济利润与会计利润；

2.了解短期成本指标的种类，运用边际报酬递减规律解决实际经济问题；

3.在经济实务中注意长期成本与短期成本之间的区别与联系。

企业进行生产并提供产品与劳务的根本目的是实现利润的最大化，利润与亏损就像是胡萝卜与大棒，激励着企业进入有赢利机会的行业，退出前景暗淡的行业。在亚当·斯密最富盛名的著作《国富论》中曾这样描述企业追逐利润的本性："我们能得到午餐不是因为屠夫、啤酒制造者或者面包师大发慈悲，而是出于他们的私利。我们看待这一问题时不应着眼于他们的人性，而应从利己主义入手，不要对他们说这些是我们的必需品，所以必须生产，而应当说这样做对他们有利。"

到底什么是利润？我们知道厂商的利润是收益与成本之间的差额，所以追求利润最大化的厂商必然会密切关注成本。通常人们致富的途径有两条：增加收入或者减少支出，即开源和节流。如果能在经济学课程中真正理解成本的各个方面，那么，这门课程就算取得了真正的成功。本章就要深入分析企业的成本、利润的确切含义，进而分析企业实现利润最大化的条件。

第一节 成本的含义

成本是企业为了获得生产要素而支付的总支出。经济学中的成本与会计学中的成本概念是有区别的。经济学将成本区分为显性成本和隐性成本。

一、显性成本和隐性成本

显性成本(explicit cost)是指厂商在生产要素市场上购买或租用所需要的生产要素的实际支出。例如，某厂商雇用了一定数量的工人，向银行借了一些款项，那么该厂商向工人支付的工资、向银行交纳的利息等支出就构成了该厂商的显性成本。一般而言，企业会计账簿上计算出来的成本都是显性成本，销售收入减去显性成本以后的余额称为会计利润。从某种角度讲，显性成本反映的是实际应用成本，可以在产品价值中得到反映并具有可直接计算的特点。

隐性成本(implicit cost)是指厂商自己所拥有的并被用于该企业生产过程中的生产要素的总价值。例如，为了进行生产，厂商自己还付出了管理劳动，并且使用了自己的资金和土地。那么他作为企业的管理者应该得到的工资和他自己的资金所应得的利息、自己的土地所应得的地租就构成了该企业的隐性成本。由于这一部分成本是厂商本应自己支付给自己的报酬，不如显性成本那样明显，所以被人们称为隐性成本。

无论是显性成本还是隐性成本，都需要从机会成本的角度考虑问题。虽然在第一章中我们介绍过机会成本的知识，但是我们在展开成本理论时，仍然有必要介绍机会成本的定义、机会成本与其他成本的关系，从而对成本理论有一个系统的认知，使我们全面而具体地理解和掌握成本理论。

二、机会成本

经济学家认为，资源是稀缺的、有限的。把资源用于一种用途就要放弃其他用途。世界上没有免费的午餐，这就是说，你要在资源可供选择的几种用途之间进行权衡以便作出选择。或者换个说法，为了得到某种东西就必须放弃其他东西。例如，你有两小时空闲时间(有限的资源)，可用于看一场电影或读一本书(可供选择的两种用途)，为了得到看一场电影的享受就必须放弃读一本书的乐趣。经济学家将为了得到某种东西而放弃的其他东西称为得到某种东西的机会成本。

我们首先来分析一下上大学的机会成本。如果进入大学，你可能用在学费、书本费和生活费等方面的费用合计约为每年 12 000 元。这 12 000 元是否就是你入校的机会成本？当然不是。还必须包括花费在学习和上课时间的机会成本。假定当年一个 19 岁的高中毕业生的全口制工作年均工资为 18 000 元。如果我们加上实际的花销和放弃的收入，我们发现大学的机会成本为每年 30 000 元，而不是每年 12 000 元。再比如，你有一笔 10 万元的钱款，存入银行可获得利息 5 000 元，投入股市可获利 1 万元。如果你把这笔钱存入银行得到 5 000 元的利息，机会成本就是不投入股市所放弃的 1 万元。所以说，机会成本(opportunity cost)是指生产者把生产要素投入某一特定用途后所放弃的使用该生产要素在其他生产用途中能得到的最高收益。机会成本不仅包括企业实际支付的生产要素价值，而且包括企业在为此所放弃的机会中能够获取的最大收益。

在理解机会成本这个概念时要注意这样几点。第一，机会成本可以用货币来表示，但并不是实际货币的支出或损失，仅仅是一种观念上的支出或损失。在上面的例子中，把钱存银行得到利息的机会成本你并没有实际支出，也不是你的钱少了。第二，当一种资源有多种用途时，机会成本是放弃的最大可能收入。例如，如果你的收入：存银行利息 5 000 元，投入股市收入 1 万元，开商店获利 2 万元。这时存入银行获利 5 000 元的机会成本就是 2 万元，而不是 1 万元。第三，如果资源没有多种用途，就不存在机会成本。例如，如果你的 10 万元由于限制因素只能存银行，不能投入股市、经商或作他用，机会成本就是零。

机会成本是一个非常有用的概念，它有助于我们作出理性决策。这就是说，当你作出一项决策时，不仅要考虑得到了什么，而且还要考虑放弃了什么。在经济学中，厂商的生产成本应该从机会成本的角度来理解。

企业所支出的显性成本必须等于这些生产要素使用于其他最佳用途时所能得到的收入，否则生产要素的供给者不会愿意放弃该要素的所有权或者使用权，厂商也就不能按照已支付的显性成本获得其所需数量与质量的生产要素来组织生产。隐性成本同样需要从机会成本的角度，按照厂商的自有生产要素在其他用途中所能得到的最高收入来计算，否则，厂商会把自有生产要素转让出去，以期获得更高的收入。例如，事业成功的妻子亲自操持家务，就不如雇用一个钟点工。当然，我们的分析有一个隐含的前提条件，就是厂商和要素供给者都是完全理性和掌握充分信息的，

三、利润

经济学家对利润的理解与会计师不同，这对于正确地分析企业追逐利润这一目标至关重要。

从会计师核算的角度看，企业的利润为企业收入与显性成本（企业每年支付给生产要素提供者的金额）之间的差额，这种利润也称为会计利润（accounting profit）。

会计利润＝总收入－显性成本

从经济学家决策的角度看，企业的成本等于显性成本与隐形成本之和，企业的利润为总收入与显性成本、隐形成本之间的差额，这种利润也被称为经济利润（economic profit）。

经济利润＝总收入－显性成本－隐形成本

经济利润可以为正值，也可以为零，还可能为负值。正的经济利润表明企业有赢利，这也是企业进行生产的主要目标。负的经济利润也被称为经济亏损，如果企业经济利润为负，表明该企业遭受到经济损失，企业将选择退出所在的行业，转向其他的行业。当企业的经济利润为零时，企业仍然得到了全部的正常利润。企业要想长期经营下去，必须获得正的经济利润或零经济利润。

正常利润（normal profit）是企业对自己所提供的企业家才能的报酬的支付。依据前面对隐性成本的分析可知，正常利润是隐性成本的一个组成部分。经济利润中不包括正常利润。从这一点来看，经济利润又叫超额利润。图 6－1 展示了总收入、显性成本、隐性成本、会计利润、经济利润、正常利润及其之间的关系。

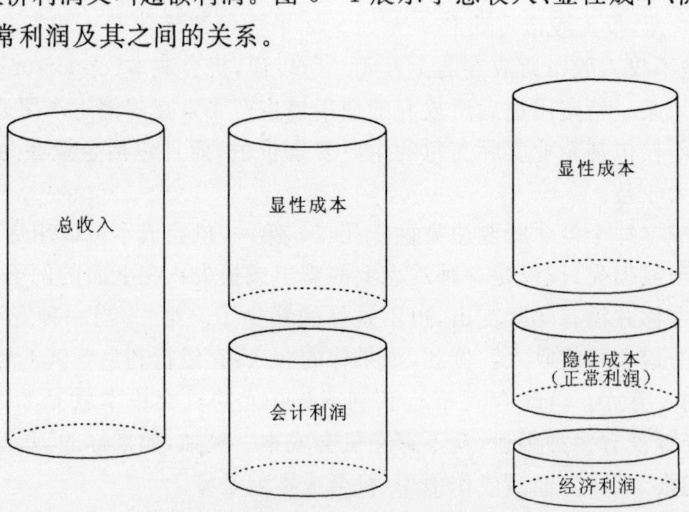

图 6－1　成本与利润之间的关系

我们用一个例子来说明会计利润、经济利润和正常利润之间的区别。老王是一名种植玉米的农民，他每年购买种子、化肥、农药，维修拖拉机等的总花费为10 000元，他提供的唯一投入品是自己的劳动力。除了当农民，老王还面临另外一个选择：当一名建筑工人，这个职业能给他带来每年15 000元的收入。由于玉米市场都按照国家制定的保护价来完成交易，因而玉米价格恒定不变。根据现有产量，老王每年销售玉米可得到30 000元收入。如果老王现在仍然从事农业生产，他的利润有多少？他是否应该去当一名建筑工人呢？

如表6-1所示，我们可以来分析一下老王的利润。首先，他的会计利润为20 000元，这是用种植玉米每年获得的总收入30 000元减去显性成本10 000得来的。他的经济利润为5 000元，这是用会计利润再减去他所放弃的在建筑行业的收入15 000元得来的。他的正常利润等于他提供的唯一资源——劳动力的机会成本15 000元。通过比较我们可以发现经济利润比会计利润小，两者的差额就是正常利润(表6-1)。

表6-1　老王的收入、成本和利润　　单位：元/年

总收入	显性成本	隐性成本	会计利润	经济利润	正常利润
30 000	10 000	15 000	20 000	5 000	15 000

通过这个例子，可以分析经济利润对资源流动的引导作用。目前，老王从事农业生产的会计利润为20 000元，但这无法判断他选择当农民在经济上是否划算。选择从事农业生产就意味着要放弃从事建筑生产能得到的15 000元(即隐性成本)，所以当农民这一决策的经济利润为5 000元(20 000元－15 000元)。也就是说，老王从事农业生产比当建筑工人多得5 000元。作为一个理性的经济人，以实现利润最大化为目标的老王应该继续从事农业生产。

如果老王发现，现在从事建筑生产每年能挣20 000元，那么他是否要放弃农业生产去当一名建筑工人呢？分析发现，从事农业生产的会计利润还是20 000元，但是其经济利润变为零(20 000元－20 000元)。这说明，从事农业生产和当建筑工人挣得一样多，此时他可以选择继续从事农业生产，也可以去当建筑工人。

如果，建筑工人每年的收入增加到22 000元。很显然，从事农业生产的经济利润为－2 000元(20 000元－22 000元)。从事农业生产在经济上是不划算的，尽管会计利润仍然是20 000元。此时，以利润最大化为目标的老王应该选择当建筑工人。

与老王的生产决策类似，任何企业都希望获得正的经济利润，经济利润这根“胡萝卜”和经济亏损这根“大棒”，引导企业退出承受经济亏损的市场，进入有经济利润的市场，并引导资源在不同市场上流动。

需要说明的是，资源在不同市场上的调整需要多长时间，这个并不确定。比如劳动力市场，调整所需的时间可能是几个月，甚至是几年；而摆地摊的小商贩决定今天是否摆摊可能只需要几分钟。

另外，企业的这种调整还取决于进入或退出市场的难易程度。阻止企业进入或退出一个市场的力量又称为进入壁垒，比如，出版社发行图书受到版权的保护，这种保护禁止了其他出版厂商的销售。还有一些保护来自产品具有兼容的性能，比如微软公司的视窗软件就具备这

种保护性能，很多电脑都安装了 Windows 操作系统，因此其竞争对手很难将自己开发的操作系统出售给微软用户。

目前，我们从一般意义上分析了一些成本的概念，进而分析了经济利润与会计利润，以及经济利润对资源流动的引导作用。但是，企业的成本与产量密切相关，下一节，我们将成本与产量结合起来，分析企业利润最大化的产出水平该如何确定。成本理论是建立在生产理论的基础之上的，我们已将生产理论分成短期生产理论和长期生产理论，相应的，成本理论也分为短期成本理论和长期成本理论。

第二节　短期成本

一、短期成本的含义

在短期内，我们仍然假定厂商使用劳动和资本来生产一种产品。其中，资本的投入数量是不变的，以$\overline{K}$来代表，而劳动的投入数量是可变的，以 L 来代表，则短期生产函数的形式为：

$$Q=f(\overline{K},L)$$

该函数表明在产量和可变要素劳动的投入量之间存在着一一对应的关系，在资本投入量不变的情况下，某一数量的可变要素劳动的投入量，对应着该数量的劳动和固定数量的资本所能得到的某一最大值的产量。而在产量为某一数值时，也要求至少某一数量的劳动投入量。相应地，成本函数便度量为了生产出既定产量时的最小成本。根据这种关系，在劳动的价格 w 和资本的价格 r 都已经给定的情况下，我们可以用下式来代表某一产量所对应的短期总成本函数：

$$\mathrm{STC}(Q)=wL(Q)+r\overline{K}$$

其中，$wL(Q)$表示可变成本部分，$r\overline{K}$表示不变成本部分，两部分之和就构成短期总生产成本。如果以 TVC(Q)表示可变成本 $wL(Q)$，以 b 表示不变成本$r\overline{K}$，则短期总成本函数可写为如下形式：

$$\mathrm{STC}(Q)=\mathrm{TVC}(Q)+b$$

二、短期成本的分类

我们已经介绍的短期成本函数只是用来衡量企业短期成本的函数中的一种：短期总成本函数。其实，厂商的短期成本函数有以下七种：总不变成本、总可变成本、总成本、平均不变成本、平均可变成本、平均总成本和边际成本。它们的英文缩写依次为：TFC、TVC、TC、AFC、AVC、AC、MC。

总不变成本(TFC)是厂商在短期内为生产一定量的产品对不变生产要素所支付的总成本。例如，购买厂房的费用与机器设备的折旧费。由于短期内不管厂商的产量是多少，不变要素的投入量是无法改变的，所以，总不变成本是一个常数，并不随着产量的变化而变化。即使产量为零，也要支付同样数量的总不变成本。沉没成本是需要与总不变成本相区分的一个概念。总不变成本是不论产量为多大，厂商都必须支付的成本；而沉没成本是一旦投入就无法追回的成本。例如，一家公司购买了办公大楼并将本公司的标志雕刻于大楼之上，如果公司转售大楼，则无人愿意为公司标志付款，在大楼上雕刻公司标志的费用就成为沉没成本。另一个典型的沉没成本例子是广告费用。

总可变成本（TVC）是厂商在短期内为生产一定量的产品对可变生产要素所支付的总成本。例如，厂商对原材料、燃料动力和工人工资的支付等。由于在短期内厂商根据产量变化的要求来不断地调整可变要素的投入数量，所以，总可变成本是随产量的变动而变动的。当产量是零时，总可变成本也为零。只要产量不为零，总可变成本就随产量的增加而增加。它的函数形式为：$\mathrm{TVC}=\mathrm{TVC}(Q)$。

总成本（TC）是厂商在短期内为生产一定量的产品对全部生产要素所付出的成本。它是总不变成本与总可变成本之和。用前面的符号表示就是：

$$\mathrm{TC}(Q)=\mathrm{TFC}+\mathrm{TVC}(Q)$$

平均不变成本（AFC）是厂商在短期内平均每生产一单位产品所消耗的不变成本。用公式表示为：

$$\mathrm{AFC}(Q)=\frac{\mathrm{TFC}}{Q}$$

很显然，由于总不变成本 TFC 是一个常数，那么随着 Q 的增加，平均不变成本 AFC 是递减的。

平均可变成本（AVC）是厂商在短期内平均每生产一单位产品所消耗的可变成本。用公式来表示为：

$$\mathrm{AVC}(Q)=\frac{\mathrm{TVC}(Q)}{Q}$$

平均总成本（AC）是厂商在短期内平均每生产一单位产品所消耗的全部成本。用公式来表示为：

$$\mathrm{AC}(Q)=\frac{\mathrm{TC}(Q)}{Q}=\mathrm{AFC}(Q)+\mathrm{AVC}(Q)$$

边际成本（MC）是厂商在短期内增加一单位产品时所增加的成本。用公式来表示是：

$$\mathrm{MC}(Q)=\frac{\Delta\mathrm{TC}(Q)}{\Delta Q}$$

从以上各种短期成本的定义公式中就可以发现，已知某一产量水平上的总成本（包括TFC、TVC、TC），就可以推知相应的平均成本和边际成本。

三、短期成本曲线

根据各种短期成本的定义公式，我们可以做出各种短期成本曲线的图形并且研究它们之间的相互关系。表 6－2 是某厂商的短期成本表，表中的平均成本和边际成本可以分别由相应的总成本推算出来。

图 6－2 是根据表 6－2 绘制的短期成本曲线图。图中的横轴代表产量 Q，纵轴代表成本 C。

在图 6－2 中，总不变成本 TFC 曲线是一条水平线，它意味着在短期内，不管产量为多少，总不变成本是一个常数。总可变成本 TVC 曲线是一条由原点出发的向右上方倾斜的曲线。在达到 3 单位的产量水平之前，总可变成本 TVC 曲线是凸的；在达到 3 单位的产量水平之后，总可变成本 TVC 曲线是凹的。也就是说，在产量水平为3单位时，总可变成本TVC曲线存

表 6－2 短期成本表

Q	TFC	TVC	TC	AFC	AVC	AC	MC
0	1 000	0	1 000	—	—	—	
1	1 000	600	1 600	1 000	600	1 600	600
2	1 000	800	1 800	500	400	900	200
3	1 000	900	1 900	333	300	633	100
4	1 000	1 050	2 050	250	262.5	512.5	150
5	1 000	1 400	2 400	200	280	480	350
6	1 000	2 100	3 100	166.5	350	516.5	700

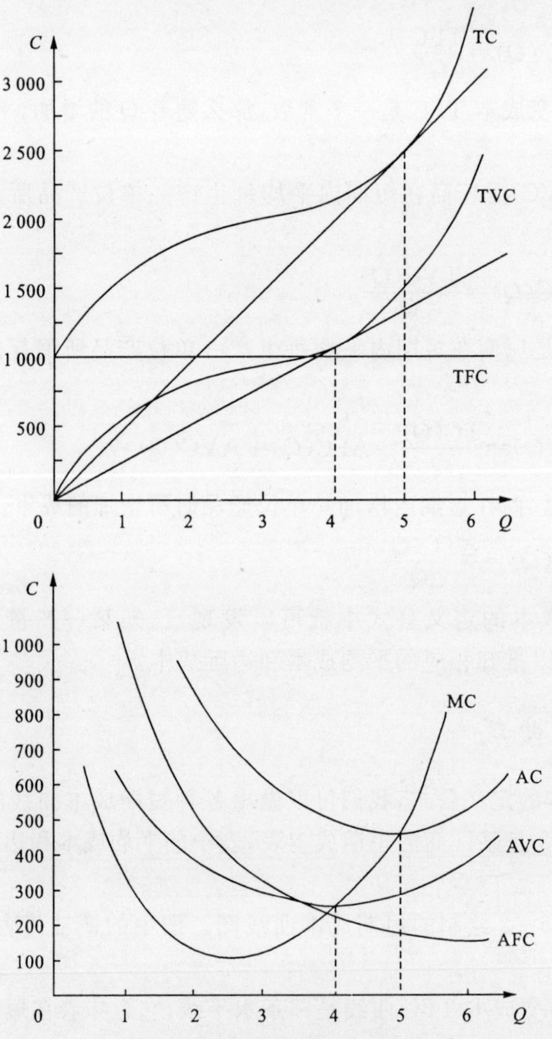

图 6－2 短期成本曲线图

在一个拐点，在产量小于3单位之前，TVC曲线的斜率是递减的；在产量大于3单位之后，TVC曲线的斜率是递增的。总成本曲线是把每一产量的总不变成本与总可变成本相加而得到的，而且总不变成本是一个常数，因此可以将总成本曲线看做总可变成本曲线沿着纵轴向上平移TFC个单位而得到的。从而，总成本曲线与总可变成本一样，也是向右上方倾斜的曲线，也在产量为3个单位时有一个拐点。在每一个产量点上，不仅TC曲线和TVC曲线的斜率相等，而且，二者之间的垂直距离都等于固定的总不变成本TFC。

此外，平均不变成本AFC曲线是一条向两坐标轴无限渐进的双曲线，它表示平均不变成本随产量的增加而减少。值得注意的是，平均可变成本AVC曲线、平均总成本AC曲线和边际成本MC曲线都呈U形，即都表示出先下降后上升的特征。它们的这种U形特征需要用边际产量递减规律来解释。

边际产量递减规律表明，在其他条件不变时，随着一种可变要素的投入量的连续增加，它带来的边际产量先是递增的，达到最大值后再递减。边际产量递减规律对厂商成本的影响体现在，当其他条件不变时，特别是要素的价格不变时，当产量由零开始增加时，增加可变要素的投入量会提高生产效率；而随着增加一单位产量所需增加的可变要素数量减少，边际成本是递减的；但是当可变要素的投入量超过了最佳比例之后，继续增加可变要素投入就会使得生产效率下降，边际成本递增。这又一次说明了短期生产函数和短期成本函数之间的对应关系：边际产量递增阶段对应着边际成本递减阶段，与边际产量的极大值对应的产量是使得边际成本极小的产量，边际产量递减阶段则对应着边际成本递增阶段。正因为边际产量先递增后递减的原因，边际成本曲线体现出先降后升的U形特征。

根据边际成本曲线的U形特征，我们就可以解释其他一些短期成本曲线的特征和短期成本曲线相互之间的某些关系。

对于TC曲线、TVC曲线和MC曲线，每一产量点上的边际成本MC值就是TC曲线和TVC曲线的斜率，这种关系体现在图6-2中就是，当MC曲线处于下降阶段时，TC曲线与TVC曲线是凸的；当MC曲线处于上升阶段时，TC曲线和TVC曲线是凹的。MC曲线的最低点对应着TC和TVC曲线的拐点。对于AC曲线、AVC曲线和MC曲线而言，MC曲线分别交AC与AVC于其各自的最低点。在与MC曲线相交之前，AC和AVC位于MC之上方；在与MC相交之后，AC与AVC位于MC之下方。同时，不管上升还是下降，MC的变动都快于AC或AVC的变动。形成这种特征的原因和第五章介绍的形成AP_L和MP_L的关系的原因如出一辙，请读者自行思考。

最后还要指出的是，MC曲线首先和AVC曲线相交，然后和AC曲线相交，由于MC与AC、AVC相交于MC的上升阶段，所以这也意味着，AVC曲线的最低点的产量比AC曲线的最低点的产量要低。这是因为平均总成本不仅包括平均可变成本，还包括平均不变成本，所以平均总成本AC曲线的最低点的产量比AVC曲线的最低点的产量高，且AC曲线最低点的成本比AVC曲线的最低点的成本高。

第三节 企业利润最大化的条件

在第五章，我们从生产的角度，论述了成本给定条件下企业最优的产量决策，在本小节，我们将从成本的角度，论述产量和成本变动时的实现利润最大化的条件。我们通过一个例子来说明这些问题。

假设有一家企业制造塑料杯，该企业租用了一台注塑机，租金为400元/天，无论该企业是否生产，这笔钱都必须支付，这笔费用就构成了该企业的固定成本，如表6-3第三列所示。

表6-3 某塑料杯生产企业的成本指标

劳动人数（人/天）	塑料杯产量（个/天）	固定成本（元/天）	可变成本（元/天）	总成本（元/天）	边际成本（元/个）
0	0	400	0	400	—
1	80	400	120	520	1.5
2	200	400	240	640	1.0
3	260	400	360	760	2.0
4	300	400	480	880	3.0
5	330	400	600	1 000	4.0
6	350	400	720	1 120	6.0
7	362	400	840	1 240	7.0

在表6-3中，第一列表示该企业雇用的员工人数；第四列则显示雇用员工的费用，这笔费用构成了该企业的可变成本，它会随着企业生产的塑料杯数量的变化而变化，实际生产过程中可变的投入要素还包括原材料等，在这里先将这种原料投入忽略不计；第二列表示产量水平，该企业的产量会随着要素投入的变化而变化，这与第五章分析的投入与产出的关系一致；第五列是该企业的总成本，它等于第三列的固定成本与第四列的可变成本之和；最后，第六列是该企业的边际成本，它表示每增加一单位的产量增加的成本。例如，当企业的产量从200个塑料杯增加到260个塑料杯时，产量增加量为60个塑料杯，总成本从640元增加到760元，总成本增加量为120元，则每增加1个塑料杯增加的成本为2元(120元/60个)。

该企业的利润来自于生产和销售塑料杯所获得的收益，即总收益减去总成本。表6-3显示了该企业的一些成本指标。下面来看一下该企业的总收益和利润。首先来看主要的收益指标。

总收益(total revenue，简记为TR)指厂商按一定价格出售一定量产品所获得的全部收入。以TR代表总收益，以P表示价格，以Q表示销量，则总收益计算公式为$\mathrm{TR}=P\cdot Q$。

边际收益(marginal revenue，简记为MR)指增加一单位产品的销售所增加的收益，即最后一单位产品的售出所取得的收益。它可以是正值，也可以为负值。以MR代表边际收益，则边际收益的计算公式为：$\mathrm{MR}=\frac{\Delta \mathrm{TK}}{\Delta Q}$。

平均收益(average revenue，简记为AR)指企业销售一定数量的产品时，平均每一单位产品的收益。以AR表示平均收益，则平均收益的计算公式为：$\mathrm{AR}=\frac{\mathrm{TR}}{Q}$。平均收益就是产品的价格。

假设，在塑料杯市场中，每个塑料杯的价格为3.5元，该企业的生产对市场的影响可以忽略不计，换句话说，该企业增加产量不会影响市场价格，它生产的每一个塑料杯都可以按照3.5元/个的价格销售，也就是说每增加一个单位产量增加的收益为3.5元，即MR=3.5元/个。

企业要实现利润最大化的目标，产量水平应该定位多少呢？表6-4为我们展示了该企业在每种产量水平上对应的利润。在表6-4中，第三列的总收益等于每天生产的塑料杯数量乘以3.5；第五列显示的是该企业不同产量对应的利润，它等于总收益减去总成本。

表6-4　某塑料杯生产企业的产出、成本和利润

劳动人数（人/天）	塑料杯产量（个/天）	总收益（元/天）	总成本（元/天）	利润（元/天）	边际成本（元/个）	边际收益（元/个）
0	0	0	400	−400	—	—
1	80	280	520	−240	1.5	3.5
2	200	700	640	60	1.0	3.5
3	260	910	760	150	2.0	3.5
4	300	1 050	880	170	3.0	3.5
5	330	1 155	1 000	155	4.0	3.5
6	350	1 225	1 120	105	6.0	3.5
7	362	1 267	1 240	27	1.0	3.5

从表6-4中利润这一列的结果来看，该企业能够实现的最大利润为170元/天，对应的产量水平为300个/天，这就是该企业最优的产量决策。

对该企业而言，当产量在260个/天时，每天的利润为150元。该企业是否应该继续增加产量呢？此时，每单位产品的边际收益为3.5元/个，而每单位产品的边际成本为2元/个。这就意味着，多生产1个塑料杯的收益大于成本，也就是赢利，所以应该继续扩大生产。

在达到最佳产量300个/天后，是否应该继续增加产量呢？如果继续增加产量，每单位产品的边际收益还是3.5元/个，而每单位产品的边际成本却为4元/个。这就意味着，多生产1个塑料杯的收益小于成本，也就是亏损，所以不应该扩大生产。

在表6-4中，因为可变要素劳动的投入必须以整数来变动，所以，该企业利润最大化的产量为300个/天。利润最大化的条件是边际收益大于边际成本，因为，在此基础上再增加劳动力的投入，边际收益将小于边际成本。

实际上，企业利润最大化的条件是：边际收益=边际成本，即MR=MC。

该条件表示，如果最后增加一单位产量的边际收益大于边际成本，就意味着增加产量可以增加总利润，于是企业会继续增加产量，以实现最大利润目标；如果最后增加一单位产量的边际收益小于边际成本，那就意味着增加产量不仅不能增加利润，反而会发生亏损，这时企业为了实现最大利润目标，就不会增加产量而会减少产量。只有在边际收益等于边际成本时，企业的总利润才能达到极大值。所以MR=MC成为利润极大化的条件，这一利润极大化条件适用于所有类型的市场结构。

企业利润最大化的条件不仅指企业有正利润时，按照边际收益等于边际成本确定的产量来生产能实现正的利润的最大化，而且还指企业有亏损时，按照这一原则确定的产量生产能实现亏损的最小化。在表 6-4 中，如果每个塑料杯的价格为 2.0 元，其最优的产量决策为 260 个/天，这个产量水平就是该企业亏损最小化的最佳产量。

在第七章，我们将用图形来描述企业利润最大化的产量及利润，本章就不赘述。

第四节　长期成本

在长期内，厂商可以根据产量的要求调整全部的生产要素的投入量，甚至包括是否退出或者加入某一行业。在长期内，就不再有可变成本与不变成本的区分，相反，所有的成本都是可以变化的。

我们将成本函数定义为：为了达到既定产量所需要的最低成本。短期成本函数意味着厂商只能调整一部分生产要素的投入量时所达到的最低成本，而长期成本函数意味着厂商可以调整所有的生产要素投入时所达到的最低成本。实际上，在长期内厂商对全部生产要素投入量的调整意味着对企业的生产规模的调整，也就是说，厂商总是可以在每一个产量水平上选择最优的生产规模进行生产。长期总成本是指厂商在长期内的各种产量水平上通过改变生产规模所能达到的最低总成本，而短期总成本则是厂商在固定生产规模下的各种产量水平上通过改变可变要素的投入量所能达到的最低总成本。经济的直觉告诉我们，厂商的长期生产成本应该比短期生产成本低，因为在长期内厂商的选择余地更大，理性的厂商在更大的选择空间下应该可以更好地实现自己节约成本的目标。下文的分析可以验证我们的直觉是正确的。

一、长期成本的含义

厂商的长期成本可以分为长期总成本、长期平均成本和长期边际成本。长期总成本、长期平均成本和长期边际成本的英文缩写分别为：LTC、LAC 和 LMC。因为我们还要在以后的章节中分析短期成本和长期成本的关系，所以从现在开始，我们在短期总成本、短期平均成本、短期边际成本之前一律加一个代表短期的“S”，在长期成本之前一律加一个代表长期的“L”。例如短期总成本表示为 STC，长期总成本表示为 LTC。

长期总成本可以定义为当所有的要素投入量都可以变动时，厂商为了生产既定产量所需要的最小总成本。假定两种生产要素——劳动和资本的价格不变，厂商生产的产量为 Q。如果短期总成本的形式为：

$$\mathrm{STC}=C[Q(\overline{K},L)]$$

则长期总成本的形式为：

$$\mathrm{LTC}=C[Q(K,L)]$$

通常，长期总成本写为；

$$\mathrm{LTC}=\mathrm{LTC}(Q)$$

长期平均成本和长期边际成本的定义与短期平均成本和短期边际成本相似，我们将分别给出它们各自的定义公式。长期平均成本的定义公式为：

$$\mathrm{LAC}=\frac{\mathrm{LTC}(Q)}{Q}$$

该式表示在长期中生产 Q 产量时平均每一单位的产量所耗费的最小成本。

长期边际成本的定义公式为：

$$LMC = \lim_{\Delta Q \to 0} \frac{\Delta LTC}{\Delta Q} = \frac{dLTC}{dQ}$$

上式表示，当产量扩张到最后一单位时所增加的最小成本，或者当产量收缩到最后一单位时所减少的最大成本。

二、长期成本曲线

我们将分别从长期总成本、长期平均成本和长期边际成本的角度来讨论长期成本。

1. 长期总成本曲线

厂商在长期内对全部生产要素的调整意味着对企业的生产规模的调整。人们通常用短期内所无法调整的不变要素的数量来衡量厂商规模，例如工厂厂房的数量、大型专业机器设备的数量等。从长期看，厂商总是在每一个产量水平上选择最优的生产规模进行生产。由于长期是由短期构成的，所以长期总成本函数可以由短期总成本函数推导出来。简单地说，长期总成本曲线是短期总成本曲线的包络曲线，如图 6-3 所示。

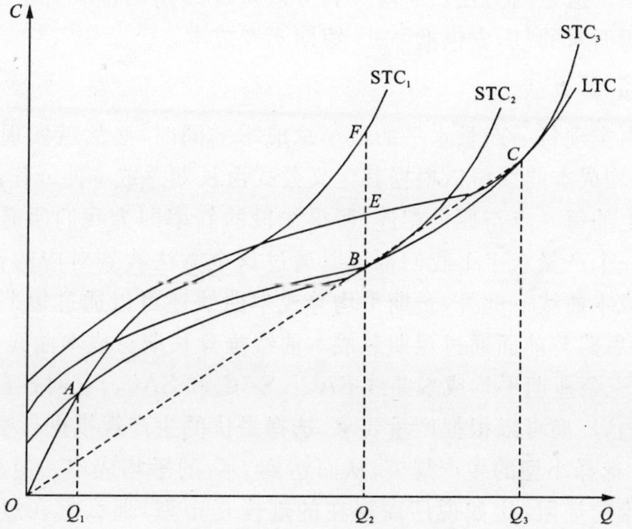

图 6-3　长期总成本曲线

在图 6-3 中，有三条短期总成本曲线 STC_1，STC_2 和 STC_3，它们分别代表三种生产规模。由于短期总成本曲线的纵截距代表其固定成本即生产规模，我们可以发现这三条短期总成本曲线的生产规模依次递增。假定厂商生产的产量为 Q_2，那么厂商如何调整生产要素的投入量以实现总成本最小呢？在短期内，厂商可能受到生产规模过小（例如面临短期总成本 STC_1 曲线的约束）或者生产规模过大（例如面临短期总成本 STC_3 曲线的约束）的限制，所以只能按照较大的成本来生产 Q_2，即在 STC_1 曲线上的 F 点或者 STC_3 曲线上的 E 点组织生产。但是在长期内，厂商就可以通过调整生产规模来降低成本，而不仅仅是调整可变要素劳动的投入量。所以，厂商会选择 STC_2 所代表的生产规模进行生产，从而将成本降低到了所能达到的最低水平，即 STC_2 曲线上的 B 点。类似地，在长期内，如果市场对该产品的需求量为 Q_1，厂商会选择代表较小的生产规模的 STC_1 曲线上的 A 点生产 Q_1 的产量；如果市场对该产品的需求量为 Q_3，厂商会选择代表较大的生产规模的 STC_3 曲线上的 C 点生产 Q_3 的产量，这样厂商就实现了各种产量水平下的成本最小化。

虽然我们在图 6-3 中只作出了三条短期成本曲线，但是在理论分析上我们可以假定短期成本曲线有无限多条。这样一来，厂商可以在任何一个产量水平上，都找到相应的一个最优生产规模，进而实现成本的最小化。也就是说，厂商可以找到无数个类似于 A、B 和 C 的点.将这些点用光滑的曲线连接起来，就得到了长期总成本曲线 LTC。显然，长期总成本曲线是短期总成本曲线的包络线，在连续变化的每一个产量水平上，都存在着 LTC 曲线和一条 STC 曲线的相切点，该 STC 曲线所对应的生产规模就是生产该产量的最优生产规模，该切点所对应的成本就是生产该产量的最小总成本。所以，长期总成本曲线代表了每一产量水平下厂商所能达到的最小成本。

与短期总成本曲线一样，长期总成本曲线也是一条向右上方倾斜的曲线，而且在某一产量上长期总成本曲线有一个拐点，在该产量之前，长期总成本曲线是凹的；在某一产量之后，长期总成本曲线是凸的。关于这一点，我们将在分析了长期边际成本曲线的特征之后再作补充说明。与短期总成本曲线不同的是，长期总成本曲线是由原点出发的，而不像短期总成本曲线一样有一个正的纵截距。这是因为在长期内厂商可以从零开始调整所有的生产要素投入量，没有短期总成本曲线所面对的“历史包袱”——短期不变成本。

2. 长期平均成本曲线

当厂商在长期内实现每一产量水平的最小总成本的同时，必然就实现了相应的最小平均成本。所以，长期平均成本曲线可以根据其定义公式由长期总成本曲线作出。具体的做法是：将长期总成本曲线上的每一点与原点相连，所得线段的斜率即为我们所需要的该产量下的长期平均总成本。每一个产量水平下我们都可以通过这个方法找到对应的长期平均总成本，从而作出长期平均总成本曲线。此外，长期平均总成本曲线还可以通过短期平均总成本曲线而得到，这一种方法的思路与前面通过短期总成本曲线推导长期总成本曲线是一致的。

在图 6-4 中有三条短期平均成本曲线 SAC_1、SAC_2 和 SAC_3，它们各自代表小、中、大三个生产规模。在长期内，厂商可以根据产量要求，选择最优的生产规模进行生产。假定厂商生产 Q_1 的产量，则厂商会选择小型的生产规模，从而达到 OC_1 的平均成本。但在短期内，厂商就可能受到现有生产规模的局限，比如说厂商现在的规模是中型，那么它在短期内只能最低达到 OC_1' 的平均成本，显然比在长期内厂商所能实现的最低平均成本 OC_1 要高。同理，假定厂商生产的产量为 Q_2，则厂商会选择中型的生产规模组织生产；假定厂商生产的产量为 Q_3，则厂商会选择大型的生产规模组织生产，并各自达到该生产规模下生产该产量的最低平均成本 OC_2 与 OC_3。当厂商生产的产量为 Q_1' 时，厂商用小型规模和中型规模生产的平均成本相同。如果厂商对行业的前景看好，他可能会选择中型规模；如果厂商对行业的前景并不乐观，他可能会选择小型规模。这样的分析同样适用于其他两条短期平均生产成本 SAC 曲线的交点，例如点 E。

由以上分析可以发现.沿着图 6-4 中所有 SAC 曲线的实线部分，厂商总是可以找到长期内生产某一产量的最低平均成本。由于在长期内可供厂商选择的生产规模很多，在理论上就可以有无数多条 SAC 曲线，从而厂商在每一个产量水平都选择最优生产规模进而实现该产量

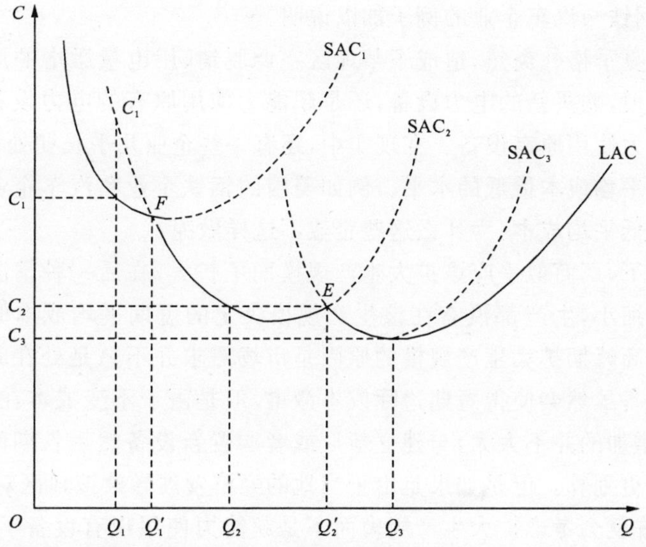

图 6-4 长期平均成本曲线

下的最低平均总成本,我们就得到了一条长期平均总成本曲线(图 6-5),它是短期平均总成本曲线的包络曲线。在这条包络曲线上,每一点都是长期平均成本曲线与某一条短期平均成本曲线的切点。

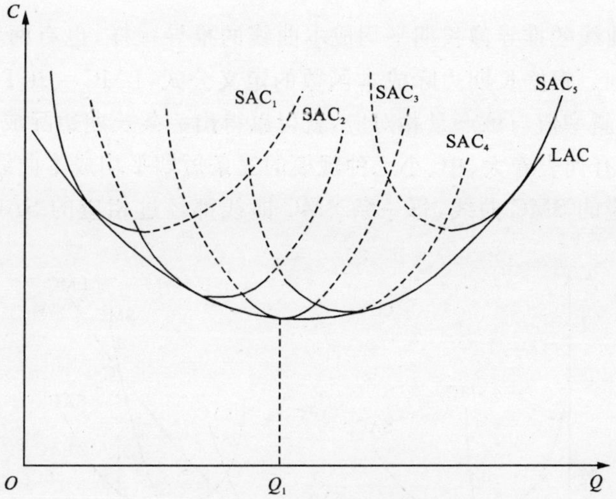

图 6-5 长期平均总成本曲线

从图 6-5 中还可以看到,在长期平均成本曲线 LAC 的下降段,LAC 曲线相切于相应的 SAC 曲线最低点的左侧;在长期平均成本 LAC 曲线的上升段,LAC 曲线相切于相应的 SAC 曲线最低点的右侧;只有在 LAC 曲线的最低点上,LAC 曲线才与 SAC 曲线相切于 SAC 曲线的最低点。

长期平均成本曲线并非是所有的短期成本曲线的最低点的包络曲线，这一点还可以举出现实中电力企业、钢铁与汽车企业的例子加以说明。

如果某一年的夏季格外炎热，造成了某地区空调脱销、用电量激增的局面，那么当地的电力企业是会扩大规模，购买新的电力设备，还是超能力使用原有的电力设备呢？一般而言，电力企业会选择超能力使用原有设备。在现实中，还有一些企业几乎长期处于能力过剩的状态，即产量水平达不到平均成本最低的水平。例如美国的钢铁企业和汽车企业，似乎它们缩小规模会更容易达到最低平均成本，为什么这些企业不这样做呢？

在前一种情况下，厂商似乎应该扩大生产规模而不扩大；在后一种情况下，厂商似乎应该缩小生产规模而不缩小，生产都没有在该生产规模决定的短期平均成本曲线的最低点进行。电力企业不在用电高峰期扩大生产规模的原因是市场需求并不总是处在旺盛状态，短时间内超能力使用原有设备虽然会使得短期边际成本激增，但是由于不变成本在总成本中所占的比例很大，平均成本增加的并不太大，与建立新厂或者购置新设备然后长期闲置相比，短期内超能力使用原有设备更划算。但是如果是由于当地的经济发展导致该地区对电力需求的永久性上升，电力企业也许就会考虑扩大生产规模而不是超能力使用现有设备了。钢铁和汽车企业长期保留着超出产量需要的生产规模，是因为它对新厂商的进入有着威慑作用。这意味着，如果市场需求增加，现有厂商可以迅速通过增加产量而降低生产成本，同新进入该行业的厂商相比有着极大的价格竞争优势。短期中，电力企业超能力使用原有设备发生在其长期平均成本曲线上升的阶段，而钢铁和汽车企业保持过度的生产能力发生在其长期平均成本曲线下降的阶段，这与我们前面的分析是相吻合的。

3. 长期边际成本曲线

长期边际成本曲线的推导像长期平均成本曲线的推导一样，也有两种方法。一种是根据长期总成本曲线得到。根据长期边际成本函数的定义公式：$LMC = dLTC/dQ$，只要把每一产量上的 LTC 曲线的斜率值与该产量相对应，就可以得出一条长期边际成本曲线。

图 6－6 中仍然有代表着大、中、小三种规模的三条短期平均成本曲线，而且每一条短期成本曲线都有一条相应的 SMC 曲线，每一条 SMC 曲线都经过相应的 SAC 曲线的最低点。在

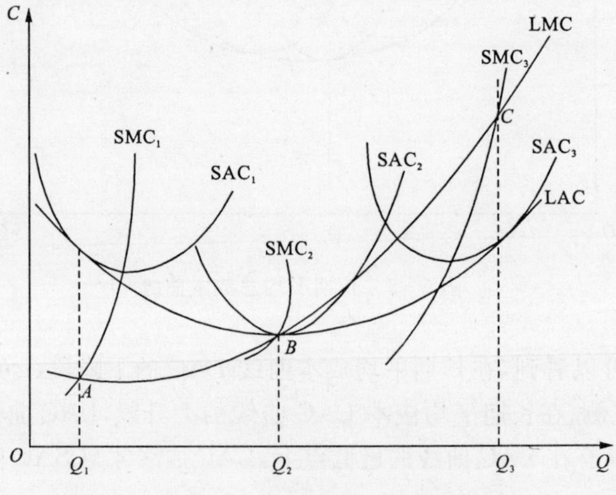

图 6－6 长期边际成本曲线

短期平均成本曲线与长期平均成本曲线的相切点所代表的 Q_1 的产量上，生产该产量的最优生产规模由 SAC_1 曲线和 SMC_1 曲线所代表，相应的短期边际成本由点 A 的纵坐标给出，点 A 是短期边际成本曲线与垂直于横轴的直线 $Q=Q_1$ 的交点。由于在产量 Q_1 上，短期平均成本曲线 SAC_1 与长期平均成本曲线 LAC 相切，这便意味着在产量 Q_1 上，相应的短期总成本曲线 STC_1 和长期总成本 LTC 曲线相切（参见图 6-5 中的 A 点），所以在产量 Q_1 上，AQ_1 既是短期边际成本，又是长期边际成本，即有 $AQ_1=LMC(Q_1)=SMC_1(Q_1)$。同理，在 Q_2 的产量上，有 $LMC(Q_2)=SMC_2(Q_2)=BQ_2$；在 Q_3 的产量上，有 $LMC(Q_3)=SMC_3(Q_3)=CQ_3$。在生产规模无限细分的情况下，我们可以用上述方法得到无数个类似 A、B 和 C 的点，将这些点连接起来便得到一条光滑的长期边际成本 LMC 曲线。

从图 6-6 中可以看出，在短期平均成本曲线与长期平均成本曲线相切的情况下，长期边际成本曲线与短期边际成本曲线相交。也就是说，在长期平均成本与短期平均成本相等的时候，长期边际成本与短期边际成本相等。对于长期平均成本和短期平均成本而言，在非相切的情况下，短期平均成本一定大于长期平均成本。但是长期边际成本和短期边际成本就没有这样确定性的关系：在二者交点的左方，短期边际成本小于长期边际成本；在二者交点的右方，短期边际成本大于长期边际成本。这些特征还可以通过长期总成本曲线得以体现。

三、规模经济

规模经济包括内部规模经济和外部规模经济两种。其中，本企业生产规模的扩张使得生产效率提高被称做内部规模经济，如果生产规模的扩张导致生产效率的降低则被称做内部规模不经济。一般来说，在企业规模扩张的过程中，会先后出现内部规模经济和内部规模不经济现象，企业的长期平均成本曲线因此先降后升。除了内部规模经济和内部规模不经济之外，外部规模经济和外部规模不经济也会影响企业的长期平均成本曲线。外部规模经济是马歇尔所定义的概念，是指整个行业的规模扩张使得单个厂商的生产效率提高的现象。它是由于厂商的生产活动所依赖的外界环境的改善而产生的。例如，整个行业的发展，可以促进为该行业提供服务的上下游行业的分工和发展，进而降低了该行业中每一个厂商的生产成本。相反，如果整个行业的规模增加使得单个厂商的生产效率下降，我们则说存在着外部规模不经济。例如，整个行业的发展，使得生产要素的价格上涨，交通运输困难，则会增加行业内每个厂商的成本。

内部规模经济和内部规模不经济决定了长期平均成本曲线的形状，而外部规模经济和外部规模不经济则决定了长期平均成本曲线的位置。外部规模经济使得长期平均成本曲线向下移，外部规模不经济使得长期平均成本曲线向上移。

本章小结

1. 显性成本是企业支付给外部生产要素所有者的报酬，隐性成本则是企业自己所拥有的且被用于该企业生产过程的那一部分生产要素的报酬。

2. 会计利润是企业的收入与显性成本之间的差额。经济利润是企业的收入与显性成本、隐性成本之和的差额。正常利润是会计利润与经济利润之间的差额，它是企业主所提供资源的机会成本。

3. 短期内发生的成本称为短期成本。企业的短期成本有短期总成本、总不变成本、总可变成本、短期平均成本、平均不变成本、平均可变成本和短期边际成本。短期生产中的边际报酬递减规律决定了短期成本曲线的形状。

4. 企业利润最大化的条件是:边际收益=边际成本。

5. 长期内发生的成本称为长期成本。企业的长期成本有长期总成本、长期平均成本和长期边际成本。长期总成本曲线是无数条短期总成本曲线的包络线,长期平均成本曲线是无数条短期平均成本曲线的包络线。长期生产中的规模经济和规模不经济,决定了长期成本曲线的形状和位置。而在每一个产量水平上,长期边际成本均与代表最优生产规模的短期边际成本相等。

案例 1　在自助餐厅里你应该吃多少?

桑柑姆是位于美国费城的一家印度餐馆,该餐馆提供价格为 5 美元的自助餐。顾客在门口交了 5 美元后就可以在餐馆内不受任何限制地消费,不加收其他任何费用。一天,作为一项吸引顾客的手段,餐馆老板随机挑选了 20 位客人实施免费优惠,而其他的顾客仍需支付 5 美元。如果所有的消费者都是理性的,这两组顾客的平均食物消费是否会产生区别?

吃完第一份食物之后,得到或没有得到优惠的顾客都会考虑同样的问题:“我是否应该再去取一份食物?”对于理性的顾客,如果再去取一份食物的收益大于成本,他就会这么做,否则答案就应该是否定的。应该注意到,在你决定是否再去取第二份食物时,你支付的 5 美元已经是沉没成本。对于那些没有得到优惠的顾客,支付的费用不可能再收回了。因此对于这两类顾客来说,再去取一份食物的额外成本几乎为零。因为享受免费午餐优惠的顾客是随机挑选的,所以完全可以假设他们的食量以及收入与其他顾客相同。因此两类顾客另取一份食物的平均成本也一样。既然两类顾客另取食物的成本和收益都相等,他们平均消费的食物量也应该是相等的。

但心理学家和经济学家的实验结果却表明两类顾客的食物消费量并不同。那些交了钱的顾客吃的食物量远比没有交钱的顾客多。交钱的顾客就好像要将他们支付的 5 美元“吃回本”一样。他们暗含的目标就是尽可能地将消费的每单位食物的平均成本最小化。但是最小化平均成本并不是一个显性的目标。试想一个傍晚在高速公路开车的人,即使没有任何具体的目的地也会不停地开,因为他要让汽车的平均使用率尽可能大。具有讽刺意味的是,想要吃回本的顾客通常都会撑着自己,进而抱怨说不该去取最后的那份食物。

虽然成本-收益分析在这个例子中未能正确地预测人们的行为,但它在建议人们如何权衡各方面的有效性并没有减少。如果你的决定受到沉没成本的影响,你可以通过改变你的行为作出更好的决策。

资料来源:罗伯特·H. 弗兰克,本·S. 伯南克. 微观经济学原理. 李明志,译. 北京:清华大学出版社,2010.

案例 2　在哪里举行婚礼?

无需一个经济学家告诉你,决定举行一次婚礼相对于其他事情来说更属于一项经济学的决策。举行一个大型婚礼至少需要多少钱呢? 20 000 元? 当然了,除非你在家里结婚。

无论你的婚礼是大型还是小型的，你都得花上一些固定成本——鲜花、摄影师、摄像师、婚礼礼堂、礼服的租金以及司仪等费用。你的可变成本将包括食物和饮料。你在婚礼礼堂的花费将取决于所请客人的多少。

当然，更大和更昂贵的婚礼将会增加你所收到的礼品的价值。可以将此视为你的收益。

让我们设想一个小型婚礼，只有 100 个亲朋好友参加，在三星级酒店举行，花费了你 20 000元，而你从礼品中获得了 10 000 元。或者一次大型婚礼，在五星级酒店邀请了 300 个客人，花费了你 100 000 元，你从礼品中获得了 150 000 元。你是举行小型婚礼还是举行大型婚礼呢？举行小型婚礼你将损失 10 000 元，举行大型婚礼你将盈利 50 000 元。大多数新婚夫妇可能会选择一个大型婚礼。毕竟你一生只结一次婚！或许有人也可能两次！

资料来源：史蒂芬・斯拉文等.微观经济学.史先诚，译.南京：南京大学出版社，2008.

本章练习

一、名词解释

显性成本、隐性成本、经济成本、经济利润、短期成本、长期成本、规模经济、边际成本、生产临界点

二、判断题

1. 长期平均成本曲线代表了在各种产出水平下的最低平均成本。（　　）
2. 如果边际成本曲线上升，则对应的平均成本曲线一定上升。（　　）
3. 只要总收益小于总成本，厂商就会停止生产。（　　）
4. 只要边际成本曲线位于平均成本曲线的上方，平均成本曲线一定向下倾斜。（　　）

三、选择题

1. 假如厂商生产的产量从 1 000 单位增加到 1 002 单位，总成本从 2 000 美元上升到 2 020 美元，那么它的边际成本等于（　　）。

　A. 10 美元　　B. 20 美元　　C. 2 020 美元　　D. 2 美元

2. 下列说法中正确的是（　　）。

　A. 厂房设备投资的利息是可变成本
　B. 商标注册费是可变成本
　C. 购买原材料的支出为不变成本和可变成本
　D. 补偿机器设备无形损耗的折旧费是不变成本

3. 随着产量的增加，短期平均可变成本（　　）。

　A. 按一固定比例增加　　B. 先增后减
　C. 先减后增　　D. 按一固定比例减少

4. 短期平均成本曲线呈 U 形，是因为（　　）。

　A. 外部经济　　B. 内在经济　　C. 规模经济　　D. 边际收益递减规律

5. 随着产量的增加，短期平均固定成本（　　）。

　A. 先减后增　　B. 先增后减　　C. 增加　　D. 减少

6. 当某厂商以最小成本生产出既定产量时，那他（　　）。

　A. 总收益为零　　B. 一定获得最大利润

C. 一定未获得最大利润　　D. 无法确定

7. 假定某机器原来生产产品A，利润收入为200元，现在改生产产品B，所花的人工、材料费为1 000元，则生产产品B的机会成本是(　　)。

A. 200元　　B. 1 200元　　C. 1 000元　　D. 不能确定

8. 不随产量变动而变动的成本称为(　　)。

A. 平均成本　　B. 固定成本　　C. 长期成本　　D. 总成本

9. 在长期中，下列成本中哪一项是不存在的(　　)。

A. 可变成本　　B. 平均成本　　C. 机会成本　　D. 隐性成本

10. 由企业购买或使用任何生产要素所发生的成本是指(　　)。

A. 显性成本　　B. 隐性成本　　C. 变动成本　　D. 固定成本

四、简答题

1. 简要说明短期和长期成本曲线形成U形的原因。
2. 如果某厂商雇用目前正处于失业的工人，试问在使用中劳动的机会成本是否为零？
3. 边际成本先于平均成本而上升。
4. 为什么短期平均成本曲线和长期平均成本曲线都是U形曲线？

五、分析题

小张在学校附近的小镇开了一家餐馆，每月能获得5 000元收入，每月的费用如下表所示。

开支项目	费用(元)	开支项目	费用(元)
劳动力	2 000	车辆租金	150
食物和酒水	500	门面租金	500
电	100	设备贷款利息	1 000

(1)计算小张每月的会计利润。

(2)如果小张选择当一名司机，那么他每月能获得1 000元净收入。与当司机相比，他更喜欢开餐馆，为了开餐馆，他愿意支付275元。小张能否从经营餐馆中获得经济利润？他是否应当继续经营？

(3)假设餐馆的收入和各项费用不变，但是当司机的净收入上升到了1 100元。小张是否能获得经济利润？

(4)假设在购买设备时，小张使用的不是以10%的年利率从银行贷款的10 000元，而是自己的10 000元。那么(1)和(2)的答案又是怎样的？

(5)如果当司机每月的收入还是1 000元，并且他对这两个工作持中立态度。要获得正常利润，餐馆每月的收入还需要增加多少？

第七章　市场结构理论

学习目的：

1. 了解市场结构的类型及区分的标准；

2. 掌握完全竞争厂商利润最大化的条件及短期和长期的经营状态，长期与短期的供给曲线；

3. 掌握垄断厂商利润最大化的条件及效率，理解针对垄断的政策；

4. 了解寡头市场、垄断竞争市场的特征及效率；

5. 理解囚徒的困境、纳什均衡、价格歧视的含义。

教学要求：

1. 了解市场结构的类型及区分的标准；

2. 理解完全竞争厂商利润最大化的条件，区分其短期和长期的经营状态，掌握长期与短期的供给曲线特点；

3. 掌握垄断厂商利润最大化的条件及效率，灵活运用针对垄断的政策；

4. 区分寡头市场、不完全竞争市场的特征及效率；

5. 运用囚徒的困境、纳什均衡、价格歧视的理论分析解决实际问题。

本章来讨论市场结构理论。根据市场上厂商的竞争程度，可将市场划分为四种类型：完全竞争市场、垄断竞争市场、寡头市场和垄断市场。而影响市场竞争程度的具体因素有以下几点：第一，市场上厂商的数目；第二，厂商所提供的产品差异程度；第三，单个厂商对市场价格的控制程度；第四，厂商进入或退出该市场的难易程度。在以后的分析中，我们将逐步看到，第一个因素和第二个因素是最基本的决定因素。关于完全竞争市场、垄断竞争市场、寡头市场、垄断市场的相关特征，可以用表 7-1 来进行描述。

表 7-1　市场类型的划分和特征

市场类型	厂商数目	产品差别程度	对价格控制的程度	进出一个行业的难易程度	典型部门
完全竞争	很多	完全无差别	没有	很容易	农产品
垄断竞争	较多	有差别	有一些	比较容易	轻工业、零售业
寡头	几个	有差别或无差别	相当程度	比较困难	重工业
垄断	唯一	唯一的产品，且无相近的替代品	很大程度，但经常受到管制	很困难，几乎不可能	公用事业，如水、电

从表7-1中可以看出，这是按照市场竞争强度，由强到弱划分市场类型的。完全竞争市场上的厂商数目最多，产品差异最小，单个厂商对市场价格的控制程度最小，而进出一个行业的壁垒也最小。而垄断市场上的厂商只有一个，其产品没有替代性，厂商对产品价格控制力最高，进入行业存在很大的壁垒。垄断竞争厂商和寡头市场的竞争程度则介于完全竞争市场与垄断市场之间。其中，垄断竞争更接近完全竞争市场，寡头市场则更接近垄断市场。

另外，需要介绍的是与市场相对应的另一个概念，即行业。行业是指同一种商品市场生产和提供商品的所有厂商的总体。市场与行业的类型是一致的。譬如，完全竞争的市场对应的是完全竞争的行业，寡头垄断市场对应的是寡头垄断行业。上述只是对于市场类型的一个简单说明，在以下各节中，我们将对每一种市场类型进行详细分析。

第一节　完全竞争市场

一、完全竞争市场的含义

完全竞争市场必须具备以下四个条件。

第一，市场上有大量的买者和卖者，或者说，个别卖者的供应能力或个别买者的购买能力对整个市场来说都是微小的。这好比大海与一滴雨滴，任何卖者或买者停止自己在市场中的行为都不能影响整个市场的正常运行，市场上产品的价格不会受到任何影响。即，每一个消费者或生产者都是价格的被动接受者，市场的价格不会因为他们的个人行为而改变。

第二，市场上每一个厂商所提供的物品都是相同的。这种相同不只是商品的价格，还包括商品的各种物理性能，以及商品的包装、服务、购货环境、品牌等。在这种假设条件下，消费者并不能区分商品是由哪一家厂商生产的，或者说，购买任何一家厂商的产品对消费者而言都是一样的。而且，对于每个厂商而言，如果他单独提价，那么，他的商品就会销售不出去，而他也没有必要单独降价。因此，厂商总是按照市场的价格销售自己的产品，从而验证了完全竞争市场上的厂商和消费者都是价格的被动接受者的说法。

第三，所有的资源能够完全自由地流动转移。即，物资可以自由地从一个市场调配到另一个市场；劳动力可以自由从一个岗位转移到另一个岗位，或者从一个地方迁移到另一个地方；资本可以无代价地进入或退出某一岗位。在这样的假设下，所有资源都可以在各厂商之间和各行业间完全自由地流动，无任何障碍。资源的自由流动是保证完全竞争市场的竞争和效率的重要条件。

第四，完全竞争市场的最后一个条件是信息是完全的。即市场中的厂商、消费者都完全掌握与自己的经济决策有关的一切信息，这包括所交易的商品的质量、其他卖者的售卖价格、其他买者的购买价格等。因此，每个消费者和每一个厂商根据自己所掌握的信息，作出对自己最有利的选择，从而获得最大的经济利益。而且，每次交易都是按照同一市场价格进行的。这一假设条件排除了由于信息不通畅而导致的同一市场按不同价格进行交易的情况。

市场若具备了上述四个条件，便达到了完全竞争状态。由于对完全竞争市场的理论假设过于严格，因此，在现实生活中根本找不到完全竞争市场。但是，还是可以将某些市场近似看做完全竞争市场，因为在这些市场中厂商竞争异常激烈，所以，也可用完全竞争模型研究这些行业中的企业行为。例如，塑料制品、农产品、水产品、纸浆等市场都可看做完全竞争市场。另外，一些易腐变质的商品市场也可以被看做完全竞争市场，如鲜鱼市场等。即使这些市场中的厂商数量并不很多，而每一个厂商可能也不得不将其他厂商的价格当做既定的价格来考虑，但当市场中的消费者信息很充分，并只在最低价交易时，鲜鱼市场的最低价就会成为市场价格。其他厂商要想卖出产品就只有按这个市场价格出售，从而也成了价格的被动接受者。

虽然完全竞争市场的假设非常苛刻，但是，西方经济学家认为这并不妨碍完全竞争市场理论的生命力。从对完全竞争市场模型的分析中，可以得到关于市场机制及其配置的一些基本原理。而且，该模型也可像数学中的坐标系一样，为分析其他类型的市场提供起点和参照系。

二、完全竞争厂商的需求曲线和收益曲线

市场对某一厂商的产品需求状况，可以用该厂商所面临的需求曲线来表示。在完全竞争市场条件下，厂商的需求曲线是一条由既定市场价格水平出发的水平线。这是因为在完全竞争条件下，每个厂商只能按照市场决定的价格销售产品，它无法影响和改变市场价格。因此，厂商的需求曲线为一条平行于横轴的直线，它到横轴的距离等于整个产品市场的供求决定的价格水平。在图 7-1(a)中，市场的需求曲线 D 和供给曲线 S 相交的均衡点为 E 点，此时的市场均衡价格为 P_0。相应地，在图 7-1(b)中，由给定的价格水平 P_0 出发的水平线 d 就是厂商的需求曲线，表明厂商既不会也没有必要去改变这一价格水平。

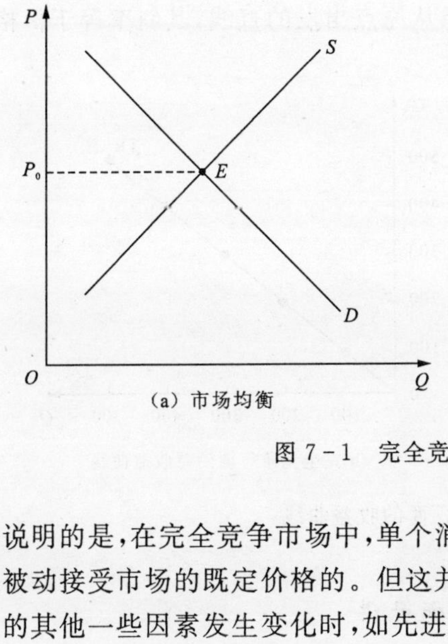

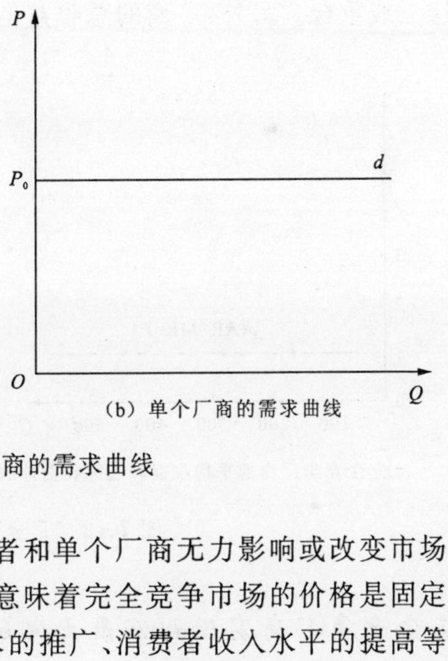

图 7-1　完全竞争厂商的需求曲线

值得说明的是，在完全竞争市场中，单个消费者和单个厂商无力影响或改变市场价格，即他们都是被动接受市场的既定价格的。但这并不意味着完全竞争市场的价格是固定不变的。当经济中的其他一些因素发生变化时，如先进技术的推广、消费者收入水平的提高等因素，都会使得众多生产者和消费者的供求状况发生变化，从而供求曲线的位置就可能发生移动，形成市场新的均衡价格。但无论供求曲线如何移动，对于单个厂商来说，厂商需求曲线的形状仍是水平的。

三、厂商的利润最大化决策

在讨论了完全竞争市场中的厂商需求曲线后，我们来考察完全竞争厂商的利润最大化原则。和经济中的大多数厂商一样，完全竞争市场上的厂商也努力使其利润最大化。

1. 完全竞争厂商的收益曲线

为了说明完全竞争厂商的收益曲线，这里，我们重述厂商收益的概念。

厂商的收益就是厂商的销售收入。我们仍旧从总量、平均量、边际量的角度考虑问题，将厂商的收益分为总收益、平均收益和边际收益，其英文缩写为 TR，AR，MR。

总收益是指厂商按一定价格出售一定量产品时所获得的全部收入。若以 P 表示给定的市场价格，以 Q 表示销售总量，则有 $TR(Q)=P\cdot Q$。

平均收益是指厂商从平均每一单位的产品销售所得到的收入，即 $AR(Q)=TR(Q)/Q$。

边际收益是指厂商增加一单位产品销售所获得的总收入的增量，其公式为：

$$MR(Q)=\frac{\Delta TR}{\Delta Q}$$

厂商的收益取决于市场上对其产品的需求状况，即取决于厂商的需求曲线的特征。在完全竞争市场上，厂商的销售量等于厂商所面临的需求量，而完全竞争厂商的需求曲线是水平的，从而可见，在任意销售量上，厂商的销售价格是固定不变的。于是，我们可以得到，厂商的平均收益 AR 等于边际收益 MR，并且等于商品的价格 P，即 $AR=MR=P$。在图 7-2 中，可以看到，这三线重合。另外，厂商的总收益是一条从原点出发的直线，其斜率等于价格 P。

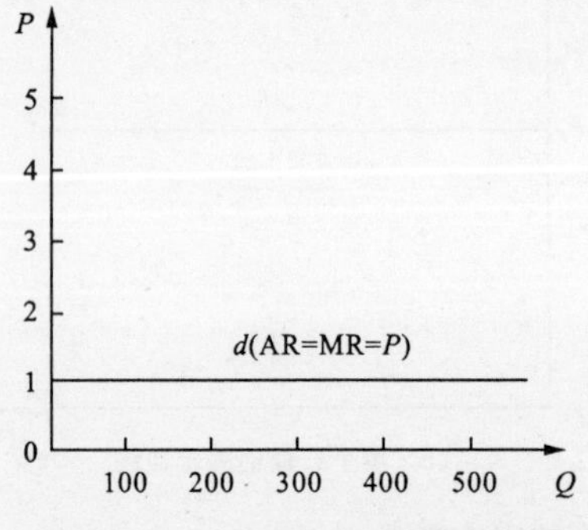

(a)完全竞争厂商的平均收益和边际收益曲线

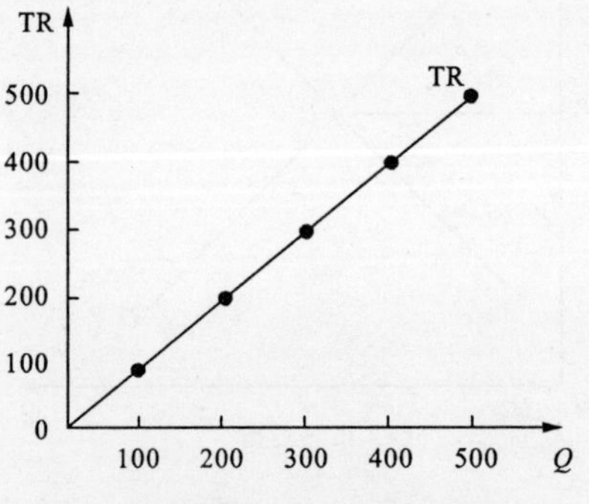

(b)完全竞争厂商的总收益曲线

图 7-2 完全竞争厂商的收益曲线

2. 完全竞争厂商实现利润最大化的均衡条件

在分析完全竞争厂商实现利润最大化的均衡条件时，还需考虑的是厂商在长期和短期中的不同行为。在短期中，厂商的生产规模无法变动，只能通过对产量的调整来实现最大化利润；而在长期中，厂商可以通过选择生产规模来降低生产成本，实现利润最大化。

首先讨论厂商的短期行为。通过前面的学习，我们已经知道，厂商要实现最大利润的均衡条件是边际收益等于边际成本，即 $MR=MC$。这时，我们借助图 7-3 来说明厂商实现最大利润的生产均衡点。在图 7-3 中，某完全竞争厂商的水平需求曲线 d 与厂商短期生产的边际成本曲线 SMC 相交于点 E。我们说 E 点就是厂商实现最大化利润的生产均衡点，此时的产量为 Q^*，是厂商实现最大利润的均衡产量。这是因为，当产量小于均衡产量时，即在 Q^* 左边时厂商的边际收益大于边际成本。这表明厂商增加一单位产量所带来的总收益的增加量大于所付出的总成本的增加，因而增加生产对厂商有利，可提高其利润。随着产量的增加，厂商的边际成本逐步增加，厂商的边际收益不变，最后，MR＞MC 的状况逐步转变为 MR＝MC 的状况。这一过程中，厂商的产量得到了提高，并得到了因为提高产量而带来的全部收益，其利润实现了最大化。相反的情况，则是在 Q^* 右边发生的，伴随着产量的逐渐减少，厂商的边际收益不变，边际成本降低，最后 MR＜MC 的状况逐步转变为 MR＝MC 的状况。这一过程中，厂商的产量降低，并得到了因此而带来的全部收益，其利润实现了最大化。由此看来，无论是增加产量还是减少产量，厂商都是在寻找最大化利润的均衡产量。

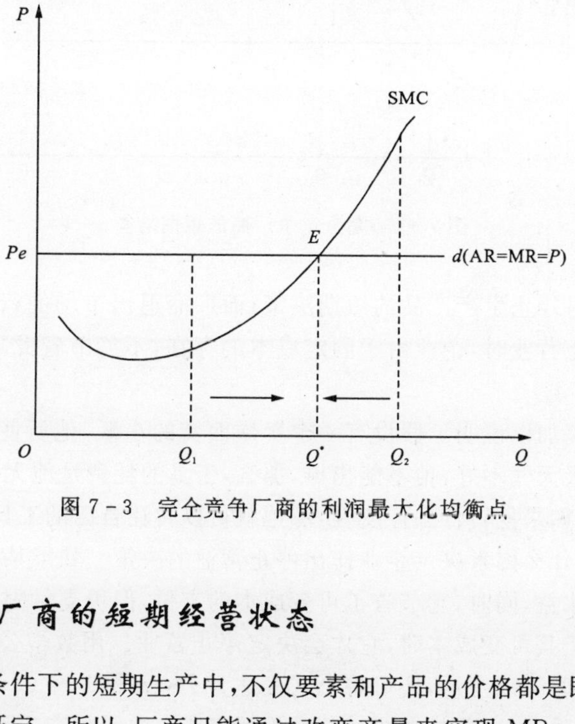

图 7-3　完全竞争厂商的利润最大化均衡点

四、完全竞争厂商的短期经营状态

在完全竞争市场条件下的短期生产中，不仅要素和产品的价格都是既定的，而且生产中的不变要素即固定成本既定。所以，厂商只能通过改变产量来实现 MR＝MC 的利润最大化均衡条件。但这并不意味着厂商一定会获取正利润。完全竞争市场上的厂商处于短期均衡时，厂商既可能是获利的，也可能是亏损的。我们用图 7-4 来加以说明。

图 7-4 中有三条成本曲线，SMC、SAC 和 AVC，它们分别代表了厂商在短期内无法改变的生产规模状况。短期边际成本 SMC 与短期平均可变成本曲线相交于 B 点，与短期平均成本曲线相交于 C 点。

作为价格的被动接受者，完全竞争厂商面临的需求曲线是外生条件给定的。若厂商的需求曲线与边际成本曲线相交于边际成本曲线的 CD 段时，厂商获利；若厂商的需求曲线与边际成本曲线相交于边际成本曲线的 BC 段时，厂商就处于亏损但仍维持营业状态；若厂商的需求曲线与边际成本曲线相交于 B 点以下时，厂商则退出该市场。

这里我们需要区分的是企业停止营业和企业长期退出市场的行为。停止营业是指厂商由

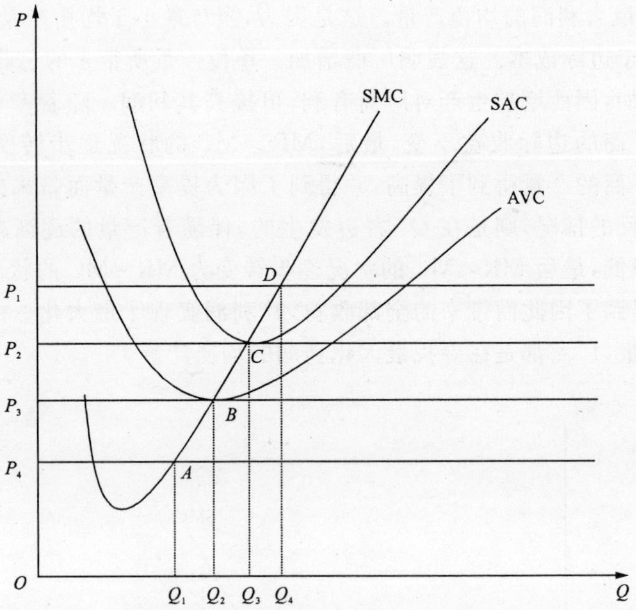

图 7-4　完全竞争厂商的短期均衡

于市场条件不好而暂时停止生产产品的短期决策；而厂商退出市场的行为是指厂商离开市场的长期行为。因为停止营业时，企业由于固定成本的存在，不能节省此项支出；而在退出市场时，则没有任何支出。

我们用一个例子来加以说明。假设有一个卖炸面窝的小贩，他所使用的炉具等工具是他的固定成本。若某一天天气不好，他不能出摊，那么，工具的耗费是他无法弥补的，因此被称为沉没成本。与此相比，如果他转行去擦皮鞋，那他就可以转让自己的工具。

接着，我们来考虑什么因素决定企业作出停止营业的决策。如果某企业停止营业，它就失去了出售产品的全部收益，同时，它节省了可变成本的支付，但仍支付固定成本部分。因此，只有厂商的全部收益小于其可变成本时，它才会决定停止营业。用数学公式可表示为 TR＜VC 时停止营业，若两边同时除以产量，还可将上式表述为 P＜AVC。

借助图 7-4 可以看到，边际成本曲线与平均可变成本曲线相交于平均可变成本曲线的最低点，即停止营业点为 B 点。如果产品的价格低于生产的平均可变成本时，企业选择停止营业。这个标准是直观的：在选择生产时，企业比较一单位产品所得到的价格与生产这一单位产品引起的平均可变成本。如果价格没有弥补平均可变成本，则企业完全停止生产，状况会好一些。

当价格为 P_2 时，厂商的需求曲线相切于 SAC 曲线的最低点，这一点也是 SAC 曲线与 SMC 曲线的交点。此时，MR＝MC，均衡点 C 对应的均衡产量为 Q_2，平均收益等于平均成本。厂商既不获利也不亏损，所以，该点也称为收支相抵点。

综上，如果厂商生产，那么，它生产的产量一定在边际成本等于产品价格的水平上决定。但若在这种产量时，价格小于平均可变成本，企业将会停止营业。完全竞争厂商的短期供给曲线是边际成本曲线在平均可变成本曲线以上的那一部分，它是向右上方倾斜的，表示了商品的价格和供给量之间同方向变化的关系。更重要的是，完全竞争厂商的短期供给曲线也表示了在不同价格水平下为该厂商带来最大利润或最小亏损的最优产量。

五、完全竞争行业的短期供给曲线

因为在任何价格水平上，一个行业的供给量等于行业内所有厂商的供给量之和，所以我们很容易从完全竞争厂商的短期供给线得到完全竞争行业的短期供给曲线。如图 7-5 所示。

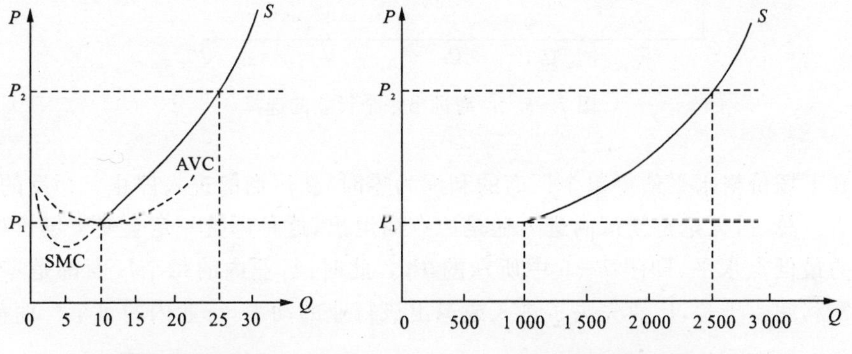

图 7-5　完全竞争行业的短期供给曲线

在图 7-5(a)中，假定某完全竞争行业中有 100 个相同的厂商，而每个厂商的短期供给曲线相同。由于行业的供给量就是各厂商供给量之和，因此将各厂商的供给量相加，便得到图 7-5(b)。很显然，完全竞争行业的价格仍为完全竞争厂商面对的价格。

完全竞争行业的短期供给曲线保持了完全竞争厂商的短期供给曲线的基本特征。即完全竞争行业的供给曲线也是向右上方倾斜的。并且，与行业的短期供给曲线上的任何价格水平相对应的供给量都是可以使全体厂商在该价格水平获得最大利润或最小亏损的最优产量。

六、完全竞争厂商的长期经营状态

在长期内所有要素都是可变的，因此，完全竞争厂商的长期生产是通过对全部生产要素的调整来进行的。在完全竞争市场价格给定的条件下，厂商一方面通过变动生产要素选择最优生产规模，另一方面则根据盈亏状况作出是否进入或退出一个行业的决策。这里我们主要介绍进入一个行业的决策。

1. 进出一个行业的选择

在长期内，厂商决定是否进入或退出一个行业，实际上是生产要素在不同行业的调整，生产要素总是流向更能获得利润的行业，从亏损的行业中退出。正是这种调整，使得完全竞争厂商的长期利润为零。我们借助图 7-6 来进行分析。

如果开始时，市场价格 P_1 较高，那么根据 MR＝LMC 的原则，厂商选择的产量为 Q_1，相应的最优生产规模由 SAC_1 和 SMC_1 所代表。此时，厂商获利从而吸引其他厂商进入该行业。随着行业中厂商数量的逐步增加，市场的供给量增加，市场价格下降，相应地，单个厂商利润不断

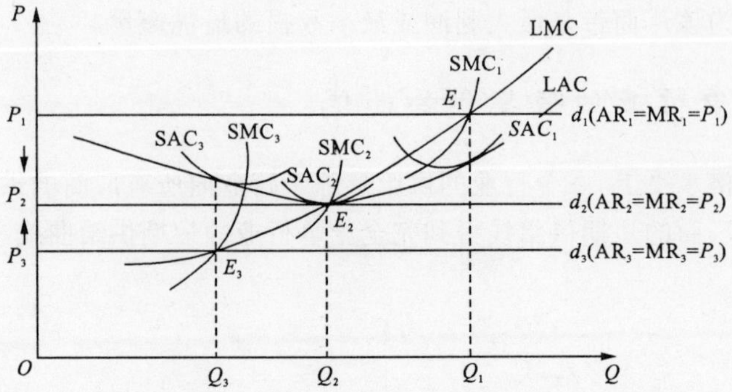

图 7-6 厂商进出一个行业的选择

减少。直到市场价格水平使得单个厂商的利润为零时，新厂商的进入停止。相反的过程，读者可自行分析。总之，无论是新厂商进入还是原厂商退出，这种调整一定会使市场价格达到长期平均成本的最低点水平，即图 7-6 中所示的 P_2。此时，行业内的每个厂商都是零利润，但均实现了正常利润。于是，厂商失去了进入或退出该行业的动力，行业内的每个厂商都实现了长期均衡。

在图 7-6 中，由于 E_2 点是完全竞争厂商的长期均衡点，此时，LAC 曲线达到长期中的最低点，相应的 LMC 也经过该点；且厂商的需求曲线与 LAC 相切于该点；代表最优生产规模的 SAC_2 曲线与长期 LAC 曲线也相切于该点，相应的 SMC_2 曲线经过该点。此时，生产的平均成本降到了长期平均成本的最低点，且商品价格等于最低的长期平均成本。

用数学公式表示完全竞争厂商的长期均衡条件为：LMC＝MR＝SMC＝LAC＝SAC，且 MR＝AR＝P。此时，单个厂商利润为零。

2. **行业的长期供给曲线**

在上述分析中，我们隐含地假设了生产要素的价格是恒定不变的。但在实际生活中，要素价格显然不会是恒定不变的，它的变化将影响产品的价格水平。我们将这种由于成本变化而引起的行业供给的变化分为三种情况：成本不变行业、成本递增行业和成本递减行业。

首先来说成本不变行业的长期供给曲线。由于这个行业对生产要素的要求只占要素市场的很小一部分，从而该行业产量的变化引起的对生产要素需求的变化，并不能影响要素市场的价格。从图 7-7(c)中，可以看到，由市场需求曲线 D_1 和市场短期供给曲线 S_1 所决定的市场均衡价格为 P_1。由于行业内厂商的利润为零，无企业进入和退出市场，故称 E_1 为行业的一个长期均衡点。

假设外生因素引起市场需求曲线变动，D_1 曲线移动至 D_2 曲线位置处，与 S_1 相交于 E_2 点，相应的市场价格水平上升到 P_2。在新的价格水平上，厂商获得利润、增加产量，并吸引新厂商不断加入该行业中，导致行业供给增加。从而产生两种影响，一种是增加对生产要素的需求，由于是不变成本行业，其要素价格水平不变，厂商的成本曲线不发生移动；另一种是使总供给曲线由 S_1 移动到 S_2，在移动过程中，市场价格水平向原来的长期均衡价格水平回落。此时，D_2 与 S_2 相交，交点 E_3 又是行业的一个长期均衡点。因此，连接 E_1 与 E_3 的水平直线 LRS 就是行业的长期供给曲线。

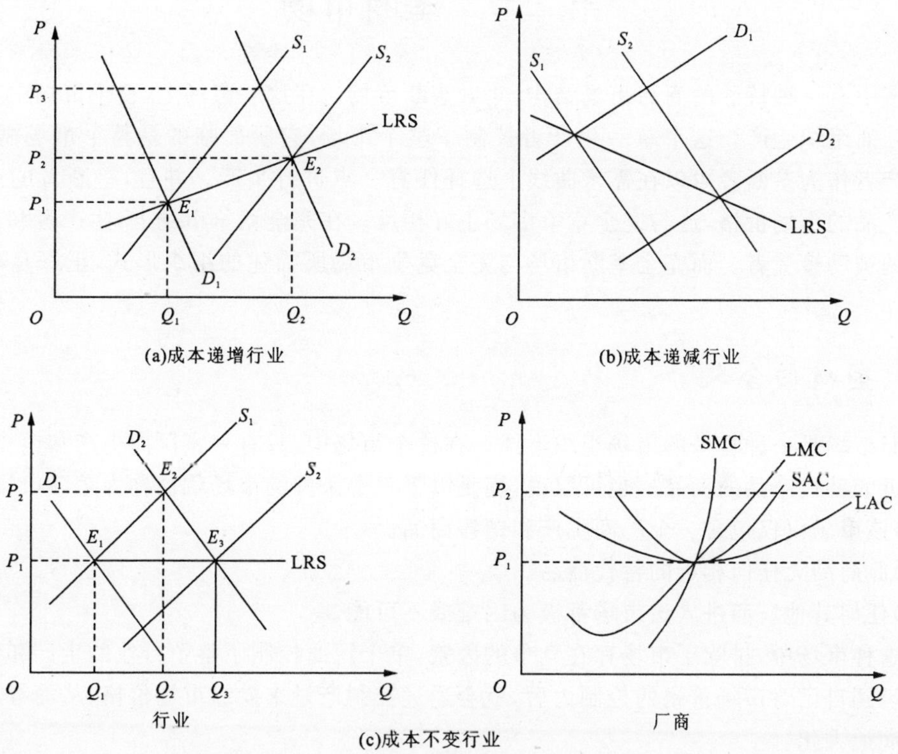

图 7-7　行业的长期供给曲线

其次是成本递增行业的长期供给曲线。成本递增行业是指由于新厂商不断进入市场而引起产量增加的同时，厂商的成本随着产量的增加而上升的行业。此时，行业或市场的长期供给曲线是向右上方倾斜的，斜率为正，如图 7-7(a)。

成本递增行业的长期供给曲线之所以是向右方倾斜的，是因为市场需求增加时，厂商获得利润吸引更多的厂商加入行业中。这样，市场中存在两种力量，一种是随着新厂商的进入，市场中商品的供给量不断增加；另一种是由于要素投入的需求量随着产品需求的增加而增加，导致要素价格上升，从而使得企业边际成本上升，促使企业供给量下降。于是在这两种力量的相互作用下，经济由原来的均衡点 E_1 移至新的均衡点 E_2。

最后来说成本递减行业的长期供给曲线。成本递减行业是指由于整个行业增加产量时，厂商的要素投入的价格降低而引起的厂商成本下降的行业。行业或市场的长期供给曲线是向右下方倾斜的，斜率为负，如图 7-7(b)。

当行业中需求曲线和短期供给曲线决定了短期的均衡价格及产量对应于厂商的平均成本曲线的最低点时，假定市场的需求增加，导致行业的供给增加，新的短期需求曲线和短期供给曲线相交决定的新的均衡价格和产量对应于厂商的要素投入品价格下降后厂商的平均成本曲线的最低点。连接新旧均衡点，即可得成本递减行业的长期供给曲线。

第二节 垄断市场

经济中有一种特殊的商品市场结构，叫做垄断市场。在这一市场上，整个市场中只有唯一的一个厂商组织生产。这个单一生产者控制了整个市场，它所面临的是整个市场需求曲线。单个生产者作为垄断者可以在需求曲线上选择任意一点进行生产。并且，垄断者的产出决策影响该产品的市场价格，这与完全竞争市场正好相反。在完全竞争市场上，生产者和消费者都是价格的被动接受者。而完全垄断市场与完全竞争市场所描述的组织形式，正好是两个极端的情形。

一、垄断的含义

垄断市场是一种特殊的市场组织形式。在这个市场中，只有一家厂商生产和销售，不存在任何相近的替代产品的商品。也可以说，满足以下三个条件的市场就被称为垄断市场。

(1)该市场仅仅包含一个厂商生产和销售商品。

(2)此商品无任何相近的替代商品。

(3)任何其他厂商进入该市场都极为困难或不可能。

在这种市场中，排除了市场存在竞争的因素，单个厂商控制了整个行业的生产和销售。当厂商意识到自己对市场价格的控制力后，就会通过控制产量来操纵市场价格，从而寻求垄断厂商的利润最大化。

垄断市场的存在，主要是由于其他厂商认为这个市场无利可图，或者无法进入该市场而形成的。无利可图可能是由于市场需求较小，不足以支持多个厂商进行生产，或者是说存在自然垄断的情况。无法进入则是由于进入该市场的障碍太多，使得潜在进入者无法承受，继而不可能进入。总的来说，垄断的形成原因可以归于以下几点。

(1)垄断厂商控制了某种商品的全部资源或基本资源供给。这种对生产资源的独占，排除了经济中其他厂商生产同种商品的可能性。

(2)垄断厂商拥有生产某种商品的专利权，或者厂商拥有生产某种商品的独家技术而密不外宣。另外，一定特定的管理技术也可能成为垄断的基础。

(3)经济中存在很多政府的特许。这样，政府行为往往使得某些行业的垄断实现，如政府所制定的专利法和特许权制度。

(4)自然垄断。某些行业在经济中往往拥有这样的特点，企业的生产规模经济需要在很大的一个产量范围内和相应的巨大的资本及设备基础上运行才能得到体现。且当整个行业的产量只有一个企业来生产时，就可能达到这样的规模。同时，只要发挥该企业这一规模上的生产力，就可以提供整个市场对该种产品的需求。在这类产品的生产中，总存在某一企业凭借其资金与其他优势，率先达到这一生产规模，从而垄断了整个行业的生产与销售，这就是自然垄断。

与完全竞争市场一样，经济中几乎不存在同时满足垄断市场三个条件的市场。很多市场仅是垄断市场的一种近似替代。但是，正如完全竞争市场的标尺作用一样，垄断市场对我们分析其他市场的经济效率有着重要作用。

二、垄断的均衡决策

1. 垄断厂商的需求曲线

由于市场上只有一个厂商，所以，市场的需求曲线就是垄断厂商的需求曲线，它是一条向右下方倾斜的曲线。向右下方倾斜的需求曲线表明了垄断厂商的市场地位，它可以通过减少销售量来提高产品的市场价格，也可能通过降低价格扩大市场需求量。即垄断厂商的销售量与其价格成反方向变动。

2. 垄断厂商的收益曲线

垄断厂商的总收益、平均收益和边际收益的含义与完全竞争厂商是一样的。但是，由于垄断厂商的需求曲线是市场需求曲线，因此其收益曲线可以由市场需求曲线直接得到。

如图 7-8 所示，垄断厂商的需求曲线、总收益曲线、平均收益曲线和边际收益曲线之间的关系可以归结为三点：第一，厂商的平均收益曲线 AR 与市场需求曲线 d 重叠，同时 d 曲线也就是垄断厂商的需求曲线。第二，由于 AR 曲线是向右下方倾斜的，则根据平均量和边际量之间的关系可推知，垄断厂商的边际收益曲线 MR 总是位于平均曲线 AR 的下方，且也向右下方倾斜。第三，总收益曲线 TR 呈先升后降的形态。当 MR＞0 时，TR 曲线的斜率为正；当 MR＜0 时，TR 曲线的斜率为负；当 MR＝0 时，TR 曲线达最大值点。

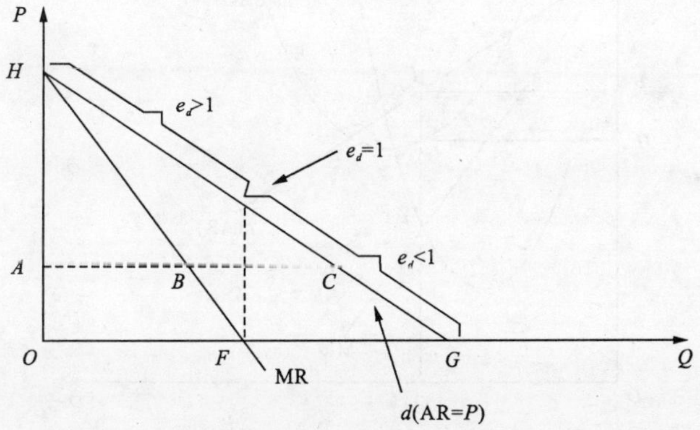

(a)垄断厂商的需求曲线与边际收益曲线

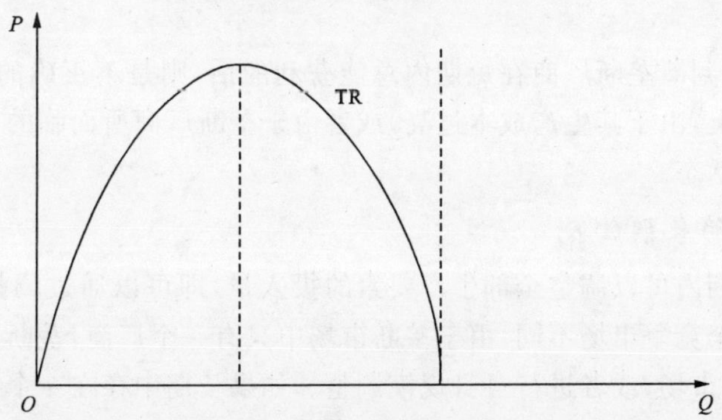

(b)垄断厂商的总收益曲线

图 7-8　垄断厂商的收益曲线

当垄断厂商的需求曲线为直线时，MR 曲线和 d 曲线在纵轴上的截距是相等的；MR 曲线的斜率是 d 曲线斜率的两倍。

三、垄断的均衡

1. 垄断厂商的短期均衡

垄断厂商获得最大利润也遵循 MR＝MC 的原则。在短期内，由于垄断厂商的固定要素投入量不变，即生产规模是给定的，因此，垄断厂商只能通过调整可变要素的投入量来调整产出。

如图 7－9 所示，图中的 SMC 曲线和 SAC 曲线代表了垄断厂商的既定生产规模，d 曲线和 MR 曲线代表了垄断厂商的需求和收益状况。根据利润最大化原则 MR＝SMC，垄断厂商将产量和价格分别调整到 Q_1 和 P_1 上。此时，在短期均衡点 E 上，垄断厂商获得利润，单位平均利润为 FG。

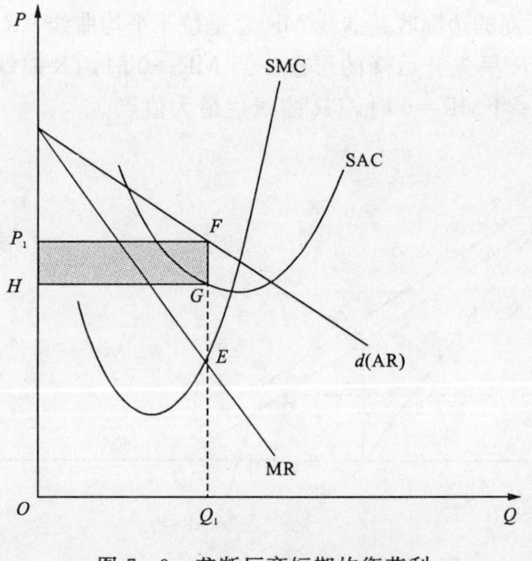

图 7－9 垄断厂商短期均衡获利

但是，如果由此判断垄断厂商在短期内总能获利的话，则是不正确的。如图 7－10 所示，在既定的生产规模上，由于其生产成本过高，或者由于垄断厂商所面临的市场需求太小而使得垄断厂商处于亏损状态。

2. 垄断厂商的长期均衡

垄断厂商在长期内可以调整全部生产要素的投入量，即可以通过调整生产规模来实现利润最大化。但与完全竞争市场不同，由于垄断市场中只有一个厂商，垄断厂商的长期调整只有两种结果，或者退出市场，或者进行自身规模调整。如果长期中存在一个规模使垄断厂商获得利润，那么无论短期是否亏损，垄断厂商都会留在市场中，通过调整生产规模，使自己获得比短期利润更大的利润。

与完全竞争市场不同，垄断市场无论是短期还是长期，市场内只有一个厂商。因此，若垄

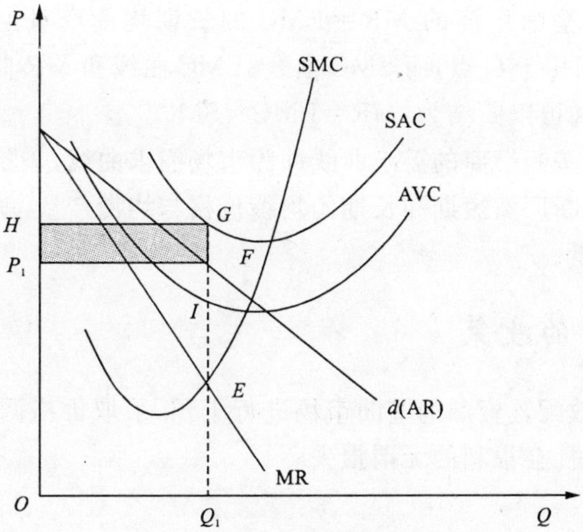

图 7-10　垄断厂商短期均衡亏损状态

断厂商在短期内可以获利,那么在长期内,这部分利润仍然可以保持,而且垄断厂商还可以通过调整生产规模,扩大这部分利润,如图 7-11 所示。

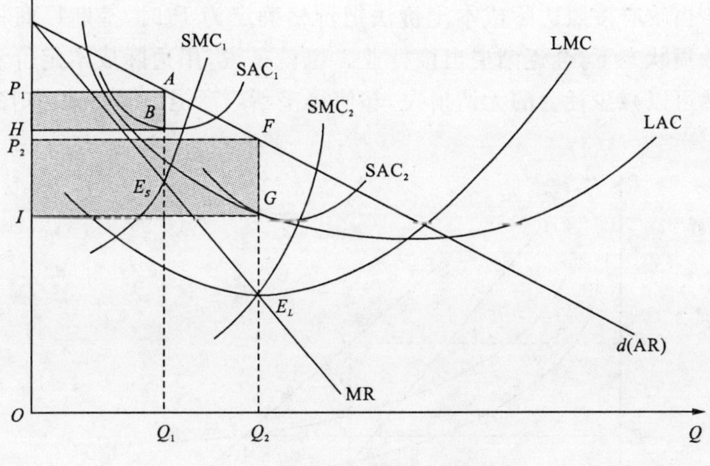

图 7-11　垄断厂商的长期均衡

在图 7-11 中,LAC 和 LMC 分别为垄断厂商的长期平均成本曲线和长期边际成本曲线,d 曲线和 MR 曲线分别表示垄断厂商所面临的市场需求曲线和边际收益曲线。

在短期内,垄断厂商根据 MR=SMC 的短期均衡条件,在现有的生产规模上将均衡产量和均衡价格分别调整到 Q_1和 P_1上。获得利润为图中较小的阴影部分面积。

在长期内,垄断厂商调整自己的生产规模,进一步扩大其利润。按照 MR=LMC 的长期均衡原则,垄断厂商的长期均衡点为 E_L,长期均衡时的产量和价格分别为 Q_2和 P_2,垄断厂商所选择的最优生产规模由 SAC_2曲线和 SMC_2曲线所代表。此时,垄断厂商获得相对于短期更大的利润,在图中为较大部分的阴影面积。

如图 7－11 所示，在垄断厂商的 MR＝LMC 的长期均衡产量上，代表最优生产规模的 SAC 曲线和 LAC 曲线相切于 G 点，而 SMC 曲线、LMC 曲线和 MR 曲线相交于 E_L 点。因此，垄断厂商的长期均衡条件可以归结为：MR＝LMC＝SMC。

另需说明的是，由于垄断厂商的需求曲线即为市场需求曲线，垄断厂商的供给量就是整个市场的供给量。因此，垄断厂商短期和长期的均衡价格与均衡产量，就是垄断市场的短期和长期的均衡价格与均衡产量。

四、政府对垄断的政策

政府往往对没有有效配置资源的垄断市场进行干预，采取价格调节和反垄断法等各种方法，减少因垄断而造成的社会福利的无谓损失。

1. 价格调节

政府解决垄断问题的一个重要方法就是为垄断厂商制定价格。那么政府应该怎样为垄断厂商确定价格呢？也许一些人认为可以采取边际成本定价法，使价格等于边际成本。因为消费者购买总剩余最大化的垄断产量，并且价格等于边际成本是完全竞争所达到的状况，在这一价格水平上，资源配置是有效率的。现在我们以自然垄断为例来分析这一观点是否正确。

由于自然垄断产业始终存在着递增的规模报酬的状况，即垄断厂商的边际成本与平均成本总是递减的。此时，若政府不采取任何价格调节机制，则垄断厂商利润最大化的价格为 P_m，垄断产量为 Q_m。当政府按照边际成本定价法把价格确定为 P_c时，垄断厂商将无法弥补其平均成本，企业在亏损状态下，会逐渐退出该行业。也就是说，用边际成本定价法确定的完全竞争价格水平，虽然可以减少社会的无谓损失，却使得垄断厂商退出了行业，如图 7－12 所示。

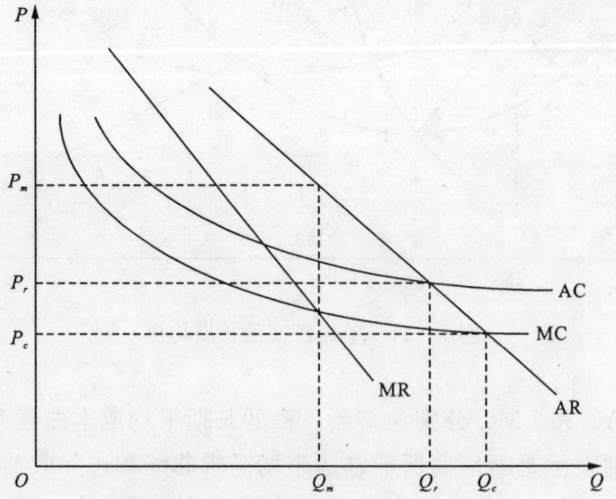

图 7－12　自然垄断的价格调节

那么，在这种情况下，什么价格才是合意的呢？实际上，为了使垄断厂商弥补其平均成本，并尽可能地减少社会福利的无谓损失，政府应该把价格确定在 P_r水平上，即平均成本定价法。在这一价格水平上，垄断厂商获得零利润，但仍继续提供产品。而用边际成本定价法确定的价格有时并不能作为调节垄断价格的标准，否则会造成垄断厂商退出行业，市场缺少产品供给。

2. 反垄断法

除了价格调节机制外，政府还常常采用法律的形式促进竞争。反垄断法允许政府阻止公司合并，并且允许政府分解公司。例如，1984 年，美国政府把大型通讯公司——美国电话电报公司分为 8 个较小的公司，以促进它们之间的竞争。再者，反垄断法禁止公司相互协调控制市场的行为。

第三节　垄断竞争市场

一、垄断竞争的含义

完全竞争市场和垄断市场是两种极端的市场组织。在现实生活中，更多存在的是介于两种极端市场中间的市场组织，如垄断竞争市场和寡头市场。

其中垄断竞争市场是这样一种市场组织，在这一市场中有许多厂商生产和销售有差别的同种产品。例如，汽车加油站市场，方便面市场，理发店市场等。这种市场具有三个特点：第一，在这一市场中，存在大量厂商生产有差别的同种产品，而产品之间是非常接近的替代品。例如方便面中的牛肉面和鸡丝面就是有差别的同种产品。第二，由于市场中的厂商数量非常多，因此每个厂商都认为自己的行为影响力较小，不会引起竞争对手的反应，而自己也不会受到竞争对手的任何报复措施的影响。第三，厂商的生产规模比较小，故而，进入或退出这一市场较为容易。从这三个特点可以看到这种市场的组织形式较接近于完全竞争市场。

二、垄断竞争厂商的需求曲线

因为垄断竞争厂商在一定程度上可以控制自己产品的价格，也就是说它可以通过改变自己所生产的有差别的产品数量来影响商品的价格，所以，就像垄断厂商一样，垄断竞争厂商的需要曲线也是向右下方倾斜的。与垄断厂商所不同的是，由于垄断竞争厂商所生产的产品之间具有替代性，因此，市场中的竞争又迫使垄断竞争厂商的需求曲线具有较大的弹性。综合两方面的因素，垄断竞争厂商的需求曲线是一条向右下方倾斜的较为平坦的直线，相对而言较接近完全竞争厂商的水平需求曲线。并且由于垄断竞争厂商受到垄断因素和竞争因素的两种作用，使得垄断竞争厂商所面临的需求曲线被划分为两种：d 需求曲线和 D 需求曲线。如图 7-13所示。

d 需求曲线表示，在垄断竞争市场中的某个厂商改变产品价格，而其他厂商的产品价格都保持不变时，该厂商的产品价格与销售量之间的关系。在图 7-13 中，假定某垄断竞争厂商开始时处于价格为 P_1 和产量为 Q_1 的 A 点上，它想通过降价来增加自己产品的销售量。因此，该厂商决定降价，从而扩大自己产品的销售量，并把买者从其他厂商那里吸引到自己这边来。如果该厂商认为自己的行为影响力很小，并不会引起其他厂商降价进行报复，那么随着它的商品价格下降，销售量会增加到 Q_2，厂商由 A 点运动到 B 点。

D 需求曲线表示，在垄断竞争市场中的某个厂商改变其产品价格时，其他厂商也会将产品价格做相同的改变时，该厂商的产品价格与销售量之间的关系。在图 7-13 中，如果某垄断竞

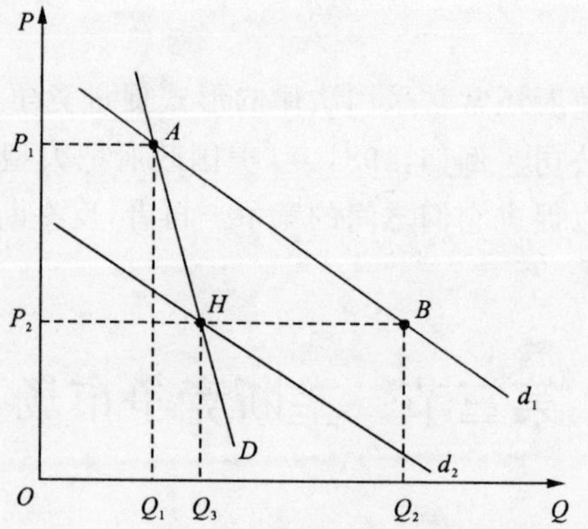

图 7-13 垄断竞争厂商的需求曲线

争厂商初始位于 A 点实施降价行为，同时，市场内其他厂商也都将价格由 P_1降到 P_2，此时，该垄断竞争厂商的实际销售量为 D 需求曲线上的 Q_3，Q_3小于该厂商预期的销售量 Q_2。这是因为市场内所有厂商都降低了产品的价格，因此，该厂商的销售量增加仅源于整个市场价格水平的下降，而没有从其他厂商那里吸引到任何消费者过来。在这种情况下，该垄断竞争厂商由 A 点运动到 H 点。另外，d_1需求曲线平移至 d_2需求曲线的位置。d_2需求曲线表示当整个市场价格固定在新的价格水平 P_2之后，该垄断竞争厂商单独改变价格时的预期销售量与价格间的关系。

三、垄断竞争的均衡

1. 短期均衡

在短期内，垄断竞争厂商是在现有的生产规模基础上，通过对产量和价格的调整来实现 MR＝SMC 的均衡条件。图 7-14(a)和图 7-14(b)中，分别表示了在一个不同的垄断竞争市场中的两家典型企业的成本曲线、需求曲线和边际收益曲线。利润最大化产量由边际收益与边际成本曲线的交点决定。所不同的是，在图 7-14(a)中，价格高于平均总成本，因此企业是获利的；而在图 7-14(b)中，价格低于平均总成本，企业处于亏损状态。

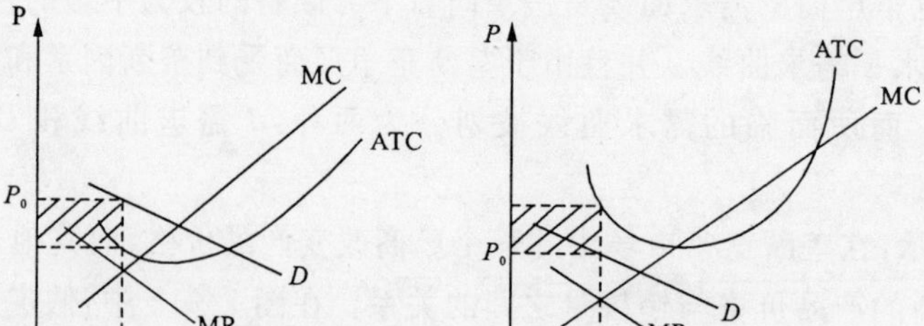

图 7-14 垄断竞争厂商短期均衡

2. 长期均衡

图 7-14 描述的短期均衡不会持续很久。如果企业是获利的，则会吸引更多的新企业进

入市场。这种进入增加了消费者可以选择的产品数量，并减少了市场原有企业所面临的需求。也就是说，利润推动更多企业进入该行业，这使得原有企业的需求曲线向左移动，这些企业的利润下降。

相反，当企业亏损时，市场上的企业就会退出该行业。随着企业数量的减少，顾客可选择的产品量减少了，仍留在市场上的企业面临的需求逐渐增加起来。也就是说，亏损鼓励退出，退出使得仍坚守的企业的需求曲线向右移动。随着需求的增加，坚守企业的利润增加了。

这种进入和退出的过程不断持续，直到市场上存在的企业只获得零利润为止。此时，没有任何激励使得企业进入或退出市场，市场处于均衡状态，需求曲线恰好与平均总成本曲线相切。当这条曲线相切时，价格与平均总成本的差额为零，即最大化利润为零。

在长期均衡时，垄断竞争市场具有两个特点。一个是价格大于边际成本，这是由于最大化利润的决定要求边际收益等于边际成本和向下倾斜的需求曲线所决定的。另一个是价格等于平均总成本，这是由于企业自由进入和退出所决定的。

四、垄断竞争市场的效率

与完全竞争市场相比，垄断竞争市场拥有过剩的生产能力。由于进入和退出，使得垄断竞争市场上每个企业在长期均衡时需求曲线与平均总成本曲线相切于一点上，此时的产量小于平均总成本最小时对应的产量。因此，在垄断竞争市场上，企业的生产力在其平均总成本曲线向右下方倾斜的那一部分上，小于完全竞争市场上企业的生产力。

我们假定使得平均总成本最小时对应的产量为企业的有效规模。那么在长期中，完全竞争市场上的企业生产是有效规模，而垄断竞争企业的生产力低于这一水平，因此，垄断竞争企业具有过剩的生产能力。

另外，与完全竞争的均衡 $P=MC$ 相比，垄断竞争企业在均衡时其价格高于边际成本，即垄断竞争企业对市场有一定的控制力。

那么，这种高于边际成本的价格加成是如何与自由进入和零利润保持一致的呢？因为零利润实质上保证了价格等于平均总成本，但是它并不保证价格与边际成本是相等的。而在长期均衡时，垄断竞争企业在其平均总成本曲线向下的部分进行生产，因此，边际成本低于平均总成本。这样，当价格与平均总成本相等时，价格是高于边际成本的。

通过上述分析，我们可以清晰地发现完全竞争厂商与垄断竞争厂商行为的不同之处。完全竞争市场上的企业对于消费者是否按市场价格向他购买产品保持无所谓的态度，而垄断竞争厂商则非常渴望多一个消费者向他购买产品。因为它的价格高于边际成本，多销售出一单位产品就意味着利润增加。

第四节　寡头市场

一、寡头市场的含义

同样是介于完全竞争市场和垄断市场中的一种市场组织，寡头市场是由少数几家厂商控制整个市场的产品生产及销售的市场组织。寡头市场也是一种较为常见的市场组织，如美国的汽车行业,我国的电信行业、钢铁行业等,都是由几家企业控制整个市场。

形成寡头市场的原因主要是由于某些产品的生产必须在较大的生产规模上进行才能达到最好的经济效益;或者是由于行业中的几家企业控制了生产原料的供给;或者是由于政府的支持等。它的形成原因与垄断市场的形成原因很相似,只是程度上略有不同。因此,寡头市场是比较接近于垄断市场的一种市场组织。

对于寡头行业的划分可以根据其产品特征,分为纯粹寡头行业和差别寡头行业。纯粹寡头行业中,各厂商生产的产品没有差别,如钢铁、水泥等行业可以看成是纯粹寡头行业。在差别寡头行业中,厂商之间生产的产品是有差别的,如可以将汽车、冰箱等行业看做此类行业。

由于在寡头市场上,每个厂商的产量在市场中均占较大的份额,从而每个厂商的行为都会引起其他竞争对手以至整个行业的产量和价格发生变动。因此,寡头厂商在采取某项行动前,都要考虑到自己的行动对其他厂商的影响以及其他厂商可能做出的各种反应,然后才能在考虑这些反应的条件下决定采取何种行动是最有利的。

二、寡头市场的均衡

我们考察一个最简单的寡头市场。假设只有A与B厂商的市场,两者共同为市场提供矿泉水的生产,如果A厂商与B厂商联合起来就可以垄断整个市场,市场就变成由一个垄断者在提供商品与服务。但是,如何决定哪个厂商生产多少份额呢?由于每个厂商都希望拥有更大的市场份额,因为市场份额越大,意味着利润越大。假定市场对矿泉水存在这样一种情形,如表7-2。

表7-2 水的需求量

数量(吨)	价格(元)	总收益
0	120	0
10	110	1 100
20	100	2 000
30	90	2 700
40	80	3 200
50	70	3 500
60	60	3 600
70	50	3 500
80	40	3 200
90	30	2 700
100	20	2 000
110	10	1 100
120	0	0

如果A厂商与B厂商可以达成协议平分市场,那么每个厂商将生产30吨矿泉水,价格为60元,则每个厂商可以获利1 800元。乍一看,这种结果使他们实现了共同的利润最大化。但事实上,每个厂商均不会按照这种协议进行生产。对于A厂商来说,如果B厂商仍生产30吨矿泉水,自己可以生产40吨水。在这种情况下,70吨水总量以50元一吨的市场价格出售,其利润变为2 000元,而不是1 800元。也就是说,尽管市场的总利润减少了,但是A厂商自己获得更多的利润了。对B厂商来说,也会以同样的思维推理。如果这样的话,整个市场的价格就会变为40元一吨水。此时,单独对于A厂商或B厂商来说,如果使生产增加至50吨是不合意的,其个人利润将下降为1 500元,因此,把生产保持在40吨是最合适的,也就是双寡头模型处于均衡状态。这种均衡称为纳什均衡。

三、囚徒的困境

纳什均衡是相互作用的经济主体,每个人都在另一方所选择的战略为既定时,选择自己最优的策略。当双方都达到了这种纳什均衡时,就没有做出其他选择的激励。纳什均衡是博弈论中的一个重要概念。现在我们来介绍一个经典的案例。

1950年,就职于兰德公司的梅里尔·弗勒德(Merrill Flood)和梅尔文·德雷希尔(Melvin Dresher)拟定出相关困境的理论,后来由顾问艾伯特·塔克(Albert Tucker)以囚徒方式阐述,并将其命名为"囚徒困境"。

具体情况如下:警方逮捕甲、乙两名嫌疑犯,但没有足够证据指控二人入罪。于是警方分开囚禁嫌疑犯,分别和二人见面,并向双方提供以下相同的选择。

若一人认罪并作证检控对方(也就是"背叛"对方),而对方保持沉默,此人将即时获释,沉默者将判监10年;若两人都保持沉默(相关术语称互相"合作"),则二人均被判刑期半年;若两人都互相检举(互相"背叛"),则二人同样被判刑期2年。用表7-3表示如下。

表7-3 囚徒的困境

	甲沉默	甲认罪
乙沉默	0.5, 0.5	0, 10
乙认罪	10, 0	2, 2

那么,这两个囚犯该怎么办呢?是选择互相合作还是互相背叛?从表面上看,他们应该互相合作、保持沉默,因为这样他们俩能得到最好的结果:判刑期半年。但是他们都会仔细考虑对方可能采取什么选择。甲犯会马上意识到,他根本无法相信他的同伙不会向警方提供对他不利的证据,背叛自己,让自己独自坐牢10年。同时,他也会意识到,他的同伙也会以同样的想法来设想他。所以甲犯的唯一理性选择就是认罪,背叛同伙,把一切都告诉警方,因为如果他的同伙只会保持沉默,那么他就会立即得到释放;而如果他的同伙乙也根据这个逻辑向警方交代认罪,那么,甲犯和乙犯得到了最糟糕的结果:均坐牢2年。

这场博弈的纳什均衡,显然不是顾及团体利益的帕累托最优解决方案。以全体利益而言,如果两个参与者都合作、保持沉默,两人都只会被判刑半年,总体利益更高,结果也比两人背叛对方、判刑2年的情况较佳。但根据以上假设,二人均为理性的个人,且只追求自己的个人利益。均衡状况会是两个囚徒都选择背叛，结果二人得到的判决均比合作高，总体利益较合作低。这就是"困境"所在。

囚徒困境反映了个人最优选择并非团体最佳选择。虽然困境本身只属模型性质，但现实中的价格竞争、环境保护等方面，也会频繁出现类似情况。

由于寡头垄断厂商的合作从社会角度看是不合意的，因为它的产量太低而价格过高。所以，政府会限制寡头垄断厂商之间的合作。虽然经济中认为自由交易是市场的一个基本部分，但是，如果这种交易是用于协议减少产量并提高市场价格的话，则是违背反垄断法的。

第五节　不同市场的比较

学习了完全竞争市场、垄断市场、垄断竞争市场和寡头垄断市场后，下面我们针对这四种市场的经济效率进行研究。

经济效率是指利用经济资源的有效性。高的经济效率用于表示市场的组织形式或组织结构可以实现对资源的充分利用，或者说能以最有效的生产方式进行生产；低的经济效率表示市场的组织形式或者组织结构对资源的利用不充分，即没有以最有效的方式组织生产。

而判断经济效率的标准有两个，一是看平均成本的高低，二是看价格是否等于长期边际成本。

首先来说第一个标准。我们知道完全竞争厂商实现长期均衡水平时的需求曲线相切于长期平均成本 LAC 曲线的最低点；产品的均衡价格最低，它等于最低的生产的平均成本，而此时产品的均衡产量也是最高的。而对于不完全竞争市场来说，由于厂商的需求曲线是向右下方倾斜的。因此，向右下方倾斜的曲线只能与长期平均成本 LAC 相切于 LAC 曲线最低点的左边，并且需求曲线越陡峭，切点离长期平均成本 LAC 曲线最低点越远。而决定需求曲线陡峭程度的是厂商对市场的垄断程度，即厂商的垄断程度越高，需求曲线越陡峭，反之则越平担。由于垄断厂商垄断程度最高，因此，其需求曲线与长期平均成本 LAC 曲线切点对应的产品价格最高，产量最低。而平均成本高、产量低就说明厂商的生产是缺乏效率的，产品价格高说明消费者对消费此产品要付出的代价更高。故从社会角度看，经济效率从高到低的市场组织形式为完全竞争市场、垄断竞争市场、寡头市场和垄断市场。

其次，依据判断经济效率的第二个标准。由于商品的价格 P 可以看做是商品的边际社会价值，LMC 可以看做是商品的边际社会成本。因此，$P=\text{LMC}$ 就说明资源得到了充分利用。而完全竞争市场在长期均衡时，价格 P 等于边际成本 LMC，即完全竞争市场使市场资源都得到了充分的利用。对于非完全竞争市场而言，$P>\text{LMC}$，意味着厂商如果增加产量，净社会价值将能够被增加，也就是说此时社会资源并未得到有效配置，是无效率的。

综上，根据这两个判断标准，我们认为完全竞争市场的经济效率最高，垄断竞争市场较高，寡头市场较低，完全垄断市场最低。由此可见，市场的竞争程度越高，则经济效率越高；反之，市场的垄断程度越高，则经济效率越低。

需要指出的是，以上结论是西方经济学家在不同市场的经济效率比较问题上的基本观点。但是也有一些西方经济学家从技术进步、规模经济和产品差别程度等方面对四种市场的优劣进行了分析，认为三种非完全竞争市场未必是低效率的。

一是从技术进步的角度，虽然垄断厂商可以通过对市场的垄断而获取超额垄断利润，缺乏进行技术创新的动力，并且垄断厂商还会采用各种方法阻止其他企业利用新技术、新工艺、新产品来威胁自己的垄断地位，阻碍技术进步。但是，相反的例子似乎很多，一些占有大量市场份额的企业为了在长期内保持由于技术进步而带来的更高的利润，仍会花费大量人力、物力进行技术创新。所以，有的经济家认为，垄断是有利于技术进步的。

二是从规模经济的角度。非完全竞争市场中的垄断市场和寡头市场相比完全竞争市场和垄断竞争市场有利的另一个方面是，它能够取得规模经济效应。

三是从产品差别的角度。由于所有在完全竞争市场中厂商的产品是无差别的，因此，完全竞争市场是无法满足消费者的各种偏好需要的。而在垄断竞争市场条件下，众多厂商之间的产品是有差别的，多样化的产品提供给消费者更多的选择自由。而对产品差别这一问题还要说明的是，由于产品的差异性造成了产品质量存在真假，也会给消费者带来一定的损失。

以上对于四种市场组织形式的比较可以归结为表 7－4。

表 7－4　不同市场的比较

经济效率	完全竞争市场＞垄断竞争市场＞寡头市场＞垄断市场
技术进步	垄断竞争市场＞寡头市场＞垄断市场＞完全竞争市场
规模经济	垄断市场＞寡头市场＞垄断竞争市场＞完全竞争市场
产品差别	垄断竞争市场＞寡头市场＞垄断市场＞完全竞争市场

本章小结

1.在完全竞争条件下，厂商和消费者都是价格的被动接受者，没有人有意愿提高或降低价格。

2.在完全竞争条件下，厂商的利润最大化条件是边际收益等于边际成本等于价格。并且，厂商的边际成本曲线的一部分是它的供给曲线。

3.完全竞争市场中：在短期，如果厂商不能收回固定成本时，若产品价格小于平均可变成本，厂商停止生产。在长期，如果产品价格低于平均总成本，企业不能收回固定和可变成本时，厂商退出行业。

4.在长期中，完全竞争厂商进行有效率的生产，价格等于最低的平均总成本。

5.垄断市场中，垄断厂商是唯一的生产者。它的需求曲线为市场需求曲线，是一条向右下方倾斜的直线。

6.垄断市场中，垄断厂商可以通过控制产品的产量和价格来获得利润的最大化。

7.垄断市场中，由边际收益等于边际成本决定的利润最大化的产量水平低于消费者和生产者剩余之和的最大化产量。垄断是无效率的。

8.囚徒的困境表明，个人最优选择并非团体最优选择。

9.垄断竞争市场均衡时，每个厂商仍拥有过剩的生产能力，并且每个厂商都收取高于边际成本的价格。

案例1 美国反垄断案例

作为美国历史上最为强大的托拉斯，标准石油受到了美国政府长达20多年的起诉和打击，并最终遭到分拆，这一案例为美国乃至全球的反垄断提供了重要的参考。作为全球第一家托拉斯(以高度联合形式组成的综合性企业集团)，标准石油的解散无疑是全球反垄断史的一个标志性事件，其所造成的影响在一个世纪后的今天依然意义非常。

1870年1月10日，洛克菲勒在俄亥俄州创建了标准石油这家有史以来最为强大的垄断企业，其定名是为了标榜该公司出产的石油是顾客可以信赖的“符合标准的产品”。到1879年底，标准公司作为一个合法实体成立刚满9年时，就已控制了全美90%的炼油业。自美国有史以来，还从来没有一个企业能如此完全地独霸过市场。

1882年，洛克菲勒在他的律师多德首度提出的“托拉斯”这个垄断组织的概念指导下合并了40多家厂商，垄断了全国80%的炼油工业和90%的油管生意。1886年，标准石油公司又创建了天然气托拉斯，并最后定名为美孚石油公司。1888年，公司开始进入上游生产，收购油田。1890年，标准石油公司成为美国最大的原油生产商，垄断了美国95%的炼油能力、90%的输油能力、25%的原油产量。标准石油公司对美国石油工业的垄断一直持续到1911年。

以标准石油为首，美国历史上一个独特的时代——垄断时代就此到来。托拉斯迅速在全美各地、各行业蔓延开来，在很短的时间内，这种垄断组织形式就占了美国经济的90%。

在国际市场上，标准石油也迅速取得了支配性的地位。19世纪80年代，由于美国的工艺已使标准公司的产品优于欧洲人的产品，因而标准公司赢得了欧洲大部分地区的煤油市场。在19世纪70年代和80年代，煤油出口占到全部美国石油产量的一半以上。从价值上说煤油占美国出口货的第四位；在工业制品中占第一位。欧洲则是它的最大市场，而其中至少有90%的出口煤油是经标准石油公司之手出去的。

随着标准石油的不断膨胀，它也成为了美国政府反托拉斯的头号打击对象，被作为“进行欺诈、高压、行使特权”的代表，首当其冲受到批判。1890年，美国政府颁布《谢尔曼法》，美孚石油托拉斯不得不解散。但事实上，洛克菲勒的石油帝国仍然存在，各分公司仍然步调一致，协同作业；各公司的收入还是由以洛克菲勒为中心的委托人来管理。1899年6月，洛克菲勒改组美孚石油公司，以新泽西州的美孚公司重新登记，美孚石油公司的石油霸主地位再次得以确立。但在1908年，西奥多·罗斯福出任美国总统，开始了托拉斯与反托拉斯之间最为激烈的对抗。罗斯福提出要将垄断市场、勾结铁路的美孚石油公司彻底铲除。1911年5月，美国最高法院宣判美孚石油公司解散，洛克菲勒为之辛苦经营40年、耗尽毕生精力的石油王国轰然倒塌。美孚石油公司被分成38个独立的企业，各自成立董事会。

尽管被分拆已近一个世纪，但今天人们依然能看出当年这个石油帝国的庞大。如今全球排名前两位的石油公司埃克森-美孚和德士古-雪佛龙均来自于当年的标准石油，其中的埃克森-美孚更为《财富》杂志2006年度财富500强的首位。

资源来源：黄沙.财经时报，2008-8-3.

案例 2　竞争企业获得零利润仍旧经营的原因

乍一看，竞争企业在长期中获得零利润似乎是荒唐的，因为人们办企业毕竟是要获得利润的。如果企业最终使利润为零，看来就没有什么理由再经营了。

为了更充分地理解零利润的条件，回想一下，利润等于总收益减总成本，而总成本包括企业的所有机会成本。特别是总成本包括企业所有者用于经营的时间和金钱的机会成本。在零利润均衡时，企业的收益应该补偿所有者期望用于使其企业维持的时间和金钱。

举一个例子。假设一个农民一定要投入 100 万美元去开垦他的农场。如果不这样做，他可以把这笔钱存入银行，一年赚得 5 万美元利息。此外，他还必须放弃一年能赚到 3 万美元的另一份工作。这样，农民种地的机会成本既包括他可以赚到的利息，又包括他放弃的工资，总计 8 万美元。即使他的利润为零，他从耕种中得到的收益也弥补了他的这些机会成本。要记住会计师衡量成本的方法与经济学家不同。会计师只关注显性成本，但往往漏掉了隐性成本。这就是说，他们衡量要求货币流出企业的成本，但他们没有包括不涉及货币流出的生产的机会成本。因此，在零利润均衡时，经济利润是零，但会计利润是正的。例如，我们这位农民的会计师将得出的结论是：农民赚到了 8 万美元会计利润，这足以使农民继续维持经营。

资料来源：李立春，王新生，李惠杰. 西方经济学. 北京：高等教育出版社，2004.

案例 3　完全竞争市场的特征

临近春节，我有机会对某村农贸市场的春联销售进行了调查，该农贸市场主要供应周围 7 个村 5 000 余农户的日用品需求。贴春联是中国民间的一大传统，春节临近，春联市场红红火火，而在农村，此种风味更浓。

在该春联市场中，需求者有 5 000 多农户，供给者为 70 多家零售商，市场中存在许多买者和卖者；供应商的进货渠道大致相同，且产品的差异性很小，产品具有高度同质性（春联所用纸张、制作工艺相同，区别仅在于春联所书写内容的不同）。供给者进入、退出没有限制；农民购买春联的习惯是逐个询价，最终决定购买，信息充分；供应商的零售价格水平相近，提价会使销量变为零，降价会引起利润损失。原来，我国有着丰富文化内涵的春联，其销售市场竟是一个高度近似的完全竞争市场。

供应商在销售产品的过程中，都不愿意单方面降价。春联是农村过年的必需品，购买春联的支出在购买年货的支出中只占很小的比例，因此其需求弹性较小。某供应商为增加销售量、扩大利润而采取的低于同行价格的竞争方法，反而会使消费者认为其所经营的产品存在瑕疵（例如：上年库存，产品质量存在问题等），反而不愿买。

该农村集贸市场条件简陋，春联商品习惯性席地摆放，大部分供应商都将春联放入透明的塑料袋中防尘，以保持产品质量；而少部分供应商则更愿意损失少部分产品暴露于阳光下、寒风中，以此展示产品。因此就产生了产品之间的鲜明对照。暴露在阳光下的春联更鲜艳，更能吸引消费者目光，刺激购买欲望，在同等价格下，该供应商销售量必定高于其他同行。由此可见，在价格竞争达到极限时，价格外的营销竞争对企业利润的贡献不可小视。

在商品种类上，例如“金鸡满架”一类小条幅，批发价为 0.03 元/副，零售价为 0.3 元/副；

小号春联批发价为 0.36 元/副,零售价为 0.5 元/副。因小条幅在春联中最为便宜且为春联中的必需品,统一价格保持五六年不变,故消费者不对此讨价。小条幅春联共 7 类,消费者平均购买量为 3 类到 4 类,总利润可达 1.08 元,并且人工成本较低。而小号春联相对价格较高,在春联支出中占比重较大,讨价还价较易发生;由此,价格降低和浪费的时间成本会造成较大利润损失,对小号春联需求量较大的顾客也不过购买 7 副到 8 副,总利润至多 1.12 元。因此,我们不难明白浙江的小小纽扣风靡全国,使一大批人致富的原因。这也提醒我们,在落后地区发展劳动密集、技术水平低、生产成本低的小商品生产工艺不失为一种快速而行之有效的致富方法。

春联市场是一个特殊的市场,时间性很强,仅在年前存在 10 天左右,供应商只有一次批发购进货物的机会。供应商对于该年购入货物的数量主要基于上年销售量和对新进入者的预期分析。如果供应商总体预期正确,则该春联市场总体商品供应量与需求量大致相同,价格相对稳定。一旦出现供应商总体预期偏差,价格机制就会发挥巨大作用,将会出现暴利或者亏损。

综上可见,小小的农村春联市场竟是完全竞争市场的缩影与体现,横跨经济与管理两大学科。这也就不难明白经济学家为何总爱将问题简化研究,就像克鲁格曼在《萧条经济学的回归》一书中,总喜欢以简单的保姆公司为例得出解决经济问题的办法,这也许真的有效。

资料来源:杨晓东.农村春联市场:完全竞争的缩影.经济学消息报,2004,599[2004-6-25].

本章练习

一、名词解释

完全竞争市场、垄断、垄断竞争、寡头、囚徒的困境

二、选择题

1.下列行为中最接近于完全竞争模式的一项是(   )。

A.飞机制造业　B.烟草业　C.日用小商品制造业　D.汽车制造业

2.利润最大化原则是(   )。

A.边际成本等于平均成本　B.边际成本小于边际收益

C.边际成本等于边际收益　D.边际成本大于边际收益

3.在完全竞争市场上,一个企业的需求曲线是(   )。

A.向右下方倾斜的曲线　B.向右上方倾斜的曲线

C.一条与价格轴平行的直线　D.一条与价格轴垂直的直线

4.假如在短期内某一完全竞争厂商收益只能弥补它的可变成本,这表明该厂商(   )。

A.继续生产将会出现更大的亏损　B.停止生产没有亏损

C.退出生产　D.继续生产

5.竞争市场中以利润最大化为目标的厂商将以(   )为目标来设定产量。

A.价格超过边际成本　B.边际成本大于价格

C.价格等于边际成本　D.总成本等于总收益

6.追求利润最大化的厂商将把产量定在(   )。

A.总收益等于总成本　B.总成本超过总收益最小量的地方

C. 总成本超过总收益最大量的地方　　D. 总收益超过总成本最大量的地方

7. 在完全竞争市场上，厂商短期均衡条件为(　　)。

A. P＝AR　　B. P＝MR　　C. P＝MC　　D. P＝AC

8. 竞争性厂商的边际成本曲线同样是他的(　　)。

A. 平均收益曲线　B. 供给曲线　C. 边际收益曲线　D. 需求曲线

9. 完全竞争的市场是指(　　)。

A. 市场参与者的购销量只占整个市场交易量的极小一部分

B. 市场参与者只能接受价格，而不能影响价格

C. 交易的商品是同质的

D. 以上全对

三、简答题

1. 对于完全竞争市场，在什么条件下企业将退出市场？请解释原因。
2. 在完全竞争市场中，为什么厂商的需求曲线是一条与横轴平行的直线，而市场需求曲线却是一条向右下方倾斜的曲线？
3. 在完全竞争市场中，厂商的价格在短期和长期是否都等于这两个时期内最低的平均总成本？请解释原因。

第八章 生产要素分配理论

学习目的：

1. 理解要素需求和要素供给共同决定要素的价格以及厂商使用要素的最佳原则；
2. 理解工资、利息、地租的价格是如何决定的；
3. 了解利润的形成与来历，理解利润与利息的区别。

教学要求：

1. 掌握收入分配的主要依据；
2. 理解要素供求决定要素价格；
3. 掌握厂商使用要素的最佳原则；
4. 理解要素市场如何实现均衡。

本章介绍的是收入分配理论。收入分配的意思是指厂商的销售收入必须作为生产过程中所投入的全部生产要素的报酬。西方经济学将生产要素概括为劳动、资本、土地和企业家才能四种。

第一节 生产要素的需求与供给

前面有关章节在介绍四种不同市场模型的价格理论时，都假定生产要素的价格是固定不变的。实际上，生产要素的价格和产品的价格一样，取决于市场的供给和需求关系。所不同的是，生产要素的需求者是厂商，而其供给者不一定都是厂商，大多数是个人。个人不仅是生产要素的供给者，也同时是产品的消费者。生产要素的价格，是指支付一个生产要素在某段时间内所提供的服务的代价，而不是指购买生产要素本身所需要支付的代价。一般商品(例如一件衣服，一辆自行车等)的价格，就是指购买它时所需要支付的代价。劳动的价格，则是指雇用期内(一般以单位时间作为计算标准)所支付给劳动力本人的劳务价格。而资本的价格，就是资本在一定时期内的使用价格。

一、生产要素的需求

生产要素需求的特性有两点。

(1)生产要素的需求是一种“派生的需求”。所谓派生的需求，是指由于人们需要某种产品而间接地产生出对某些生产要素的需要。这和对一般的最终产品的需要是不同的。例如由于人们对衣服的需要而派生出对生产衣服的机器、设备、劳动和土地等生产要素的需求。因为没有这些生产要素，衣服就生产不出来。而机器、设备等生产要素，又需要使用其他生产要素来生产，因而又派生出对其他生产要素的需求。对生产要素的需求，归根结底，最后只会派生出对劳动、资本和土地(广义的土地,包括一切自然资源)等资源的需求。

(2)生产要素的需求是一种“联合的需求”。所谓联合的需求,是指同时对多种生产要素的需求。人们所需要的消费品,一般都不是由一种生产要素生产出来的,而需要把许多不同的生产要素组合在一起进行生产。因此,在分析生产要素的需求理论时,必须考虑多种生产要素的同时变化。有些生产要素之间可以互相替代,而有些生产要素之间则是互为补充的。这一点和普通产品的需求一样,即必须考虑需求的价格弹性问题,不仅是需求的价格弹性,而且还要考虑需求的交叉弹性。

关于生产要素的需求曲线,在不同的市场模型中,情况各不相同。即使在同一市场模型中,又分为几种情况。例如在完全竞争市场模型中,就有个别生产者对某一种生产要素的需求曲线,个别生产者对多种生产要素的需求,整个产业对生产要素的需求等不同情况。下面分别介绍。

1. 在完全竞争情况下个别厂商对一种生产要素的需求曲线

这是指在市场中出售和购买生产要素的人都很多,每一个购买者所购买的数量在全部生产要素中所占比例极小,因而不能影响生产要素的市场价格,只能接受市场价格。而市场价格是由市场的供需关系所决定的。在市场决定的价格水平上,个别生产要素的供给曲线是一条水平线。这一原理在介绍完全竞争的市场理论时已讲过。在这种情况下,厂商对某一种生产要素的需求量的决定,不仅需要考虑市场价格,还要考虑这一种生产要素的边际产值和平均产值。下面用图 8-1 加以说明。

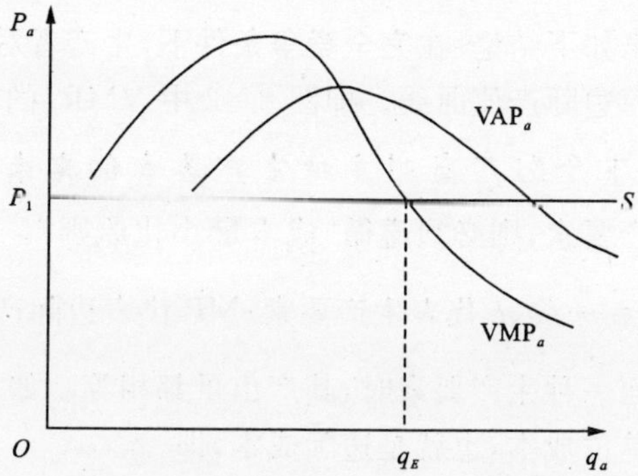

图 8-1　市场价格与生产要素的边际产生和平均产出的关系

图中,S 曲线是某一生产要素在市场既定价格 P_1 下的供给曲线;VAP_a 代表 a 生产要素的平均产值曲线;VMP_a 代表 a 生产要素的边际产值曲线。这两条曲线的形状及相互关系在生产的三阶段中已作过介绍。将这三种因素放在一起,便可决定生产者对某一生产要素的需求量。均衡点应在边际产值曲线和 S 曲线的交点 E 点所决定的数量上,为 q_E。因为在 q_E 点时,购买 a 生产要素所产生的边际收益和其购买代价相同,即边际收益等于边际成本。在 q_E 点左侧,边际收益大于边际成本,购买生产要素所创产值大于所付代价,故生产者会继续购买;反之,在 q_E 点右侧,边际收益小于边际成本,厂商必会减少对该生产要素的购买。

假如生产要素的市场价格发生变化,则厂商对该生产要素的需求量将会发生变化。见图 8-2。

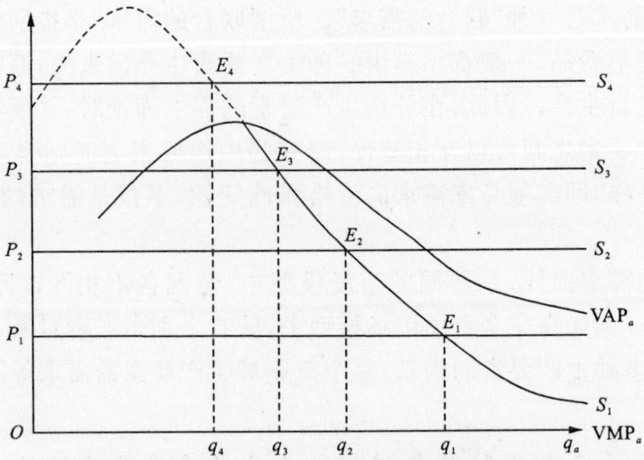

图 8-2 生产要素市场价格与需求量的关系

图中有四条不同的市场价格水平线。按上述均衡原理，均衡点分别为 E_1、E_2、E_3 和 E_4，因为它们都是在边际收益等于边际成本时对 a 生产要素的需求量。但是，在这四条供给曲线中，必须排除 E_4，即厂商不会在 E_4 的情况下购买该生产要素。因为在 E_4 时，虽然边际产值也等于边际成本，但是其平均产值却低于生产要素的市场价格。就是说，这时平均每一个单位的生产要素对厂商所创造的收益低于其平均成本，总收益低于总成本，不仅无利可图，而且还会遭受损失。

从以上分析中可以得出如下结论：在完全竞争条件下，生产者对某一种生产要素的需求曲线就是低于平均产值曲线的边际产值曲线。即图 8-2 中 VMP_a 的实线部分。

2. *在完全竞争情况下个别厂商对多种生产要素的需求*

如果厂商需求多种生产要素，则必须遵循“成本最小化原则”。在第六章成本理论中已讲过，这一原则为$\frac{\mathrm{MP}_a}{P_a}=\frac{\mathrm{MP}_b}{P_b}=\cdots$（$a$、$b$ 代表生产要素；MP 代表边际产量；P 代表价格）。该公式表示最后一元钱在购买任何一种生产要素时，其产出量都相等。如果把上式倒过来，则表示每个生产要素的边际产量的单位成本，也就是边际成本，即

$$\frac{P_a}{\mathrm{MP}_a}=P_a\div\frac{\Delta Q_x}{\Delta Q_a}=\frac{P_a\Delta Q_a}{\Delta Q_x}=\frac{\Delta \mathrm{TC}}{\Delta Q_x}=\mathrm{MC}_x$$

MC_x 是使用 a 要素生产的那个产品的边际成本。这样，上述成本最小化等式又可写成

$$\frac{\mathrm{MP}_a}{P_a}=\frac{\mathrm{MP}_b}{P_b}=\cdots=\frac{1}{\mathrm{MC}_x}$$

厂商为了获得最大利润，必须使其产品的边际收益（MR）等于边际成本，因此以上连等式又可进一步写成

$$\frac{\mathrm{MP}_a}{P_a}=\frac{\mathrm{MP}_b}{P_b}=\cdots=\frac{1}{\mathrm{MC}_x}=\frac{1}{\mathrm{MR}_x}=\frac{1}{P_x}$$

这就是在完全竞争条件下厂商对多种生产要素的连等式。假如是不完全竞争条件的市场，则最后一项为“＞”符号，其余情况则一样。

现在再来分析厂商对作为多种生产要素之一的 a 生产要素的需求曲线。前面已介绍过，

在 a 作为唯一的生产要素时，个别厂商对 a 生产要素的需求曲线就是低于其平均产值曲线（VAP_a）的边际产值曲线（VMP_a）。可是，在有多种生产要素时，厂商对其中的 a 要素的需求曲线就不再是这种情况。因为当 a 生产要素的价格发生变化时，其他的生产要素如 b、c 等的需求量将会因此受影响而发生变化，而其他生产要素的需求量的变化，又会反过来影响生产者对 a 生产要素的需求变化，使 a 生产要素的需求曲线 VMP_a 移动。这种影响就是生产要素之间对个别厂商的"内在效应"。因此，厂商对 a 生产要素的需求曲线就是从原来的 VMP_a 曲线，随着 P_a 的变化，产生内在效应之后新 VMP_a 的变化轨迹。下面以图 8-3 加以解释。

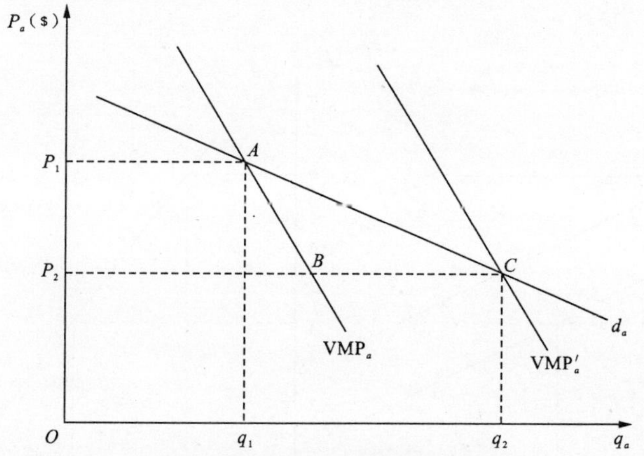

图 8-3　生产要素的需求曲线

图 8-3 中，假如某厂商最初在使用多种生产要素生产时，其成本最小和最佳产量点位于 A 点，这时 a 生产要素的价格为 OP_1，厂商对 a 生产要素的需求量为 Oq_1。如果 a 生产要素的价格降到 OP_2，厂商对 a 生产要素的需求量会由于 $VMP_a > P_a$ 而增加（即沿着原 VMP_a 曲线下移）。这时，会有两种可能性情况出现。第一种情况是，假如 a 生产要素和其他生产要素之间的关系为互补性关系，则当生产要素需求量因价格下降而增加时，对其他生产要素的需求量将会在其既定的价格下增加，生产者均衡的重新调整，使 VMP_a 增加，VMP_a 曲线便右移到新的位置，比如图 8-3 中由原来的 VMP_a 右移到 VMP'_a。这样，由于 a 生产要素价格的下降，厂商对 a 生产要素的需求量不是仅增加到 B 点，而是增加到 C 点，即数量为 Oq_2。第二种情况是，假如 a 生产要素和其他生产要素之间的关系为替代性关系，则当 a 生产要素需求量因价格下降而增加时，厂商对其他生产要素的需求量会在它们的既定价格下减少。这时，厂商会更多地购买 a 生产要素以代替其他生产要素。这将会影响到 MP_a，从而使 VMP_a 曲线更加右移。由此可见，不管生产要素之间是什么关系，都会产生"内在效应"，只不过关系不同，其影响效果的程度不同。

3. 在完全竞争情况下某生产要素的市场需求曲线

市场需求曲线就是指整个产业对某种生产要素的总需求曲线。这条整个产业的总需求曲线，并不能直接将该产业中所有的个别厂商的需求曲线简单相加。这和产品的市场需求曲线不一样。产品的市场需求曲线之所以可以由所有个别厂商的需求曲线简单相加，是因为它假定在其他条件不变时，人们的欲望是无限的，虽然由于边际效用递减的原因也会产生商品的负效用，但毕竟是一种例外。而生产要素的市场总需求曲线则不能这样求出，因为生产要素的需求是一种派生的需求。如果生产要素的价格下跌，则所有厂商都会多购买该生产要素，以增加生产。但是，当生产增加后，产品的总供给增加。假如消费者对该产品的消费偏好、收入等其他条件不变，产品的价格将会下跌。这时，厂商的供给数量必然会减少，这样就会派生出对生产要素需求的减少。这时，个别厂商对生产要素的需求曲线将会左移。因此，在新价格下，整个市场对该生产要素的总需求曲线，就是个别厂商根据左移后的需求曲线的总和。这种由于生产要素的价格下跌对个别厂商需求的影响称为“外在效应”。整个产业对某生产要素需求的相加情况见图 8-4。

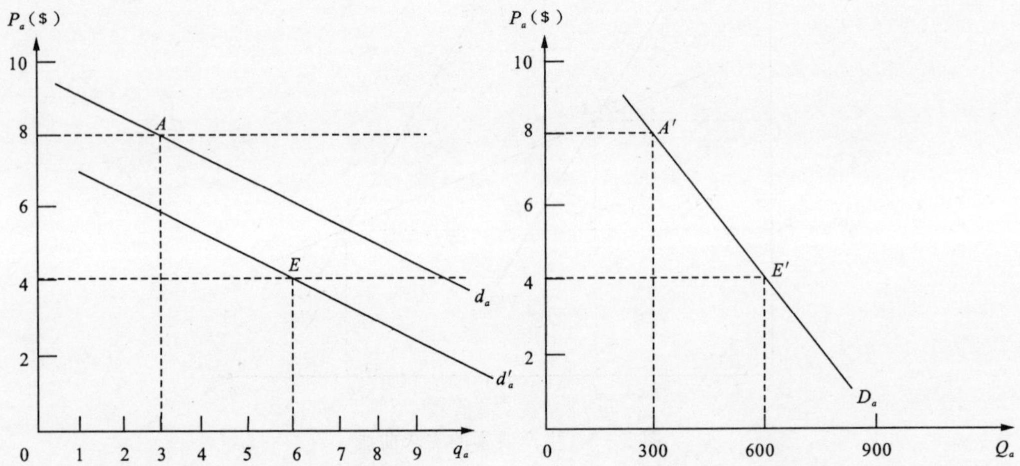

(a) 单一厂商对某生产要素的需求曲线　　(b) 市场需求曲线

图 8-4 整个产业对某生产要素的需求

图 8-4 中，假定某市场中共有 100 家厂商，每一家厂商对 a 生产要素的需求情况完全相同。即为图 8-4(a)中 d_a 曲线，d_a 曲线为 100 家中的一家厂商对 a 生产要素的需求曲线。为求得整个市场需求曲线，不能简单地把 d_a 曲线乘以 100。例如当 $P_a = \$8$ 时，个别厂商的需求量为 A 点，即为 3 单位，整个市场的需求量则为 300 单位(3 单位×100)。当 P_a 下降到 \$4 时，由于整个市场产品过多而产生收缩，个别厂商对 a 生产要素的需求曲线也由 d_a 左移到 d_a'，\$4 的价格表示个别厂商对 a 生产要素的需求量为 E 点，即 6 单位，比原需求曲线的 A 点(图 8-3)少 2 单位。而整个市场的需求量则为 600 单位(6 单位×100)，而不是 800 单位。这样，连接扩大 100 倍以后的 A、E 两点所形成的曲线，即为整个市场对 a 生产要素的总需求曲线，如图 8-4(b)中 D_a 曲线。上述情况表明，整个市场的需求曲线虽不能把所有个别厂商的需求曲线简单相加，但仍然是一条负斜率曲线。

二、生产要素的供给

生产要素的供给是由生产成本所决定的，或更精确地说，是由边际生产成本决定的。

生产要素的供给，在不同的生产要素之间，性质上也有很大差异，并不能给予一般的说明。例如，劳动的供给情况与土地的供给情况并不一样；而土地的供给情况与资本的供给情况又有差别。因此，必须分别加以考察分析，没有共同的原则可循。生产要素的供给曲线，一般被认为也是一条从左下到右上的正斜率曲线。较典型的差别是劳动的供给曲线，在一般情况下也为一条正斜率曲线，如果工资高到一定程度，会出现内弯现象。这是因为工资很高，人们反而不需要工作太多的时间，要求休息娱乐、受教育、外出旅游的时间增加，这样，劳动的供给量会随着工资的上升而减少。

第二节　工资理论

一、工资的概念

西方经济学中所讲的工资是指使用劳动所支付的价格。劳动者包括非技术劳动者（以出卖体力为主、智力为辅的人）和技术劳动者（以出卖智力为主、体力为辅的人）。

在西方国家的实际生活中，工资的形式是多种多样的，例如奖金、专利权使用费、佣金和月薪等，而西方经济学中的工资概念则都简化为单位时间的工资率，即劳动者在每小时或每天等单位时间里所获得的工资收入。

货币工资与实际工资是两种不同的工资概念。货币工资是劳动者在单位时间里由于付出劳动而获得的货币收入；实际工资则是劳动者在单位时间里获得的货币工资所能换取的商品或劳务的实际数量，就是说，实际工资是指货币工资的购买力。因此，实际工资同商品和劳务的价格紧密相关。货币工资并非都与社会商品或劳务的价格同步变动，假如社会商品或劳务的价格上涨幅度大于劳动者的货币收入，那么，劳动者的实际收入将会在货币收入上升的情况下下降。但是，除非在特定情况下，西方经济学中所研究的工资或工资率都是指实际工资率，即在假定社会商品和劳务价格不变情况下考察货币工资率的变动。

二、社会工资水平的决定

不同国家之间，或者同一国家不同地区之间，工资水平是不同的，有的差别很大。西方经济学中所讲的社会工资水平，通常是指某一个经济社会类平均工资率，并不区分该经济社会内工资率的差别。

西方经济学是以均衡价格理论来解释工资水平的决定的。按照这一观点，一个社会的工资率水平，取决于该社会对劳动的需求和劳动的供给两种因素。

在劳动的需求方面，一个社会对劳动的需求，取决于劳动的边际生产力水平，也就是劳动这一要素的边际产品价值。社会的边际生产力水平越高，对劳动的需求越多；反之，社会的边际生产力水平越低，对劳动的需求越少。而一个社会的劳动的边际生产力水平主要取决于该社会的资本、自然资源、生产技术水平、劳动力的素质以及社会政治、经济环境、组织结构、管理水平或市场规模等因素。假如一个社会资本数量很多，自然资源丰富，生产技术和管理水平很高，劳动力素质很好，同时社会的经济组织和市场结构都比较发达，那么，该社会劳动的边际生产力水平必高，对劳动的需求则必大。一般地说，像美国等一些西方发达国家就是属于这种情况。反之，经济落后的国家，相对于人口来说，资本较少，自然资源较贫乏，生产技术和管理水平较落后，劳动力素质不高，社会的环境、组织结构和市场等不很完善，那么，劳动的边际生产力水平必低，进而对劳动的需求则较少。例如第三世界中许多国家就是这种情形。由于劳动的边际产量随着劳动数量的增多而递减，故劳动的需求曲线是一条负斜率的曲线。不过，不同生产力水平的国家，劳动的需求曲线的位置不同，通常发达国家劳动的需求曲线位置较高，而落后国家劳动的需求曲线位置偏低。

在劳动的供给方面，一个社会劳动的供给量通常与工资水平呈正向关系，工资水平高，劳动者愿意提供的劳动则多；工资水平低，劳动者愿意提供的劳动则少。就是说劳动的供给曲线通常是一条正斜率曲线。从另一方面看，工资也反映了提供劳动的成本。在一定时间里，比如一天中，人们提供的劳动越多(劳动时间越长)，他们为此付出的代价便越大。例如加班劳动会使人感到格外劳累和辛苦，会使人遇到工作与家务的额外矛盾。人们为提供一定量劳动所付出的代价(也就是成本)越高，他们所要求得到的工资也就越高。这也说明了为什么劳动的供给曲线是正斜率的。但是，如前所述，当一个社会的工资率达到一定水平时，劳动的供给曲线会出现内弯现象。这是因为劳动者的精力或能够提供的劳动时间有限。当工资水平达到一定程度后，劳动者便会觉得休息以及从事文化、教育和娱乐等方面的活动的价值越来越高。因此，当工资继续提高时，劳动的供给反而减少。

不同国家劳动的供给曲线也不一样。发达国家劳动者的生活或教育费用较高，劳动的成本较高，因而供给曲线也较高，偏于左上侧。反之，落后国家的劳动供给曲线较低，偏于右下侧。将劳动的需求曲线与劳动的供给曲线放在一起，便可分析社会均衡工资水平的决定，如图 8-5 所示。

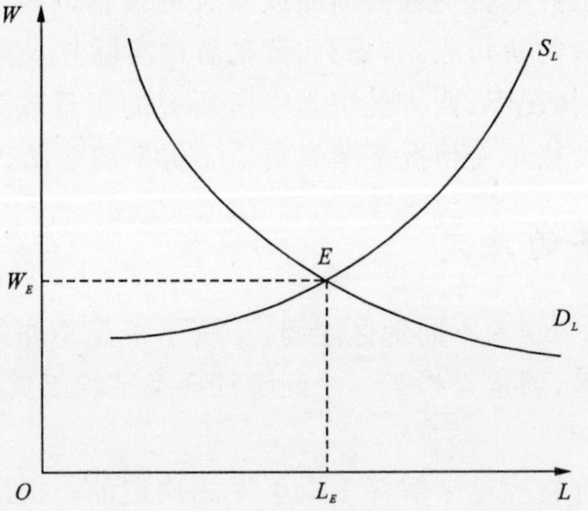

图 8-5 社会均衡工资水平的决定

图 8-5 中，W 代表工资率，即劳动的价格，L 代表劳动的数量，D_L 和 S_L 分别代表劳动的需求曲线和供给曲线。E 点则是劳动的供求均衡点。因此，社会的均衡工资率水平为 W_E，均衡的劳动数量为 L_E。

需要注意的是，由于发达国家和落后国家的劳动的需求曲线与供给曲线都不相同，均衡的工资率水平和劳动数量也不相同。通常发达国家劳动的需求曲线和供给曲线都较高，因而整个社会均衡的工资率水平较高，而均衡的劳动数量较少。落后国家的情况恰好相反，劳动的需求曲线和供给曲线都偏低，因而整个社会均衡工资率水平低，均衡的劳动数量较多。这种情况可以用图 8－6 加以说明。

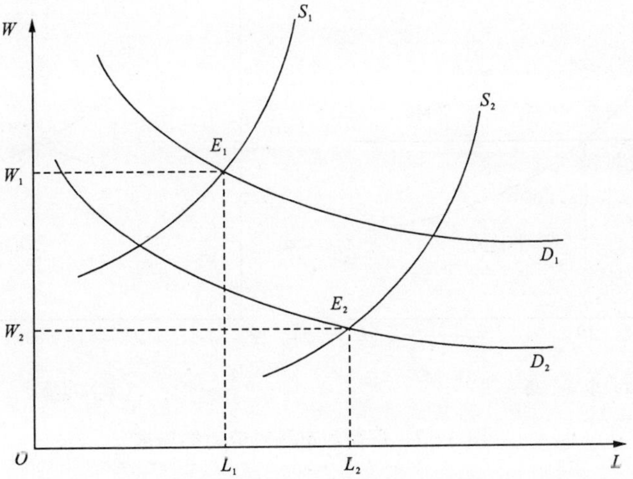

图 8－6　发达国家与落后国家均衡工资与劳动供需的关系

图 8－6 中，D_1 和 S_1 为发达国家劳动的需求曲线和供给曲线；D_2 和 S_2 为落后国家劳动的需求曲线和供给曲线。显然，发达国家均衡的工资率 W_1 较高，均衡的劳动数量 L_1 较少；而落后国家均衡的工资率 W_2 较低，均衡的劳动数量 L_2 较多。图中尚未包含资本对劳动的替代关系。如果考虑到发达国家通常资本多，生产技术水平高，可以用大量的资本代替劳动，则对劳动的需求更少。

三、几种工资率

1. 竞争性的工资率

竞争性的工资率是指某种完全竞争的劳动市场所决定的工资率。在完全竞争的劳动市场中，作为劳动需求者的厂商数量很多，任何个别厂商所雇佣劳动在市场对劳动的总需求中占有的比重很小；而作为劳动供给方面的劳动者，则在没有工会作用的情况下可以自由地参加工作。现在假设某劳动市场共有 200 家情况相同的厂商需要某种技能的劳动者，该市场对劳动的需求曲线则是每个厂商的劳动需求曲线即劳动的边际产品价值曲线的总和。假定这时该市场对劳动的供给是处于充分就业下的完全竞争状态，则该市场的劳动供给曲线是一条正斜率的曲线。上述情况可以用图 8－7 加以说明。

图 8－7(a)中曲线 d 为个别厂商对劳动的需求曲线，图 8－7(b)中曲线 D 为整个市场对劳动的需求曲线。在图 8－7(b)中，正斜率的市场劳动供给曲线 S，表示在该市场中，如果想要获得更多的劳动供给，则必须提高工资率，否则劳动者就会转向其他产业，或虽不变动工作，但却转移到其他国家或地区。这样，由市场的劳动供需曲线，便可求得市场的均衡点。图中假定均衡的市场工资率为＄8，均衡的市场劳动数量为 2 000。在完全竞争情况下，个别厂商的行为不能影响市场对劳动的需求曲线，因而不能影响均衡的工资率，只能接受既定的市场工资率。因此，对个别厂商来说，劳动的供给曲线是一条在市场均衡工资率水平上的弹性无限大的曲线，

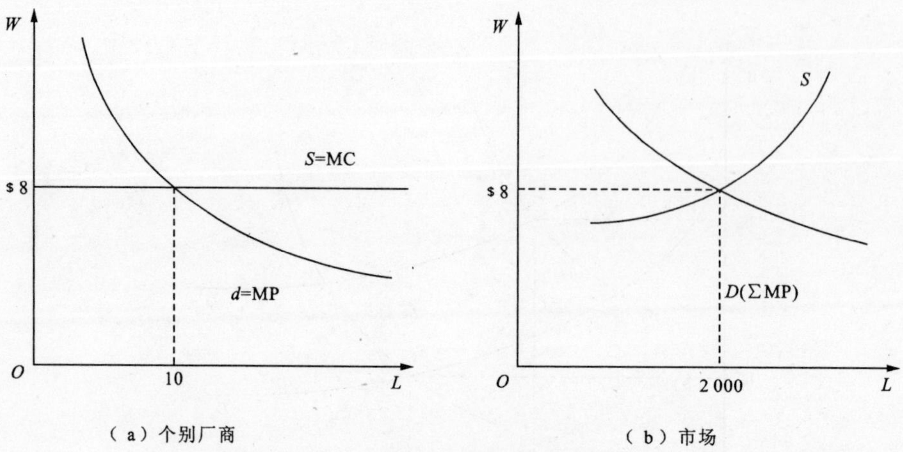

图 8-7　厂商和市场对劳动的需求

如图 8-7(a)所示。个别厂商根据其自身的劳动需求曲线便可确定所需要的劳动数量。由于上面已假定这 200 家厂商的劳动需求曲线都相同，因而每个厂商所需求的劳动量为 10。

从竞争性的工资率模型可以看出，对个别厂商来说，由于工资率既定不变，因而使用劳动这一生产要素的边际成本也不变，等于其市场价格，个别厂商的利润最大化条件是使购买劳动的边际成本即市场工资率水平等于劳动的边际产品价值。

2. 买方垄断的工资率

在许多劳动市场上，对劳动的购买并非处于完全竞争情况，而是处于买方垄断状态。所谓劳动的买方垄断，是指在劳动市场上只有一家主要雇主，该雇主对劳动的购买具有垄断性。例如在某些城镇或地区只有一家最主要的厂家，该地区绝大部分劳动者均受雇于该厂。在这种情况下，该厂商对劳动的购买便具有买方垄断性，这种厂商被称为买方垄断者。在有些情况下，某地区或某劳动市场并非只有一家厂商，而有少数几家厂商对劳动进行购买，例如某些专业性很强的特殊技能的劳动市场(如篮球或棒球职业球队等)。这种情况被称为买方寡头垄断，这种厂商被称为买方寡头垄断者，其中每个买方寡头厂商雇用的劳动在该市场中都占有较大的份额。少数几家厂商在劳动市场上的购买垄断，其实质与独家厂商在劳动市场上的购买垄断相似。例如几家寡头性球队为防止各球队竞相抬价吸引对方球员的竞争行为而导致众败俱伤，通常都有规定，以防本队球员外流。这样，这两种买方垄断下的工资率的决定具有相同的性质。

在买方垄断的劳动市场上，买方垄断厂商决定购买的劳动数量多少对工资率水平影响很大。特别是当一家买方垄断性厂商在很大程度上依赖于该市场时，他将会支付较高的工资以获得较多的劳动数量。在这种情况下，该厂商所面临的劳动供给曲线就是该市场的劳动总供给曲线，即一条正斜率的供给曲线，如图 8-8 中的 S 曲线。

事实上，从买方垄断性厂商的角度来说，该供给曲线就是劳动的平均成本曲线，因为它表示厂商购买不同数量的劳动必须支付不同的工资率。

必须注意，如果买方垄断性厂商因购买追加的劳动而支付较高的工资，则对原来所雇佣的从事同样工作的劳动者也必须支付同样较高的工资，否则就会因对从事同样工作的工人支付

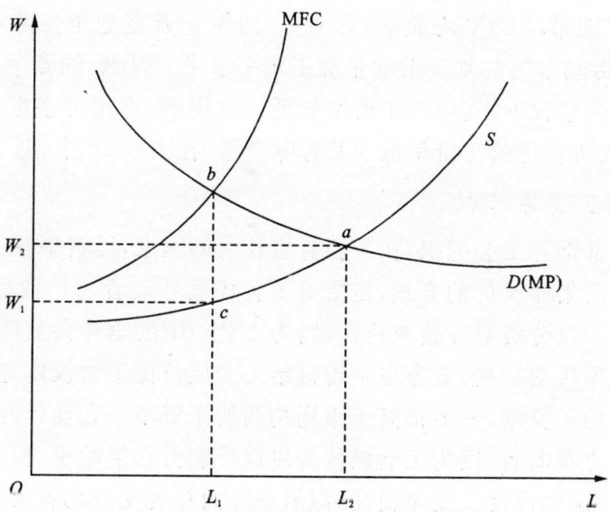

图 8-8　买方垄断时的劳动供给

不同的工资而引起骚乱。因此,买方垄断性厂商雇佣劳动的边际成本必然高于该劳动的工资水平。现用表 8-1 进行说明。

表 8-1　买方垄断性厂商雇佣劳动的边际成本与其工资率的比较

劳动单位	工资率($)	劳动总成本($)	边际劳动成本($)
1	6	6	
2	7	14	>8
3	8	24	>10
4	9	36	>12
5	10	50	>24
6	11	66	>16

表 8-1 中,假定厂商雇用第一个工人所付工资率为 $6。雇佣第二个工人需支付 $7 工资率。但是该厂商在支付第二个工人的 $7 时,必须同时也按 $7 的价格支付给第一个工人。因此,这时劳动的边际成本为 $8,其中 $7 支付给第二个工人,$1 加付给第一个工人。雇佣第三到第六个工人的情况与此相同。将表中第二项工资率与第四项边际劳动成本比较可以看出,边际劳动成本大于平均工资率。图 8-8 表示了这种情况,边际劳动成本曲线(MFC)的位置高于供给曲线 S 的位置。

现在通过图 8-8 进一步分析买方垄断的工资率的决定。买方垄断性厂商为获得最大利润,必然会按边际成本等于边际收益的条件来确定雇佣的劳动量。前面已介绍过,劳动的需求曲线就是劳动的边际产品价值曲线,实际上也就是劳动的边际收益曲线,因此,图中 b 点为边际劳动成本等于其边际收益的均衡点，买方垄断性厂商在利润最大化情况下所雇用的劳动量为 L_1，支付的工资率（即劳动的平均成本）为 W_1。图中 a 点是竞争性劳动市场的均衡点，L_2 和 W_2 分别为竞争性劳动市场的均衡劳动量和工资率水平。显然，同竞争性厂商相比，买方垄断性厂商所雇佣的劳动量较少，支付的工资率较低。这说明，在买方垄断的劳动市场中，社会的产出量较低，而工人所获得的工资率低于其边际产量，在图 8-8 中，低于的部分就是 bc。

3. 集体议价的工资率

现代西方国家通常都有工会组织，在工会势力较大的国家，工资率往往都是通过集体议价的方式来确定的。所谓集体议价的方式，是指由工会代表劳动者与厂商雇主的代表通过谈判达成工资率的协议。一旦劳资双方达成协议，则为工会组织的全体会员所接受，他们不得私自以低于协议价的工资率接受雇用，资方也不得付给工会成员低于协议规定的工资率。

集体议价所形成的工资率，一般都高于市场均衡的工资率。在现代西方经济学中，工会被看成是劳动供给的卖方垄断者，因为工会被认为可以控制劳动供给量，控制工资率。

集体议价的结果，固然可使工资率提高，但另一方面却也使劳动者失业。工会可以采取减少劳动供给的方法来保持充分就业。见图 8-9。

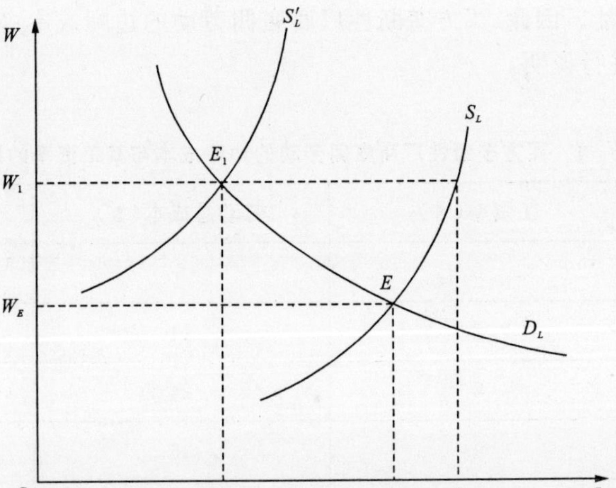

图 8-9 集体议价时的工资率与劳动供给

图 8-9 中 E 点为劳动市场的均衡点，均衡价格为 W_E。假如工会通过集体议价的方法使工资率上升到 W_1，则劳动的供给由 OL_E 增加到 OL_2，而对劳动的需求则减少到 OL_1，这表明有 L_1L_2 数量的工人失业。这时，工会采取限制劳动供给量的措施（如限制非工会会员受雇等），使劳动供给曲线由 S_L 左移至 $S_L{}'$，这时，均衡点为 E_1，在 W_1 工资率水平下，对劳动的需求和劳动的供给都是 OL_1。

以上介绍了集体议价的工资率，其性质同竞争性的工资率与买方垄断的工资率一样，都是以均衡价格理论为基础的，只不过在不同的条件下它们具有各自不同的特点。

第三节　利息理论

一、资本的概念

在西方经济学中，利息被认为是资本的价格。关于资本的概念，其含义是广泛的。从生产角度看，资本指的是“资本物”，即在生产过程中所必须使用的各种物品，例如厂房、机器、设备、原材料等。但是，这些资本种类繁多，质量不一，很难计算它们在使用过程中所需要的代价。因此，一般讲“资本的价格”时，“资本”并非指上述这种“资本物”。资本指的是货币，但并非所有的货币都是资本。只有用于市场交换、购买或支配各种资本物的货币才是资本。利息理论正是研究当使用这种货币资本时，其价格是如何决定的。

二、早期的利息

理论利息是如何被决定的？关于这个问题西方经济学界曾经有过不同的认识，概括起来，主要有以下几种。

1. 时间偏好论

认为人类的生命有限，而未来的情况不可测，因此人们对于目前所具有的财、物的估价，要比将来具有这些财、物的价值大。人们之所以借贷，是要在将来收回时的价值至少等于现在的价值。由于人们对未来财、物的估价比现在要低，所以就产生了利息。而利息的高低取决于时间偏好率的大小，如果时间偏好率大，利息则高，如果时间偏好率低，利息则低。

2. 节欲论

以西尼耳为代表，认为贷款者把自己的资金借出，就是牺牲了当前的消费。而人们在牺牲了当前的消费时，就等于牺牲了当前欲望的满足。有欲望不能得到满足，则必有痛苦。而利息则是对节制欲望所产生的痛苦的补偿。节欲过程中所产生的痛苦越大，利息越高，反之则越低。但是，也有些西方经济学家认为，能有钱借贷给别人者，其收入必然较高，当这些人把钱出借时，不会忍受欲望不能满足的痛苦。当这些人出借钱时，即准备等待将来能够得到其应有的报酬。因而持这种观点的人则把“等待”看成是经济活动中的重要因素，即利息是等待的报酬。

3. 迂回生产论

奥地利学派认为，现在的生产方法是迂回的生产方法。即先生产生产工具，再用生产工具去生产出最终产品。现代社会之所以采用这种迂回生产的方法，是因为这种方法生产力较高，而且生产的方法越迂回，生产的水平则越高。但是，迂回的方法之所以能被采用，必须有一个条件，即在从事生产工具（中间产品）的生产时，必须储备有足够的生活资料，供生产者消费，从而使生产者能有充足的时间进行迂回生产。而借贷货币资金，能使那些未储存生活资料者用来储存生活资料，这样就可以使迂回生产方法的迂回过程延长，从而提高生产力。因此，这些经济学家得出结论：货币资金的借贷有提高生产力的功能，因而必须获得其应有的报酬，这个报酬就是利息。利息的多少，取决于采用迂回生产法生产力提高的程度。

4. 投资和储蓄论

新古典经济学派认为，利息是对储蓄的报酬，利率的高低决定于投资与储蓄相等的一点。这就是说，投资是利率的函数，利率越低，投资量越大；反之亦然。而储蓄也是利率的函数，利率越高，则储蓄越多；反之则少。利率水平则取决于社会的投资量等于社会的储蓄量，即社会的投资曲线和社会的储蓄曲线相交的均衡水平。这和市场均衡价格取决于需求曲线和供给曲线相交的点一样。

三、以均衡价格理论为基础的利息理论

这种理论是从资本的需求和资本的供给两方面来解释利息是如何决定的。

1. 资本的需求

供借贷的货币资本，又称为“可贷资金”。因为并非所有的货币都是可供借贷的，能借贷的仅是其中一部分。利息则是这部分资金的价格。构成“可贷资金”的需求者有三个方面：家庭、企业和政府。这三方面需要资本的原因并不一样。下面分别分析。

家庭单位需要资金是为了消费，特别是在购买耐用品时尤为明显。西方国家流行分期付款制度，这就是家庭对可贷资金的需求。在一般情况下，家庭对资本的需求量与利率的关系是，利率越高，需求量越少，利率越低，需求量越多。

企业单位需要资金主要是为了投资。投资的目的是为了获利。利润大，企业愿意投资的数量多，反之则少。投资利润的大小，一方面取决于投资成本支出的大小；另一方面取决于投资后所获收益的多少。投资成本的高低，取决于市场利率的大小，利率高，则表示投资的成本高，反之亦然。至于企业投资后所获收益，是指投资后所生产出来的产品经销售后所获得的净收入(即总收入扣去生产要素的报酬之后的剩余)。但是这种收益只是厂商根据市场行情所作的主观预期收益，不是实际收益。从厂商的角度看，假如其预期的投资收益率不变，显然市场利率越低，其代价则越小，总收入则越高，厂商必然愿意增加投资，即对资金需求越大；反之需求则小。个别厂商是如此，整个产业也是如此。

政府单位需要资金主要是为了以下两个目的，一是平衡财政收支；二是进行投资活动。从为了平衡财政收支的角度看，政府的财政预算如果出现赤字，通常是以公债或超支的方式向金融市场借贷，需要多少取决于财政预算赤字的大小，而财政赤字的发生及大小，往往取决于政治因素。因此对资本的需求也就多取决于政治因素，而与市场利率的高低无关。从为了投资目的的角度看，其性质稍有不同。政府的投资，包括筑路、建港、兴建公用事业、水利设施等，其性质同私人投资一样，不能不考虑成本。因而一般来说，当利率高时，政府借贷就少，反之则多。

以上三个单位的需求总和，就构成了资本的总需求。当然，如果上述情况中某些因素变化，整个需求曲线也将会改变。例如厂商的预期产品收益率增加时，整条需求曲线就会右移。

2. 资本的供给

资本即可贷资金的供给者也有三个方面：家庭、企业和政府。

家庭对资本的供给来源于家庭储蓄。从家庭总体看，其可贷资本的数量取决于两点：一是取决于收入水平，收入高则储蓄多，可贷资本量也大，反之则小；二是当收入水平不变时，则决定于利率水平。一般来说，当利率高时，储蓄也多，可贷量也就大。但是，这种情况有时并不一

定，因为社会上每个家庭储蓄的动机不一样。如果储蓄的动机是防意外，或为了积蓄资产，当利率升高，储蓄会跟着增加，因为获利的机会多。如果储蓄是为了积累一定量的资金，或为了分期购买不动产，则可能当利率升高时，储蓄反而下降，因为当利率升高时，可以减少储蓄，以改善目前的消费。

企业单位对资本的供给来源于企业单位的储蓄。其中有折旧资金，在机器设备没有到更新时期时不会用于购买新机器设备，从而形成储蓄。另外还有企业的未分配利润或公积金，也会形成储蓄。当企业在自己不用这些储蓄时，可供他人使用，以获取利息。企业储蓄和利率的关系在一般情况下和家庭单位相同，即当利率上升时，储蓄上升，利率下降时，储蓄下降。

政府单位对资本的供给来源于其增加或减少货币供给量的权力。政府运用这种权力的目的是出于货币政策的需要。为了稳定经济，促进国民经济发展，从而调节货币供给量。当一个经济社会的利率过高时，投资支出会减少，政府为了降低利率，促进投资，通常增加货币供给量；反之减少货币供给量。政府的资本供给曲线的图形如图 8－10 所示。

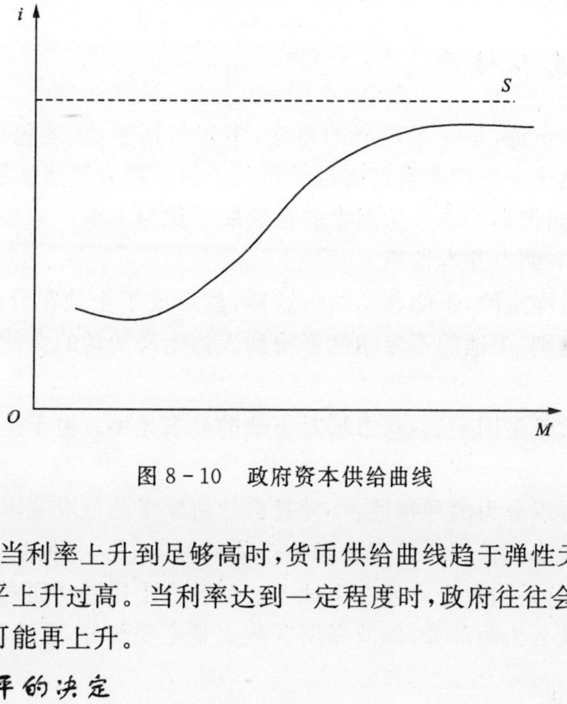

图 8－10　政府资本供给曲线

该图形的特点是：当利率上升到足够高时，货币供给曲线趋于弹性无限大。因为各国政府都不愿意市场利率水平上升过高。当利率达到一定程度时，政府往往会无限制地增加货币供给量，这时，利率便不可能再上升。

3. *市场利率水平的决定*

将上述资本的需求曲线和供给曲线放在一起考虑，便可决定市场均衡利率。其原理同根据市场供给和市场需求曲线求出市场均衡价格理论一样。资本的需求曲线和供给曲线的交点便是均衡点。该点对应的利息率，便是均衡利息率。这时资本的需求量与资本的供给量一致。当资本的供给量大于其需求量时，利率必然下降，反之必然上升。只有当其供给量等于其需求量时，利息率才能稳定下来。

但是，当影响资本需求的因素或影响资本供给的因素发生变化时，资本的需求曲线或资本的供给曲线会发生移动。例如由于市场情况的变化，投资的预期收益增加；或由于战争，使政府对资金的需求增加，都可使资本的需求曲线右移。如果资本的供给不变，则新均衡点将会发生变化。同样，假如需求曲线不变，而供给曲线变化，例如政府采取放松货币政策，可使资本的供给曲线右移。如果货币需求曲线和货币供给曲线同时变动，其均衡点的求法与市场均衡价格的求法相同。

四、纯利息率

纯利息率是区别于实际利息率或市场利息率的一种抽象概念。市场利息率是具体的、多样的。例如有长期利率和短期利率之分，有存款利率和贷款利率之别。纯利息率是理论分析的概念，是笼统的利息率，不作上述区分。

货币经营中常常遇到某些风险。例如，因欺诈、背信等原因使贷款无法收回；一国的币值常不稳定，特别是具有长期贬值的趋势。货币经营者——银行等，就会把这些风险损失加进贷款利息率，以便得到补偿。但理论上讨论的利息率，则不包括上述补偿因素。

第四节　地租理论

一、土地的概念和性质

西方经济学所讲的土地，是一个广泛的概念，不仅包括土地，还包括江河、山川、海洋、矿藏、阳光、风雨等。土地这一生产要素是大自然所赋予的。西方经济学家把可以人为地进行再生产的物质称为资本，而把那些非人为因素的自然赋予称为土地。

马歇尔指出，土地有两点基本性质。

土地的地理位置是固定的，不能移动的。这样，就形成了土地在分布、天然肥沃程度等方面的各种不同的自然差别，土地的不流动性影响到人们生产活动的方便程度，进而影响到土地的收益。

土地的数量即供给量是固定的，与市场对土地的需求无关。由于土地是大自然所赋予的，因此它没有生产成本。

土地的肥沃程度可以分为两种特性：一种是自然所赋予的原有基本特性，这是指由于地理位置、阳光、空气、土质、降雨量等自然因素对生产物的影响；另一种是人们在土地上从事生产活动的人为追加特性，这是指由于人们在土地上进行改良土质活动而对生产物的影响。因此，土地的总收益也相应地分为两部分，而前者所获收入是主要部分，是地租的真正来源。

二、地租的生产

在西方经济学中，地租和租金是有区别的。租金是指生产中使用某一特定资源所支付的报酬。而地租则是指使用土地所支付的报酬，它只是租金的一种。

土地被看成是资本的特殊形态，地租被看成是利息的特殊形态。因此，按照边际生产力概念，既然利息取决于资本的边际生产力，所以地租取决于土地的边际生产力。关于地租的产生，可用图 8－11 加以说明。

图 8－11 中假定有一块面积固定的土地。在这块土地上不断地增加劳动与资本的使用。为便于分析起见，假定劳动和资本均按一定的比例结合，形成一个组合的劳资单位，用 X 表示并位于横坐标。一定的劳资单位有一定的市场价格，用 P 表示并位于纵坐标。那么在这块固

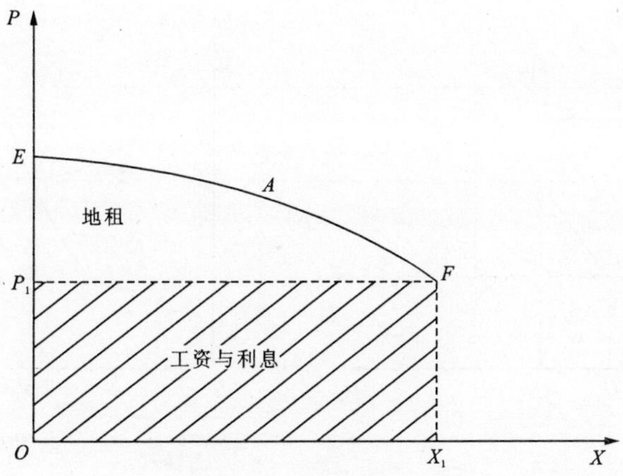

图 8-11　地租的产生

定的土地上，随着劳资单位使用的增加，其边际收益量是递减的，图中曲线 A 代表劳资单位的边际收益量。如果劳资单位的市场价格为 OP_1，则根据供需关系，在这块土地上所使用的劳资单位必然是 OX_1，而这块土地的总收益则是 OX_1FE。这个总收益中的分配情况是，用于支付劳资单位的总报酬——工资和利息为 OX_1FP_1，其剩余部分 P_1FE 则为土地所应当获得的报酬，这就是地租。

三、级差地租

由于土地的肥沃程度不同，位置不同，交通便利程度不同，因而产生了级差地租。西方经济学家最早关于地租的理论，就是以级差地租的形态出现的。李嘉图的地租理论，就是级差地租的理论。他认为由于土地肥沃程度的不同，交通便利的不同，使生产成本也不同。但产品都按相同的价格出售，净收益就会不同。肥沃程度最低、交通最不方便的土地，生产所获收入仅够成本，故不能支付地租，这叫做"边际土地"；但肥沃程度高、交通便利的土地，其生产成本较低，因而其生产所获收入，除支付成本外，尚有剩余，这种剩余就是地租的来源。现以图 8-12 来分析级差地租的产生。

图 8-12(a)、(b)、(c)分别表示肥沃程度、交通便利程度不同的三块土地。其中，(a)土地最好，(b)土地次之，(c)土地最差。因此，(a)土地的边际成本(MC)和平均成本(AC)小于(b)土地的边际成本(MC′)和平均成本(AC′)；而(b)土地的边际成本(MC′)和平均成本(AC′)又小于(c)土地的边际成本(MC″)和平均成本(AC″)。假如这时农产品的市场价格为 P_l，即等于最好土地的最低平均成本，(a)土地便被用于耕种，而(b)、(c)土地由于农产品的价格低于其最低平均成本，因此不会用于生产。事实上，农产品的市场价格很低，表明对农产品的需求也低，故也不需要耕种(b)、(c)土地。但是，(a)土地虽被耕种，由于其价格(P_1)等于最低平均成本(AC)，这时总收益等于总成本，没有剩余利润，所以(a)土地是"边际土地"，不需要支付地租。

如果由于人口的增加和经济的发展，对农产品的需求量增加，引起农产品价格上涨，比如涨到 OP_2，这时(b)土地开始被用于耕种。但 P_2 的价格水平等于(b)土地的最低平均成本(AC′)，这时(b)土地的总收益等于其总成本，为"边际土地"，不需要支付地租。而(a)土地由

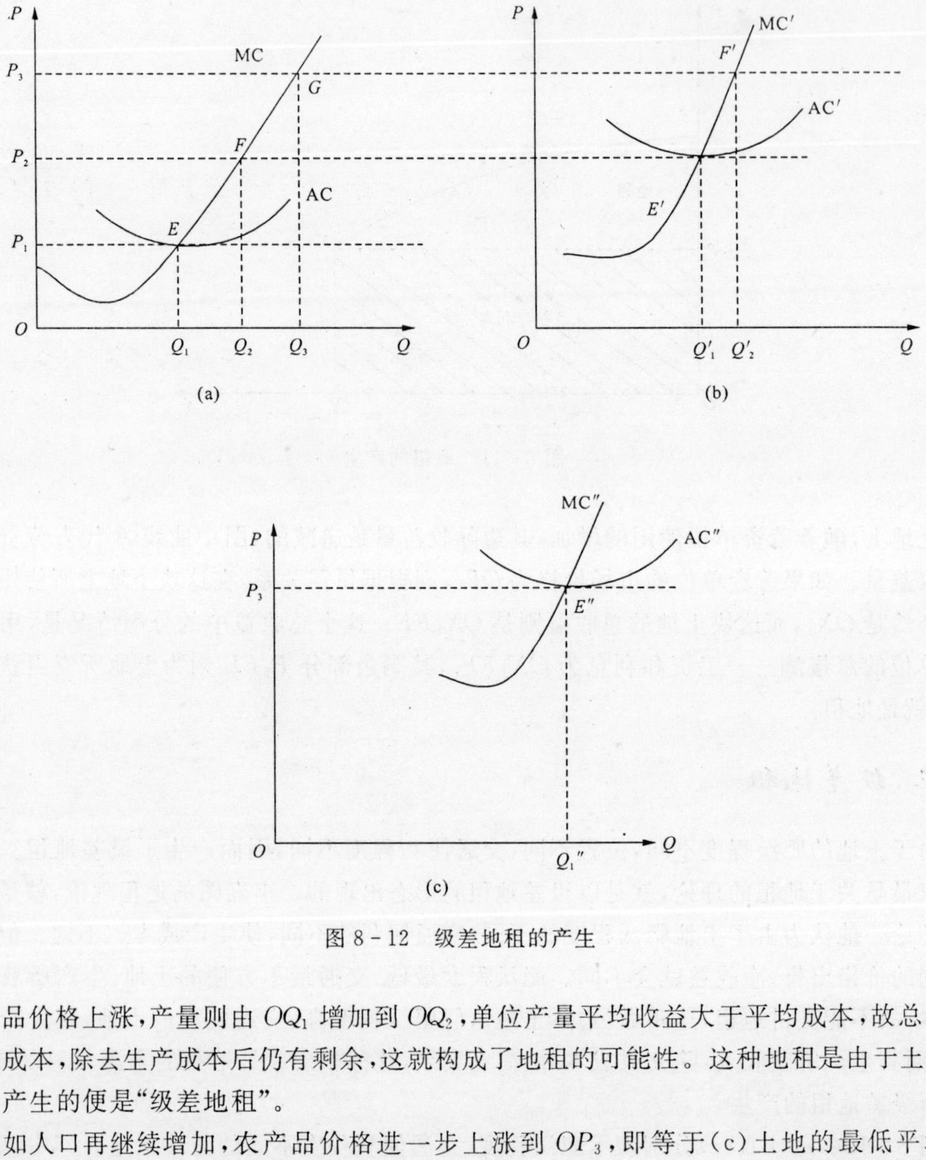

图 8-12 级差地租的产生

于农产品价格上涨，产量则由 OQ_1 增加到 OQ_2，单位产量平均收益大于平均成本，故总收益也大于总成本，除去生产成本后仍有剩余，这就构成了地租的可能性。这种地租是由于土地好坏不同而产生的便是“级差地租”。

假如人口再继续增加，农产品价格进一步上涨到 OP_3，即等于(c)土地的最低平均成本(AC″)，这时(c)土地开始被耕种，不过为“边际土地”。而(a)土地的产量继续增加到 OQ_3，生产剩余增多，表明(a)土地的地租也随着提高。这时(b)土地便不再为“边际土地”，产量由 OQ'_1 增加到 OQ'_2，开始产生生产剩余，从而成为地租的来源。

如果上述过程再继续下去，则耕种(c)土地也会交地租了。

四、准地租和生产者剩余

所谓“准地租”，在西方经济学中是指短期内使用除土地以外的厂房、设备等固定资本的报酬。准地租有时也译为准租金，这一概念是马歇尔首先采用的。之所以把上述报酬称为准地租，是因为从短期看，这种固定资本也是固定不变的。或虽有增加，但短期内与全部固定资本相比，所占比重微乎其微。使用固定资本的长期报酬为利息，短期内可看做与地租相同。因为在上述资源短期不变的情况下，如果厂商在进行生产时，效率较高，使总收益大于总支出，这中间的差额在性质上类似地租，归厂商所有。

准地租仅仅存在于短期内，从长期看，这些资源的数量是可以增加的。资源供给的增加将使总收益与生产总支出之间的差额不复存在，于是准地租也不再存在。

因此，由准地租的概念，可以进一步分析出“生产者剩余”。所谓生产者剩余，是指生产要素的供给者按市场价格供给时，超过其预期要求所获得的那一部分收益。即按实际市场价格出售时所获与其本来所希望能够获得的部分之间的差额。下面举例说明。

假设某一劳动者的劳动供给见表 8-2。

表 8-2　某一劳动者的劳动供给

每小时工资（$）	劳动供给量（小时）
10 以下	0
10	5
15	6
20	7

假如市场的工资率为＄20/小时，那么该劳动者则愿意工作 7 小时，总收入为：＄20/小时×7 小时＝＄140。但是根据上述该劳动者的劳动供给表，其供给价格（即愿意按不同的价格提供不同的量）的总和为：＄10×5＋＄15＋＄20＝＄85，即最初 5 个小时的供给价格总和为＄50，而对第 6 个小时劳动的供给价格为＄15，对第 7 个小时劳动的供给价格为＄20，加起来供给价格的总和为＄85。与实际所获之间的差额为：＄140－＄85 ＝＄55。这个＄55 就叫做生产者剩余。

第五节　利润理论

一、利润概念的形成和区分

在现代西方社会，生产者从事生产的目的是为了获取利润。利润被西方经济学家认为是“企业家才能”的收入。

现代西方经济学家认为，19 世纪古典学派没有把利润和利息这两个概念区别开来。其原因在于：当时资本家和企业家并没有分离开来。当时的一般情况是，资本家出资创办企业，同时自己经营，因此他既是资本家又是企业家。其收入实际上包括了利息和利润，因而也无法区分。这样，古典学派在理论上也就未加区分。但进入 20 世纪以来，由于大规模生产，企业的所有权与经营权已逐渐分开，所有权属于作为资本家的股东，而经营权则属于作为企业家的经理管理人员。这样，企业家的职能已与资本家的职能分开，因而利润和利息分开，即利息是资本的收益，而利润则是企业家才能的收益。现代西方经济学家把利润又分为商业利润和纯利润。

“商业利润”就是指一般的会计利润。在成本理论中已作过介绍。即从厂商的总收益中扣除各种生产要素的代价，如劳动者的工资、所借资本的利息、租用他人土地的地租，以及购买各种机器设备和原材料等支出，所剩下来的便是商业利润。

“纯利润”也称“经济利润”，就是从商业利润中还要扣除一部分所剩下的余额，即超额利润；所扣除的部分包括企业家自己所提供的劳务、自有资本或土地所应当获得的报酬，即“内含成本”。纯利润要比商业利润少。

由此可看出，在西方经济学的成本概念中，是包括了一部分正常利润，它主要是“企业家才能”这种生产要素的报酬。就长期而言，正常利润是必然存在的，如果企业家得不到正常利润，他就会退出生产过程，生产也就无法继续进行下去。

二、西方经济学关于利润的学说

西方经济学家关于利润是如何产生的，有各种不同的学说。主要有以下几种观点。

1.“利润是承担风险的报酬”

持这种观点的经济学家认为利润是企业家在生产过程中因承担各种风险而获得的报酬。他们认为，人们对于未来市场的情况的任何判断都是不确定的，因而在从事生产活动时，必然要承担各种各样的风险。企业家预测未来市场情况，如果正确，便能获得额外收入。如果不正确，就会发生亏损，而作为风险的代价，其亏损也只能由企业家承担。

企业家所承担的风险可分为两种：第一种是风险虽不能完全预测，但由于概率的作用，其可能性则是可以确定的，就是说，总有某种可能性。例如生产石化产品的工厂的火灾，飞机、火车、汽车的交通事故等这种风险，往往可以借参加保险的方法，将损失分摊给大家，如购机票、火车托运物品均收取一定比例的保险费。因此，这种风险一般并不需要企业家自己来承担。第二种是完全不能预测的风险。例如市场消费者偏好变化趋势，生产技术的改进，新竞争者的出现等。这种风险无法分摊给他人，只能由企业家自己承担。风险报酬不属于纯利润，即超额利润，而属于正常利润的范围。

2.“利润是由垄断产生的报酬”

在介绍市场模型时已讲过，在完全竞争条件下，生产者只是价格的接受者，而在完全垄断条件下，生产者是价格的制定者，消费者则是价格的接受者。因此，有些西方经济学家认为，垄断可以产生垄断利润。即垄断者可以靠牺牲消费者的利益而获得利润。

垄断方法分卖方垄断和买方垄断两种情况。卖方垄断是指厂商在销售产品时可以规定价格，买方只能接受该价格。买方垄断是指购买者在购买产品时可以规定价格，卖方只能接受该价格。大公司既可以成为卖方垄断者，也可以同时是买方垄断者。当大公司独占市场或参加寡头联合时，它是卖方垄断者。当大公司成为某种产品的大买主，卖方不得不接受大公司规定的收购价时，大公司又成为买方垄断者。

卖方垄断和买方垄断在西方经济学家的著作中通常也是受到指责的，因为他们被认为使社会收入的分配有利于卖方垄断者和买方垄断者，而不利于消费者或生产要素的一般供给者。现代西方经济学家有时也使用“剥削”一词。他们认为“剥削”与卖方垄断和买方垄断有关，即认为这是流通或交换中产生的现象。

3.“创新说”的利润理论

这是根据熊彼特(J. Schmpeter)的“创新理论”来解释利润的产生。创新说的利润理论最有影响，被认为是一种比上述利润理论更为深刻的利润理论。

熊彼特认为，在一个静态社会里，利润是不可能发生的。因为在这个社会里，人口数量和人口结构都已固定，生产技术不再发展，消费者偏好不再改变，对各种生产要素需求的种类和数量也已固定。因此，在这种情况下，对于未来情况可以完全确定，生产者只要按照以往的生产过程继续并重复生产即可，生产的项目、数量均不必变化。由于没有新产品、新技术出现，净投资也不需要，故净储蓄也没有，社会的总投资仅仅是更换损耗的旧设备，即折旧。在这样一个社会里，生产者对其产品不可能提出比平均成本更高的价格，因为消费者都知道生产情况，如果价格高，消费者必不购买，生产者将受到损失。生产者仅能以平均成本决定其售价，因此生产者既无利润可得，也不致亏本。

但是熊彼特认为，上述这种静态的社会实际上并不存在。实际的社会是一个动态的社会。在动态的社会中，人口数量不断增长，人口结构不断变化，生产技术不断进步，消费者的偏好不断改变，因而新产品不断出现，新技术不断涌现。生产者对未来情况并不能了如指掌。为了适应动态社会的需要，社会则需要投资，也需要储蓄。熊彼特认为在这种社会里，有一种人的贡献最大，这就是“企业家”。但熊彼特所指的企业家和一般人所认为的企业家有所不同。一般的企业家只是企业的主持人，而熊彼特所指的企业家则是一个“创新者”，是能够发现创新机会，并推动创新的人。所谓创新不是创造或发明，创造或发明只是科学上的成就，而创新则是能把科学上的创造或发明用在商业上并能获得成功，企业家正是推动这种创新的人。“创新”包括以下五种活动：①发现新产品；②应用新技术；③开拓新市场；④获得新原材料的供给；⑤运用生产要素的新组合。这五项中的任何一项都是创新。创新可以降低生产成本。由于市场价格不变，在其他厂商来模仿之前，则能以高于成本的价格出售，从而获得利润。这种利润是企业家的利润，是创新的结果。

但是熊彼特又认为，企业家的这种利润并不能维持很久。因为创新的才能虽然只有少数企业家才具有，而大部分生产者都具有模仿能力，一旦创新出现，必然引起他人模仿。这样，当大家都降低成本时，市场价格也必然下降，原来由于创新所产生的利润不复存在。但是，在一个动态发展的社会里，创新活动是不会停止的，一种创新所产生的利润逐渐消失后，另一种创新又会出现。因此，在动态社会里，利润总是继续存在的。

三、利润在现代经济生活中的作用

现代西方经济学家认为，利润主要有以下几点作用：①由于利润是对企业经营者才能的报酬，所以它既是提高企业经济效率的重要条件，也是提高企业经济效率的报酬。②利润是刺激生产活动的动力。生产者进行生产活动的动机是为了获取利润。如果不能获得利润，生产者就失去了生产活动的动力，消费者的利益也就无法满足。③利润是创新的动力。没有利润也就没有创新，从而也就没有对创新的模仿或创新的推广。④利润使投资者愿意承担一定的风险。如果没有利润，有些行业或有些产品的生产就不会有人去从事。⑤包括正常利润和超额利润在内的利润是一切投资基金的来源。收入中的某些分配项目，特别是劳动者的工资，大部分均被消费掉，而只有利润，大部分被储蓄而用于投资。一个社会里利润在收入中所占比例越大，该社会的总投资量则越大。投资越多，资本形成则越快，经济增长的速度也才会越快。

本章小结

1. 西方经济学将生产要素概括为劳动、资本、土地和企业家才能四种。每种生产要素在生产过程中按其所起作用得到报酬。因此称之为分配理论。

2. 生产要素的价格是分配理论的核心,它是由要素的需求和供给决定的。

3. 厂商对劳动的需求取决于劳动的边际收益,而劳动的供给通常与工资(劳动的价格)水平呈正向关系。但是当一个社会的工资率达到一定水平时,劳动者会觉得休息及从事文化、教育、娱乐等活动的价值越来越高,从而使劳动的供给减少,也就是劳动的供给曲线会出现内弯现象。

4. 利息是资本的价格。资本的需求曲线和供给曲线的交点对应的利息率便是均衡的利息率。实际利息率随均衡利息率上下波动。

5. 西方经济学所讲的土地实际上指自然资源。地租是利息的特殊形态。

6. 西方经济学认为,利润是"企业家才能"的收入,利润分为商业利润和纯利润。商业利润是从厂商的总收益中扣除工资、利息、地租后的剩余。纯利润是商业利润中扣除企业家劳务报酬、自有资本或土地所获报酬(即内含成本)后的剩余。

案例1 郎咸平:如何解决国企老总定价问题

记者:你认为中国应该停止产权改革,这样会不会产生企业家价值无法体现的问题?企业家的薪水用什么参照系来解决?是参照公务员的收入吗?如果企业家不拿股票的话,是否影响其积极性?能不能给出一个比较合理的给企业家定价的办法?

郎咸平:其实,对企业家定价这个问题并没有像一些人渲染的那么复杂。现在的一些说法是偷换概念。我反对企业家干着干着就把企业变成自己的,于是就有人说,我郎咸平主张让企业家每月只拿几千元。实际上,我要说的只是,即使企业家做得再好,也不能把企业送给他。通过建立职业经理人市场和信托责任两种方式,我们可以给企业家定价。比如国企老总到底拿多少比较合适?很简单,让职业经理人市场去定价。现在民营企业的职业经理人是有市场、有价格的,很多营销人的薪水都是通过职业经理的市场行情定下来的。目前最大的问题是国企老总的任免是不开放的,还是行政任免。这样,才造成了"59岁现象"等问题。只要国企老总市场开放了,职业经理人市场就能相应形成。只要是能干的人,不管出身,不管是不是国家干部,都能去做国企老总,定价问题就能解决了。我个人以为,做得好的民企老总,即使是中小企业的老总,都可以去做国企的老总。在这点上我绝不含糊。

记者:国资委近年也在推行国企老总年薪制等制度,不知道是否属于像你说的开放国企老总的经理人市场?如何判断国企业老总做得好不好?职业经理人制度和信托责任能解决这些困扰已久的问题吗?

郎咸平:我不是一个纯粹的理论家,在对很多现象提出批评的同时,我也同样关心如何解决这些问题。我认为,职业经理人制度和信托责任在中国今天是行得通的。要判断国企老总做得好不好,完全是有办法的。以美国的职业经理人制度为例,他们的特征是高报酬,但是责任也大,很多时候,股东也好,董事会也好,对他们都会提出量化的经营指标要求。例如,3个季度的经营业绩比同行业的差，那么这个经营者就下台。换成不同的国企不同的行业，都能够找到对应的评核经理人业绩优良的标准。关键是这个市场要放开，不再局限于行政任免，价格也随行就市。那样的话，国企是不愁找不到好的经理人的。至于信托责任也一样，愿者上钩。选择标准除了能干之外，还得看是否愿意承担责任，这样一来，自然就能够解决目前这种做得不好是应该、做得好就要感恩戴德的荒谬现象。

现在国企老总缺乏什么？缺乏对股民的信托责任，要以国家的利益和股民利益为根本的信托责任，这是目前国企老总所缺乏的。要解决这个问题只能立法。一方面让他们有机会拿到市场价格的薪水；一方面要有压力，要背负责任。我说过，TCL 的李东生做得好，如果经理人市场说他应该 1 年拿到 2 000 万没有问题，政府一样给他那么多，他一样可以致富。但是，你不能做着做着就把公司做成自己的了。

案例 2　为什么稀缺资源 10 年后价格下跌——两位经济学家的赌博

两位美国经济学家，一位是马里兰州立大学的朱利安·西蒙(Julian Simon)，另一位是斯坦福大学的保罗·埃尔里奇(Pawl Ehrltch)。他们决定赌不可再生性资源是否消耗完的问题，不可再生性资源是消耗完就无法再有的资源，如石油、煤及各种矿石等。这种资源在地球上的储藏量是有限的，越用越少，总有一天这种资源会用完。悲观派埃尔里奇的观点是，这种资源迟早会用完，这时人类的末日就快到了。这种不可再生性资源的消耗与危机，表现为其价格大幅度上升。乐观派西蒙的观点是，这种资源不会枯竭，价格不但不会大幅度上升，还会下降。

他们两人选定了 5 种金属：铬、铜、镍、锡、钨。各自以假想的方式买入 1 000 美元的等量金属，每种金属各 200 美元。以 1980 年 9 月 29 日的各种金属价格为准，假如到 1990 年 9 月 29 日，这 5 种金属的价格在剔除通货膨胀的因素后如果上升了，西蒙就要付给埃尔里奇这些金属的总差价。反之，假如这 5 种金属的价格下降了，埃尔里奇将把总差价支付给西蒙。这场赌博需要的时间真长。

到 1990 年，这 5 种金属无一例外地跌了价。埃尔里奇输了，教授还是守信的，埃尔里奇把自己输的 7 607 美元交给了西蒙。

本案例中两位经济学家对不可再生性资源所持观点实际上取决于他们所用的分析方法，埃尔里奇用的是局部分析法，西蒙采用的是一般均衡分析法，而且是动态的。局部均衡分析法通常假定某一产品(或要素)的需求和供给只取决于其自身的价格，不考虑其他市场的影响，因而这种方法隔绝了各类市场之间的联系。一般均衡分析法通常认为各种市场之间存在着不可忽略的联系，一种产品(或要素)的价格变动会影响其他产品(或要素)的价格变动，反过来，它们又影响该产品(或要素)的价格。因此，本案例中这两位经济学家赌博的最终输赢实际上是这两种分析方法之间的输赢，是这两种分析方法哪一种更接近经济生活现实的问题。

西蒙教授在赢了这场赌博之后说，自己一开始就对赢得赌博充满了信心，因为他相信人类社会的价格机制和技术进步。的确，价格机制是调节经济的一只神奇的“看不见的手”。

在自由竞争的市场上，价格随供求关系变动而灵活、及时地变动。价格反映了资源稀缺的程度。反之，当某种资源过剩，供给大于需求时，价格必定下降。价格下降，减少了供给，增加了需求，最终也使供求平衡。所以，只要让价格自由浮动，价格就可以准确地反映资源的稀缺程度，有效地调节供求。

这 5 种金属无疑是不可再生性资源，但也同任何其他资源一样由价格调节。当这 5 种金属越来越短缺时，其价格必定上升。但为什么现实中这 5 种金属越来越少，而价格反而下降，西蒙赢得了这场赌博呢？关键在于价格上升刺激供给的作用。

世界上任何一种资源都有其替代品，不可再生性资源同样也有替代品。当这 5 种金属的价格上升时，发明并大量生产替代铜和锡的塑料制品就是有利的。同样，铜和其他制造电线金属价格的上升也刺激了人们开发替代铜的光导纤维，光导纤维主要以沙子为原料。这就是说，这 5 种金属价格的上升刺激了人们去开发它们的替代品。当这些替代品被大量生产出来时，供给增加，价格下降，人们就会用替代品取代这些金属。这时，这些金属的需求大大减少，价格自然就下降了。

但在刺激替代品的开发和生产中，价格十分重要，只有价格上升到一定程度，当开发和生产这些金属替代品有利时，才能刺激这种创新活动，替代品的开发与大量生产是技术进步的结果，但促进这种技术进步的是价格机制。在市场经济中，包括专利在内的产权受到立法保护，人们可以从自己的发明创造中获得丰厚利益。这是激励人们开发各种替代品的动力。

发明者寻找和开发这 5 种金属的替代品——塑料和光导纤维等——不是为了解决社会面临的这 5 种金属短缺问题，而是为了获利。但在他们为获利而开发这 5 种金属的替代品时，他们就为社会进步作出了贡献。价格调节使发明者的个人利益与社会利益相一致。这就是市场调节自发刺激技术进步的机制。有了这种机制，人类就可以生产出一切不可再生性资源的替代品。因此，像这 5 种金属一样的不可再生性资源，不会枯竭，价格也不会无限上升。而且，价格上升到一定程度后，必然由于替代品的大量生产而再下降，甚至低于原来的价格水平。这正是西蒙敢于打这场赌的理论依据。他的获胜不是偶尔的运气，而是客观经济规律的必然结果。

埃尔里奇最终在这场赌博中输给了西蒙，证明一般均衡分析法比局部均衡分析法更接近经济现实。从一般均衡分析角度出发，人们可以在很多问题上保持正确且乐观的态度。以土地为例，如果土地的价格过高，那么就会出现土地替代品，比如会发展起高层楼房，会填海造地，会向还未被开发的土地扩展等。如果地球上的土地价格实在太高，那么，开发月球土地资源就会顺理成章并有利可图。总之，只要土地价格过高，就会出现土地的替代品，从而使土地价格保持相对稳定。

同样，在对待水资源匮乏的问题上也无须悲观，依靠价格机制可以解决水资源短缺的问题。如果能够保证水价大幅度提高，到一定程度时海水淡化、废水重新利用等都会是有利可图的，水的供给就会增加。同时，水价上升能使人们节约用水，减少需求。比如当水价较低时，用滴灌技术代替大水漫灌是不经济的，但当价格涨到一定程度，人们就会自觉采用滴灌技术，因为这样做有利可图。水价上升不仅会使已发明的各种节水技术得以利用，同时也能刺激新的节水技术的出现。照此推理，解决水资源危机的核心方法就是保证价格机制的正常运行。

本章练习

一、名词解释

生产要素、工资率、资本、利息、纯利息率、地租、级差地租、准地租、利润

二、简答题

1. 生产要素的需求有什么特性?
2. 在完全竞争情况下,个别厂商对一种生产要素的需求曲线是什么?
3. 解释在完全竞争下个别厂商对多种生产要素需求的连等式。
4. 在完全竞争情况下,某种生产要素的市场需求曲线与一般商品的市场需求曲线有何不同?
5. 劳动的供给曲线有什么特点?
6. 一个社会的工资水平是如何决定的?
7. 根据均衡价格理论说明市场利息率的决定。
8. 什么是级差地租?

第九章　微观经济政策

学习目的：

1. 理解帕累托效率、垄断、公共物品、外部性等概念；
2. 理解市场效率与政策效率之间的关系；
3. 掌握微观经济政策的种类；
4. 掌握微观经济政策的运行规律及对市场主体的影响。

教学要求：

1. 能评价不同市场主体行为及同一市场主体不同行为的效率；
2. 能够分析政府政策在哪些领域发挥有效作用；
3. 学会分析在政策干预的条件下，市场主体应如何进行最优决策。

第一节　帕累托效率

本教材前面的章节对市场经济的运行状况作了深入的探讨。在以价格理论为核心的微观经济学中，价格机制使得经济运行达到了理想的均衡状态，“一只看不见的手”是多么美妙。但是，除了看到市场价格机制对资源配置的有效作用外，还应看到价格的调节作用并非如理论描述的那样完善。由于种种原因，市场价格机制仍然存在着不能发挥作用的领域和情况。市场失灵导致政府不得不通过有关政策，在微观领域对市场机制进行直接地干预，以克服市场机制的缺陷，提高社会资源配置的效率。这也是微观经济学的重要组成部分。

一、经济效率

1. 帕累托标准

市场运行究竟怎样？它的缺点是什么？这就是如何衡量各种不同的资源配置的优劣问题。解决这个问题，需要考虑市场竞争的效率。经济学中，效率是指社会在现有的资源配置中使消费者取得最大满足的过程。这就是所谓的帕累托最优状态标准，简称为帕累托标准。它是意大利经济学家和社会学家维尔弗里多·帕累托提出来的。

假定整个社会只包括甲和乙两个人，且只有两种可能的资源配置状态 A 和 B。现在甲和乙只能在 A 和 B 之间进行选择，理性的选择结果有三种可能：(1)状态 A 优于状态 B，即 A>B；(2)状态 B 优于状态 A，即 A<B；(3)状态 A 与状态 B 无差异，即 A=B。

单个的个人甲或者乙都可以作出一种判定，但不能代表整个社会的观点。从社会(即由甲和乙两个人构成的社会)的观点来看，这两种资源配置状态 A 和 B 谁优谁劣呢？如果甲和乙持有同样的看法，即都认为 A 优于 B(或 A 劣于 B，或 A 与 B 无差异)，则自然也可认为，整个社会的观点也是 A 优于 B(或 A 劣于 B,或 A 与 B 无差异)。遗憾的是,这种情况并不总是出现的,特别地,当一个社会包括许多单个人的时候,要使所有这些单个人的意见完全一致几乎是不可能的。

由于甲有三种可能的选择,乙也有三种可能的选择,因此从整个社会来看就存在有九种可能的选择情况:

(1)A>B,A>B;(2)A>B,A=B;(3)A>B,A<B;(4)A=B,A>B;(5)A=B,A=B;(6)A=B,A<B;(7)A<B,A>B; (8)A<B,A=B;(9)A<B,A<B。

对于这九种可能的选择情况,我们可把它们分为三大类型。第一类是甲和乙的意见完全相反,这包括第(3)和(7)两种情况;第二类是甲和乙的意见完全相同,这包括第(1)、(5)和(9)三种情况;第三类是甲和乙的意见基本一致,这包括第(2)、(4)、(6)和(8)四种情况。

首先来看第一类。如果甲和乙的意见完全相反,从社会的角度来看,则不能判断 A 与 B 的优劣,除非能够假定甲的意见(或者乙的意见)无关紧要,从而可以不加考虑。换句话说,在这种情况下,从社会的观点看,状态 A 与 B 是"不可比较的",即没有任何"客观"的标准对它们进行判断。

然后来看第二类,甲和乙的看法完全一致。此时自然可以认为甲和乙两人的共同看法就代表了社会的看法。从社会的角度看,第(1)、(5)和(9)这三种情况分别意味着 A 优于、无差异于及劣于 B。

最后看第三类,甲和乙的看法基本一致,但不是完全一致。不过,在这种情况下,也可能由个人的观点形成社会的看法。例如其中的第(2)种情况。此时有 A>B,A=B,即甲认为 A 优于 B,而乙认为二者无差异。这表明,如果让资源配置状态从 B 变动到 A,则从整个社会来看,这种改变至少使得甲的状况变好,而没有使乙的状况变坏。也就是说,这种变动的净结果是增进了甲的福利,从而也增进了社会的福利。因此,在第(2)种情况下,可以得到的结论是:社会认为 A 优于 B。第三类型中的其余第(4)、(6)和(8)等情况亦可按上述方法分析。

现在将上述"可以比较"的七种情况,按它们形成的社会观点重新加以分类如下。

(1)A 优于 B

这一类包括(1)A>B,A>B;(2)A>B,A=B;(4)A=B,A>B 三种情况。这表明,如果甲和乙都认为 A 优于 B,或者甲和乙中有一个人认为 A 优于 B,而另一个并不认为 A 劣于 B,从社会的观点看,就有 A 优于 B。这就是说:如果甲和乙中至少有一人认为 A 优于 B,而没有人认为 A 劣于 B,则从社会的观点看有 A 优于 B。

(2)A 与 B 无差异

这一类只包括一种情况:(5)A=B,A=B。这说明,如果甲和乙都认为 A 和 B 无差异,则从社会的观点看,A 与 B 也无差异。

(3)A 劣于 B

这一类包括(6)A=B,A<B;(8)A<B,A=B;(9)A<B,A<B 三种情况。这表明,如果甲和乙都认为 A 劣于 B,或者,甲和乙中有一个人认为 A 劣于 B,而另一个人并不认为 A 优于 B,则从社会的观点来看有 A 劣于 B。也就是说,如果甲和乙中至少有一个人认为 A 劣于 B,而没有人认为 A 优于 B,则从社会的观点看,就有 A 劣于 B。

通过以上分析,有可能得到两人社会在两种可能的资源配置状态中的一种选择标准:如果两人中至少有一人认为 A 优(或劣)于 B,而没有人认为 A 劣(或优)于 B,则认为从社会的观点看，亦有A优(或劣)于B。如果两人都认为A与B无差异，则从社会的观点看，亦有A与B无差异。

上述结论不只适用于两人社会在两种可能的资源配置中进行选择的简单情况，它也可以很容易地推广到多人社会在多种资源配置状态中进行选择的一般情况。社会的选择标准只需稍微变动如下(其中A与B是任意两种状态)：如果至少有一人认为A优于B，而没有人认为A劣于B，则认为从社会的观点看亦有A优于B。这就是所谓的帕累托最优状态标准，简称为帕累托标准。

2. 帕累托效率

按照帕累托标准，评判公共利益有两个状态，现在称之为帕累托改进和帕累托最优。由此可以对资源配置状态的任意变化作出"好"与"坏"的判断。

如果既定的资源配置状态的改变使得至少有一个人的状况变好，而没有使任何人的状况变坏，则认为这种资源配置状态的变化是"好"的，否则认为是"坏"的，我们称这种以帕累托标准来衡量为"好"的状态改变为帕累托改进。

利用帕累托标准或帕累托改进，可以来定义所谓"最优"的资源配置：如果对于某种特定的资源配置状态，所有的帕累托改进均不存在，即在该状态下，任何改变都不可能使至少有一个人的状况变好而又不使任何人的状况变坏，则称资源配置状态为帕累托最优状态。换而言之，如果对于某种既定的资源配置状态，还存在帕累托改进，即在该状态，还存在某种(或某些)改变可以使至少一个人的状况变好而不使任何人的状况变坏，则这种状态就不是帕累托最优状态。

帕累托状态又称为经济效率。满足帕累托最优状态就是具有经济效率的；反之，不满足帕累托状态就是缺乏经济效率的。如果产品在消费者之间的分配已经达到这样一种状态，即任何重新分配都会至少降低一个消费者的满足水平，那么，这种状态就是最有效率的状态。同样地，如果要素在厂商之间的配置已经达到这样一种状态，即任何重新配置都会至少降低一个厂商的产量，那么这种状态就是最优的或最有效率的状态。

二、市场失灵

市场并不是万能的，亚当·斯密的"看不见的手"也有"失手"的时候。这就是说，市场并不总是具有效率的。当存在污染、外部性和不完全竞争时，市场很难实现效率，即使竞争市场的结果是有效率的，也有可能是社会不想要的或不能接受的效率。

1. 不完全竞争

当某个企业在某一市场中具有垄断力量时，市场缺乏竞争，该企业就可以将其产品价格提高到边际成本以上，以获得超额利润。但对于广大的消费者而言，购买这种商品的量就会减少，满意程度就会下降。

2. 公共物品

公共物品与私人物品的最大区别在于公共物品具有消费上的非排他性。人们在消费私人物品时，必须支付相应的价格。但当人们在消费公共物品时，无需支付任何价格，只希望别人来支付其价格，这就导致厂商不愿生产该种物品。在公共物品的条件下，社会资源在私人物品与公共物品以及公共物品之间的配置不可能通过市场机制的调节达到最优状态。

3. 外部性

当生产和消费的某些外在影响未被包括在市场价格中时，就会产生外部性问题。例如，一个农药厂，可能向空气中排放有毒废气，对附近的人们就会造成损害。当然，也不是所有的外部性都有害，有些外部性是有益的。

三、政府

市场在资源的配置中起基础性作用，价格对生产者来说，是经济稀缺的信号，对消费者来说是社会效用的标志。竞争价格机制使得社会从既定的资源和技术中产出最大的产出和满意程度。但是，市场也有失灵的时候，不管是垄断、公共物品还是外部性中的哪一种原因引起，都意味着某些经济行为无法由市场机制进行有效调节，政府对经济的干预就成为必然。

第二节　不完全竞争

一、垄断的低效率

在前面我们已对垄断厂商的利润最大化问题进行了分析。垄断厂商同其他厂商一样，都是为了追求利润的最大化。那么，垄断厂商在追求利润最大化的过程中所表现出来的市场效率怎样呢？某代表性的垄断厂商的情况如图 9－1 所示。

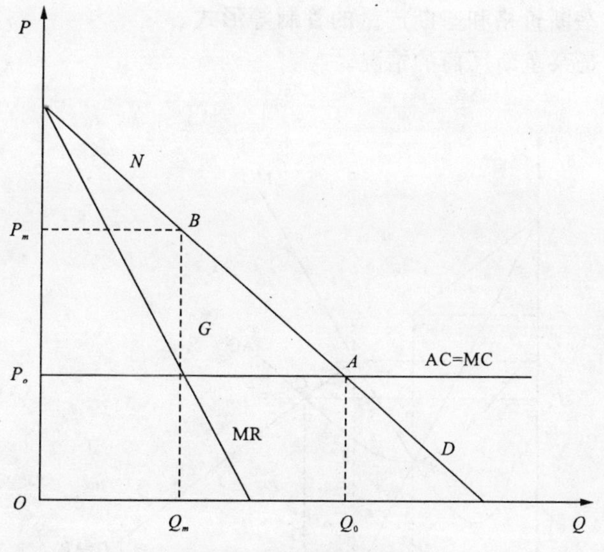

图 9－1　垄断和低效率

在图 9－1 中，横轴 *OQ* 表示产量，纵轴 *OP* 表示价格。*D* 和 MR 分别为该厂商的需求曲线和边际收益曲线。为简单起见，假定平均成本和边际成本相等且固定不变，它们由图中水平直线 AC＝MC 表示。根据边际成本等于边际收益的利润最大化原则，垄断厂商的利润最大化

产量为 Q_m。在该产量水平上，垄断价格为 P_m。显然，这个价格高于边际成本 MC。

从该垄断厂商的利润最大化状况来看，它并没有使经济达到帕累托最优状态。在利润最大化产量 Q_m 上，价格 P_m 高于边际成本 MC。这表明，消费者愿意为增加额外一单位产量所支付的数量超过了生产该单位产量所引起的成本。因此，存在帕累托改进的余地。

例如，假设消费者按照既定的垄断价格 $P_m=10$ 元购买了垄断产量 $Q_m=5$ 个单位。现在进一步考虑，是否可以有某种方式使消费者的状况变好？如果让垄断厂商再多生产一单位产量，让消费者以低于垄断价格但大于边际成本的某种价格（如 9 元）购买该单位产量，则消费者的福利进一步提高，因为他实际上对最后一单位产量的支付价格低于他本来愿意支付的价格。

垄断产量和垄断价格不满足帕累托最优条件。那么，帕累托最优状态在什么地方达到呢？在 Q_0 的产量水平上达到。在 Q_0 的产出水平上，需求曲线与边际成本曲线相交，即消费者愿意为额外一单位产量支付等于生产该额外产量的成本。此时，不再存在任何帕累托改进的余地。因此，Q_0 是帕累托意义上的最优产出量。

对垄断厂商情况的分析，也适用于垄断竞争或寡头垄断等其他不完全竞争的情况。实际上，只要市场不是完全竞争的，只要厂商面临的曲线不是一条水平线，而向右下方倾斜，厂商的利润最大化原则就是边际收益等于边际成本，而不是价格等于边际成本。当价格大于边际成本时，就出现了低效率的资源配置状态，潜在的帕累托改进难以得到实现，于是整个经济便偏离了帕累托最优状态，均衡处于低效率之中。

二、政府政策——公共管制

垄断导致资源配置缺乏效率。政府有必要对垄断进行干预。政府对垄断的干预是多种多样的，主要有政府对垄断价格和垄断产量的管制等形式。

图 9－2 反映的是某垄断厂商的情况。

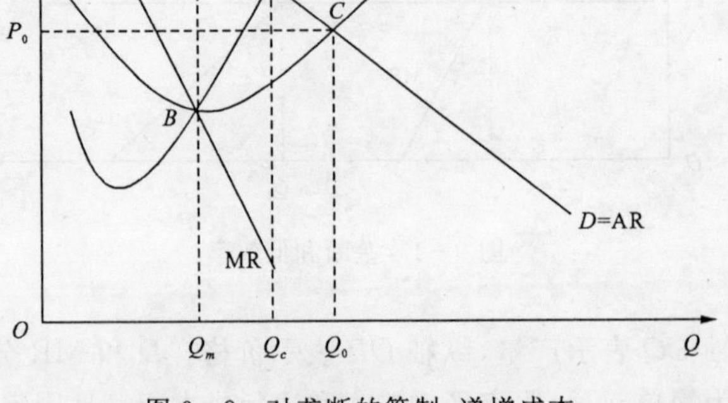

图 9－2　对垄断的管制：递增成本

图 9-2 中的曲线 $D=\mathrm{AR}$，是该厂商的需求曲线，也是平均收益曲线，MR 是厂商的边际收益曲线。曲线 AC 和 MC 是其平均成本曲线和边际成本曲线。在这里，平均成本曲线和边际成本曲线呈通常情况下的形状，而不是水平直线。在没有管制的条件下，垄断厂商生产其利润最大化的产量为 Q_m，并据此确定垄断价格为 P_m。这种垄断均衡既缺乏效率，因为在垄断产量 Q_m 上，价格高于边际成本；又缺乏"公平"，因为在 Q_m 上，垄断厂商获得了超额垄断利润，即经济利润不等于 0，或者说，全部利润大于正常利润。

现在我们考虑政府政策——价格管制。如果政府的政策目标是提高效率，则政府应当将价格定在 P_c 的水平上。当价格为 P_c 时，垄断厂商的最大化产量为 Q_c。在该产量水平上，价格恰好等于边际成本，于是实现了帕累托最优。此时，垄断厂商仍然可以得到一部分经济利润，即为平均收益 P_c 超过平均成本的部分。

如果政府的政策目标是公平，那么政府应该制定一个更低的"公平价格"以消除经济利润，这时的价格应为 P_0。在价格为 P_0 时，产量为 Q_0。此时，平均收益恰好等于平均成本。因此，P_0 可称为零经济利润价格。但是，现在出现另一个问题，即在零经济利润水平上，帕累托最优条件被违反了：此时边际成本大于价格。因此，按帕累托效率而言，在垄断情况下，产量太低、价格太高。而零经济利润情况下，正好相反，价格太低、产量太高。

三、反托拉斯法

由于垄断必然要带来很多弊端，西方很多国家都不同程度地制定了反托拉斯法，即反垄断法。其中，最为突出的是美国。

19 世纪末 20 世纪初，美国企业界出现了第一次大兼并，结果形成了一大批经济实力雄厚的大企业。这些大企业被叫做"垄断"厂商或托拉斯。这里的"垄断"不只局限地指一个企业控制一个行业全部供给的"纯粹"情况，而且也包括几个大企业控制一个行业的大部分供给的情况。按照这一定义，美国的汽车工业、钢铁工业、化学工业等都属于垄断市场。垄断的形成和发展，深刻地影响到了美国社会各阶层利益。

从 1890 年到 1950 年，美国国会通过了一系列法案反对垄断。其中最为著名的是谢尔曼法(1890)、克莱顿法(1914)、联邦贸易委员会法(1914)、罗宾逊—帕特曼法(1936)、惠特—李法(1938)和塞勒—凯弗维尔法(1950)，这一系列法案统称反托拉斯法。

美国的反托拉斯法规定，限制贸易的协议或共谋、垄断或企图垄断市场、兼并、排他性规定、价格歧视、不正当的竞争或欺诈行为等，都是非法的。

1. 谢尔曼法

这个法的中心思想是"大企业是坏事"。任何以托拉斯或其他形式进行的兼并或共谋，任何限制州际或国际的贸易或商业活动的合同，均属非法垄断或企图垄断，或同其他个人或多人联合或共谋垄断州际或国际的一部分商业和贸易的，均被认为是犯罪。违法者要受到罚款和(或)判刑。

2. 克莱顿法

谢尔曼法的规定比较笼统。1914 年，美国国会又制定了克莱顿法。克莱顿法修正和加强了谢尔顿法，禁止不公平竞争，宣布导致削弱竞争或造成垄断的不正当做法为非法。这些不正当的做法包括价格歧视、排他性或限制性契约、公司相互持有股票和董事会成员相互兼任等。

3. 联邦贸易委员会法

联邦贸易委员会会法规定:建立联邦贸易委员会作为独立的管理机构,授权防止不公平竞争以及商业欺骗行为,包括禁止伪假广告和商标等。罗宾逊—帕特曼法宣布卖主为消除竞争而实行的各种形式的不公平的价格歧视为非法,以保护独立的零售商和批发商。惠特—李法修正和补充了联邦贸易委员会法,宣布损害消费者利益的不公平交易为非法,以保护消费者。

4. 塞勒—凯弗维尔法

塞勒—凯弗维尔法补充了谢尔顿法,宣布任何公司购买竞争的股票或资产而实质上为减少竞争,或企图造成垄断的做法为非法。禁止一切形式的兼并,包括横向兼并、纵向兼并和混合兼并。这类兼并指大公司之间的兼并,大公司对小公司的兼并,但不包括小公司之间的兼并。

美国反托拉斯法的执行机构是联邦贸易委员会和司法部反托拉斯局。前者主要反对不正当的贸易行为,后者主要反对垄断活动。对违法者可以由法院提出警告、罚款、改组公司直至判刑。

第三节 公共物品及其供给

一、公共物品及其特征

物品可分为两类,一类为私人物品,另一类为公共物品。完全竞争的市场能对社会资源实行优化配置,主要是对私人物品而言的。对公共物品的配置来说,市场是无能为力的,或是失灵的。公共物品是由政府提供的物品和劳务,其具有两个特点。

1. 公共物品在消费上具有非竞争性

消费上的非竞争性是指这种产品生产出来之后,增加一个消费者,并不会减少任何其他消费者对这种产品的消费。最典型的例子是国防。政府加强国防建设,不仅你的生命财产得到了保护,其他人也得到了保护,而且不会因为你得到了保护而使别人的保护有任何削弱。又如修建水坝,它能减轻洪水可能给人们带来的灾难。但一个家庭在洪灾中损失的减少,并不意味着其他家庭的损失会增加。事实是,在这一区域内所有的人都可同时受益。所以,非竞争性的消费意味许多人可以同时消费某一物品。与此相对照,大多数物品(或服务)在消费上是有竞争性的。例如,生产出一定数量的鞋(或钟表、照相机、酒等),你消费的越多,别人就消费的越少。在这里,一定数量的鞋必须在许多(相互竞争的)消费者之间进行分配。这就是私人物品,而公共物品则是不需要分配的。

2. 公共物品具有非排他性

非排他性是指任何人都可以无偿享有,或者说,不能阻止未付费的人享用或“消费”这种产品。比如,在海上建立一座灯塔,很难不让不交钱的人用灯塔,因为在海上要对每一艘利用这座灯塔的船收费在技术上难以办到,即使能办到,在经济上也不合算。因为,收取费用的成本很高。这样,公共物品就无法避免“搭便车”。“搭便车”又称“免费搭车”,是指不支付费用而参与消费。不交费而利用灯塔,不纳税而享受国防安全等就属于这种情况。

有些公共物品同时具有非竞争性和非排他性，如国防和水利，这种公共物品称为纯公共物品。但也有些公共物品只有非竞争性，不具有非排他性，或者具有非排他性而不具有非竞争性，这些物品被称为非纯公共物品或准公共物品。例如修建一座公园，可以用围墙把它围起来，然后对入园者收取门票费，不付费者不得入内。非纯公共物品，既可以由私人企业来提供，也可以由政府来提供，但在多数情况下，由政府提供更为合适。因为准公共物品一般需要较大的投资，但一旦建成之后，使用时的边际成本却较低，而社会效益较大。例如，一旦公路建成之后，路上因增加一辆汽车而带来的成本的增加只是道路的磨损费，这是很少的。资源最优配置的原理要求价格等于边际成本。但如果按边际成本定价，企业就无法收回成本。而如果按全部成本定价，又会使公路利用不足，社会效益得不到发挥。所以，非纯公共物品由政府来提供更为合适。政府可以为它定低价，然后用税收来补贴。这方面的例子很多，如政府为博物馆的门票定低价，以吸引更多的参观者；公立大学的学费定得很低，以便可以有更多的人入学。在这里，消费者所付的费用，都不足以抵偿全部成本。

二、公共物品的最优供给数量的确定

因为公共物品的供给存在市场失灵，即市场价格机制难以调节公共物品的供给，所以公共物品供给要靠市场之外的政府行为来完成。

公共物品的最优供给量如何来确定呢？

现在假定整个社会只有两个消费者，在这种假定下来分析私人物品供给和公共物品供给的数量确定。

1. 私人物品供给量的确定

私人物品供给量的确定如图 9－3 所示。

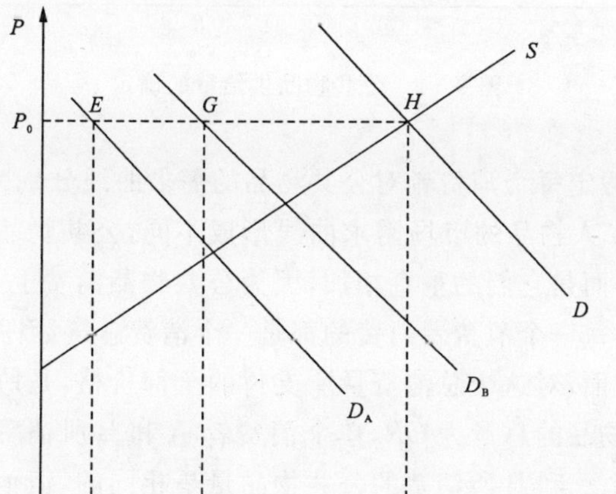

图 9－3　私人物品供给量的确定

在图 9－3 中，两个消费者 A 和 B 对商品的需求曲线分别为 D_A 和 D_B，商品的市场供给曲线为 S。将消费者 A 和 B 的个别需求曲线 D_A 和 D_B 水平相加可得到该商品的市场需求曲线

D，市场需求曲线 D 与供给曲线 S 的交点决定了该私人物品的均衡数量 Q_0 和均衡价格 P_0。这里的均衡数量 Q_0 就是该私人物品供给的最优数量。在这个产量水平上，每个消费者的边际利益恰好等于厂商生产该私人物品的边际成本。供给曲线代表了每个产量水平上的厂商边际成本，需求曲线则代表了每一需求量上的消费者的边际利益。当供给量为 Q_0 时，边际成本为 HQ_0。而在价格为 P_0 时，消费者 A 和 B 的需求量分别为 OC 和 OF，再根据其在需求曲线 D_A 和 D_B 上的交点，可知消费者 A 的边际利益为 EC，消费者 B 的边际利益为 GF，很显然，$EC=GF=HQ_0$。也就是说，私人物品市场决定最优产量的结果是每一个消费者的边际利益都等于边际成本。

2. 公共物品供给量的确定

公共物品供给量的确定如图 9－4 所示。

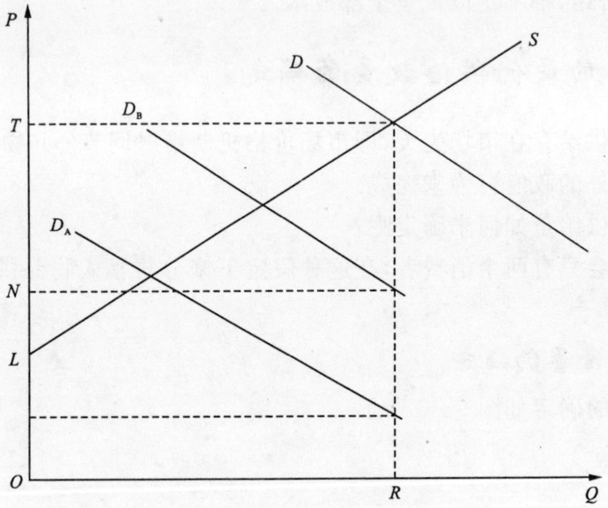

图 9－4　公共物品供给量的确定

在图 9－4 中，同样假定每个消费者对公共物品的需求曲线分别为 D_A 和 D_B，公共物品的市场供给曲线为 S。与私人物品的市场需求曲线形成不同，公共物品的市场需求曲线不是个人需求曲线的水平相加，而是它们的垂直相加，因为公共物品消费上具有非竞争性。一方面，由于消费上的非竞争性，每一个消费者消费的都是一个消费总量，因而每一个消费者的消费量与总消费量相等；另一方面，对这个总消费量所支付的全部价格，是所有消费者支付的价格总和。在图 9－4 中，公共物品的总量为 OR，单个消费者 A 和 B 所消费的公共物品量都等于总量 OR。虽然两个消费者 A 和 B 所消费的公共物品量是相同的，但他们所愿意支付的价格却不同，按照他们不同的需求曲线，消费者 A 和 B 愿意支付的价格分别为 OL 和 ON。所以，当消费量为 OR 时，消费者 A 和 B 所愿意支付的价格之和等于 OT，即 $OL+ON=OT$。当公共物品数量为 OR 时，根据供给曲线，该公共物品的边际成本为 OT。根据消费者 A 和 B 的个别需求曲线，他们的边际利益分别为 OL 和 ON，社会边际利益总和为 $OL+ON=OT$。我们看到，该公共物品的边际社会利益等于其边际成本，此时，所提供的公共物品数量 OR 为最优。

在现实社会中，要了解和得到众多个人边际利益的情况并非易事，往往由政府有关部门的官僚来估计边际社会利益和边际社会成本。如果官僚低估社会成本或高估社会利益，会导致公共物品的过度供应；反之，会导致供应不足。这都会带来社会福利的损失。因此，许多经济学家主张，除了国防、法律与秩序这样的纯公共物品由政府提供外，准公共物品应由政府参与或私人供给来解决，例如，供水、供电、广播电视等产业。

通过对私人物品和公共物品最优供给数量的决定的比较，可以看出，它们的相同点是都遵循 MR＝MC 的原则。但它们还有很大区别。在私人物品最优供给数量的决定上，最优标准是每个消费者的边际利益等于边际成本；在公共物品最优供给数量的决定上，最优标准则是所有消费者的边际利益之和等于边际成本。

第四节 外部性及政府的对策

一、外部性及其分类

外部性又称外部效应，是指生产或消费行为给他人带来成本或收益，却不用支付全部费用或从这些收益中得到补偿。换句话讲，外部性是一个经济主体的行为对另一个经济主体的福利所产生的效果，而这种效果并没有从货币关系或市场交易中反映出来。

从外部性带来的结果来看，可分为负外部性和正外部性；从外部性产生的领域来看，可以分为生产的外部性和消费的外部性。

1. 负外部性

负外部性也被称为外部不经济，指某一主体的生产和消费行为给他人带来的损失。例如，两个相邻的企业，一个生产眼镜，另一个生产焦炭，生产焦炭的企业处于上风位置，生产眼镜的企业处于下风位置。由于空气的污染程度会影响眼镜精密磨轮的运行，而污染程度决定于焦炭的产量，因此，眼镜的生产水平不仅取决于眼镜生产企业投入要素的多少，还受焦炭生产水平的影响，增加焦炭产量会使高质量的眼镜产量减少。因此焦炭厂的生产行为会给眼镜生产企业带来损失。

2. 正外部性

正外部性又被称为外部经济，指的是生产和消费行为给他人带来利益。例如，蜜蜂需要通过吸取苹果树的花粉生产蜂蜜，即苹果生产者给养蜂人带来外部影响；蜜蜂在采蜜的同时可以为苹果树传授花粉，增加苹果产量，因此，养蜂人的经济行为给果园带来益处。

3. 生产的外部性

生产的外部性是指生产者行为给他人带来好处或损害，却得不到补偿或不用支付成本。生产的外部性分为“正外部性”(外部经济)和“负外部性”(外部不经济)。

生产正外部性的例子很多。如飞机制造厂的扩张，使金属(铝)加工厂及相关行业受益；跨国公司的技术输出使社会各方受益；一种汽车废气净化装置的发明，使其利益外溢到社会上的每个人，而发明人和制造者得不到足够的补偿。

生产的负外部性也有很多例子。如造纸厂在生产产品时产生的环境污染；钢厂生产每一吨钢，其烟尘对大气的污染；货(客)运汽车运营伴随的排气污染和噪音污染；缺乏教养的孩子对社会的损害或负担等。

4. 消费的外部性

消费的外部性是指消费者行为给他人带来好处或损害，却并没有得到全部补偿或不用支付成本。消费的外部性也分为“正外部性”(外部经济)和“负外部性”(外部不经济)。“正外部性”如房屋所有者对房子外部的维护和草坪的整理使邻居也受益；教育子女良好的习惯和有责任感的消费习惯；自已花钱打传染病预防针等。“负外部性”如新司机上路导致交通拥挤；随意扔掷果皮、瓜壳；奢侈性消费行为导致他人心理失衡等。

二、外部效应分析

外部性的存在会影响资源的配置效率。我们用完全竞争条件下的厂商均衡来说明外部性下的资源配置效率。

1. 生产的外部不经济

如图 9－5 所示，生产的外部不经济以私人边际成本(MC_1)低于社会边际成本(MC_2)表示。由利润最大化原则 $P=MC=MR$ 决定的产量(市场均衡产量)为 X_1，这一产量大于社会边际成本(MC_2)决定的产量(X_2)，即 $X_1>X_2$。如果考虑厂商成本(MC_1)以外的成本，即社会边际成本(MC_2)与边际收益(MR)决定的产量应该是 X_2。很显然，生产的外部不经济造成了产品生产过多，使社会资源配置缺乏效率。

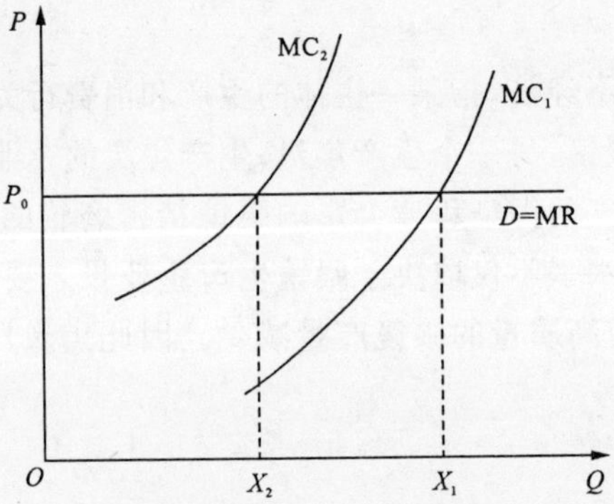

图 9－5 外部不经济

2. 生产的外部经济

如图 9－6 所示，生产的外部经济以私人边际成本(MC_1) 高于社会边际成本(MC_2)表示。由利润最大化原则 $MC=MR$ 决定的产量(市场均衡产量)为 X_1，这一产量小于社会边际成本(MC_2) 决定的产量(X_2)，即 $X_1<X_2$。虽然在许多市场上，生产的社会边际成本大于私人边际成本，但也存在外部性使他人受益的情况。这时，市场机制的作用使市场均衡量低于社会最适量。例如，新发明的应用，绿地和森林的扩张等，往往由于私人成本高使社会产出量较低。生产的外部经济通常需要给予支持或补贴。

由此可见，生产的外部不经济使市场均衡量大于社会最适量，生产的外部经济使市场均衡量小于社会最适量。

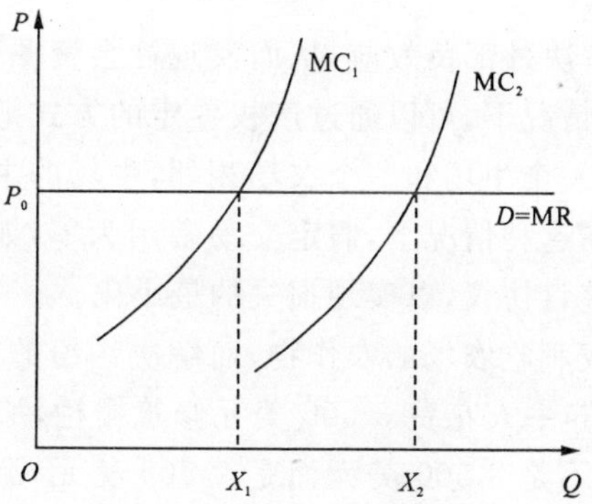

图 9-6 外部经济

三、政府政策

1. 征税

征税可以使负外部性的企业的私人边际成本增加。当其成本达到社会边际成本水平时，企业决策生产的产量将会等于社会最适量。补贴会使带来正外部性的企业的私人边际成本下降。当其成本降低至社会边际成本水平时，企业决策生产的产量将会与社会最适量一致。例如，对生产污染的企业征税，征税额等于治理污染所需费用。这一政策即实行"污染者付费原则"，是国际公认和倡导实行的原则。征收污染税是目前各国政府普遍采用的一种控制污染的方法，但也有人指责这是一种花钱买污染权利的原则。

2. 企业合并

企业合并能使存在外部性的经济单位消除外部影响。例如，养蜂人与果园主合并为一个经济单位，合并后决定或选择果树和蜜蜂的最适量。又如，产生污染的上游企业与下游受损企业合并为一个企业后，此时上游企业的外部影响就"消失"了，即被内部化了。合并后的企业将会根据其边际成本等于边际收益的原则来决定产量水平。由于不存在外部影响，合并后的企业成本与收益就等于社会的成本与收益。

3. 法律措施

外部性是普遍存在的。政府直接出面解决的外部性问题，只能是一些重大问题。一些人遇到的外部性问题，虽然从他个人来说可能很严重，但并没达到需要政府出面解决的程度，因此，可能就无法通过政府来解决。

这里隐含的一个前提是，只有问题达到一定规模，或严重到一定程度，政府出面解决才会有规模经济效率。因此，绝大多数各类细小的外部问题，需要运用法律来解决。法律措施的优点是其规则的普遍性，即它给每个人都提供了可伸张自己权利的手段，不必依赖政府出面解决。法律是更为普遍适用的公共产品，谁都可运用。法律的这种普遍适用性的特点，正好与外部性无所不在的特点相吻合，是解决外部性十分有效的手段。

运用法律手段的缺陷是：成本可能较高，其中包括诉讼费成本、所耗费的时间成本、审批结果的不确定性等。

4. 科斯定理

科斯定理通过产权界定解决外部负效应，从而实现社会资源有效配置。美国经济学家科斯认为，在存在负外部效应的情况下，可以通过产权界定的方式把外部效应内在化，从而实现资源的有效配置。例如：假定一个牛场和一个农场相邻，牛场的牛跑到农场的地里吃农作物，给农场带来负的外部效应。在这种情况下，假定交易费用为零，如果能够明确地界定产权，纠纷双方就可以利用市场机制签订协议，以实现损失的最小化。

假定界定牛场的牛没有权利吃农场的农作物，而解决纠纷的方式可以是养牛人给予农场主 3 000 美元赔偿，也可以是养牛人花费 3 500 美元修筑栅栏，那么养牛人将选择赔偿 3 000 美元；但如果修筑栅栏的费用不是 3 500 美元而是 2 500 美元，那么养牛人将选择修筑栏栅。相反，假定界定牛场的牛有权利吃农场里的农作物，而解决纠纷的方式或者是农场主忍受 3 000美元的损失，或者是农场主花费 3 500 美元修筑栏栅，那么农场主将愿意忍受 3 000 美元的损失；但如果修筑栏栅的费用不是 3 000 美元而是 2 500 美元，农场主将愿意花费 2 500 美元修筑栏栅。

从上述分析可以看到，只要能够明确地界定产权，外部效应就可以内在化。另外，在完全竞争的条件下，假定讨价还价的成本为零，即交易费用为零，只要能够明确地界定产权，市场调节就可以有效地发挥作用。假定交易费用不为零，只要能使增加的产品价值超过所花费的交易费用就有效。但如果交易费用很高，将难以达成协议，就不能产生有效的效果。如果能够明确地界定产权，纠纷双方也可以通过协议找到交易费用最低的安排，解决外部负效应。

5. 政府管制

政府通过规定或禁止某些行为来解决外部性问题。例如，禁止海洛因交易，禁止把有毒化学物倒入河流，规定把有害物品倒入供水塔为犯罪等。但是，在大多数污染的情况下，事情比较复杂。交通运输会产生废气和噪音，政府不可能禁止交通运输，而要消除污染又必须比较或评价成本与收益，以便决定允许哪种污染与允许污染多少。

经济学家为使用边际分析方法提供了一个思路。

假定考察上游的一家企业与下游的城市，河水流经城市时全被污染，其质量为零。那么水质需要清洁到什么水平为好呢？分析过程如图 9-7 所示。

在图 9-7 中，横轴表示清洁程度，用纯净水百分数表示。纵轴表示的是费用和利益。图 9-7 中改进清洁度 1%的边际利益随清洁度的增加而下降，即形成边际利益曲线 MB。清洁度每增加一个单位的费用，随着清洁度的日益提高而上涨，即形成边际费用曲线 MC。水净化程度增加一度，就会提高边际费用和降低边际利益。当边际成本等于边际收益时，决定了污染控制最佳水平，如图中 P_0 点所示。它表示控制污染的边际成本与其获得的社会边际利益一致时，污染控制达到最佳水平。

这一结论告诉我们，将任何程度的污染都看做绝对的坏，而把完全净化看做绝对的好，却不管其费用如何，是没有道理的。我们在别的生产行业中不忽视费用，这里费用也不应受到忽视。水的清洁度是程度问题，清洁到什么程度合算呢？通常经济的回答是看边际情形，只要进一步改进水质的边际利益超过改进水质的边际费用，就应提高水质的水平，也就是说，应该提高到图 9-7 中的 P_0，而不是提高到 100%。

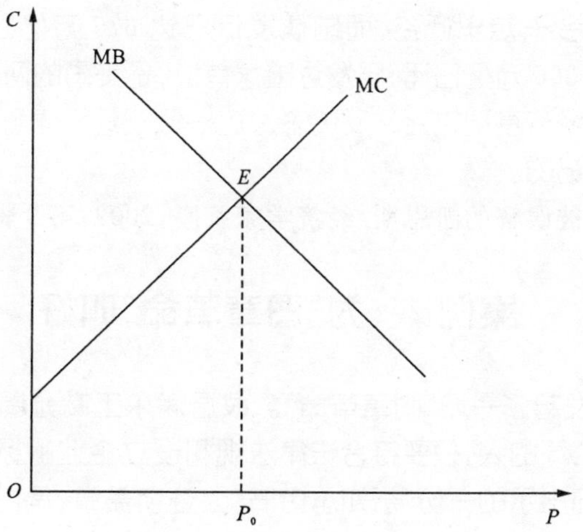

图 9－7　最佳污染控制水平

本章小结

1. 市场机制调节商品或劳务的需求与供求。
2. 市场机制缺陷四大来由：垄断、市场失灵、公共物品、外部不经济。
3. 政府的经济政策可以提高经济效率。
4. 经济效率就是帕累托最优状态标准。
5. 一国微观经济基础不好，企业缺乏活力，是不能完全指望政府的经济策略实现经济繁荣的。

案例 1　关注扩张性政策的微观经济基础

人们把凯恩斯思想的核心理解为国家干预经济，这确实不错，但往往忘记了这种干预的前提是市场机制的完善。凯恩斯并没有否认市场机制的调节作用。因此，他的政策是“国家当局可以和私人的主动性结合起来”，即在市场调节的基础上，国家政策发生作用。凯恩斯在建立宏观经济体系时有一个暗含的假设：市场经济的调节机制在正常发挥作用。换言之，只有在完善的市场机制下，宏观经济政策才能发挥作用。二战后美国运用凯恩斯经济学取得了显著成效，就在于美国市场机制的完善性。而从 1950—1980 年，英国政府尤其是工党政府，也在积极地使用扩张性财政政策和货币政策，但英国经济一直没有走出困境。原因在于英国政府在用种种手段破坏市场机制，限制市场的作用。一些国家的微观经济基础不好，企业缺乏活力，政府却总想靠扩张性财政政策或货币政策进行刺激，实现繁荣。而且，政府一旦用了这些政策，就如同药物依赖一样，再也无法摆脱。这种对凯恩斯主义的误用和滥用既害了这些国家，也破坏了凯恩斯主义的名声。日本就是这样一个例子。20 世纪 90 年代之后，日本经济陷入衰退，其根本原因在于日本企业缺乏科技创新能力，以及政府对经济干预过多。日本企图用赤字财政政策来摆脱困境，从 1992 年宫泽喜一内阁发行 10 亿日元国债开始，10 年间一直采用这种方法。结果日本经济至今未走出低谷，而国债发行已达 675 万亿日元，相当于一年 GDP 的 136%，未清偿债务高达 366 万亿日元，居发达国家首位，是美国的两倍多。国家干预政策是产生于市场经济这一微观经济基础之上又反过来为这一微观经济基础服务的，这是政府在选择经济干预政策时必须牢记的。

资料来源：梁小民. 被误解的凯恩斯. 经济学家茶座，2002，第 9 辑.

案例 2　为“图章革命”叫好

2002 年，上海浦东发起了一场“图章革命”。根据浦东工商分局推行的“告知承诺制”，今后想在浦东办企业、开公司的人，只要符合法律法规和设立企业的标准，不必再经历繁琐的审批程序，只需在工商部门出示的一份“告知承诺书”上签字盖章，承诺履行相关告知事项，就可以在最多不超过 7 天的时间内，轻松拿到工商营业执照和相关许可证。“告知承诺制”制度创新的意义在于，它可以在一定程度上替代行政审批制。“图章革命”是我国政府为适应我国加入 WTO 后的新形势而自觉转变职能的一项重要举措。它在制度设计上保证政府的职能按照市场经济的要求实现转变，即政府从原来“管”企业转变为向企业提供一视同仁的优质“服务”，反映了我国建立社会主义市场经济体制的内在要求。

案例 3　关于实行排污权有偿转让制度

2002 年，国家环保总局在我国一些地区进行排污权有偿转让的试点工作。排污权有偿转让是政府环保部门先根据该地区必须控制的排污总量，为各排污企业发放排污许可证，规定他们的排污配额。有的企业如果经过污染治理，实际排放量小于排放配额，允许其将配额的富余部分有偿转让给配额不够的企业。也就是说，允许排污权在市场上进行交易。实行排污权转让制度所依据的经济学原理是：如果实行这样的制度，且排污企业和许可证的数目是足够的，一个竞争性的许可证市场就会发展起来。在市场均衡时，许可证的价格就会趋向等于企业治理污染的边际成本。因为如果两者不等，边际成本高于价格的企业就会宁愿减少治理，购买更多的许可证；边际成本低于价格的企业就会宁愿增加治理，出售更多的许可证，直到价格等于边际成本时为止。实行这种制度的优点是：一方面，便于环保管理部门控制总的排污数量（因为发放的许可证总数是由环保部门控制的）。另一方面，社会治理污染的总成本又能自动达到最低（因为市场的作用能使各企业治理污染的边际成本趋于相等）。

资料来源：中央电视台. 东方时空・时空连线，2002，07.

案例 4　“馒头办”与政府寻租

某报披露，河南郑州市政府设有一个叫“馒头办”的机构，且市、区两级政府都有。它的工作在名义上是规范馒头市场，保证人民吃到合格的馒头，实际上却是以权谋私。该“馒头办”规定，生产馒头的企业要办许可证，在市“馒头办”办证要交 1 100 元，在区“馒头办”办证，要交 1 600元，而且办了证的馒头企业要到指定粮店买面，每袋面粉多交 0.5 元，每月最少要购 600

袋面。粮店根据卖出的面粉，每袋再加 0.5 元(共 1 元)交给“馒头办”。“馒头办”对不合格的馒头不闻不问，市场上的“黑馒头”横行，一心敛财，以致市、区两级“馒头办”为收费经常发生争执。这件事是典型的以权谋私，即利用人民赋予的权利获得私利，这种行为被称为政府寻租。政府具有两面性。一方面，政府可以弥补市场调节的不足，解决市场失灵问题。另一方面，如果政府的权利得不到有效制约，也会产生以权谋私的寻租行为，给经济带来不利作用。郑州“馒头办”就是后一种情况的例子。这件事引起了人们的广泛关注。尽管在一片指责声中，“馒头办”被撤消了，但类似的政府以权谋私的情况还没有绝迹。不久山西又出现了“墙体办”——以检查墙体是否危险为名敲诈学校与企业。在市场经济中，政府的定位十分重要。政府应该做自己该做的事情，不做自己不该做的事情。这件事告诉我们，政府树立为市场经济服务的意识何等重要。要做到这一点，就必须对政府的权力有所制约。

资料来源：梁小民. 西方经济学. 北京：中央广播电视大学出版社，2003.

本章练习

一、名词解释

帕累托最优、市场失灵、公共物品、外部性

二、选择题

1. 一种经济活动存在外部经济是指该活动的(　　)。
   A. 私人成本大于社会成本　　B. 私人成本小于社会成本
   C. 私人利益大于社会利益　　D. 私人利益小于社会利益
2. 如果上游工厂污染了下游居民的饮水，按科斯定理(　　)，问题即可妥善地解决。
   A. 不管财产权是否明确，只要交易成本为零
   B. 只要产权明确，且交易成本为零
   C. 只要财产权明确，不管交易成本有多大
   D. 不论财产权是否明确，交易成本是否为零
3. 某项经济活动存在外部不经济时，其产量(　　)帕累托最优产量。
   A. 大于　　B. 小于
   C. 等于　　D. 以上三种情况都有可能
4. 政府提供的物品(　　)公共物品。
   A. 一定是　　B. 不都是　　C. 大部分是　　D. 少部分是
5. “搭便车”现象是对下面哪个问题的一种形象的比喻？
   A. 社会福利问题　　B. 公共选择问题　　C. 公共产品问题　　D. 市场失灵问题

三、简答题

1. 什么是帕累托最优？什么是帕累托改进？达到帕累托最优需用哪些条件？
2. 垄断为什么不能实现帕累托最优？
3. 外部性如何干扰市场对资源的配置？
4. 为什么在存在生产或消费的外部经济，或者存在生产或消费的外部不经济的情况下，经济都不能达到帕累托最优状态？
5. 政府部门如何运用各种手段对经济运行进行必要的干预？

四、分析题

菲比拥有一个蜜蜂饲养场，饲养场附近有一个苹果园。菲比对于选择所配置蜂房的最优数量有自己的方法；他开始不断增加蜂房的数量，直到蜜蜂酿造的蜂蜜给他带来的私人边际收益等于他饲养蜜蜂的私人边际成本时，他立即停止这种投资，并把此时的蜂房数量定位为他的最优蜂房数量。

(1)假设菲比饲养蜜蜂的私人边际收益曲线与私人边际成本曲线具有正常的曲线形状。请画出这两条曲线。

(2)菲比饲养的蜜蜂有助于苹果园中果树的授粉，从而会带来果园增产。请在图中画出菲比饲养蜜蜂的社会边际收益曲线。

(3)菲比饲养的是一种非洲杀人蜂，它们会袭击任何阻挡其飞行路线的生物。而菲比对这种蜜蜂的毒性具有免疫力。请在图中画出菲比饲养蜜蜂的社会边际成本曲线。

(4)在图中标出蜂房的社会最优数量。这一数量与私人最优数量相比是高还是低？

第十章　国民收入核算

学习目的：

1. 理解国内生产总值的含义及其核算方法；
2. 掌握消费物价指数的定义；
3. 理解真实利率与名义利率的含义及关系；
4. 理解 GDP 平减指数。

教学要求：

1. 掌握国内生产总值的含义及其核算方法；
2. 掌握支出法核算国内生产总值的表达式及含义；
3. 理解国内生产总值核算的意义；
4. 理解消费物价指数的含义及核算方法；
5. 掌握真实利率与名义利率的含义及它们之间的关系。

在日常生活中，只要你留意观察，经常会看到这样一些报道："预计明年的 GDP 增长率将达到 8.6%……""蔬菜食品价格助推，12 月 GPI 或升至 2.6%……""日本 11 月份失业率为 4.1%，好于市场预期……"

个人或企业希望能够借助这些数据或报道作出正确的商业决策、金融投资或职业选择。经济学家借助这些数据来分析经济运行，并向政策制订者、商业人士和金融投资者提供有益的建议。政治家们也需要这些数据来制订决策和规划。

要得出这些数据，首先要对经济运行指标进行度量。能够反映一国宏观经济运行状况的指标有很多，但是我们主要分析：国内生产总值(GDP)、消费者物价指数(CPI)和失业率。本章将分析前两个统计指标，在第十三章将分析失业率这一指标。

第一节　国内生产总值

一、国内生产总值的含义

国内生产总值(gross domestic product，简称 GDP)是指在一定时期内(一个季度或一年)，一个国家或地区的经济中所生产出的全部最终产品和劳务的市场价值，常被公认为衡量国家经济状况的最佳指标。它不但可以反映一个国家的经济表现，还可以反映一个国家的国力与财富。

对于 GDP 的理解，应该抓住以下几个问题。

第一，国内生产总值是用最终产品与劳务来计量的，即最终产品在该时期的最终出售价值。一般根据产品的实际用途,可以把产品分为中间产品和最终产品。所谓最终产品,是指在一定时期内生产的可供人们直接消费或者使用的物品和服务。这部分产品已经到达生产的最后阶段,不能再作为原料或半成品投入其他产品和劳务的生产过程中去,如消费品、资本品等。中间产品是指为了再加工或者转卖用于供别种产品生产使用的物品和劳务,如原材料、燃料等。GDP 必须按当期最终产品计算,中间产品不能计入,否则会造成重复计算。

第二,国内生产总值是一个市场价值概念。各种最终产品与劳务的市场价值是在市场上达成交换的价值,都是用货币来加以衡量的,通过市场交换体现出来。一种产品与劳务的市场价值就是用这种最终产品与劳务的单价乘以其产量获得的。

第三,国内生产总值一般仅指市场活动导致的价值。那些非生产性活动以及地下交易、黑市交易等不计入 GDP 中,如家务劳动、自给自足性生产、赌博和毒品的非法交易等。

第四,GDP 是计算期内累积生产的最终产品与劳务价值,因而是流量而不是存量。存量(stock)是指某一指定的时点上,过去生产与积累起来的产品、货物、储备、资产负债的结存数量。如某年某月某日银行的金库中存有 500 美元,则银行的存量为 500 美元。某年某月某日某一时刻全球的人口数有 60 亿,则此时全球人口的存量为 60 亿等。流量(flow)是指一段时间内发生的某种经济变量变动的数值,它是在一定的时期内测度的,其大小有时间维度,而存量则是在某一时点上测度的,其大小没有时间维度。在财富与收入这两个经济变量中,财富就是一个存量,它是经济主体在某一时刻所持有的财产;收入是一个流量,它是由货币的赚取或收取的流动率来衡量的。GDP 统计的就是一国计算期内收入的流量。

第五,GDP 不是实实在在流通的财富,它只是用标准的货币平均值来表示财富的多少。生产出来的东西能不能完全转化成流通的财富,这是不一定的。

二、国内生产总值的核算方法

1. 用支出法核算 GDP

支出法核算 GDP,就是从产品的使用出发,把一年内购买的各项最终产品的支出加总而计算出的该年内生产的最终产品的市场价值。这种方法又称最终产品法、产品流动法。如果用 Q_1、Q_2、…、Q_n 代表各种最终产品的产量,P_1、P_2、…、P_n 代表各种最终产品的价格,则使用支出法核算 GDP 的公式是:

$$Q_1P_1+Q_2P_2+\cdots+Q_nP_n=\text{GDP}$$

在现实生活中,产品和劳务的最后使用,主要是居民消费、企业投资、政府购买和出口。因此,用支出法核算 GDP,就是核算一个国家或地区在一定时期内居民消费、企业投资、政府购买和净出口这几方面支出的总和。

居民消费(用字母 C 表示),包括购买冰箱、彩电、洗衣机、小汽车等耐用消费品的支出,服装、食品等非耐用消费品的支出以及用于医疗保健、旅游、理发等劳务的支出。建造住宅的支出不属于消费。

企业投资(用字母 I 表示),是指增加或更新资本资产(包括厂房、机器设备、住宅及存货)的支出。投资包括固定资产投资和存货投资两大类。固定资产投资指新造厂房、购买新设备、建筑新住宅的投资。为什么住宅建筑属于投资而不属于消费呢?因为住宅像别的固定资产一样是长期使用、慢慢地被消耗的。存货投资是企业掌握的存货(或称之为库存)的增加或减少。

如果年初全国企业存货为2 000亿美元而年末为2 200亿美元,则存货投资为200亿美元。存货投资可能是正值,也可能是负值,因为年末存货价值可能大于也可能小于年初存货。企业存货之所以被视为投资,是因为它能产生收入。从国民经济统计的角度看,生产出来但没有卖出去的产品只能作为企业的存货投资处理,这样使从生产角度统计的GDP和从支出角度统计的GDP相一致。计入GDP中的投资是指总投资,即重置投资与净投资之和,重置投资也就是折旧。投资和消费的划分不是绝对的,具体的分类则取决于实际统计中的规定。

政府购买(用字母G来表示),是指各级政府购买物品和劳务的支出,它包括政府购买军火、军队和警察的服务、政府机关办公用品与办公设施、举办诸如道路等公共工程、开办学校等方面的支出。政府支付给政府雇员的工资也属于政府购买。政府购买是一种实质性的支出,表现出商品、劳务与货币的双向运动,直接形成社会需求,成为国内生产总值的组成部分。政府购买只是政府支出的一部分,政府支出的另一部分如政府转移支付、公债利息等都不计入GDP。政府转移支付是指政府在社会福利、保险、贫困救济和补助等方面的支出,它是通过政府将收入在不同社会成员之间进行再分配而实现的,不是国民收入的组成部分。有政府转移支付发生时,即政府付出这些支出时,并不相应得到什么商品与劳务,政府转移支付是一种货币性支出,整个社会的总收入并没有发生改变。因此,政府转移支付不计入国内生产总值中。

净出口(用字母$X-M$表示,X表示出口,M表示进口)是指一国出口总值减去进口总值的差额。进口应从本国总购买中减去,因为进口表示收入流到国外,同时,也不是用于购买本国产品的支出;出口则应加进本国总购买量之中,因为出口表示收入从外国流入,是用于购买本国产品的支出,因此,净出口应计入总支出。净出口可能是正值,也可能是负值。

把上述四个项目加起来,就是用支出法计算GDP的公式:

$$GDP=C+I+G+(X-M)$$

我们可以用表10-1来反映GDP核算的四种支出形式。

表10-1　GDP核算的主要内容

支出类型	支出行为主体	事例
消费(C)	家庭	手机、旅游、服装、鸡蛋
投资(I)	企业	新住宅、新设备与厂房、存货
政府购买(G)	政府	新教学楼、新国防武器、士兵的工资
净出口(X-M)	外国部门	出口的大豆、向外国提供的金融媒介服务

通过支出法计算的GDP,我们可以计算出消费率和投资率。所谓消费率就是最终消费占GDP的比率,所谓投资率就是资本形成总额占GDP的比率。以表10-2为例,我们来分析一下2007年美国GDP的支出构成。

从表10-2中得出,在美国的总支出中,大约70%用于消费,20%用于政府购买,投资约占15.5%,而美国的净出口为负值。按照有关统计资料,最近几年以来,中国的消费率出现了比较明显的下降趋势,2005年中国的消费率为52.1%,投资率为43.4%。同美国相比中国的消费率明显偏低。因此,当前和今后一段时期,宏观经济调控的一个重要内容就是要调整投资和消费的比例关系,扩大消费需求是扩大内需的重点。

表 10-2 2007 年美国 GDP 的支出构成 单位:10 亿美元

消费		9 732.0
耐用品	1 079.6	
非耐用品	2 822.0	
服务	5 819.4	
投资		2 132.3
企业固定投资	1 483.2	
居民投资	641.5	
存货投资	7.6	
政府购买		2 691.4
净出口		−712.7
出口	1 640.3	
进口	2 353.0	
合计:国内生产总值		13 843.0

资料来源:罗伯特·H. 弗兰克,本·S. 伯南克. 宏观经济学原理. 李明志,译. 北京:清华大学出版社,2010.

2. *用收入法核算* GDP

收入法核算 GDP,就是从收入的角度,把生产要素在生产中所得到的各种收入相加来计算的 GDP,即把劳动所得到的工资、土地所有者得到的地租、资本所得到的利息以及企业家才能得到的利润相加来计算 GDP。这种方法又叫要素支付法、要素成本法。

在没有政府的简单经济中,企业的增加值即其创造的国内生产总值,就等于要素收入加上折旧,但当政府介入后,政府往往征收间接税,这时的 GDP 还应包括间接税和企业转移支付。间接税是对产品销售征收的税,它包括货物税、周转税。这种税收名义上是对企业征收,但企业可以把它打入生产成本之中,最终转嫁到消费者身上,故也应视为成本。同样,还有企业转移支付(即企业对非营利组织的社会慈善捐款和消费者呆账),它也不是生产要素创造的收入,但要通过产品价格转移给消费者,故也应看做成本。

资本折旧也应计入 GDP。因为它虽不是要素收入,但包括在总投资中。还有非公司企业主收入也应计入 GDP 中。非公司企业主收入,是指医生、律师、小店铺主、农民等的收入。他们使用自己的资金,自我雇用,其工资、利息、租金很难像公司的账目那样,分成其自己经营应得的工资、自有资金的利息、自有房子的租金等,其工资、利息、利润、租金常混在一起作为非公司企业主收入。

这样,按收入法计算的公式就是:

GDP=工资+利息+利润+租金+间接税和企业转移支付+折旧

也可看成是:

GDP=生产要素的收入+非生产要素的收入

从理论上讲,用收入法计算出的 GDP 与用支出法计算出的 GDP 在量上是相等的。在中国的统计实践中，收入法计算 GDP 分为四项：

GDP＝劳动者报酬＋生产税净额＋固定资产折旧＋营业盈余

第一项为劳动者报酬，是指劳动者因从事生产活动所获得全部报酬。包括劳动者获得的各种形式的工资、奖金和津贴，既包括货币形式的，也包括实物形式的；还包括劳动者所享受的公费医疗和医药卫生费、上下班交通补贴和单位支付的社会保险费等。

第二项为生产税净额，指生产税减生产补贴后的余额。生产税指政府对生产单位生产、销售和从事经营活动，以及因从事生产活动使用某些生产要素（如固定资产、土地、劳动力）所征收的各种税、附加费和规划费。生产补贴与生产税相反，是指政府对生产单位的单方面的收入转移，因此视为负生产税，包括政策亏损补贴、粮食系统价格补贴、外贸企业出口退税等。

第三项为固定资产折旧，是指一定时期内为弥补固定资产损耗，按照核定的固定资产折旧率提取的固定资产折旧。它反映了固定资产在当期生产中的转移价值。

第四项为营业盈余，是指常住单位创造的增加值扣除劳动报酬、生产税净额和固定资产折旧后的余额。它相当于企业的营业利润加上生产补贴。

3. 用生产法核算 GDP

用生产法核算 GDP，是指按提供物质产品与劳务的各个部门的产值来计算国内生产总值。生产法又叫部门法。这种计算方法反映了国内生产总值的来源。运用这种方法进行计算时，各生产部门要把使用的中间产品的产值扣除，只计算所增加的价值。商业和服务等部门也按增值法计算。卫生、教育、行政、家庭服务等部门无法计算其增值，就按工资收入来计算其服务的价值。

按生产法核算国内生产总值，可以分为下列部门：农林渔业；矿业；建筑业；制造业；运输业；邮电公用事业；电、煤气、自来水业；批发、零售商业；金融、保险、不动产；服务业；政府服务和政府企业。把以上部门生产的国内生产总值加总，再与国外要素净收入相加，考虑统计误差项，就可以得到用生产法计算的 GDP 了。

从理论上说，按支出法、收入法与生产法计算的 GDP 在量上是相等的，但实际核算中常有误差，因而要加上一个统计误差项来进行调整，使其达到一致。实际统计中，一般以国民经济核算体系的支出法为基本方法，即以支出法所计算出的国内生产总值为标准。

三、名义 GDP 与真实 GDP

名义 GDP(nominal GDP)是在一年内一国所生产的最终物品和劳务按当年价格计算的市场价值。名义 GDP 的变动可能来自两个方面：一种是实际产量的变动，另一种是价格的变动。也就是说，名义 GDP 的变动既反映了实际产量变动的情况，又反映了价格变动的情况。

真实 GDP(real GDP)是指在一年内一国所生产的最终产品与劳务按某一基年的市场价格计算的市场价值。真实 GDP 的变动来自实际产量的变动。真实 GDP 反映了这一时期内国内生产总值中实际产出数量的真实变化情况，便于不同年度国内生产总值之间的比较。

下面我们通过一个例子来说明名义 GDP 与真实 GDP 之间的关系。假设 A 国只生产两种产品：电脑和小汽车。这两种产品在 2000 年和 2010 年的价格和数量分别见表 10－3 和表 10－4。如果用生产所创造出来的市场价值来计算各年的 GDP，我们能得出，2000 年 A 国的 GDP 为：(5 000 元/台×20 台)＋(80 000 元/辆×10 辆)＝900 000 元。而 A 国 2010 年的

GDP 为：(8 000 元/台×40)＋(10 000 元/辆×20 辆)＝2 320 000 元。

表 10－3　2000 年的价格和数量

产品	价格	数量
电脑	5 000 元/台	20 台
汽车	80 000 元/辆	10 辆

表 10－4　2010 年的价格和数量

产品	价格	数量
电脑	8 000 元/台	40 台
汽车	100 000 元/辆	20 辆

将 2010 年的 GDP 与 2010 年的 GDP 放在一起比较，得出，2010 年的 GDP 大约是 2000 年的 GDP 的 2.6 倍，GDP 大约增长了 1.6 倍。但仔细比较表 10－3 与表 10－4 之后，这一结论并不正确。如果以两种产品的实际产量的变化来衡量，2010 年的产量刚好是 2000 年的 2 倍，产量的增加量为 1 倍。GDP 计算出来的结果与实际产出的变化并不一致，主要原因在于 GDP 是数量与价格的乘积，价格和数量的变化都会影响 GDP 的值。所以，以上的计算结果都是名义 GDP，都是按照当年的市场价格计算的市场价值。

这个例子也告诉我们，要使用 GDP 比较不同时期的经济活动水平，我们必须使用某种方法来剔除价格变化对 GDP 的影响。经济学家一般选择一个特定年份作为基年，用该年的价格水平来计算其他年份的市场价值，这就是前面提到的真实 GDP。在上例中，如果将 2000 年作为基年，按照 2000 年的价格水平计算 2010 年的 GDP 为：(5 000 元/台×40 台)＋(80 000 元/辆×20 辆)＝1 800 000 元。这一结果刚好反映了 2010 年的 GDP 是 2000 年 GDP 的 2 倍，这种变化是由于产量的变化引起的。

根据名义 GDP 与真实 GDP，我们可以得出一个反映物价水平的指标：GDP 平减指数。所谓 GDP 平减指数(GDP deflator)，又称 GDP 缩减指数或 GDP 折算指数，是指没有剔除物价变动的名义 GDP 与剔除了物价变动的真实 GDP 之比。该指数以一国当年生产的所有产品为核算基础，涉及全部商品和服务，除消费外，还包括生产资料和资本、进出口商品和劳务等。因此，这一指数能够更加准确地反映一般物价水平走向，是对价格水平最宏观的度量。

$$\text{GDP 平减指数}=\frac{\text{名义 GDP}}{\text{真实 GDP}}\times 100$$

$$\text{现期的通货膨胀率}=\frac{\text{现期的 GDP 平减指数}-\text{上一期的 GDP 平减指数}}{\text{上一期的 GDP 平减指数}}\times 100\%$$

上例中，将 2000 年作为基年，2000 年的名义 GDP 等于真实 GDP，2000 年的 GDP 平减指数为 100。2010 年名义 GDP 为 2 320 000 元，按照基年价格水平核算真实 GDP 为1 800 000 元。2010 年的 GDP 平减指数为 129。说明在这期间，物价水平上升了 29%。关于 GDP 平减指数与消费者物价指数的差异将在本章第二节中详细介绍。

四、国内生产总值核算的意义

国内生产总值GDP是核算体系中一个重要的综合性统计指标，它反映一国(或地区)的经济实力和市场规模。

1. GDP与经济福利紧密相关

一个国家或地区的经济究竟处于增长抑或衰退阶段，从这个数字的变化便可以观察到。一般而言，GDP公布的形式不外乎两种，以总额和百分比率为计算单位。当GDP的增长数字处于正数时，即显示该地区经济处于扩张阶段；反之，如果处于负数，即表示该地区的经济进入衰退时期了。

较高的人均真实GDP与较高的物质生活水平、较好的健康状况、较长的人均寿命、较好的受教育水平联系在一起。表10-5比较了发达国家、发展中国家和最不发达国家的GDP与一些主要福利指标。其中，发达国家的人均GDP是最不发达国家的20多倍，是发展中国家的6倍多。最不发达国家的小孩在一岁前有10%会死亡，在一岁到五岁，有15%会死亡。最不发达国家有35%的人群营养不良，发展中国家也有17%的人营养不良，而这一问题在发达国家几乎不存在。文化教育水平是人类福利水平的另一个重要尺度，在这方面，发达国家也具有明显优势。如表10-5所示，发达国家的成人识字率约为100%，而最不发达国家仅为53.9%。发达国家的初等和中等教育的入学率约为94%，而最不发达国家的初等和中等教育的入学率约为48%。

表10-5　GDP和主要福利指标

福利指标	发达国家	发展中国家	最不发达国家
人均GDP(美元)	33 831	5 282	1 499
预期寿命(年)	79.4	66.1	54.5
儿童死亡率(‰)	5	57	97
5岁以下幼儿的死亡率(‰)	6	83	153
营养不良人群(%)	忽略	17	35
初级、中级和技术教育总体入学率(%)	93.5	64.1	47.8
成年人识字率(%)	99	76.6	53.9
国家组的总人口(百万)	931.5	5215.0	765.7

资料来源：罗伯特·H. 弗兰克，本·S. 伯南克. 宏观经济学原理. 李明志，译. 北京：清华大学出版社，2010.

一般而言，在GDP较高的国家，人们可以拥有更舒适的住房，可以吃到更丰富的食物，可以享受更好的医疗服务，可以接受更高质量的教育……，当然更多的物质财富不一定能使人更加幸福，但是世界上大多数人还是非常努力地追求物质财富。真实GDP与经济福利之间的这种联系促使各国不断地提高产出，并激励落后国家的决策者们努力地提高本国经济的增长。

2. GDP 核算的缺陷

尽管GDP越高,社会的物质财富就越多,但是它也只是衡量经济福利的一个重要指标,而并非完美指标。

首先,GDP没有核算没有市场价值的产品与劳务价值。比如前面提到的无偿的家务劳动,在中国,很多老年人帮助其子女做家务,这种服务因为没有进行市场交易,没有统计到GDP中,但这并不意味老人们做的就是没有价值的工作,相反,老人们的这种服务提高了子女的经济福利。例如在非洲的一些发展中国家的乡村,人们常常相互提供服务或合作来完成各种工作,这些活动并不是在市场上进行,没有支付货币,没有相应的市场价值。这些地方的家庭具有显著的自给自足的特征:他们自己生产食物、自己制造家具、自己为家人提供理发服务等。由于GDP统计不包括这些非市场经济活动,因此,这些国家的GDP显著低于经济活动的实际水平。根据世界银行报道,2005年尼泊尔的人均GDP约为340美元,这个统计值低到让人不可思议的程度。造成这种现象的部分原因在于,尼泊尔人很少利用正式的市场进行交易,很多有价值的活动都排除在GDP统计范围之外。

其次,GDP无法反映衡量生活质量的其他指标。前面我们分析到GDP能够反映较高的物质生活水平、较好的健康状况、较长的人均寿命、较好的受教育水平等福利指标。但是还有一些体现生活质量的福利指标无法由GDP反映出来,比如:畅通的城市道路、安全的小区环境、较低的犯罪率、清新的空气、无污染的河流等。从这一角度来看,建立一个化肥厂会促进GDP的增长,但是当地居民也可能会反对,因为它可能造成空气的污染,给老百姓的生活质量带来负面的影响。

最后,GDP无法反映经济总量的合理分配。GDP衡量了一国生产产品与服务的市场价值总量,却没有涉及该如何分配这些产品与服务。假设有两个GDP相同的国家A和B,A国实行公平分配,大部分人都过着中产阶级的舒适生活,极度富裕和极度贫穷的人只占少部分。而在B国,由于存在"特权",少部分人掌握了大部分财富,而大部分人生活在贫穷中。比较A国和B国,大部分人会认为生活在A国的人总体经济福利更高,但作为衡量的标准,GDP却无法反映这一点。

第二节 消费物价指数

消费物价指数(consumer price index,简称CPI)是普通消费者所购买的物品与劳务的总费用的衡量指标。每个国家的统计局每个月都会计算并公布上个月的CPI,说明消费的物品和服务的价格上涨(或下降)的幅度。在本节,我们将讨论如何计算消费物价指数以及这种衡量存在什么问题。我们还要讨论如何比较消费物价指数与GDP平减指数。

一、消费物价指数的计算方法

以美国为例,当劳工统计局计算消费物价指数和通货膨胀率时,它要使用成千上万种物品与劳务的价格数据。为使问题简化,一般假设消费者只消费两种物品——热狗和汉堡包——的简单经济。

(1)固定篮子。确定哪些物价对普通消费者是最重要的。如果消费者买的热狗比汉堡包多，那么热狗的价格就比汉堡包的价格重要。因此，在衡量生活费用时就应该给热狗更大的权数。劳工统计局通过调查消费者并找出普通消费者购买的一篮子物品与劳务确定这些权数，普通消费者购买的一篮子物品包括 4 个热狗和 2 个汉堡包。

(2)找出价格。找出每个时点上篮子中每种物品与劳务的价格。并计算一篮子东西的费用。用价格数据计算不同时期一篮子物品与劳务的费用，如表 10-6 所示。

表 10-6　不同时期一篮子物品与劳务的费用

年份	一篮子物品的费用
2008 年	(热狗 1 美元×4 个热狗)+(汉堡包 2 美元×2 个汉堡包)=8 美元
2009 年	(热狗 2 美元×4 个热狗)+(汉堡包 3 美元×2 个汉堡包)=14 美元
2010 年	(热狗 3 美元×4 个热狗)+(汉堡包 4 美元×2 个汉堡包)=20 美元

(3)选择基年并计算指数。指定一年为基年，即其他各年与之比较的基准。一旦选择了基年，指数的计算如下：

$$消费物价指数=\frac{当年一篮子物品与劳务的价格}{基年一篮子物品与劳务的价格}\times 100$$

即用每一年一篮子物品与劳务的价格除以基年这一篮子物品与劳务的价格，然后再用这个比率乘以 100，所得出的数字就是消费物价指数(我们选择 2008 年为基年)，如表 10-7 所示。

表 10-7　不同时期的消费物价指数

年份	消费物价指数
2008 年	(8 美元/8 美元)×100=100
2009 年	(14 美元/8 美元)×100=175
2010 年	(20 美元/8 美元)×100=250

从上表中看出，假设 2008 年的消费物价指数是 100，2009 年的消费物价指数是 175，2010 年的消费物价指数是 250。

(4)计算通货膨胀率。用消费物价指数计算通货膨胀率。通货膨胀率是从上一年以来物价指数变动的百分比。这就是说，计算连续两年之间通货膨胀率的方法如下：

$$第二年的通货膨胀率=\frac{第二年\ CPI-第一年\ CPI}{第一年\ CPI}\times 100$$

从表 10-8 中我们可以看出，2009 年的通货膨胀率是 75%，2010 年是 43%。除了整体经济的消费物价指数之外，劳工统计局还计算一些其他物价指数。它公布国内特定的大城市区域和一些较狭义的物品与劳务项目(如食物、衣服和能源)的指数。它还计算生产物价指数(producer price index，简称 PPI)——衡量的是企业而不是消费者购买的一篮子物品与劳务的费用。由于企业最终要把它们的费用以更高消费价格的形式转移给消费者，所以，通常认为生产物价指数的变动对预测消费物价指数的变动是有用的。

表 10-8 通货膨胀率的计算

年份	通货膨胀率
2009 年	(175－100)/100×100%＝75%
2010 年	(250－175)/175×100%＝43%

消费物价指数并不是生活费用的完美衡量指标。它有一定缺陷，具体表现在以下三个方面。

第一，替代偏向，当价格年复一年地变动时，它们并不都是同比例变动的：一些物品的价格上升会比另一些物品快。假设消费者在苹果和梨价格一样时，同等的消费这两种水果，一旦梨的价格上升，消费者会减少梨的消费量。如果计算消费者物价指数时假设一篮子物品是固定不变的，就忽略了消费者替代的可能性，从而高估了从某一年到下一年生活费用的增加。

第二，新产品的引进，减少了维持相同经济福利水平的费用，增加了消费者的福利。假设一年前 2G 的 mp3 是 100 元，第二年 4G 的 mp3 也卖 100 元，这时，由于新产品的引进，这后 100 元比前 100 元就更值钱了，消费者的福利显然增加了。

第三，质量变动的影响，如果一种物品的质量逐渐变差，即使该物品的价格保持不变，1 元的价值也下降了。比如一年前 280 克的方便面卖 3 元钱，第二年同一品种的 200 克方便面也卖 3 元钱，这时，消费者付同样的货币得到的东西质量变差了。

以上三种变动，导致消费物价指数会有误差，而社会保障领取者每年补助的增加与消费物价指数相关，因而可以通过减少补助自动增加的数量纠正衡量中存在的问题。

二、GDP 平减指数与消费物价指数

GDP 平减指数是名义 GDP 与真实 GDP 的比率。名义 GDP 是按现期价格评价的现期产出，而真实 GDP 是按基年价格评价的现期产出，所以，GDP 平减指数反映了相对于基年物价水平的现期物价水平。经济学家为了判断物价上升的速率，既要关注 GDP 平减指数，又要关注消费物价指数。这两个统计数字说明了相似的情况，但存在两个重要的差别。

第一个差别是，GDP 平减指数反映国内生产的所有物品与劳务的价格，而消费者物价指数反映消费者购买的所有物品与劳务的价格。例如，某企业的工业设备价格上升了，尽管是 GDP 的一部分，但并不是普通消费者购买的物品与劳务篮子中的一部分。因此，反映在 GDP 平减指数中的物价上升了，但消费物价指数并没有上升。

再举个例子，假设大众公司提高了汽车的价格，由于大众汽车是在美国生产的，所以这种汽车并不是中国 GDP 的一部分。但是中国消费者购买了大众汽车，所以，这种汽车是普通消费者一篮子物品中的一部分。因此，像大众汽车那样，进口消费品价格的上升反映在消费物价指数中，但并未反映在 GDP 平减指数中。当然，石油、汽油这类石油产品涨价后，无论是 GDP 平减指数还是消费物价指数都会相应上升，只是上升的比例不同而已。

GDP 平减指数和消费物价指数之间第二个微妙的差别涉及如何对各种价格进行加权，以得出一个物价总水平的数字。消费物价指数比较的是固定的一篮子物品与劳务的价格和基年这一篮子物品与劳务的价格，而统计局只是偶尔改变这一篮子物品的构成。与此相反，GDP 平减指数比较的是现期生产的物品和劳务的价格与基年同样物品和劳务的价格。也就是说，

用来计算GDP平减指数的物品与劳务的组合自动地随着时间的推移而变动。如果不同物品与劳务价格的变动量不同,我们对各种价格加权的方法对于整个通货膨胀就是至关重要的。

第三节　根据通货膨胀的影响校正经济变量

衡量经济中物价总水平的目的是比较不同时期的货币数字。既然我们已经知道如何计算物价指数,现在可以用消费物价指数来比较过去的货币数字与现在的货币数字。

一、指数化

当一元货币量根据法律或合同自动地按照物价水平的变动校正时,这种货币量就被称为通货膨胀的指数化。

有些企业会根据消费物价指数将工资进行相应的调整,这种条款被称为生活费用津贴。当消费物价指数上升时,生活费用津贴自动地增加工资。再比如,社会保障补助每年进行调整,以此补偿因物价上升而使老年人的退休工资购买力衰减的部分。

二、真实利率与名义利率

我们在考虑利率的数据时,根据通货膨胀的影响来校正经济变量特别重要。假如我们把1 000元存入银行账户,该银行账户每年支付10%的利率。一年以后,累积的利息为100元,我们可以提取1 100元。但这100元使我们比一年前存款时富有了吗?实际上,由于通货膨胀的存在,我们的购买力并没有上升10%。

假设我们只拿这笔钱去买音乐CD碟,书店里一张碟卖10元。我们存款1 000元可以购买100张,在得到10%利息后,我们有1 100元,但是现在能买到多少CD呢?

2%的通货紧缩:如果CD的价格从10元下降到9.8元,那么我们能购买的CD量就从100张增加到将近112张。我们的购买力增加了12%左右。

6%的通货膨胀率:如果CD价格从10元上升到10.6元,那么我们能够买的CD量从100张增加到近104张。我们的购买力增加为4%。

10%的通货膨胀率:如果CD价格从10元上升到11元,我们仍只能购买100张CD。因此尽管我们的财富增加了,但是购买力与一年前相同。

12%的通货膨胀:如果CD的价格从10元上升到11.2元,那么我们能购买的CD量从100张下降到将近98张。尽管我们的货币量多了,但是我们的购买力降低了约2%。

这些例子说明,通货膨胀率越高,我们的购买力增加的就越少。如果通货膨胀率大于利率,我们的购买力实际上就下降了。当出现通货紧缩(负通货膨胀率)时,我们的购买力的增加大于利率。

衡量货币数量变动的利率称为名义利率(nominal interest rate),根据通货膨胀校正的利率称为真实利率(real interest rate),两者之间的关系如下:

真实利率＝名义利率－通货膨胀率

真实利率是名义利率和通货膨胀率之间的差额。名义利率代表随着时间的推移,银行账户中的货币数量增加有多快；而真实利率表明，随着时间的推移，银行账户中的购买力提高有多快。

本章小结

1. 国内生产总值(GDP)的概念十分重要，注意定义中的关键词的指向意义。

2. 支出法核算 GDP 更为简洁实用，用支出法计算 GDP 的公式是：$GDP=C+I+G+(X-M)$。

3. 消费物价指数表示相对于基年一篮子物品与劳务的费用，这一篮子物品与劳务的费用是多少。这个指数用于衡量经济的物价总水平。消费物价指数变动的百分比可用于衡量通货膨胀率。

4. GDP 平减指数也可以衡量经济的物价总水平。尽管这两个物价指数通常同时变动，但是有两个重要差别。GDP 平减指数不同于消费物价指数是因为它涵盖生产出来的物品与劳务，而不是消费的物品与劳务。因此，进口物品影响消费物价指数，但不影响 GDP 平减指数。此外，消费物价指数用固定的一篮子物品，而 GDP 平减指数一直随 GDP 构成的变动而自动地改变物品与劳务的组合。

5. 利率数据对通货膨胀的校正特别重要。名义利率通常是银行公布的利率水平，而真实利率等于名义利率减通货膨胀率。

案例 1　GDP——20 世纪最伟大的发现之一

美国著名的经济学家保罗·萨缪尔森说："GDP 是 20 世纪最伟大的发现之一"。没有 GDP 这个发现，我们就无法进行国与国之间经济实力的比较；贫穷与富裕的比较，我们就无法知道我国的 GDP 总量排在全世界的第 2 位，是美国的 1/2，没有 GDP 我们也无法知道我国人均 GDP 在 2005 年已超过 1300 美元，低于美国和日本的 35 多倍。没有 GDP 这个总量指标我们无法了解我国的经济增长速度是快还是慢，是需要刺激还是需要控制；因此 GDP 就像一把尺子、一面镜子，是衡量一国经济发展和生活富裕程度的重要指标。如果你要判断一个人在经济上是否成功，你首先要看他的收入。高收入的人享有较高的生活水平。同样的逻辑也适用于一国的整体经济。当判断经济富裕还是贫穷时，要看人们口袋里有多少钱。这正是国内生产总值(GDP)的作用。

GDP 同时衡量两件事：经济中所有人的总收入和用于经济中物品与劳务产量的总支出。GDP 既衡量总收入又衡量总支出的秘诀，在于这两件事实际上是相同的。对于一个整体经济而言，收入必定等于支出。这是为什么呢？一个经济的收入和支出相同的原因就是一次交易都有两方：买者和卖者。如你雇一个小时工为你做卫生，每小时 10 元，在这种情况下小时工是劳务的卖者，而你是劳务的买者。小时工赚了 10 元，而你支出了 10 元。因此这种交易对经济的收入和支出作出了相同的贡献。无论是用总收入来衡量还是用总支出来衡量，GDP 都增加了 10 元。由此可见，在经济中，每生产一元钱，就会产生一元钱的收入。

案例 2　GDP 不是万能的，但没有 GDP 是万万不能的

越来越多的人包括非常著名的学者，对 GDP 衡量经济增长的重要性发生了怀疑。斯蒂格利茨曾经指出，如果一对夫妇留在家中打扫卫生和做饭，这将不会被列入 GDP 的统计之内，假如这对夫妇外出工作，另外雇人做清洁和烹调工作，那么这对夫妇和佣人的经济活动都会被计入 GDP。说得更明白一些，如果一名男士雇用一名保姆，保姆的工资也将计入 GDP。如果这位男士与保姆结婚，给保姆不发工资了，GDP 就会减少。

德国学者厄恩斯特 · B · 冯魏茨察克和两位美国学者艾墨里 · B · 洛文斯、L · 亨特洛文斯在他们合著的《四倍跃进》中对 GDP 在衡量经济增长中的作用更是提出了诘难，他们生动地写道："乡间小路上，两辆汽车静静驶过，一切平安无事，它们对 GDP 的贡献几乎为零。但是，其中一个司机由于疏忽，突然将车开向路的另一侧，连同到达的第三辆汽车，造成了一起恶性交通事故。'好极了'，GDP 说。因为，随之而来的是：救护车、医生、护士、意外事故服务中心、汽车修理或买新车、法律诉讼、亲属探视伤者、损失赔偿、保险代理、新闻报道，等等，所有这些都被看作是正式的职业行为，都是有偿服务。即使任何参与方都没有因此而提高生活水平，甚至有些还蒙受了巨大损失，但我们的'财富'——所谓的 GDP 依然在增加"。1998 年湖北发了大水，遭了大灾，湖北的经济增长速度却提高到了 13%。基于以上的分析，三位学者深刻地指出："平心而论，GDP 并没有定义成度量财富或福利的指标，而只是用来衡量那些易于度量的经济活动的营业额。"

需要进一步指出的是，国内生产总值其中所包括的外资企业虽然在我们境内从统计学的意义上给我们创造了 GDP，但利润却是汇回他们自己的国家的。一句话，他们把 GDP 留给了我们，把利润转回了自己的国家，这就如同在天津打工的安徽民工把 GDP 留给了天津，把挣的钱汇回了安徽一样。看来 GDP 只是一个"营业额"，不能反映环境污染的程度，不能反映资源的浪费程度，看不出支撑 GDP 的"物质"内容。在当今中国，资源浪费的亮点工程，半截子工程，都可以算在 GDP 中，都可以增加 GDP。

尽管 GDP 存在着种种缺陷，但这个世界上本来就不存在一种包罗万象、反映一切的经济指标，在我们现在使用的所有描述和衡量一国经济发展状况的指标体系中，GDP 无疑是最重要的一个指标。正因为有这些作用，所以我说，GDP 不是万能的，但没有 GDP 是万万不能的。

案例 3　我国 CPI 中房地产的权重是否需要调整？

请根据以下两方面的资料，思考下我国 CPI 中房地产的权重是否需要调整，依据何在？

反方观点：我国 CPI 中房地产权重很合理，无需调整。

作为居民，不管是花钱买房子还是买粮食都是用来消费用的，以此来思量买房子应该纳入 CPI，应该说这种想法是没有错的。

但从价格统计工作来讲，计算 CPI 不能把房屋价格归入进来。理由有三点：①国际标准不把买房价格归纳进来。这里说一下什么是统计的"国际标准"，统计的国际标准就是各个国家统计界统一遵循的做法。目前的统计国际标准是联合国统计局向各个成员国推荐的 93SNA，其中把住房列入固定资本形成范畴（也就是列为投资范畴），因此目前我国及国外统

计部门计算 CPI 时都没有把房屋价格归纳进来。②居民买房子花费巨大,少则几十万,多则上百万。想想看,购买的房子是要逐年逐月地消费使用,现在的房屋可以使用 70 年呢。也就是说房子购买与消费在时间上是严重脱节的,而 CPI 是按月调查当月消费的商品和服务项目的价格变化。③目前还没有无所不包的价格指数,即使编制出这样一个万能的价格指数,也很难说明问题,现实中也不好用。

国家统计局没有把购买房子价格纳入进来,不等于 CPI 没考虑城乡居民居住类的消费。目前我国 CPI 居住类调查的项目不少,包括:①建房及装修材料,比如木材、水泥、砖瓦灰砂石、电料、漆等。②租房,主要是公房房租、私房房租。③水、电、天然气、液化石油气、煤炭的花费。④自有住房,如购房贷款利率、物业费、各种房屋维修费等。

统计局规定,有关 CPI 权重调整,每 5 年都会进行一次。上次调整就是在 2006 年 1 月,2011 年则是 CPI 权重的调整年,CPI 权重会根据新的调查数据有所变化。

资料显示,目前 CPI 包含 8 大类商品,权重分别是食品 33.2%,烟酒及其用品 3.9%,衣着 9.1%,家庭设备用品和维修服务 6%,医疗保健和个人用品 10%,交通和通讯 10.40%,娱乐、教育、文化用品和服务 14.20%,居住 13.2%。CPI 权重即使在 5 年的周期里也会有所微调,例如,2010 年江苏居民的居住类消费在 CPI 中制定的权重为 20.8%,该数字在过去 4 年里逐年上升:从 2006—2009 年,居住类在 CPI 中权重分别为 11.5%、13.5%、16.9%和 16.8%。

在我国现在的 CPI 指标体系中,反映居民住房支出的是居住类商品,包括 4 个子类,分别是,建房及装修材料,房租,自有住房和水、电、燃料,比重分别是 27%、11.1%、21.1%和 40.8%,在八大类中占 13.2%的权重,远远低于美国的 40%和世界平均水平。目前美国的居住类价格占 CPI 的权重达到 40%以上,包含了家具,乃至草坪的修剪支出。中国的居住类价格目前没有涵盖这么全面,也不会很快达到美国当前的权重水平。

本章练习

一、名词解释

国内生产总值、支出法、收入法、消费物价指数、名义 GDP、真实 GDP、GDP 平减指数、真实利率、名义利率

二、选择题

1. 以下用最终产品法计算国内生产总值的是(　　)。

   A. 将企业支付的所有工资、利息和间接税进行加总,再加上企业的利润

   B. 所有企业的收入减去使用的中间产品的成本加总

   C. 将企业支付的所有工资、利息和间接税进行加总,再减去企业的利润

   D. 将消费、投资、政府购买和净出口进行加总

2. 以下结论正确的是(　　)。

   A. 个人可支配收入等于个人收入减去个人所得税

   B. 国民收入等于一定时期内生产要素拥有者获得的收入

   C. 个人收入等于国民收入加上给个人的转移支付、红利、利息调整额再减去公司税后利润、公司所得税和社会保险税

   D. 以上都对

3. 下列哪一项计入 GDP？（　　）。

A. 购买一辆用过的旧自行车　B. 购买普通股票

C. 汽车制造厂买进 10 吨钢板(已用)　D. 银行向某企业收取一笔货款利息

4. 在 GDP 核算中，以下哪一个不会导致对实际产出的低估？（　　）。

A. 商品和服务质量的改善　B. 商品和服务的自动传递

C. 非市场商品和服务的出现　D. 赌博行为的合法化

5. 假设在一简单经济中，国民产出只有两种商品构成：X—消费品，Y—资本品。2000 年，正好生产了 500 单位 X，并按每单位 2 美元的价格出售给了消费者。生产了 20 单位 Y，并按每单位 10 美元的价格出售给了公司。则 2000 年的总产出为（　　）。

A. 500 美元　B. 800 美元　C. 1 000 美元　D. 1 200 美元

三、简答题

1. 在长期中，糖果的价格从 0.10 美元上升到 0.60 美元。在同一时期中，消费物价指数从 150 上升到 300。根据整体通货膨胀进行调整后，糖果的价格变动了多少？

2. 用以下每一种情况说明在编制 CPI 中会出现什么问题。解释之：

A. IPAD 的发明

B. 汽车气囊的引进

C. 个人电脑价格下降致使购买量增加

D. 每包早餐麦片的分量增加了

E. 汽油价格上升后更多地使用节油型轿车

第十一章 经济增长

学习目的：

1. 理解经济增长的含义及各国经济增长的差异；
2. 掌握生产率的含义及其决定因素；
3. 理解促进经济增长的政策措施；
4. 了解经济周期的含义及类型。

教学要求：

1. 掌握经济增长的含义，并学会分析世界各国经济增长存在的差异；
2. 应用生产率的决定因素分析促进经济增长的政策；
3. 知道经济周期的含义及类型，学会分析经济周期的成因。

当我们在世界各国旅游时，会看到世界各国呈现出不同的发展状态，有高收入的发达国家，有中等收入的发展中国家，还有低收入的欠发达国家。而且人们的生活水平也存在巨大差异。在美国、日本或英国这样的高收入国家，2009 年人均收入是 37 970 美元。发展中国家人均收入是 2 963 美元，前者是后者的 12.8 倍。2009 年，低收入国家的人均收入是 512 美元，只相当于高收入国家的 1.35%。中国的人均收入是 3 650 美元，收入排 125 位，是美国的(人均 GNI 46 360 美元)的 7.87%。收入悬殊如此之大，不禁让人惊叹！

实现经济增长，不断提高人民的生活水平是政府宏观经济政策的四大目标之一，它是世界各国宏观经济运行的重要内容。现代经济学把经济增长作为一个独立的研究领域，深入地探讨了经济增长的源泉。在本章重点阐述经济周期与经济增长的含义，展示关于经济增长与周期的理论研究成果，并探讨促进经济增长的政策与措施。

第一节 经济增长的含义

经济增长(economic growth)是指一国在一定时期内生产的产品和服务总量的增长，即国内生产总值(GDP)或人均国内生产总值(人均 GDP)的增加。它通常用真实 GDP 的增长率或人均真实 GDP 的年增长率来衡量。

若用 Y_t 表示 t 期的真实 GDP，Y_{t-1} 表示上一期的真实 GDP，则以真实 GDP 变动衡量的经济增长率为：

$$G_t=\frac{Y_t-Y_{t-1}}{Y_{t-1}}$$

若用 y_t 表示 t 期的人均真实 GDP，y_{t-1} 表示上一期的人均真实 GDP，则以人均真实 GDP 衡量的经济增长率为：

$$g_t = \frac{y_t - y_{t-1}}{y_{t-1}}$$

以上是衡量经济增长最常用的两个指标，结合以下15个国家人均真实GDP的数据，我们来考察一下经济增长的差异。表11-1中，第一栏列出了考察的国家，这些国家有属于发达国家行列的美国、日本、加拿大、新加坡等，有属于发展中国家的中国、印度、菲律宾等，还有属于欠发达国家的海地、卢旺达。第二栏列出了2005年各国的人均真实GDP。第三栏列出了1960—2005年人均真实GDP衡量的经济增长率。第四栏列出了各国实现经济总量翻一番所需要的时间。

表11-1　不同的增长经历

国家	人均真实GDP(美元) 2005年	经济增长率 1960—2005年	翻一番所需的时间 (年)
中国	6 572	5.8%	12
新加坡	29 921	5.4%	13
日本	30 821	3.8%	19
西班牙	26 125	3.2%	23
印度	3 486	2.7%	27
以色列	25 670	2.7%	27
美国	41 854	2.2%	33
加拿大	32 886	2.1%	34
哥伦比亚	7 769	1.8%	40
新西兰	22 511	1.4%	51
菲律宾	4 920	1.4%	51
阿根廷	14 421	1.0%	72
沙特阿拉伯	14 729	0.8%	90
卢旺达	1 333	0.3%	240
海地	1 836	−1.2%	−60

注：真实GDP以2005年美元衡量。

表11-1中，第二栏人均真实GDP数据表明各国生活水平存在巨大差异。例如，美国的人均收入约为中国的6倍，海地的23倍。第三栏列出了每个国家人均真实GDP的平均增长率，它衡量了在正常的一年中人均真实GDP的增长率。例如，中国在2005年的人均真实GDP是6 572美元，若2006年相对于2005年按照5.8%的速度增长，则2006年中国的人均GDP将达到6 953美元。当然，人均真实GDP不一定每年都增长5.8%，一些年份增长的快而另一些年份增长的慢，当发生经济危机时，经济增长会为负值。每年5.8%的增长属于经济的长期增长趋势，是一个平均增长率，它没有考虑可能出现的经济的短期波动导致的经济总量

的下降。

表 11 - 1 中第三栏各国的经济增长率按照从高到低的顺序排列。增长率仅次于中国的新加坡，面积只相当于中国的一个城市，60 年前，新加坡并不是一个富裕的国家，但是，由于其惊人的增长速度，新加坡发展成全球最富裕的国家之一。在表 11 - 1 最后一行的国家海地，在过去的半个世纪中增长率为－1.2%，该国的居民生活变得越来越贫困。

表 11 - 1 中第四栏各国实现经济翻番的时间有较大差异。这组数据是根据著名的"72 法则"计算得来的。"72 法则"是核算金融收益的一个法则，具体而言，假设银行储蓄按 1% 的复利来计息，经过 72 年以后，本金就会变成原来的 1 倍。依此类推，利用年回报率为 5% 的投资工具，经过 14.4 年(72/5)本金就变成 1 倍，利用年回报率为 12% 的投资工具，则要 6 年左右(72/12)，才能让 1 元钱变成 2 元钱。也可以将"72 法则"用来核算 GDP 翻番所耗费的时间。从表 11 - 1 看出，GDP 增长速度越快，经济总量翻番的时间就越短。而且发展中国家的经济增长速度明显高于发达国家的经济增长速度，发展中国家实现经济翻番所耗费的时间也少于发达国家所花费的时间。换句话说，贫穷的国家表现出比富裕的国家增长更快的特征，并且贫穷的国家如果持续保持高的经济增长率，那么它就能赶上富裕的国家，这一特性又被称为"追赶效应"。

这一结论表明，世界上最富的国家也不能保证他们将来也是最富的，而世界上最贫穷的国家也不一定总是处于贫困之中。富国和穷国在世界各国收入排名中的相对位置在不断变化，那么，为什么有些国家经济增长速度快？有些国家经济增长速度慢？这正是本章我们要论述的问题。

第二节　经济增长的决定因素

要探寻一个国家的经济增长的因素，并解释世界各国发展程度的巨大差异，我们首先要构建一个反映一个国家生产要素的投入与产出量之间关系的函数。我们在第五章分析了企业通过投入资本、劳动、技术、企业家才能进行生产的过程。与企业类似，把国家看做成千上万企业构成的总体，一国也必须投入一定量的生产要素才能生产出居民所需的商品与服务。经济学家们经常考虑以下生产要素：物质资本、劳动、人力资本、自然资源。

我们用 Y 表示产量，L 表示劳动量，K 表示物质资本量，H 表示人力资本量，N 表示自然资源量，那么一国的生产函数可以写成：

$$Y=AF(L,K,H,N)$$

式中，F 表示各项要素投入结合起来进行生产的函数关系；A 表示一国当前可得到的生产技术条件，A 随着技术进步而上升，也意味着技术进步可以使既定投入组合生产出更多产量。

为了使问题简化，假定一国生产函数具有规模收益不变的特性。规模收益不变意味着要素投入翻一番，产量也翻一番。规模收益不变可以表述为：

$$\alpha Y=AF(\alpha L,\alpha K,\alpha H,\alpha N)$$

式中，所有投入翻一番用 $\alpha=2$ 来表示，则有：$2Y=AF(2L,2K,2H,2N)$。规模收益不变的生产函数也反映了一种特殊的含义，为了说明这种含义，设 $\alpha=1/L$，则上式可以变形为：

$$Y/L=AF(1,K/L,H/L,N/L)$$

式中，Y/L 是每个工人的产量，这是衡量一国生产率的重要指标，下文将重点介绍。该式说明，生产率 Y/L 取决于人均的物质资本，人均的人力资本以及人均的自然资源，生产率还取决于 A 代表的技术状况。

现在来看生产率这一指标。生产率(productivity)指每单位劳动投入所生产的商品与服务的数量。我们对生产率和经济增长的研究，从两届奥斯卡影帝汤姆·汉克斯主演的*Cast A-way*(又称荒岛余生)这部影片说起。汤姆·汉克斯饰演的查克是联邦快递的系统工程师，他个性急躁，是一个超级工作狂，对一切都讲求速度。在一次出差的旅程中，查克搭的小飞机失事，他被困在一座资源贫瘠的无人荒岛，当他失去现代生活的便利以及人与人之间的互动后，生活的唯一目的就是求生。他必须自己种粮食，自己缝衣服，自己捕鱼，自己理发，当然还包括自己跟自己说话来使他不至于遗忘母语。

我们可以把查克的活动——种粮食、缝衣服、捕鱼和理发的生产和消费看做一个简单的经济。对查克而言，生产率是生活水平的决定性因素，而且生产率的增长是提高生活水平的决定性因素。最初查克很难捕到鱼，他只能饿肚子，后来他制作了简易的捕鱼工具，仔细查看了海湾的地形，并反复练习了捕鱼的姿势，从此查克捕的鱼越来越多，以至于还能储备下来供来年享用。对查克而言，要吃饱穿暖就必须提高自己的生产率，他的生活水平与他的生产率紧密相关。而且查克使用新工具提高了生产率，缩短了捕鱼的时间，把更多的时间用于生产其他物品。生产率的提高使得查克不再忍饥挨饿，生活状况也开始变好。

与查克一样，一国居民生活水平也取决于该国的生产率，一国只有生产出大量的商品与服务，它的居民才能享有更高的生活水平。美国人比中国人生活得好，是因为美国人的生产率比中国人的高，新加坡人的生活水平提高得快，是因为新加坡工人的生产率增长得更快。那么，生产率又是如何决定的呢？

在式 $Y/L=AF(1,K/L,H/L,N/L)$ 中，我们已经给出了生产率的决定因素，即：人均物质资本、人均人力资本、人均自然资源和技术水平。下面我们来阐述每一种因素的含义及其对生产率的影响。

K/L 即人均物质资本，它表示人均拥有的用于生产商品与服务的设备和建筑物存量。如果一国工人能用现代化的工具进行生产，则该国的生产率就更高。比如，一个伐木工人使用的电锯、拖车和仓库就是物质资本。使用现代化生产工具的伐木工人肯定比用斧头砍伐树木效率更高。

H/L 即人均人力资本，它表示人均通过教育、培训和经验而获得的知识与技能水平。如果一国人均受教育的程度越高，工人进行生产的熟练程度就越高，该国的生产率也就越高。比如，要生产受欢迎的动漫，就必须有相应的动漫人才，日本的动漫产业全球闻名，主要还是得益于日本大量的专业化的制作动漫的人才。

N/L 即人均自然资源，它表示人均拥有的自然界提供的土地、河流和矿藏等。如果一国人均拥有更多的自然资源，则用于生产的资源就更多，该国的生产率也就越高。比如，中东的产油国，因为拥有丰富的石油资源而迅速积累了财富。在这里要说明的是，自然资源虽然重要，但是它并不是实现经济增长的必要条件。比如，日本国土面积狭小，资源匮乏，自然灾害频发，但是它通过国际贸易使用他国资源，弥补了自身资源的匮乏，实现了经济的增长，并成为世界上最发达的国家之一。

A 即技术水平，它表示一国对生产商品与服务的方法的了解。如果一国掌握更多更好的生产的方法，则能够生产的商品与服务就更多，该国的生产率也就更高。比如，30年前，中国有大量的劳动力从事农业生产，农业生产主要依靠劳动的投入来进行，但是现在，由于农民们掌握了更先进的种植技术，使用了新研发的种子，只需要较少的农民就可以生产出满足整个国家需要的粮食。这种农业技术的进步使更多的农村剩余劳动能够转移到其他部门，并生产更多的其他商品与服务。

以上是影响生产率的主要因素，除了以上四个主要因素，还有一些其他影响一国生产率的因素。首先，一国的政治经济制度会影响生产率，其实这是一个非常重要的因素，前面的分析都是假设一国实行市场经济体制。本书前半部分微观经济学对市场效率的分析得出，自由市场能够最大化地实现社会效率目标，并使每个人都实现福利的最大化。相反，一个完全实行计划经济的国家则很难实现最大化提高生产效率的目标。中国经济改革开放30年前后的鲜明对比就是一个很好的例子。

其次，影响生产率的因素是人口规模。而人口如何影响经济一直是颇具争议的。人口规模首先影响劳动力规模和消费者规模，大量的人口意味着更多的劳动力、更多的科学家、更多的消费者、更大的市场规模。同时，大量的人口也意味着人均物质资本的下降，人均自然资源的减少，人均受教育机会的减少。以日本为例，日本在五六十年代因人口增长减缓而在经济上获益，到了八九十年代却因人口增长减缓而导致日本人口老龄化的发展，社会负担逐渐加重，劳动力的成本不断增加，从而拖累了经济发展，使日本逐渐失去了往昔的发展优势。日本如今缺乏有技能和受过高水平训练的人口，人口严重老龄化，经济发展裹足不前。

再次，影响生产率的因素就是一国的社会风气。所谓社会风气，是指整体或局部社会在一个阶段内所呈现的习尚、风貌。为一定社会中的风俗习惯、文化传统、行为模式、道德观念及时尚等要素的总和。在某种社会心理的驱动下或某种价值取向的引导下，表现出的一种普遍流行的社会行为，是该社会成员某些经济的、政治的、思想的、文化的、伦理的、审美的观念的综合凝结而转化成的群体性的、直接外化或体现社会意识的客观活动，是社会大多数成员或社会群体文明程度的主要标志。

目前中国社会的风气可以概括为“浮躁”一词。这种概括有一定道理：从地方政府到普通民众，注重短期利益者比比皆是，考虑长远发展者寥寥无几。于是，官员为追求短期经济发展，不惜破坏自然环境，为追求政绩，不惜浪费公共资源，民众为眼前利益，不惜投机取巧，信奉机会主义。这种“浮躁”的社会风气给我们的经济发展与小康社会的建设带来了消极的影响。

第三节 促进经济增长的公共政策

到现在为止，我们考察了一国生活水平取决于该国的生产率，即人均的产量水平。而生产率又取决于人均物质资本、人均人力资本、人均自然资源和技术水平。接下来，我们要分析提高生产率的公共政策。按照生产率的主要决定因素，我们的政策分析也从这四个决定因素的分析入手。

一、提高人均物质资本的政策

资本有物质资本与人力资本之分，它们都具备资本的共性，即资本是一种生产出来的生产要素，也就是说，资本是生产过程的投入，也是过去生产过程的产出。伐木工人使用的电锯既是伐木生产的投入，也是制造电锯的企业的产出。一个掌握一定知识与技能的工人既是所在单位的生产投入，也是教育单位的产出。如果一个国家生产出大量的资本品，那么它就能生产出更多的商品与服务。

如果要生产出更多的资本品，就必须把更多的资源用于生产资本品，把较少的资源用于生产现期消费的商品与服务。要引导一国多生产资本品，少生产现期消费的商品和服务，就必须诱导一国居民多储蓄少消费，居民消费减少引起企业生产现期商品与服务的量减少，企业就能将资源更多地用来生产用于将来生产的资本品。因而，提高人均物质资本的有效政策就是提高储蓄率。

需要说明的是，储蓄率的提高带来的人均物质资本的增加拉动的经济增长只是暂时的。因为资本受到边际收益递减规律的制约，即随着资本存量的增加，增加一单位资本的投入带来的产量的增量减少。图 11－1 说明了资本的边际收益递减。

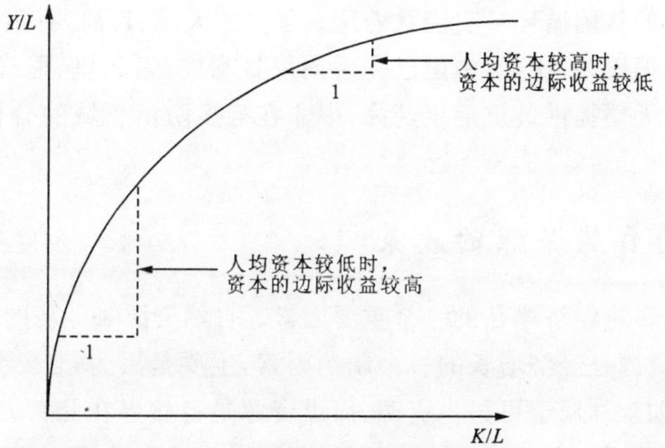

图 11－1 资本的边际收益曲线

另一种增加本国资本存量的方法是吸引外国投资。国际投资有两种形式：一种是直接投资，比如，要提高小汽车产量，我们可以允许德国大众公司直接来我国组建汽车生产线，用大众公司提供的设备、生产线来提高我国人均物质资本的量；另一种是间接投资，比如大众汽车公司可以在中国的股票市场上购买中国某汽车公司的股票，通过大众汽车公司的货币筹资，也增加了中国的资本存量，提高了中国的生产率。

一国在吸引外国资本流入的同时，也引进了先进的生产技术以及管理经验，这些因素的改进也会引起本国的生产率的提高。为此，很多经济学家都提倡鼓励外国投资的政策，比如，为鼓励外资流入的税收优惠政策等。

二、提高人均人力资本的政策

人力资本对经济的增长非常重要。我们可以用成人识字率来反映各国人力资本的差异，一般而言，一国成人识字率越高，对应的人均的收入水平越高。美国、德国和日本，这些国家的成人识字率接近 100%，他们的人均真实 GDP 平均在 30 000 美元以上。而像巴基斯坦和孟加拉国，他们的成人识字率不足50%，而人均真实GDP也不足3 000美元。

一国要提高人均人力资本，就必须大力发展教育事业。比如，很多国家实行不同层次的免费教育，政府部门组织的免费培训。比如，新加坡为国民提供长达十几年的免费教育，1970年至2000年，新加坡的经济增长了13倍多，而它在教育方面的投入增长了15倍多。可以看出，新加坡非常重视对教育的投入，而它的经济建设所取得的巨大成就是这种投入最好的回馈。在巴西，政府支付给贫困家庭一定数额的现金，以使这些家庭的孩子能够上学。在中国，尽管有庞大的人口基数，但是中国政府还是不遗余力地推进国家义务教育，2000年底，普及九年义务教育人口覆盖率达85%，目前，中国正在酝酿实施十二年义务教育。

提高人均人力资本的另一个重要政策是提高人的健康状况，改善营养状况。毋庸置疑，一个健康的工人的生产率更高。在发达国家，营养不良的现象已经很少见了，而在非洲一些贫困的国家，由于长期的营养不良，导致工人们根本无法从事生产活动，据联合国估计，在沙哈拉以南的非洲，有近三分之一的人口处于营养不良状态。对这些贫困的国家而言，不健康的人们根本无法进行生产活动，没有从事生产就无法得到收入，无法负担食物及医疗的花费，也就无从改善营养。这种恶性的贫困循环一直困扰着这些国家的人民，目前，有很多国家及国际性的组织机构在为其提供无偿援助，比如，中国已先后向尼日利亚、索马里、尼日尔、多哥、中非、喀麦隆等十几个非洲国家无偿提供过抗疟疾药品，中非在疟疾防治领域的合作已开展了30年，并已取得明显成效。

三、提高人均自然资源的政策

自然资源一直是影响经济增长的一个重要因素。自然资源对经济的影响可以分为两种观点：一种观点是自然资源是经济增长的一个制约因素，主要是因为，自然资源分为可再生资源与不可再生资源，比如森林属于可再生资源，而煤资源是自然界在几百万年中形成的，属于不可再生资源。对于不可再生资源，随着经济发展而逐渐消耗殆尽，那么经济长期的增长也将由于资源的匮乏而停滞。另一种观点是，技术进步会削弱自然资源的这种限制，一方面是因为技术进步提高了现有自然资源的利用效率，另一方面是技术进步创造了许多新的可供使用的资源。比如，现代化的汽车耗油更少，核能技术使得我们可以利用核能来发电。技术进步使一些至关重要的自然资源变得不再那么重要了。

一方面，对世界整体经济增长而言，需要不断提高技术水平，不断提高自然资源的利用率，不断开发新的可用于生产的新资源。另一方面，对于一个具体的国家而言，可以通过贸易，利用其他国家的资源来发展本国经济，日本就是利用全球资源实现经济腾飞的典型代表。

四、提高技术水平的政策

邓小平曾精辟地阐述“科学技术是第一生产力”，技术进步已成为影响经济增长的决定性因素。现代社会出现过几次重大的技术进步。

第一次科技革命也称工业革命开始于18世纪60年代的英国，完成于1840年前后，期间法国、美国等其他许多国家也都先后完成工业革命。此次技术革命的主要标志是新型蒸汽机的广泛运用。主要发明成就有英国哈格里夫斯发明珍妮机“纺纱机”；英国瓦特发明新型蒸汽机；美国富尔顿发明“汽船”；英国史蒂芬孙发明火车机车等。

第一次科技革命将人类带入了“蒸汽时代”,使大机器生产已经成为主要的生产方式。工业革命创造的巨大生产力,使社会面貌发生了翻天覆地的变化;工业革命以后,资本主义最终战胜了封建主义,率先完成工业革命的西方资本主义国家逐步确立起对世界的统治地位,世界形成了西方先进、东方落后的局面。

第二次科技革命也称第二次工业革命。开始于19世纪70年代,完成于19世纪末20世纪初,美、德、英、法、日、俄等相继完成,并进入了帝国主义阶段。此次技术革命的主要标志是电力(和内燃机)的广泛使用,美国、德国率先进入电气时代。主要发明成就有电车、电话、电灯、电报(美国爱迪生发明耐用碳丝灯泡);德国卡尔·本茨发明内燃机、汽车;美国莱特兄弟发明飞机。此次革命推动了发电机和电动机(电力)、内燃机(石油)的使用。

第二次工业革命使人类迈入了“电气时代”,在第二次科技革命的推动下,资本主义国家的生产力获得了突飞猛进的发展,资本主义国家开始从自由资本主义向垄断资本主义即帝国主义过渡。

第三次科技革命也称新的科技革命。开始于20世纪40～50年代,至今仍在进行。此次革命的主要标志是原子能,电子计算机(核心),航天技术,生物工程等领域取得了重大突破。美国由此率先进入信息时代。主要发明成就有美国发明电子计算机;网络长椅;克隆技术的发展;太空中的宇航员;原子能的广泛使用等。

第三次科技革命使人类迈入了“信息时代”,推动了社会生产力空前发展;引起世界经济结构发生了重大变化,第一、第二产业在国民经济中的比重下降,第三产业比重上升,人类进入知识经济时代;引起了国际经济格局的变化(发达国家与发展中国家差距拉大,对发展中国家,既是机遇又是挑战;世界联系日益密切,经济全球化和区域集团化趋势加快);科技进步使人类日常生活发生了重大变化。

如何才能提高技术进步呢?我们认为首先要鼓励企业更多地进行研究与开发活动。比如,通过减税政策来提高企业研发的积极性。通过专利制度来保障发明者的收益。通过设立国家科学基金的形式来提高大学等教育机构从事研发活动等。

以义乌市促进企业研发为例来分析。自2003年,义乌市为了推进市内企业研发中心的建立,推出了多项优惠政策。比如,经企业申请,给予企业研发中心引进技术、研发设备投入经费总额30%的补助。为了鼓励义乌市级企业研发中心逐年增加技术设备投入,对经上级行政部门认定的省级、国家级企业研发中心(或技术中心),分别给予10万元、20万元的奖励。对于独立法人的企业研发中心,注册资本50万元以下的,允许将注册资本分期注入,首期注入10%即可注册。

五、其他政策

前面提到影响生产率的还有一些其他因素,比如制度环境、社会习俗、人口规模等。下面我们将有针对性地提出一些改进的建议。

1. 确保良好稳定的政治经济制度环境

有人说过经济的繁荣取决于政治繁荣,良好的制度环境和高效率的经济组织对经济的发展至关重要。制度具有降低交易成本、提供激励机制、为经济提供服务、为实现合作创造条件等基本功能,在技术创新中的作用巨大。新制度经济学创始人、诺贝尔经济学奖得主诺斯认为:西欧社会之所以能够摆脱传统社会的"马尔萨斯"循环,进而步入现代社会的主要原因在于,这些国家具有更有效率的经济组织和保护个人产权的制度体系,这种制度体系保护了个人的权利和创造性。美国经济学家罗森堡和小伯泽尔在其著作中指出:西方国家的科技水平之所以后来居上、占居世界领先地位,原因是西欧在中世纪中后期建立了有利于不断创新的社会机制。而产业革命之所以发端于西方,是因为这种机制奠定了创新的基础。

从经济发展取得成功的国家的经验来看,其经济所以能够快速发展,就在于这些国家和地区经过多年的探索,已经在促进经济发展方面形成了一整套比较有效的投资、产权、激励制度,从而调动了企业生产的积极性。例如:风险投资制度激发了人们创业的热情,有限合伙制度较好地解决了普通投资者的收益和风险平衡问题,政府优惠的财税政策、提供的贷款担保和直接的资金扶持对经济发展也发挥了巨大的作用。

2. 控制适度的人口规模

前面我们分析了人口对增长率的影响,所以对一国而言,要保持适度的人口规模,既不要过多,也不要过少,实践表明这个度是很难把握的。一直以来我们控制人口、计划生育的目的都是为了能更好地发展经济。从国际上来看,越是经济发展缓慢,无法提供充分就业的国家越是觉得人口问题严重,有很大的人口压力。而发展迅速,充分实现就业的国家和地区,尽管人口密度高,土地资源匮乏,反而觉得人口问题不是那么突出,甚至有的还缺乏劳动力资源。

人口增长和经济发展的关系并不是那么单纯的。我们认为:只有保持人口的适度增长才能扩大市场,刺激消费,加大经济规模,带来经济效益,从而长期稳定有效地促进经济的发展。为了实现这一目标,我们应当在宏观调控上继续扶持并发展劳动密集型行业,刺激消费需求,并在此基础上,积极有效地推动人口有序合理的转移和流动,加快全民社会保障体系和医疗保险体系的健全和完善,继续深化全社会义务教育来提高成人教育的广度,这样才能实现人口增长和经济增长的互动效应,以人口增长来推动国民经济长期稳定地增长,并根据经济增长的水平来确保人口增长的适度水平。

3. 构建良好的社会风气

社会生活中的种种不良风气的兴起,是在发展市场经济的过程中出现的。以中国为例来分析,具体原因如下:缺乏信仰,无道德约束;功利意识增强导致信念意识减弱;自我意识增强导致社会意识减弱;关系意识增强导致原则意识减弱;投机意识增强导致实干意识减弱。要构建良好的社会风气需要全社会的共同努力,这也并非朝夕就能完成的事。

第四节 经济周期

一、经济周期的含义

经济周期(business cycle)也称商业周期、商业循环、景气循环,它是指经济运行中周期性出现的经济扩张与经济紧缩交替更迭、循环往复的一种现象。是国民总产出、总收入和总就业的波动。

在市场经济条件下,社会越来越多地关心经济形势,也就是"经济大气候"的变化。一个企业生产经营状况的好坏或一个人收入水平的高低,既受其内部条件的影响,又受外部宏观经济环境和市场环境的影响。一个企业或个人，无力决定它的外部环境，但可以通过内部条件的改善，来积极适应外部环境的变化。

经济周期具有以下基本特征：①经济周期不可避免；②经济周期是经济活动总体性、全局性的波动；③一个周期由繁荣、衰退、萧条、复苏四个阶段组成（图 11-2）；④周期的长短由周期的具体性质所决定。

经济周期的特点是国民总产出、总收入、总就业量的波动，它以大多数经济部门的扩张与收缩为标志。经济衰退的普遍特征：消费者需求、投资急剧下降；对劳动的需求、产出下降；企业利润急剧下滑，股票价格和利率一般也会下降。衰退指实际 GDP 至少连续两个季度下降。萧条指规模广且持续时间长的衰退。

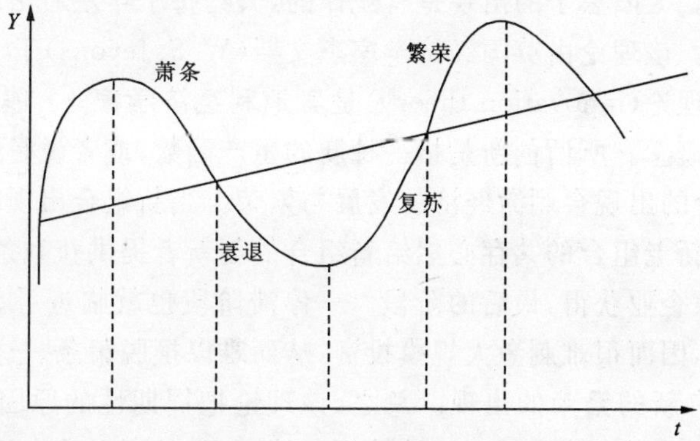

图 11-2　经济周期的阶段

二、经济周期的类型

1. 朱格拉周期

法国经济学家朱格拉（C. Juglar）在 1862 年出版的《法国、英国及美国的商业危机及其周期》一书中，提出了资本主义经济存在着 9～10 年的周期波动，一般称为“朱格拉周期”。熊彼特把这种周期称为中周期，或朱格拉周期。汉森则把这种周期称为“主要经济周期”。

2. 基钦周期

英国经济学家瑟夫·基钦（J. Kitchen）于 1923 年提出了存在着一种 40 个月（3～4 年）左右的小周期，而一个大周期则包括两个或三个小周期，故称为“基钦周期”。基钦提到，这种小周期是心理原因所引起的有节奏的运动的结果，而这种心理原因又是受农业丰歉影响食物价格所造成的。

3. 康德拉季耶夫周期

俄国经济学家康德拉季耶夫（N. D. Codrulieff）于 1925 年提出资本主义经济中存在着 50～60 年一个的周期，故称“康德拉季耶夫周期”，也称长周期。

4. 库兹涅茨周期

1930 年，美国经济学家库兹涅茨（S. Kuznets）提出了存在一种与房屋建筑相关的经济周期，这种周期平均长度为20年。这也是一种长周期，被称为“库兹涅茨周期”，也称建筑业周期。

三、经济周期的成因分析

1. 外因论

外因论认为，周期源于经济体系之外的因素——太阳黑子、战争、革命、选举、金矿或新资源的发现、科学突破或技术创新等。

太阳黑子理论。太阳黑子理论把经济的周期性波动归因于太阳黑子的周期性变化。因为据说太阳黑子的周期性变化会影响气候的周期变化，而这又会影响农业收成，而农业收成的丰歉又会影响整个经济。太阳黑子的出现是有规律的，大约每十年左右出现一次，因而经济周期大约也是每十年一次。该理论由英国经济学家杰文斯(W. S. Jevons)于1875年提出。

创新理论。创新理论(innovation theory)是奥地利经济学家J·熊波特提出用以解释经济波动与发展的一个概念。所谓创新是指一种新的生产函数，或者说是生产要素的一种“新组合”。生产要素新组合的出现会刺激经济的发展与繁荣。当新组合出现时，老的生产要素组合仍然在市场上存在。新老组合的共存必然给新组合的创新者提供获利条件。而一旦用新组合的技术扩散，被大多数企业获得，最后的阶段——停滞阶段也就临近了。在停滞阶段，因为没有新的技术创新出现，因而很难刺激大规模投资，从而难以摆脱萧条。这种情况直到新的创新出现才被打破，才会有新的繁荣的出现。总之，该理论把周期性的原因归之为科学技术的创新，而科学技术的创新不可能始终如一地持续不断地出现，从而必然有经济的周期性波动。

政治性周期理论。经济周期的一个主要例证就是政治性周期。政治性周期理论把经济周期性循环的原因归之为政府的周期性的决策(主要是为了循环解决通货膨胀和失业问题)。政治性周期的产生有三个基本条件：①凯恩斯为政策制定者提供了刺激经济的工具；②选民喜欢高经济增长、低失业以及低通货膨胀的时期；③政治家喜欢连选连任。

2. 内因论

内因论认为，周期源于经济体系内部——收入、成本、投资在市场机制作用下的必然现象。

纯货币理论。该理论主要由英国经济学家霍特里(R. Hawtrey)在1913—1933年的一系列著作中提出。纯货币理论认为货币供应量和货币流通度直接决定了名义国民收入的波动，而且经济波动完全是由于银行体系交替地扩张和紧缩信用所造成的，尤其以短期利率起着重要的作用。

投资过度理论。投资过度理论把经济的周期性循环归因于投资过度。由于投资过多，与消费品生产相对比，资本品生产发展过快。资本品生产的过度发展促使经济进入繁荣阶段，但资本品过度生产从而导致的过剩又会促进经济进入萧条阶段。

消费不足理论。消费不足理论的出现较为久远。早期有西斯蒙第和马尔萨斯，近代则以霍布森为代表。该理论把经济的衰退归因于消费品的需求赶不上社会对消费品生产的增长。这种不足又源于国民收入分配不公所造成的过度储蓄。该理论一个很大的缺陷是，它只解释了经济周期危机产生的原因，而未说明其他三个阶段。因而在周期理论中，它并不占有重要位置。

心理理论。心理理论和投资过度理论是紧密相连的。该理论认为经济的循环周期取决于投资，而投资大小主要取决于业主对未来的预期。预期是一种心理现象，而心理现象又具有不确定性的特点。因此，经济波动的最终原因取决于人们对未来的预期。当预期乐观时，增加投资，经济步入复苏与繁荣，当预期悲观时，减少投资，经济则陷入衰退与萧条。随着人们情绪的变化，经济也就周期性地发生波动。

本章小结

1. 经济增长是指一国在一定时期内生产的产品和服务总量的增长，即国内生产总值(GDP)或人均国内生产总值(GDP)的增加。它通常用真实 GDP 的增长率或人均真实 GDP 的年增长率来衡量。

2. 生产率是决定一国经济增长的重要指标。生产率取决于人均的物质资本、人均的人力资本、人均的自然资源及技术状况。

3. 资本的边际收益递减，即随着资本存量的增加，增加一单位资本的投入带来的产量的增量减少。

4. 一国要提高人均人力资本，就必须大力发展教育事业，提高人的健康状况，改善营养。

5. 经济周期也称商业周期、商业循环、景气循环，它是指经济运行中周期性出现的经济扩张与经济紧缩交替更迭、循环往复的一种现象。是国民总产出、总收入和总就业的波动。

6. 政府政策能以许多方式影响经济增长率：鼓励储蓄和投资、鼓励来自外国的投资、促进教育、改善健康状况、控制适度的人口规模、促进新技术的研究与开发、构建良好的社会风气等。

案例 1　尘封在档案里的繁荣理论

几千年以来，世界上大部分人都生活在赤贫当中：开始是作为狩猎和采集者，后来是农民或者体力劳动者。但是通过工业革命，有些社会把从前的贫困转变成了令人惊讶的繁荣。

很久以来，历史学家和经济学家一直在尽力了解这种转变是如何发生的，以及为什么只发生在几个国家。现在，一位二十多年来梳理英国中世纪档案的学者为这两个问题提供了令人吃惊的回答。

加州大学 Davis 分校的经济史学家 Gregory Clark 认为，在 1800 年左右首先发生在英国的经济增长大潮——也就是工业革命之所以能够发生，是因为人口的变化。这种变化使人们渐渐地出现新奇古怪的行为，这是现代经济运转所要求的，Clark 博士认为，中产阶级的价值观，包括非暴力、识字率、长时间工作以及储蓄的意愿，在人类历史上是刚刚出现的。

正是因为这些价值观在 1800 年以前形成——无论是通过文化传播还是进化适应——英国人最终具有了足够的生产效率摆脱贫困，其他一些具有同样长久土地所有权的国家也很快纷纷效仿。

几年来 Clark 博士的观点一直在文章及手抄本中流传，最近将要以名为《救济的终结》一书的形式出版。尽管许多经济史学家对 Clark 博士的部分观点持有不同意见，大家还是高度赞扬了他的这一主题。

Clark 博士的研究工作是基于他重新整理的 1200—1800 年期间英国的经济数据。通过这些数据，他前所未有地、清晰地说明了经济曾经深陷马尔萨斯陷阱——新技术每提高一点生产效率，人口就增长，增量人口吃掉了盈余，平均收入跌回到原来的低水平。

按照能够购买的小麦数量来衡量，当时的收入实在是低得可怜。到1790年为止，英国平均每人每天消费2 322卡里路，穷人则只有1 508卡里路。而在以狩猎和采集为生的社会，人们可食用的热量也在2 300卡里路以上。

“早期人类的饮食水平和1800年世界上最富有的国家差不多。”Clark博士观察到。

托马斯·马尔萨斯在1798年出版的《人口论》中就讲述了人口增长超过食物供给从而使大部分人口处于饥饿边缘的趋势。Clark博士的数据说明，1200年到工业革命期间的英国经济陷入马尔萨斯陷阱，而且在他看来，人类历史上也大抵如此。只有在黑死病这样的大灾期间，人口骤减，才有个喘息机会，幸存者才有更多可供几代人吃的食物。

马尔萨斯的书启发了达尔文的自然选择学说，并因此而世界闻名。达尔文在看到马尔萨斯所预计的人类生存奋斗之后，在他的自传中写道：“这种说法一下子击中了我，适应环境的物种更可能存活，而不适应环境的会灭亡……然后我终于找到了说得通的理论。”

如果英国经济的确是在马尔萨斯主义的限制下运作，以某种方式对达尔文预言的自然选择力量作出反应会是这种状况下的繁荣吗？Clark博士开始想知道自然选择是否确实在某种程度上改变了人口的特性。如果是这样的话，是不是可以解释工业革命呢？

工业革命使人类第一次逃离了马尔萨斯陷阱，它发生时，生产效率终于增长了，其增长的速度足以超过人口增长的速度，从而使平均收入提高。从经济学角度和政治学角度都对效率的突飞猛进经行了解释，但历史学家认为没有哪种解释令人完全满意。

Clark博士最初以为可能是人们对疾病有了更大的抵抗力。这个想法源自Jared Diamond的书《枪炮、病菌和钢铁》，书中写道欧洲人之所以能够征服其他国家，部分原因是他们对疾病的免疫力更强。

这种观点的一个例证是，当时像伦敦这样的城市非常肮脏，疾病丛生，每一代人都会有1/3的人口死亡，而损失的人口由农村的移民填充。Clark博士由此认为英国幸存的人口可能是农民的后代。

他认识到验证这个想法的一个方法是分析先人的遗嘱，这可能会揭示财富和后裔人数之间的关系。遗嘱分析确实对Clark博士起到了一定的帮助，但是结论恰恰与他原来的想法相反。

Clark博士的研究说明，一直以来，富人都比穷人有更多的孩子存活。这就意味着社会流动性是持续向下的，因为穷人无法自我繁衍，富人的后代取代了他们的位置。他的结论是，“英国现代的人口大部分是中世纪的上层经济阶层的后裔”。

Clark博士认为，当富人的后代分散于整个社会时，创造财富的行为因此随之传播开来。有文献说明现在被称为是中产阶级价值观的一些观点，自狩猎采集社会到1800年发生了显著的变化：工作时间增加了，识字率和计算能力提高了，人与人之间的暴力冲突减少了。

Clark博士认为，人类行为的另一个巨大变化是人们储蓄偏好的增加胜过了即时消费，这可以反映在1200—1800年间利率的持续下降。

Clark博士写道：“节俭、谨慎、谈判和努力工作，已经取代了挥霍无度、冲动、暴力和喜欢闲呆着，成为人们现在的价值观。”

大约在1790年前后，英国经济第一次出现了生产效率的向上增长趋势。正是生产效率增长率的显著提高最终使英国逃离了马尔萨斯陷阱，并带来了工业革命的兴起。

资料来源：曼昆. 经济学原理—宏观经济学分册. 梁小民，译. 北京：北京大学出版社，2009.

案例 2　印度经济

印度共和国位于南亚次大陆，面积约 300 万 km^2，首都新德里，人口约 10.27 亿(截至 2001 年 3 月 31 日)，是世界第二人口大国。迅速膨胀的人口不仅阻碍了经济的进步而且增加了对自然资源的压力，造成环境的严重恶化，劳动力的增长和规模持续超过经济的吸收能力。绝对贫困依然广泛存在，文盲率超过 50%，婴儿死亡率依然接近 75‰。世界上每日支出不足 1 美元的穷人中，超过 40%生活在印度。贫困人口占印度乡村人口的 1/3，城市居民的 1/5。

印度经过长期的反英斗争，在 1947 年终于获得了独立。英国为了满足印度的印度教徒和巴基斯坦的穆斯林的要求，把印度殖民地分割成两部分。现代的印度和巴基斯坦因而同时诞生。印度曾经一度受英国议院制度的影响，是一个有封建政府的社会主义民主共和国。然而在 20 世纪 80 年代和 90 年代初期，印度放弃了它的社会主义经济政治取向，激进地推行市场资本主义。

农业是印度最重要的经济产业，它占用了印度 3/4 的劳动力，创造出 30%的国内生产总值，在 20 世纪 60 年代后期和 70 年代初期的"绿色革命"之后，农业生产开始以年均30%的速度增长。这在很大程度上要归功于农业技术和灌溉系统的改善。结果印度实现了粮食生产的自给，把小麦产量从 1964 年的 1 000 万吨提高到 1985 年的 4 500 万吨以上，在 1984 年粮食总产量达到 1.5 亿吨，粮食生产跟上了人口增长。

虽然在 20 世纪 80 年代印度的国民生产总值以年均 5.3%的速度增长，但是人口的相应增长却导致人均收入只有微小的受益。尽管大规模的国有和国营制造业公司生产钢铁、机床、电力和运输机械，另外，化工厂也自 1960 年以来出现，但是，棉纺织品和黄麻织品的生产仍然是该国最主要的工业活动。90 年代初，这些企业的大多数又通过私有化转让给私人控制。印度政府在 90 年代为了重新调动生产积极性而实施的重要措施，包括逐步解除对工业和贸易的管制，用激励制度和一整套政策鼓励高新技术的转移，特别要指出的是，通讯设备部门的私有化，电子计算机工业出口的自由化，在自动化和机床工业方面更为灵活的生产工序的引进以及几项方便资本品进口的措施的采取，体现了印度当局发展经济的首创精神。尽管受高人口增长率的影响，经济增长已经能使印度在反贫困的战斗中初获小胜。

印度从 1991 年开始实行经济改革，近年经济增速较快，国内生产总值(GDP)年增长率达 4%～6%。2000—2001 财政年度，印度全国 GDP 总量为 4 598 亿美元，人均 GDP 约 450 美元。另据统计，2001—2002 财政年度印度粮食总产量达 2.09 亿吨，不仅自给有余，而且库存也在不断增加。

印度的三大产业在国民经济中均占有重要地位，三大产业占国民经济的比例(以 1999—2000 财政年度为例)分别为：第一产业占 29%，第二产业占 24%，第三产业占 47%。印度的六大基础工业产业为石油、石化、煤炭、电力、水泥和钢铁。

正当印度的经济迅速地从传统的经济发展赖以遵循的社会主义模式向更多地依赖于自由市场和更加开放的经济过渡时，人们日益忧虑的是，经济效率的改善和经济的增长可能会以收入的更加不均等、更高失业率、持续的环境破坏、穷人和中产阶级实际收入的下降为代价。因而，在 21 世纪，印度政府所面临的主要挑战将会是如何平衡经济增长和收入均等、效益和就业、食物生产和环境破坏以及自由市场和减轻贫困。与此同时，还要对付迅猛的人口增长和印度教徒与穆斯林原教旨主义者之间不断升级的民族暴力冲突。这将是一个令人望而却步的任务。

资料来源：http://wenku.baidu.com，百度文库.2010－12.

本章练习

一、名词解释

经济增长、增长率、经济周期、追赶效应、资本收益递减

二、分析题

1. 什么是经济增长？经济增长的衡量指标有哪些？你是愿意生活在一个高 GDP 水平而增长率低的国家呢，还是愿意生活在一个低 GDP 水平而增长率高的国家？
2. 分析并说明生产率的四个主要决定性因素。
3. 高储蓄引起了暂时的高增长还是永远的高增长？
4. 说明人口增长对经济增长的影响。
5. 假设日本本田汽车公司在武汉开办了一家新工厂。这代表了哪一种外国投资？这种投资对中国的 GDP 有什么影响？

第十二章　货币和货币供给

学习目的:

1. 了解货币的含义、特征、基本职能、类型及划分层次;
2. 掌握不同准备金制度对货币创造的影响;
3. 掌握货币乘数的含义;
4. 理解货币的需求与供给,货币市场的均衡过程。

教学要求:

1. 了解货币的含义、特征、基本职能及类型;
2. 理解货币的划分层次,了解我国对货币的划分;
3. 了解中国的银行体系与美国的银行体系的构成和区别;
4. 掌握不同准备金制度对货币创造的影响;
5. 运用货币乘数理论,解决实际问题。

第一节　货　币

今天如果我们要买什么东西,我们会用纸币或硬币,或者开支票、刷信用卡或借记卡,或者使用“校园一卡通”等智能卡。我们所使用的这些东西就是货币吗?而在古代,如果要买东西,人们会用金、银、铜、谷、帛甚至石头、盐巴。那这些东西也是货币吗?它们和我们现在所使用的纸币或硬币等有什么共同之处呢?要回答这些问题,首先我们需要给货币下个定义。

一、货币的含义

在不同时期,货币存在的形式有所不同,因此,人们对货币的定义有所侧重。一些经济学家从实物货币或商品货币出发来定义货币,注重货币的内在价值,从商品的内在矛盾来揭示货币的产生及属性;一些经济学家从商品交换的“便利”出发,注重货币的媒介性,从解决物物交换的困难的角度来揭示货币的产生和属性。如果不考虑历史的因素,仅从现代的角度来定义货币,我们将货币定义为:由国家法律规定的,在商品劳务交易中或债务清偿中作为支付手段的被社会普遍接受的任何商品或符号。具有普遍接受性是货币的重要特征。

1. *商品或符号*

货币总会是某种东西,它受到大家的认可,并且可以被分成更小的部分。所以货币可以是某种实际存在的商品,如金条、银块等。但它也可以是一种符号,如一枚1元钱的硬币或者一张10元钱的纸币。货币也可以是一种虚拟的符号,如银行数据库中的电子记录。

2. 普遍接受

货币是被普遍接受的，也就意味着它可以被用来购买任何商品。某些符号只能用来购买一部分商品，但不能用来购买其他商品。例如，购物卡仅能用来支付超市的购物费用，不能用它来打电话或者买车票，所以购物卡不是货币。相反，你可以用一张100元钱的纸币来买电话卡、买车票或者去超市购物，或者任何其他价格不超过100元的东西，所以100元的纸币是货币。

3. 支付手段

支付手段是债务清偿的方法。当支付行为完成后，交易双方就不再有其他义务了，交易也完成了。假设你从朋友那里买了一台电脑。你现在没有足够的钱付清款项，但一个月后拿到工资时，你就有足够的钱支付了。你朋友同意你在一个月之后付清款项。在这个过程中，你通过向你朋友借款买了这台电脑，然后再把这笔款还上。你朋友给你的贷款不是货币，而你是用货币来偿还这笔贷款即债务的。所以货币可以用来清偿债务。

所以，金、银、铜、谷、帛、石头、盐巴和我们现在使用的纸币、硬币的共同之处在于它们都是被普遍接受的支付手段，这就是它们能被用作货币的原因。

二、货币的职能

货币有三种职能：交易媒介、计价单位、价值储藏。

1. 交易媒介

交易媒介是指在商品与劳务的交换中被普遍接受的某种物品。货币是一种交易媒介。没有货币，你将不得不直接以商品与劳务交换其他的商品与劳务——即物物交换。物物交换要求交易双方存在需求一致性。比如，如果你想要一本书，但你只有一部电话可供交换，这样你就必须找到一个想卖书同时又想购买电话的人。货币保证了这种需求一致性的存在，因为想卖某种东西的人一般总愿意接受货币。因此货币犹如润滑剂，使交易机制更顺畅。货币使你可以专注于自身拥有比较优势的活动，而不用花时间寻找需求的双向一致性。

2. 计价单位

计价单位是指大家都认可的表示商品与劳务价格的衡量标准。比如当你去超市购物时，你会发现面包的价格是5元钱，牙膏的价格是10元钱，洗面奶的价格是20元钱，篮球的价格是40元。设想一下，如果牙膏的价格用2个面包来表示，洗面奶的价格用2支牙膏来表示，篮球的价格用2瓶洗面奶来表示……，那你要算多少次才能知道这些商品的总价格是否在你的预算之内？收银台人员计算起来会有多麻烦，多浪费时间？你可能再也不想去超市购物了。而如果所有的商品和劳务都用纸币（或硬币）的圆角分来表示价格，就简单多了。所以计价单位是货币的另一个重要职能。

3. 价值储藏

价值储藏是人们可以持有并在将来某一时候交换商品与劳务的任何商品或符号。货币是一种价值储藏，因为当卖者用商品或劳务交换到货币时，他可以持有货币，并在未来某个时候用这些货币来交换其他的商品或劳务。

但是，货币不是经济中唯一的价值储藏手段。财富包括货币和非货币资产，即用来指所有价值的货币形式和其他物化储藏手段。比如房屋、小汽车、艺术品、股票、债券都能发挥价值储藏的功能，它们的价格会随着时间的变化而发生波动。我们用做货币的商品和符号的价值也是经常波动的，比如出现通货膨胀，货币的价值就下跌。

三、货币的种类

1. 实物货币

当货币本身具有内在价值时，我们称之为商品货币。内在价值这个词，是指即使不作为货币，东西本身也有价值。比如黄金，黄金之所以有内在价值，是因为它可以制造首饰和用于工业。虽然我们今天不再把黄金作为货币，但它在世界历史上都是货币最常见的形式，因为它较容易携带，容易衡量，也容易确定成色。当一个经济体的货币是黄金(或者用可以随时兑换为黄金的纸币)时，也可以说这个经济是在金本位下运行。

再比如香烟。在第二次世界大战的战俘营中及现如今的有些监狱中，战俘们或服刑的犯人用香烟来进行交易，因为在战俘营和监狱中香烟能作为价值储藏手段、计价单位，也是普遍接受的交换媒介。同样，当前苏联在 20 世纪 80 年代末解体时，香烟在莫斯科开始替代卢布成为受欢迎的通货。在以上列举的两种情况下，即使一个不吸烟的人也会愿意在交换中接受香烟，因为他们知道，拥有香烟就可以去购买其他的物品与劳务。

2. 法定货币

有一种货币没有作为商品的内在使用价值，然而却具有广泛流通性，成为人们乐意接受的货币，这类没有内在价值的货币称为法定货币。法定就是一种命令或法令，法定货币是由政府法令所确定的货币。例如，你钱包中的纸币人民币能用来支付餐馆的账单，而游戏中的金币却不能用来支付餐馆的账单。为什么呢？因为中国政府的法令规定人民币为有效货币。

在法定货币制度下，虽然政府建立并管理法定货币制度，但这种货币制度的成功还取决于其他因素。在很大程度上，接受法定货币还取决于人们的预期和社会习惯，以及对政府法令的依赖。例如 20 世纪 80 年代，前苏联政府并没有废除当时作为官方通货的卢布，但莫斯科人民在物品与劳务交换中更愿意接受香烟或美元，因为他们相信，未来其他人将接受香烟或美元这些替代货币。

3. 支票

支票不是货币。它是要求银行进行支付的一种指令。最简单的证明支票不是货币的方法就是试着去思考，当你开支票的时候，你拥有的货币数量是如何变化的。当你写支票来付账单的时候，你并不会立刻拥有更多的钱，你拥有的货币是你的银行存款，而不是你在支票上所写的价值。

4. 信用卡

信用卡不是货币。它是一种特殊类型的身份证，拥有了它你可以借入短期贷款。试想你用你的信用卡购买一本教材。你在信用卡收条上签字，带着书离开书店，但此时你并没有为这本书付款。实际上，这个过程等同于你从信用卡的发卡行借入了一笔贷款。书店的银行账户获得了这笔金额，而你最终将收到你的信用卡账单，并需要用货币来进行偿还。

5. 借记卡

借记卡的原理就像纸质支票，只是过程更快。就像支票不是货币一样，借记卡也不是货币。要理解为什么借记卡的工作原理和支票一样，试想当你用借记卡来购买建材的时候将发生什么。当书店的售货员刷你的借记卡时，书店所在银行的电脑收到一条信息：从你的银行账户支取100元，将款项划入书店的账户。这笔交易瞬间就完成了。但是再强调一次，银行存款是货币，而借记卡只是一种使货币从你的账户转向书店账户的工具。

6. 电子支票

电子支票是纸质支票的电子等价物。超过90家银行及其他金融机构成立了金融服务技术集团，在发展电子支票方面共同合作。互联网美国银行通过电子邮件提供了互联网电子支票系统。和纸质支票一样，电子支票也不是货币，进行划转的存款才是货币。

所以，支票、信用卡、借记卡以及电子支票都不是货币。但目前一种信息时代的新型货币正在逐渐出现，我们称之为电子货币。

7. 电子货币

电子货币是纸币和硬币的电子等价物。它是一种电子现金，对那些愿意使用它的人来说，电子货币应该发挥和货币相同的功能。但对于电子货币而言，要想成为一种广泛使用的货币形式，它必须先具备有形现金所具有的某些特点。

人们愿意使用有形现金，是因为它们具有可携带、可辨识、可转让、不可追踪、可以匿名使用，也可用来找零等特点。电子货币设计者的目的就是保持纸币和硬币的所有这些特点。今天的电子货币具有可携带、不可追踪和可匿名使用的特点，但它的可辨识水平还满足不了作为支付手段被普遍接受的要求，所以它还不符合货币的定义。

和纸币、硬币一样，电子货币可以在商店使用，它也可以在互联网上使用。在商店，购买者使用存有若干电子货币的智能卡，商店会有这种智能卡的读取器。当一个交易完成时，电子货币就从智能卡转移到商店的银行账户上。利用一种特殊的ATM机或手机，智能卡的使用者可以从银行账户提取电子货币。

在互联网上，发行银行提供了几种分别对应美元、欧元和其他货币的电子货币。隶属于eBay公司的PayPal是最著名的并被广泛应用的电子货币系统。只要拥有电子邮箱地址，任何的交易双方都可以使用PayPal的交易系统在超过50个国家进行交易。

和纸币相比，电子货币的优点在你遗失钱包时体现得非常明显。如果钱包里塞满了钞票，那就非常倒霉了。但如果里面装的是储存了电子货币的智能卡，你的银行就可以删除卡中的电子货币记录，并向你补发等额的电子货币。

尽管目前电子货币还没有被普遍接受，但将来它的作用很有可能上升，并且它很有可能会逐渐取代有形现金。

四、中国当前的货币

很多人认为货币就是我们平时所说的钱，其实这是一种片面的认识。上文中已详细介绍了货币的定义及种类，可见，货币泛指被普遍接受的各种交易媒介和支付手段，包括广泛的内容，钱只是货币的一个小部分。而根据流动性的不同，我们可以把货币划分为不同的层次。

流动性是指资产转变为现实支付能力的难易程度。如果某项资产很难转变为现实的支付能力，或者需要为此付出较大的成本，则这项资产的流动性就是低的；如果某项资产能够迅速地变现，并且无需承担损失，则这项资产的流动性就是高的。比如，口袋里的现金无疑是流动性最高的，可以马上用来买任何东西；与现金相比，银行活期存款的流动性就比较低，需要先取出现金才能够用来支付，为此花费的时间就是一种成本；如果是定期存款，则流动性更低了，定期存款的支取时间受到限制，如果提前支取则需要交纳罚金。

具体来说，按照流动性从高到低，货币可以作如下的层次划分。

(1)流通中的现金——M_0，也被我们称之为钱，包括各种面值的钞票和硬币。这部分货币是流动性最高的，我们日常生活中的商品劳务交换主要是以现金为媒介而实现的。流通中的现金是最小意义上的货币。

(2)流通中的现金和各种活期存款——M_1，活期存款指能够随时用于支付的存款，包括支票存款和信用卡存款等。流通中的现金主要是个人日常支付采取的媒介形式，而各种公司、企事业单位之间的交易多采取支票作为支付方式。使用支票存款只要在银行存入一定的金额开立支票账户，就可以随时向这个账户签发支票以支取款项，因而具有较高的流动性。我们习惯把 M_1 称为狭义货币。

(3)M_1 和各种储蓄存款和定期存款——M_2。储蓄存款和定期存款都是购买力的暂时储存，很容易变成现金，因此，应该包括在货币的范围内。我们习惯上把 M_2 称为广义货币。

(4)M_2 和其他短期流动资产——M_3，其他短期流动资产是指国库券、银行承兑汇票和商业票据等，这些资产的到期日比较近、兑现有保障，在到期之前可以通过贴现的方式转化为现实支付能力，但是要承担一定的费用，因而也具有一定的流动性。

对于不同层次的货币，可以根据不同的需要进行选择分析。对于一般的宏观经济分析来说，比较重视狭义货币和广义货币这两个指标。上文介绍的是理论上的货币层次划分方法，具体到每个国家，划分方法可能不完全一样。中国于 1994 年正式确定了货币层次划分方法，并定期公布各层次货币供应量的数据。具体的划分是这样的：

M_0＝流通中的现金。

M_1＝M_0＋企业活期存款＋机关团体部队存款＋农村存款＋个人持有的信用卡类存款。

M_2＝M_1＋城乡居民储蓄存款＋企业存款中具有定期性质的存款＋信托类存款＋其他存款。

M_3＝M_2＋金融债券＋商业票据＋大额可转让定期存单等。

其中，M_2 减去 M_1 剩下的部分称为准货币。

第二节　金融体系

一、中国的金融体系

1. 中央银行

中央银行是一国的金融管理机构，虽然被称为银行，但是并不经营银行业务，不追求利润最大化，是一个超脱于一般银行之外的政府管理部门。中央银行负责监督、管理商业银行和其他金融机构，调节经济中的货币供应量和利率，制定并执行货币政策，以确保国民经济稳定、健康地发展。

中央银行的职能可以概括为发行的银行、银行的银行和政府的银行。中央银行通过履行这些职能，发挥着调节经济运行的作用。

第一，发行的银行。中央银行是一国经济中唯一的纸币发行机构，垄断了纸币的发行权。通过这种垄断权，中央银行可以根据经济发展的需要，适时调节经济中的货币供应量。

第二，银行的银行。中央银行既是商业银行的监管者，也为商业银行提供服务。中央银行负责保管商业银行的准备金（下文将详细介绍）、办理商业银行之间资金清算并充当商业银行的最终贷款人。

第三，政府的银行。中央银行经办政府的财政收支、代理政府的金融事务并为政府提供资金融通。作为最高的金融管理机构，中央银行负责制定各种金融法规，执行对商业银行的监督管理。

中国的中央银行萌芽于20世纪初，由于当时币制紊乱，银元、铜钱、钱钞、银票、私贴以及外国银元同时流通，成色折合复杂。为整理币制，清光绪三十年（1904年）由户部奏请清政府设立户部银行。光绪三十四年（1908年），户部改为度支部，户部银行亦改称大清银行，发行货币，经办存贷款等业务。户部银行成立时间不长，经清政府批准，由邮传部经手于1908年3月4日成立交通银行，发行纸币，经办铁路、轮船、电报、邮政四个单位的一切款项收支。户部（大清）银行、交通银行都属于国家的银行，但实际上都没有真正起到中央银行的作用，只能说是中央银行的萌芽形态。

现在中国的中央银行是中国人民银行，美国的中央银行是美国联邦储备局，简称美联储。日本的中央银行是日本银行，英国的中央银行是英格兰银行，法国的中央银行是法兰西银行。

2. 商业银行

商业银行是经营货币业务的企业。通过货币资金存贷、提供清算理财服务、信息咨询等活动，谋求自身利润的最大化。商业银行是银行体系的主体，是唯一能够接受活期存款的金融机构，经济中的货币供给量正是通过商业银行的存款创造和收缩形成的。

商业银行在银行体系中占有重要地位，在信用活动中起着主导作用。这是因为商业银行在银行体系的存贷业务中占有最大比重，是企业贷款的主要供应者，它的业务活动影响着企业经营的方向和规模，业务范围非常广泛，并同其他金融机构发生密切联系；它们通过办理非现金结算实现着绝大部分的货币周转，起着创造存款货币的作用；它们为客户提供多种服务，给企业和个人带来便利。虽然商业银行同其他金融机构的业务界限已日趋消失，但在许多方面是其他金融机构所不能代替的，仍是银行体系的基本环节。如美国的商业银行对美国的经济、财政、货币、金融政策起着举足轻重的作用，其中50家大商业银行的资产总额和存放款总额约占全国的三分之一。

目前中国商业银行的组织形式主要有如下几种。

国有独资的商业银行。这是中国现有国家银行的主体，主要有：中国工商银行、中国农业银行、中国建设银行和中国银行。

以公有制为主体的股份制商业银行。主要有：交通银行、中信银行、中国光大银行、华夏银行、招商银行、广东发展银行、兴业银行、平安银行、浦东发展银行、海南发展银行，以及烟台、蚌埠住房储蓄银行等。

民营股份制的商业银行。它是由私人企业集股为主组建的银行，有中国民生银行等。

城市商业银行。城市商业银行的前身是城市合作银行，虽然冠以“合作”两字，城市合作银行实际上仍属于股份制商业银行性质。改革开放以后，中国的合作金融机构城市信用社有了很大发展。1995 年国家提出在城市信用社的基础上成立城市合作银行，1998 年又改建为城市商业银行。

中外合资银行。主要有厦门国际银行和青岛国际银行、中国国际金融有限公司等。

所有商业银行都必须接受中国人民银行的监督管理，国有独资的商业银行还要设立监事会。

3. 政策性银行

政策性银行是为了贯彻国家政策而设立的金融机构，国家通过政策性银行向需要发展的行业部门发放优惠贷款，提供资金支持。设立政策性银行的目的是为了政策需要，而不是寻求利润，从这个意义上来说，政策性银行与商业银行存在本质的不同。

中国的政策性银行有三家：中国农业发展银行、中国进出口银行和国家开发银行。

二、美国联邦储备体系

在美国，负责管理法定货币制度的机构是联邦储备(federal reserve)，通常简称为美联储(Fed)。如果你观察一张美元钞票的上部，你将看到“联邦储备券”。联邦储备是美国的中央银行。

1. 美联储的结构

经历了 1907 年的一系列银行倒闭事件以后，美国国会相信美国需要一个中央银行来确保全国银行体系的正常运行，于是在 1913 年创建联邦储备。现在美联储由其理事会管理，理事会有 7 名由总统任命并得到参议院确认的理事，理事任期 14 年。和联邦法官的终身任职使他们与政治分离一样，美联储理事的长期任职使他们能在制定货币政策时独立于短期政治压力。

理事会的 7 名成员中，最重要的是主席。主席任命美联储官员，主持理事会会议，定期在国会各种委员会前为美联储的政策作证。总统有权任命任期 4 年的主席。美联储任期最长的主席是艾伦·格林斯潘，他最初在 1987 年由里根总统任命，以后又由布什、克林顿和小布什总统任命。

联邦储备体系由设在华盛顿特区的联邦储备理事会和位于全国一些主要城市的 12 个地区联邦储备银行组成。地区银行的总裁由每个银行的理事会选择，理事会成员一般来自当地银行和企业界。

美联储有两项相互关联的重要工作。第一项工作是管制银行并确保银行体系的正常运行。这项工作主要由地区联邦储备银行负责。特别是，美联储监管每个银行的账务状况，推进银行的支票结算交易。它是银行的银行，也就是说，美联储在银行本身想要借款时给它们贷款。当财政上出现麻烦的银行发现自己现金短缺时，美联储充当最后贷款者——贷款给在其他任何地方都借不到款的银行的贷款者——以便维持整个银行体系的稳定。

美联储第二项而且更重要的工作是控制经济中可以得到的货币量，这种货币量称为货币供给。决策者关于货币供给的决策构成货币政策。在美联储，货币政策是由联邦公开市场委员会(FOMC)制定的。FOMC 每 6 周在华盛顿特区开一次会，讨论经济状况并考虑货币政策的变动。

2. 联邦公开市场委员会

联邦公开市场委员会由美联储的7位理事和12个地区银行总裁中的5位组成。所有12个地区银行总裁都参加FOMC的每次会议,但只有5位有投票权,投票权由12个地区银行总裁轮流享有。但纽约联邦储备银行的总裁总是拥有投票权,因为纽约是美国经济传统的金融中心,并且美联储的所有政府债券的买卖都在纽约联邦储备银行的交易柜台进行。

通过FOMC的决策,美联储有权增加或减少经济中美元的数量。美联储的主要工具是公开市场活动——买卖美国政府债券。如果FOMC决定增加货币供给,美联储就创造美元并用它们在全国债券市场上从公众手中购买政府债券。于是,这些美元就到了公众手中。因此,美联储对债券的公开市场购买增加了货币供给。相反,如果FOMC决定减少货币供给,美联储就在全国债券市场上把它的资产组合中的政府债券卖给公众。出售之后,它从公众手中得到了美元。因此,美联储对债券的公开市场出售减少了货币供给。

第三节　银行与货币供给

目前为止,我们介绍了“货币”的概念,并讨论了中央银行如何通过制定计划来印发钞票以保证市场上的货币供给,以及在公开市场活动中买卖政府债券来控制货币供给。虽然这样解释货币供给是正确的,但并不完全准确,因为它遗漏了银行在货币中所起的中心作用。

前文中提到经济中的货币量包括了现金(你钱包中的钞票和你口袋中的银币)和活期存款(你支票账户上的余额)。由于活期存款放在银行,所以银行的行为也会影响经济中的活期存款量,从而影响货币供给。这一节我们将解释银行如何影响货币供给以及它们如何使中央银行控制货币供给的工作复杂化。

一、百分之百准备金银行的简单情况

为了说明银行如何影响货币供给,我们首先假设世界上根本不存在银行。在这个简单的世界中,现金是唯一的货币形式。为了具体化,我们假设现金总量是100元。因此,货币供给是100元。

现在假设某城市有一家A银行。A银行是唯一的存款机构——这就是说,该银行接受存款,但不发放贷款。该银行的目的是向储户提供一个安全保存货币的地方。只要有人存入一笔货币,银行就把货币放到它的金库中,直到储户来提取或根据其余额开支票。银行得到但没有贷出去的存款称为准备金。在这个假想的经济中,所有存款都作为准备金持有,因此这种制度被称为百分之百准备金银行。

可以用一个T型账户表示A银行的账务状况,T型账户是表明银行资产与负债变动的一个简化的会计报表。如果该经济的全部100元货币都存在银行中,则A银行的T型账户如表12-1所示。

表12-1　百分之百准备金制度下A银行的T型账户

资产	负债
准备金　100元	存款　100元

T 型账户的左边是银行的资产 100 元(银行金库中持有的准备金),右边是银行的负债 100 元(银行欠储户的货币量)。要注意的是,A 银行的资产与负责是完全相等的。

现在考虑这个假想经济中的货币供给。在 A 银行开办之前,货币供给是人们持有的 100 元现金。在银行开办且人们把现金全部存入银行之后,货币供给是活期存款 100 元(不再有任何未清偿现金,因其全部在银行金库中)。银行的每一笔存款都减少了现金并增加了等量的活期存款,从而使货币供给不变。因此,如果银行以储备金形式持有所有存款,银行的存在就不影响货币供给。

二、部分准备金银行的货币创造

A 银行的老板终于开始重新考虑他们的百分之百准备金银行的政策。把所有货币都闲置在金库中看来是非常浪费的,为什么不把一些货币用于发放贷款,并且通过对贷款收取利息,从而赚得利润呢?买房子的家庭、建立新工厂的企业和支付学费的学生都乐于为借用一些钱一段时间而支付利息。当然,A 银行也要持有一部分准备金,以便部分储户想提取存款时备有现金。但是,如果新存款流入量与提款流出量大体相同,A 银行就只需要把它的一部分存款作为准备金。因此,A 银行采用了称为部分准备金银行的制度。

银行在总存款中作为准备金持有的比例称为准备金率。这个比率由政府管制和银行政策共同决定。中央银行规定了银行必须持有的准备金量的最低水平,称为法定准备金。此外,银行可以持有高于法定最低量的准备金,称为超额准备金。这样,银行可以更有把握不会缺少现金。我们现在将准备率作为既定的定值,来考察部分准备金银行对货币供给的意义。

我们现在假设,A 银行的准备金率为 10%。这就意味着该银行把存款的 10%作为准备金,而把其余存款贷出。现在我们再来看看该银行的 T 型账户(表 12－2)。

表 12－2　部分准备金制度下 A 银行的 T 型账户

资产	负债
准备金　10 元 贷款　90 元	存款　100 元

如 A 银行的负债仍是 100 元,因为发放贷款并没有改变银行对其储户的义务。但现在银行有两种资产:在其金库中的 10 元准备金和 90 元贷款(这些贷款是借款人的负债,但它们是发放贷款的银行的资产,因为债务人以后要偿还贷款)。总之,A 银行的资产仍然等于其负债。

再来考虑经济中的货币供给。在 A 银行发放贷款之前,货币供给是银行中的 100 元存款。但当 A 银行发放了这些贷款以后,经济中的货币供给增加了,储户的活期存款仍是 100 元,但现在债务人持有 90 元现金,货币供给(等于现金加活期存款)等于 190 元。因此,当银行只把部分存款作为准备金时,银行创造了货币。

乍一看,这种部分准备金银行创造货币似乎好得令人难以置信,因为银行似乎是无中生有地创造出了货币。为了使这种货币创造看起来不那么神秘,当 A 银行把它的部分准备金贷出去并创造了货币时,它并没有创造出任何财富。A 银行贷给债务人一些钱,从而也给予了债务人购买物品和劳务的能力，但债务人也有了债务，因此，贷款并没有使他们变富。换句话说，当一个银行创造了货币资产时，它也创造了相应的债务人的债务。在这个货币创造过程结束时，从交换媒介增多的意义上说，经济更具流动性，但是总体经济并没有变富。

三、货币乘数

货币创造并没有在A银行停止。假设A银行的债务人用90元购买了某人的东西，这个人又把钱存入B银行。表12-3是B银行的T型账户。

表12-3 部分准备金制度下B银行的T型账户

资产	负债
准备金 9元 贷款 81元	存款 90元

在存款以后，这家银行的负债为90元。如果B银行也是10%的准备金率，它把9元资产作为准备金，发放81元贷款。B银行用这种方法创造了额外的81元货币。如果这81元货币最终存入了C银行，该银行也是10%的准备金率，它就留8.1元作为准备金，发放贷款72.9元。表12-4是C银行的T型账户。

表12-4 部分准备金制度下C银行的T型账户

资产	负债
准备金 8.1元 贷款 72.9元	存款 81元

这个过程会继续下去。货币每存入一次，银行就进行一次货款，更多的货币就被创造出来了。

这个经济中最后创造出了多少货币呢？我们来相加：

A银行存款 100元

B银行存款 90元(100元×0.9)

C银行存款 81元(90元×0.9)

⋮ ⋮

货币供给总量 1000元(100+90+81…)

结果，尽管这个货币创造过程可以无限继续下去，但是它没有创造出无限的货币量。如果你耐心地把无限的一系列数字相加，会发现100元准备金产生了1 000元货币。银行体系用1元准备金所产生的货币供给量称为货币乘数。在这个假想的经济中，100元准备金产生了1 000元货币，货币乘数是10。

什么因素决定货币乘数的大小呢？答案很简单：货币乘数是准备金率的倒数。如果R是经济中所有银行的准备金率，那么每1元准备金能产生$1/R$元货币。在我们的例子中，$R=$

1/10，因此，货币乘数是 10。

货币乘数的这个倒数公式是有意义的。如果一家银行持有 1 000 元存款，那么准备金率为 1/10(10%)就意味着银行必须持有 100 元准备金。货币乘数只是其逆向思维：如果银行体系持有总计为 100 元的准备金，它就只能有 1 000 元存款。换句话说，如果 R 是每家银行准备金与存款的比率(即准备金率)，那么银行体系中的存款与准备金的比率(即货币乘数)必定是 $1/R$。

这个公式表明，银行创造多少货币量取决于准备金率。如果准备金率只是 1/20(5%)，那么银行体系的存款就是准备金的 20 倍，这意味着货币乘数为 20，每 1 元准备金将产生 20 元货币。同样，如果准备金率是 1/5(20%)，那么存款就是准备金的 5 倍，货币乘数将是 5，而且每 1 元准备金将产生 5 元货币。因此，准备金率越高，每个存款银行贷出的款越少，货币乘数越小。在百分之百准备金银行体系的特殊情况下，准备率是 1，货币乘数是 1，银行不进行贷款也不创造货币。

四、中央银行货币政策工具

如前所述，中央银行负责控制经济中的货币供给。我们知道了部分准备金银行如何运行，现在就可以更好地了解中央银行如何进行这项工作。由于银行在部分准备金银行制度中创造货币，所以中央银行对货币供给的控制是间接的。当央行决定改变货币供给时，它必须考虑它的行动如何通过银行体系而起作用。

中央银行的货币工具箱中有三种工具：公开市场活动、法定准备金和贴现率。现在我们讨论央行如何运用每一种工具。

1. 公开市场活动

正如我们以前提到的，中央银行在向公众买卖政府债券时就进行了公开市场活动。为了增加货币供给，央行会在全国债券市场上买进公众手中的债券。中央银行为债券支付的货币就增加了流通中货币的数量。这些新增的货币有一些作为现金持有，有一些存入银行。作为现金持有的每 1 元都正好增加了 1 元货币供给；而存入银行的每 1 元增加的货币供给要更多，因为它增加了准备金，从而增加了银行体系可以创造的货币量。

为了减少货币供给，中央银行的做法正好相反：它在全国债券市场上向公众抛出政府债券。公众用其持有的现金和银行存款来购买这些债券，这就直接减少了流通中的货币量。此外，由于人们从银行提款，致使银行的准备金也减少了。因此，银行就会减少贷款量，货币创造的过程在反方向起作用。

公开市场活动是容易操作的。实际上，中央银行在全国债券市场上买卖政府债券类似于任何人为自己的资产组合所进行的交易活动(当然，当个人买卖债券时，货币只是易手，流通中的货币量并未改变)。此外，在没有重大法律或银行管制条例变动的情况下，中央银行可以在任何一天用公开市场活动或多或少地改变货币供给。因此，公开市场活动是央行最常用的货币政策工具。

2. 法定准备金

中央银行还用法定准备金来影响货币供给，法定准备金是关于银行必须根据其存款持有的最低准备金量的规定。法定准备金影响银行体系用每 1 元准备金创造出的货币量。法定准备金提高意味着银行必须持有更多的准备金。因此,存入的每1元中可以贷出去的就少了。结果它就提高了准备金率,降低了货币乘数,减少了货币供给。相反,法定准备金下降,降低了准备金率,提高了货币乘数,增加了货币供给。

中央银行很少采用改变法定准备金的方法,因为频繁地改变法定准备金会干扰银行业务。例如,当中央银行提高法定准备金时,一些银行发现,尽管它们并没有看到存款变动,但准备金不够了。结果它们不得不减少贷款,直至它们的储备达到新规定的水平。

3. 贴现率

中央银行工具箱中的第三种工具是贴现率,即中央银行向银行发放贷款的利率。当商业银行准备金太少以致达不到法定准备金时,商业银行就要向央行借款。这种情况之所以会出现,是因为商业银行发放的货款太多,或者因为它未预料的提款较多。当中央银行向商业银行发放这种贷款时,商业银行体系的准备金就增多了,而且这些增加的准备金使商业银行体系能够创造出更多的货币。

中央银行可以通过改变贴现率而改变货币供给。较高的贴现率抑制商业银行从中央银行借入准备金。因此,贴现率提高减少了商业银行体系的准备金量,这就减少了货币供给。相反,较低的贴现率鼓励商业银行从中央银行借入准备金,这就增加了准备金量,并增加了货币供给。

第四节 货币供给、货币需求与货币市场均衡

一、货币供给、货币需求与货币市场均衡

什么因素决定货币的价值?这个问题的答案也像经济学中许多问题的答案一样,是供给与需求。正如香蕉的供给与需求决定了香蕉的价格一样,货币的供给与需求也决定了货币的价值。因此,在提出货币数量论的过程中,下一步就要考虑货币供给与货币需要的决定因素。

首先考虑货币供给。在上一节中,我们讨论了中央银行如何与商业银行体系共同决定货币的供给。当中央银行购买债券时,它支付了现金,扩大了货币供给。此外,如果这些现金中有一些存放在商业银行,商业银行又把它作为准备金,那么货币乘数就发生作用,这些公开市场活动对货币供给的影响甚至会更大。本节我们分析货币市场如何在既定供给情况下达到均衡,可以不考虑商业银行体系引起的复杂性,而是简单地把货币供给量当做由中央银行控制的政策变量。

现在考虑货币需求。最基本的是,货币需求反映了人们想以流动性形式持有的财富量。许多因素影响着货币需求量。例如,人们选择把多少货币放在自己钱包里取决于他们对信用卡的依赖程度以及是否很容易就能找到一台自动提款机。又例如,由于人们宁愿购买有利息的债券,而不愿把它放在钱包里或者银行账户中,因此,货币需求量取决于人们能够从债券中赚取的利率。

虽然许多变量都影响货币需求,但有一个变量最为重要:经济中的平均物价水平。人们持有货币是因为它是交换媒介。与债券或股票这类资产不同,人们可以用货币购买他们购物单上的物品与劳务。他们选择持有多少货币取决于这些物品与劳务的价格。价格越高,正常交

易需要的货币就越多，人们在其钱包和支票账户中持有的货币也就越多。这就是说，物价水平上升（货币价值下降）增加了货币需求量。

是什么因素确保中央银行供给的货币量与人们需要的货币量平衡呢？答案取决于所考虑的时间长短。我们将考察短期时这一问题的答案，而且我们将说明，利率起着关键作用。但是，在长期中，答案是不同的，而且要简单得多。在长期中，物价总水平调整到使货币需求等于货币供给的水平。如果物价水平高于均衡水平，人们想要持有的货币量就大于中央银行所发行的，所以，物价水平必然下降以使供求平衡。如果物价水平低于均衡水平，人们想要持有的货币量就小于中央银行所发行的，此时物价水平必然上升以使供求平衡。在均衡的物价水平时，人们想要持有的货币量与中央银行所供给的货币量恰好平衡。

图 12-1 说明了这些思想。该图的横轴表示货币量；左边纵轴表示货币价值 $1/P$，而右边纵轴表示物价水平 P。需要注意的是，物价水平轴坐标正好上下颠倒：较低的物价水平接近于这条轴的顶端，而较高的物价水平则接近于底部。这种颠倒的轴表示，当货币价值高时用接近左边纵轴的顶端来表示，物价水平低时用接近右边纵轴的顶端来表示。

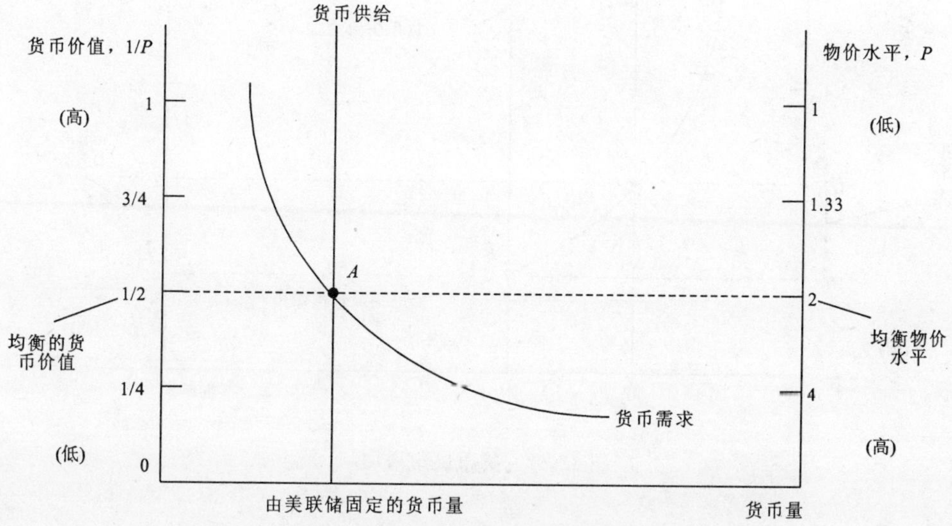

图 12-1　货币供给与货币需求如何决定均衡的物价水平

货币供给曲线是垂直的，因为央行将货币供给量固定了。货币需求曲线向右下方倾斜，因为当每 1 元钱买的东西减少时人们想持有的货币量就更多。在均衡时，即 A 点时，货币价值（在左边纵轴）与物价水平（在右边纵轴）已调整到使货币供给量与货币需求量平衡。

图中的两条曲线是货币的供给曲线与需求曲线。货币供给曲线是垂直的，因为央行固定了可得到的货币量。货币需求曲线向右下方倾斜，表示当货币价值低（物价水平高）时，人们需要更多的货币来购买物品与劳务。在均衡时，如图中 A 点所示，货币需求量与货币供给量平衡。这种货币供给与货币需求的均衡决定了货币价值和物价水平。

二、增加货币供给的影响

现在我们考虑货币政策变动产生的影响。为了这样做,设想经济最初是均衡的,然后央行突然通过印刷一些钞票并用直升机把它们撒到全国各地而使货币供给翻了一番。或者,更为现实地说,央行可以通过在公开市场活动中向公众购买一些政府债券而向经济中注入货币。在这种货币注入之后经济会发生什么变动呢?与旧均衡相比,新均衡会如何呢?

图 12-2 显示了发生的变动。货币注入使供给曲线从 MS_1 向右移动到 MS_2,而且均衡点从 A 点移动到 B 点。结果,货币价值(用左边纵轴表示)从 1/2 下降到 1/4,而均衡物价水平(右边纵轴表示)从 2 上升到 4。换句话说,当货币供给增加时,物价水平上升,这使每 1 元钱更不值钱。

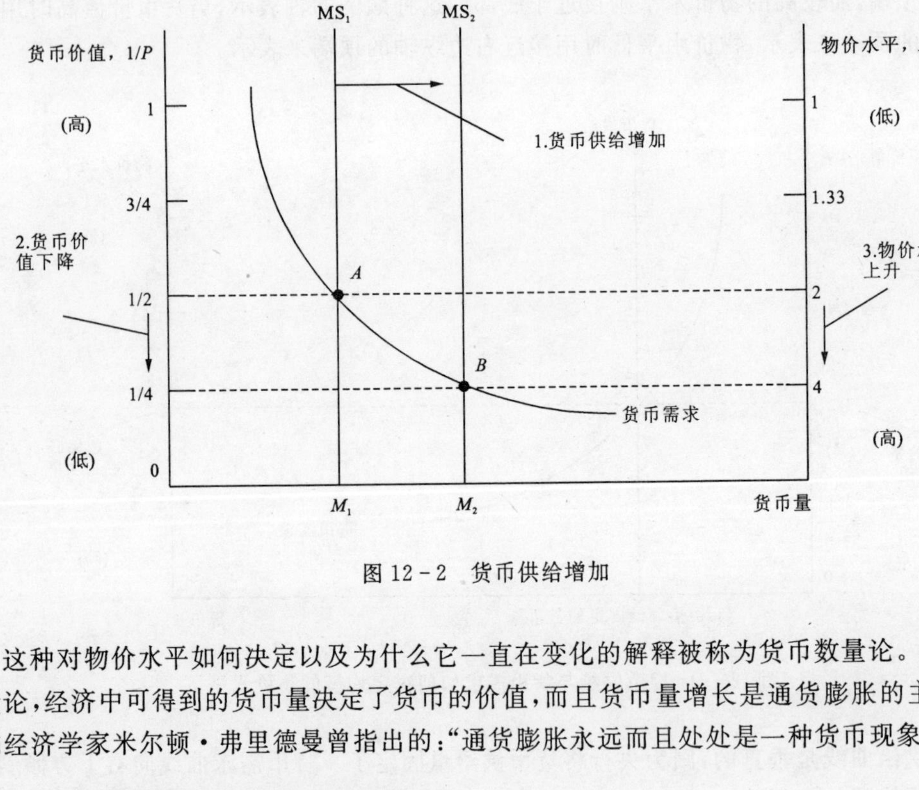

图 12-2 货币供给增加

这种对物价水平如何决定以及为什么它一直在变化的解释被称为货币数量论。根据货币数量论,经济中可得到的货币量决定了货币的价值,而且货币量增长是通货膨胀的主要原因。正如经济学家米尔顿·弗里德曼曾指出的:"通货膨胀永远而且处处是一种货币现象。"

三、货币市场的均衡调整过程

到现在为止,我们比较了均衡与注入货币后的新均衡。经济如何从旧均衡达到新均衡呢?

货币注入的直接影响是创造了超额货币供给。在注入之前,经济是均衡的(图 12-2 中的 A 点)。在现行的物价水平下,人们拥有的货币量正好是他们想拥有的。但在直升机撒下了新货币,并且人们在街上捡到这些货币后,人们钱包里的钞票比他们想要的多了。在现行的物价水平下,货币供给量超过了货币需求量。

人们试图以各种方式花掉这些超额货币供给。他们可能用所持有的超额货币购买物品与劳务。或者,他们也可能用这些超额货币通过购买债券或把货币存入银行储蓄账户而间接向其他人发放贷款，这些贷款又使其他人可以购买物品与劳务。在这两种情况下，货币的注入都增加了人们对物品与劳务的需求。

然而，经济中生产物品与劳务的能力并没有改变，经济中物品与劳务的产量由可获得劳动、物质资本、人力资本、自然资源和技术知识决定。货币注入并没有改变这些因素中的任何一项。

因此，这种对物品与劳务需求的增加就引起其价格上升。而物价水平上升又增加了货币需求量，因为人们要为每次交易支付更多的货币。最后，经济在货币需求量又等于货币供给量时实现了新均衡(图 12-2 中的 B 点)。物品与劳务的物价总水平以这种方法调整货币供给与货币需求的平衡。

中央银行是一国的金融管理机构，是一个超脱于一般银行之外的政府管理部门。中央银行负责监督管理商业银行和其他金融机构，调节经济中的货币供应量和利率，制定并执行货币政策，以确保国民经济稳定、健康地发展。

本章小结

1. 货币是由国家法律规定的，在商品劳务交易中或债务清偿中作为支付手段的被社会普遍接受的任何商品或符号。货币有三种职能:交易媒介、计价单位、价值储藏。

2. 货币可以作如下的层次划分:M_0指流通中的现金，M_1包括流通中的现金和各种活期存款，M_2包括 M_1和各种储蓄存款、定期存款。M_3包括 M_2和其他短期流动资产，其他短期流动资产是指国库券、银行承兑汇票和商业票据等。

3. 银行在总存款中作为准备金持有的比例称为准备金率。这个比率由政府管制和银行政策共同决定。中央银行规定了银行必须持有的准备金量的最低水平，称为法定准备金。此外，银行可以持有高于法定最低量的准备金，称为超额准备金。

4. 货币乘数是准备率的倒数。如果 R 是经济中所有银行的准备金率，那么每 1 元准备金能产生 $1/R$ 元货币。

5. 中央银行的货币政策有三种工具:公开市场活动、法定准备金和贴现率。

6. 货币数量论认为经济中可得到的货币量决定了货币的价值，而且货币量增长是通货膨胀的主要原因。

案例 1　20 世纪 30 年代的银行倒闭与货币供给

在 1929 年 8 月到 1933 年 5 月间，货币供给减少了 28%。一些经济学家认为，这种货币供给的大幅度减少是大萧条的主要原因。但是，他们并没有讨论为什么货币供给减少会如此之多。

表 12-5 表示 1929 年和 1933 年决定货币供给的三个变量——基础货币、准备金—存款比率，以及通货—存款比率。从中可以看出，货币供给的减少并不能归咎于基础货币的减少。实际上，在这一时间，基础货币增加了 18%；相反，货币供给减少是由于货币乘数下降了 38%。货币乘数下降是因为通货—存款比率和准备金—存款比率都大幅度上升了。

表 12-5 货币供给及其决定因素

	1929 年 8 月	1933 年 5 月
货币供给	26.5	19.0
通货	3.9	5.5
活期存款	22.6	13.5
基础货币	7.1	8.4
通货	3.9	5.5
准备金	3.2	2.9
准备金－存款比率	0.14	0.21
通货－存款比率	0.17	0.41

大多数经济学家把货币乘数的下降归咎于 30 年代初银行的大量倒闭。从 1930 年到 1933 年,9 000 多家银行停止营业,拖欠了存款人的存款。银行倒闭通过改变存款人和银行家的行为而引起货币供给减少。

银行倒闭降低了公众对银行的信心而提高了通货－存款比率。人们担心银行倒闭会持续下去,他们开始把通货而不是活期存款作为更合意的货币形式。当他们提取自己的存款时,他们就用尽了银行的准备金。当银行对准备金减少的反应是减少自己未被偿还的贷款余额时,货币创造过程就反过来了。

此外,银行倒闭使银行家更为谨慎而提高了准备金－存款比率。在看到许多银行的经营状况之后,银行家对用少量准备金经营感到担忧。因此,他们把自己准备金的持有量提高到法定最低限之上。正如家庭对银行危机的反应是相对于存款持有更多通货一样,银行的反应是相对于贷款持有更多准备金。

尽管解释货币供给减少的原因是容易的,但要决定是否应该归罪于美联储却是较为困难的。有人认为,基础货币并没有减少,因此不应该归罪于美联储。对美联储这个时期政策的批评提出了两种观点。第一,批评者们认为,美联储应该通过在银行经营中需要现金时起到最后贷款者的作用,而在防止银行倒闭中起更积极的作用。这将有助于维持对银行体系的信心。第二,他们指出,美联储可以通过比它所做的更多地增加基础货币。这两种行为都可以阻止货币供给的这种大幅度减少,而这又会降低大萧条的严重程度。

自 20 世纪 30 年代以来,已实行了许多政策,最重要的是联邦存款保险制,它维持了公众对银行体系的信心,从而防止了通货－存款比率的大幅度波动。但是,存款保险也是一项费用很高的政策。在 80 年代末期和 90 年代初期,联邦政府为了紧急援救许多无偿还能力的储蓄机构而有大量支出。但存款保险有助于稳定银行体系和货币供给。

资料来源:汪祥春.宏观经济学(第四版).大连:东北财经大学出版社,1990:216－217.

案例 2 中央银行的独立性与宏观经济

各国中央银行的组织形式差异很大,美国的中央银行是最为独特的,它是由 12 家地区联邦储备银行所组成的联邦储备体系。其他国家的中央银行大多由原来的一家商业银行演变而来。因为组织形式的差异和各国政治经济制度的差异,各个国家中央银行相对于政府的独立性也存在着很大的差异(表 12-6)。

表 12-6　代表性国家中央银行独立性与通货膨胀率比较

编号	1	2	3	4	5	6	7	8	9	10	11	12	13	14	15	16
国家	西班牙	新西兰	澳大利亚	意大利	英国	芬兰	法国	比利时	瑞典	挪威	加拿大	荷兰	日本	美国	瑞士	德国
独立性	1	1.5	1.5	2	2	2	2	2	2	2	2.5	2.5	3	3	4	4
年均 IR(%)	12	12	9.5	12	6	8.5	8	5.8	8	8	7.5	4	4	6	3	3

注:(1)表中央行的独立性从 1(最不独立)到 4(最独立)排列。
(2)IR 指 1973—1988 年的年均通货膨胀率。

虽然大多数国家的中央银行行长或总裁都是由政府任命的(加拿大是个例外,它的中央银行行长由该行的管理委员会任命),但在美国,美联储总裁任期长达 4 年。在有的国家,行长或总裁由政府任命后往往不对政府负责,而是对国会独立承担政策责任,保持着类似美国那样的独立性。在部分国家,中央银行几乎完全被政府控制,独立性较差。在一些国家,如日本、法国,以政府角色出现的财政部拥有向中央银行的建议权。除此之外,许多国家中央银行有向政府提供透支、方便政府借款的义务。

在发达国家,以德国、瑞士、加拿大、荷兰、美国和日本的中央银行独立性最强;独立性最低的为西班牙。新成立的欧洲中央银行也被设计得高度独立。

中央银行的独立性与一国宏观经济间的关系值得研究。中央银行独立的鼓吹者认为,提高中央银行的独立性可以改善宏观经济的运行。因为这样,中央银行可以独立地制定货币政策,把货币的稳定作为政策的唯一目标。独立性差的中央银行可能为顾及其他目标而牺牲货币稳定目标。表 12-6 的内容较为有力地支持了这一观点。

本章练习

一、名词解释

货币、货币乘数、法定准备金率、贴现率、公开市场操作、中央银行、法定货币

二、简答题

1. 如何区分经济中的货币与其他资产?
2. 什么是商品货币? 什么是法定货币?
3. 如果中央银行想用公开市场操作增加货币供给,它应该怎么做?
4. 为什么银行不持有百分百的准备金? 银行持有的准备金量与银行体系创造的货币量有什么关系?
5. 什么是贴现率? 当中央银行提高贴现率时,货币供给会发生什么变动?
6. 什么是法定准备金? 当中央银行提高法定准备金时,货币供给会发生什么变化?

三、分析题

1. 假设银行体系的总准备金为 2 000 亿元，法定准备金率为 10%，而且银行没有超额准备金，家庭也不持有现金。
   (1)货币乘数是多少？货币供给是多少？
   (2)如果央行把法定准备金率提高到 20%，那么准备金有什么变动？货币供给有什么变动？
2. 假设法定准备金率是 10%，银行不持有超额准备金，而且公众也不持有现金。央行要扩大货币供给 5 000 万元。
   (1)央行使用公开市场操作，它是应该购买还是出卖债券？
   (2)为了实现调控货币供给的目标，央行要购买或出售多少债券？

第十三章　失业和通货膨胀

学习目的：

1. 了解失业的影响；通货膨胀产生的原因和影响；
2. 掌握失业的定义、衡量和分类；通货膨胀的定义、衡量和分类；
3. 理解菲利普斯曲线的含义，理解充分就业。

教学要求：

1. 掌握失业的定义、衡量和分类；通货膨胀的定义、衡量和分类；
2. 掌握失业的类型，自然失业率的含义；
3. 理解通货膨胀的原因；
4. 理解菲利普斯曲线的含义，理解充分就业；
5. 理解短期与长期菲利普斯曲线的含义。

托马斯·卡莱尔曾经这样描述过失业："一个人想工作，而又找不到工作，这也许是阳光下财富不平等所表现出来的最惨淡的景观了。"约翰·梅纳德·凯恩斯曾这样描述过通货膨胀："没有什么手段比破坏一个社会的通货能更隐蔽、更可靠地颠覆这个社会的基础了。在破坏的一方，这个过程完全是由隐蔽的经济规律力量进行的，而且，这个过程以一种千百万人中没有一个人能觉察到的方式在进行。"

在人的一生中，失去工作可能是比较悲惨的经济事件。大多数人依靠他们的劳动收入来维持生活水平，而且许多人也从工作中获得了个人成就感。失去工作意味着现期生活水平降低，对未来的担忧以及自尊心受到伤害。因此，政治家在竞选时往往要提出政策有助于创造工作岗位。通货膨胀也是大众日常生活中非常关注的事情，现在很多企业为了稳定军心，都在新年的工作计划提出重要的口号——"让今年的工资跑赢 CPI"。

失业与通货膨胀作为当代经济中存在的主要问题，一直是宏观政策制定者和公众关注的焦点。高失业率或高通货膨胀率都会影响经济增长，影响国民的生活水平和生活质量。因此，如何解决失业和通货膨胀，如何在物价稳定和充分就业条件下促进经济增长，长期以来都是宏观经济政策的主要目标。

第一节　失　业

一、失业的含义

1. 劳动年龄人口

凡在一定年龄范围内愿意工作而没有工作，并正在寻找工作的人都是失业者。这里的"一定年龄范围”是指劳动年龄。按照我国法律，未成年人不能工作，另外又有法定退休年龄规定。所以劳动年龄人口意味着从总人口中减去上述两类人口。中国规定男性的劳动年龄为16～60周岁，女性为16～55周岁。

2. 劳动力人口和非劳动力人口

劳动年龄人口分为劳动力人口和非劳动力人口。其中，非劳动力人口包括在校学习的成年人，没有劳动能力的人，只愿意在家做家务劳动的人，不论工资待遇怎样都不愿去工作的人，以及嫌工资待遇低选择不工作的人。非劳动力人口也被称为非就业人员，不算失业人员，因为他们不包括在劳动力人口的统计中。

美国劳工统计局把每个受调查家庭中的每个成年人(16岁以上)分别划入以下三个类别。

就业者：为得到报酬而工作的人，在自己的企业里工作且得到报酬的人，以及在家族企业里工作但拿不到报酬的人。这类人包括现在不工作但有工作岗位，只是由于度假、生病或天气恶劣等原因暂时不在工作岗位的人。

失业者：能够工作且在之前4周内努力找工作但没有找到工作的人，还包括被解雇正在等待重新被招回工作岗位的人。

非劳动力：这类人包括不属于前两个类别的人，如全日制的学生、家务劳动者和退休人员。

3. 失业的界定

失业人口是劳动力人口中的一部分，劳动力人口包括就业人口和失业人口。劳动力人口中失业人员是指那些愿意并且经寻找工作而没有找到工作的人。根据国际劳工组织(ILO)的定义，失业指在某个年龄以上，在特定考察期内没有工作而又有工作能力，并且正在寻找工作的人。这里包含三个条件：①一定年龄以上，有工作能力；②没有工作；③正在寻找工作。他们必须同时成立，才能满足对失业对象的定义要求。

由于就业人口、失业人口与非劳动力人口三者之间处于经常性变动中，给统计带来一些麻烦，因此，各国都对什么是失业有明确的界定。比如美国，属于失业范围的人包括：第一，新加入劳动力队伍第一次寻找工作，或重新加入劳动力队伍正在寻找工作已达4周以上的人；第二，为了寻找其他工作而离职，在找工作期间作为失业者登记注册的人；第三，被暂时辞退并等待重返工作岗位而连续7天未得到工作的人；第四，被企业解雇而且无法回到原工作岗位的人，即非自愿离职者。

4. 失业率与劳动力参工率

衡量一个经济中失业状况的最基本指标是失业率。失业率是失业人口占劳动力人口的百分比，可以由下列公式来计算：

$$\text{失业率}=\frac{\text{失业人口}}{\text{劳动力人口}}\times 100\%=\frac{\text{失业人口}}{\text{就业人数}+\text{失业人数}}\times 100\%$$

与失业率相近的一个统计指标是劳动力参工率(labor－force participation rate)，它是指劳动力人口在总的劳动年龄人口中占的比率，即一个经济中愿意就业者在适龄人口中所占比例。

$$\text{劳动力参工率}=\frac{\text{劳动力人口}}{\text{劳动年龄人口}}\times 100\%$$

我们来看美国2007年的数字，1.46亿人就业，而0.071亿人失业。劳动力是：

劳动力人口＝1.46＋0.071＝1.531(亿人)

失业率是:失业率＝(0.071/1.531)×100％＝4.6％

由于成年人口是2.318亿,劳动力参工率是:

劳动力参工率＝(1.531/2.318) ×100％＝66％

因此,2007年有2/3的美国成年人参与了劳动市场,这些劳动市场参与者中有4.6％的人没有工作。

中国国家统计局网站上显示了我国官方公布的城镇失业人数和失业率。与我国经济转型背景相适应,我国失业统计存在多方面特点或问题,还不能真实反映失业问题的严重程度。第一,事业统计范围仅包括城镇经济,没有包括农村。第二,城镇失业人数对象仅限于有城市户口的经济活动人口,没有包括来自农村但实际常住城市的劳动力对象。第三,失业统计中以是否在就业服务机构求职登记为标准,如果没有在相关机构正式登记,就会被失业统计所遗漏。第四,没有包括下岗人员。

二、失业率的种类

在整个经济运行良好时,也总有一些工人没有工作,也就是说失业率从未降至零;相反,失业率总是围绕自然失业率波动。从宏观经济分析的角度看,失业有周期性和非周期性两种。其中非周期性失业也被称为自然失业,主要包括摩擦性失业和结构性失业。

1. 周期性失业

周期性失业(cyclical unemployment)是指经济周期中的衰退所导致的失业。经济波动呈现周期性变动,高涨时期对劳动力需求大,衰退时期需要会相对减少。所以,部分劳动者会因需求下降而失业,并具有周期性变化特征。这种由于经济运行处于低潮、有效需求不足所导致的失业就是周期性失业。这种失业产生的原因主要来源于实际总需求小于充分就业的总需求。

2. 摩擦性失业

摩擦性失业(frictional unemployment)是指工人和工作岗位在匹配过程中所形成的周期性失业。就整个劳动力市场而言,空缺的岗位和失业并存,但是由于信息的不通畅或者劳动者与岗位的匹配需要时间等诸多因素的作用,社会中总是有一些人处于失业状态,这部分失业人口称为摩擦性失业。

产生摩擦性失业的原因是寻找工作需要成本,尤其是时间成本。在一个处于长期均衡状态的经济中,岗位的空缺和失业会达到一种动态的平衡,而如果劳动者失业后马上就能发现和找到相应的空缺岗位,摩擦性失业率就等于零。但事实上,劳动者并不可能了解所有空缺岗位的信息,因为获得信息需要时间和成本,如买报看招聘广告、打电话询问、应聘的交通费用等。即使在网络经济高度发达的今天,搜寻工作岗位信息的成本可以降到最低限度,但上网仍然需要时间和费用,联系工作也需要花费代价和精力,这些都构成了寻找工作的成本。并且,在现实生活中,企业一般不可能就把工作给第一个求职的人,而求职的人也不大可能只寻找一次工作,双方都有可能认为“最好的在最后”,因而需要经历反复的考察和搜寻,一直到企业认为找到了满意的雇员而求职者也认为自己找到了满意的工作为止。因此岗位空缺与劳动者相匹配也需要时间和成本。因此,即使在有大量空缺岗位的社会中,失去工作的人也不可能马上找到工作,他们会暂时处在一种失业状态,摩擦性失业也就产生了。一般还把新加入劳动力队伍正在寻找工作而造成的失业,也归入摩擦性失业的范围之内。

3. 结构性失业

结构性失业(structural unemployment)是指经济结构变化等原因造成的失业。在经济的发展过程中,随着需求结构的变动和技术进步,产业结构会处于不断变动的过程中,各产业部门的分化组合也会产生失业人口,这部分失业人口被称为结构性失业。

结构性失业产生的主要原因是劳动力在各个部门之间的转移和流动需要成本,如重新执业培训、再教育等。当产业结构发生变动时,就业结构也会发生相应的变动,要求劳动力从夕阳产业部门转移出来,流入新兴的产业部门。但由于劳动力有其一时难以改变的技术结构,很难适应经济的这种变动,从而就会出现失业。特别表现为既有失业,又有职位空缺,失业者或没有适当技术,或知识结构陈旧,无法胜任现有的职位而造成现有职位的空缺。比如我国产业结构调整曾引起大量纺织工人转岗,而有些高科技产业,如生物工程、电脑软件等又很难招收到合适的人员。

结构性失业是各国经济发展中存在的一个普遍现象。随着技术的突飞猛进和产业结构的变动,大量的非技能劳动者无所适从,他们所熟悉的传统产业部门已被逐步淘汰,而他们不熟悉的新兴产业部门却欣欣向荣。因此,对转移出来的劳动者进行再教育和培训,使他们达到新兴部门需要的人力资本的要求,已经成为各国政府和企业日益关注的事情。

结构性问题引起的失业规模大小与转移成本高低有直接联系。产业结构的变动导致了劳动力的结构性转移,这种转移需要成本,转移的成本越高,花费的时间越长,失业问题就越严重。在不考虑工作岗位搜寻成本的前提下,转移成本高低取决于两方面的因素:一是不同产业部门之间的差异程度。部门之间的差异程度越大,转移所需的成本也就越大,如纺织部门的工人转移到计算机软件生产部门。二是劳动者的初始人力资本及培训机制。劳动者初始人力资本较高的话,就比较容易接受新技能的培训,同时完善的培训机制也能降低转移成本。

三、充分就业和自然失业率

劳动力市场上供求平衡时称为充分就业。由于存在非周期性失业,此时的失业率通常不是零。在市场经济条件下,零失业率实际上是不可能实现的。劳动市场供求平衡时决定的失业率被称为自然失业率。

美国经济学家米尔顿·弗里德曼(Milton Friedman)把摩擦性失业和结构性失业对应的失业率称为自然失业率,这里"自然"指经济中"潜在产出"得以实现的失业率,所谓潜在产出,则是指资源得以充分利用,实现了充分就业(full employment),也不等于没有失业。换言之,即使经济运行状态再好,实际失业率也不可能长期低于自然失业率。

自然失业率常用较长时期的平均失业率来测定。它不是一成不变的,而是随着经济运行状况及劳动力的构成变化而变化。如在20世纪50年代中期,美国官方认可的自然失业率为4%,在20世纪70年代则认可自然失业率为5%,80年代为5.5%~6%。

失业的代价是多方面的。对于个人和家庭而言,失业意味着收入减少,从而生活水平下降,同时还会带来精神和心理伤害;对社会来说,失业增加了社会福利支出,造成财政困难,同时,过高的失业率还可能发展为政治问题,影响社会的稳定;从整个经济看,失业在经济上最大的损失就是人力资源的浪费和产出水平的下降。美国经济学家阿瑟·奥肯(Arthur Okun)在20世纪60年代根据美国的经验数据提出的奥肯定律(Okun's law),说明了失业率与经济增长率之间反向的数量关系。根据奥肯定律,失业率每高出自然失业率一个百分点,实际GDP增长率将低于潜在GDP增长率两个百分点。

实际GDP增长率＝3%－2×失业率变动

上式中3%为潜在GDP增长率,表示产出的趋势增长。这一增长率由人口增长、资本积累和技术进步等因素决定。失业率每增长1%,实际GDP增长率下降2%。

第二节　通货膨胀

现在全世界都说房价贵了,七八年前中国北京的房价还是五千多一平方米,现在平均下来已经高达两万五千一平方米,在短短不到十年的时间,几乎涨了5倍。假如一个孩子的父母一辈子攒了50万元,此笔"巨款"七八年前可以买来一套100平方米的房子。现在呢?对不起,这点银两满打满算也只够买20平方米的了!同样的货币,七八年前,可等价交换住房一套。现在呢,只能交换住房的一间!所以钱被"通胀了"。也许你不服气地说,房子嘛,是涨得邪乎了点儿,可其他东西并没有涨得这么厉害。有的东西比如汽车、家电,不是不但没涨,反而还降价了吗?

那如果我们把房子、汽车,还有猪肉、大米、白菜、电价、水价,一股脑儿捆起来算算,这七八年全国物价确实涨了,而且涨得并非一星半点儿,存折上那些人民币,确实是越来越"被通胀"(购买力下降)了。

金融危机以后,中国采取比美国力度更大的救市政策,信贷增长已到了无以复加的程度。2009年,信贷增长高于前3年总和。尽管2010年有所收缩,但新增贷款仍是2007年的2倍以上。当大量信贷资金从银行体系流出,必然推动国内商品价格快速上涨。这种推动,先是表现为2009年国内资产价格快速上涨,无论是股市还是房市都是如此,然后逐渐传导到消费品的价格上去。

银行货币流出太多,手上的货币就渐渐不值钱,即"被通胀"了。因为全国商品总共就那么多,可在市面上流通的货币却多了2倍、3倍甚至4倍,同样的货币,不就只能买过去1/2、1/3、甚至1/4的东西了吗?不过国家大量增发贷款也是必须的,否则很难跨越金融危机这道坎。正因为货币多、需求又旺,所以房价物价就越涨越高。

一、通货膨胀的含义

1. 通货膨胀的含义

多数经济学家认为,通货膨胀是指一般物价水平有相当幅度持续上涨的现象。这个定义包含以下三层含义。

第一,通货膨胀是指物价水平普遍上涨的现象。通货膨胀并非物价昂贵,而是反映物价总水平同以往相比出现了上升的趋势。它不是指某一种或几种商品价格上涨的现象,而是指所有商品的平均价格水平的上升。

第二,通货膨胀是指物价水平的持续上升。通货膨胀不是指物价水平短期的或一次性的上升，而是指"持续"的上升，且其趋势不可逆转。

第三，通货膨胀是指物价水平有较大幅度的上升。如果每年物价水平上升幅度较小，即使是持续上升，也不能算做通货膨胀。通常所指的通货膨胀，是指一般物价水平有相当幅度的持续上升。但究竟上升多少才算相当幅度，并没有绝对的标准，要根据各国具体情况而定。

2. 通货膨胀的衡量

通货膨胀的程度通常用通货膨胀率来衡量。通货膨胀率是指从一个时期到另一个时期价格水平变动的百分比，用公式表示就是：

$$\pi_t=\frac{P_t-P_{t-1}}{P_t}\times 100\%$$

式中，π_t为t时期的通货膨胀率，P_t和P_{t-1}分别为t时期和$(t-1)$时期的价格水平。这里的价格水平通常用价格指数来衡量，包括国民生产总值价格指数、消费者价格指数(CPI)和生产者价格指数(PPI)等。如果用消费者物价指数来衡量价格水平，则通货膨胀率就是不同时期的消费者物价指数变动的百分比。假设 2009 年为基年，2009 年和 2010 年的 CPI 分别为 125 和 130，则 2010 年的通货膨胀率为：

$$\pi=\frac{\text{CPI}_{2010}-\text{CPI}_{2009}}{\text{CPI}_{2009}}\times 100\%=\frac{135-125}{125}\times 100\%=4\%$$

中国 1995—2010 年通货膨胀率如下：1995 年为 17.1%；1996 年为 8.3%；1997 年为 2.8%；1998 年为－0.8%；1999 年为－1.4%；2000 年为 0.4%；2001 年为 0.7%；2002 年为－0.8%；2003 年为 1.2%；2004 年为 3.9%；2005 年为 1.8%；2006 年为 1.5%；2007 年为 4.8%；2008 年为 6%；2009 年为 4%；2010 年为 5%。

3. 通货膨胀的分类

按照不同的划分标准，西方经济学家们将通货膨胀划分为以下类型。

第一种是按照价格上升的速度，经济学家将通货膨胀划分为三种类型：温和的通货膨胀、快速的通货膨胀和超速的通货膨胀。其中温和的通货膨胀，又称爬行的通货膨胀(creeping inflation)，指每年物价水平上升的速度在 5%以下。生产增长和经济发展较好的国家存在着这种温和的通货膨胀。一般说来，经济学家们并不特别担心温和的通货膨胀，有人甚至还认为这种缓慢而逐步上升的价格水平对经济和收入的增长有积极的刺激作用。快速的通货膨胀，又称奔腾的通货膨胀(galloping inflation)，指年通货膨胀在 5%以上、20%以内。这时，货币流通速度提高和货币购买力下降都具有较快的速度。经济学家们认为，这种通货膨胀出现后，由于价格上涨率高，公众预期价格还会进一步上涨，因而会采取各种措施来保卫自己，以免遭受通货膨胀的危害。这种举动会使通货膨胀进一步加剧。超速的通货膨胀(hyper inflation)，又称恶性通货膨胀，指年通货膨胀率在 20%以上，甚至是 100%以上。发生这种通货膨胀时，价格持续猛涨，人们都力图尽快地使货币脱手，从而大大加快了货币流通速度。结果，货币完全失去了人们的信任，货币购买力猛降，各种正常的经济联系遭到破坏，以致货币体系和价格体系最终完全崩溃，在严重的情况下，甚至还会出现社会动乱。如 2009 年津巴布韦的通胀率世界最高，达到 2 370 000%，而不得不发行面值为 100 亿的纸币，津巴布韦经济走向崩溃的边缘。

第二种，以通货膨胀的原因作为分类标准，可分为需求拉动的通货膨胀、成本推进的通货膨胀和结构性通货膨胀三类。把通货膨胀看成由实际因素或货币因素造成的过度需求拉动的,这是需求拉动的通货膨胀;假如认为通货膨胀是由于生产成本或企业利润提高所引发的,这属于成本推进的通货膨胀;如果在供求基本平衡条件下,由于个别关键性商品供求比例失调或者由于经济部门发展不平衡等而引起的,属于结构性通货膨胀。

第三种,把通货膨胀预期作为分类标志,通货膨胀可分为已预期到的通货膨胀和未预期到的通货膨胀两类。引入预期因素被看做通货膨胀理论在20世纪70年代的重大进展。如果通货膨胀是突发的、未被预期的,那么,货币的增长会滞后于物价的上涨,从而使利润上升,至少暂时会具有一种扩大就业、扩大总产量的效应;如果通货膨胀事先已被完全预期到,那么,各种经济主体就将按其预期来调整其行为,如工会在物价上涨前就要求增加工资,那么,通货膨胀在短期内的扩张效应也将不复存在。

二、通货膨胀对经济的影响

通货膨胀是一个能够广泛扩散其影响的经济过程,每一个经济活动的参加者和经济单位都会在某种程度上受到它的影响。这里主要从利益再分配和产出两方面来考察通货膨胀的效应。

1. 再分配效应

如果通货膨胀率相当稳定,人们完全可以预期,那么,通货膨胀对收入或利益再分配方面影响很小。因为在这种可预期的通货膨胀之下,各种名义变量(名义工资、名义利息率等)都可以根据通货膨胀率进行调整,从而使实际变量(实际工资、实际利息率等)不变。

在通货膨胀不能完全预期的情况下,通货膨胀将影响收入分配。因为这时无法准确地根据通货膨胀率来调整各种名义变量,以及相应的经济行为。我们可以从以下三方面来分析。

第一,在债务人与债权人之间,通货膨胀将有利于债务人而不利于债权人。当发生了未预期的通货膨胀之后,债务契约无法更改,从而使实际利息率下降,债务人受益,而债权人受损。

第二,在雇主与工人之间,通货膨胀将有利于雇主而不利于工人。这是因为,在不可预期的通货膨胀之下,工资不能迅速地根据通货膨胀来调整,从而就在名义工资不变或略有增长的情况下使实际工资下降。实际工资的下降会使利润增加,而利润的增加是有利于刺激投资的。这正是部分经济学家主张以通货膨胀来刺激经济发展的理由。

第三,在政府与公众之间,通货膨胀将有利于政府而不利于公众。因为在不可预期的通货膨胀之下,名义工资总会有所增加,随着名义工资的提高,达到纳税起征点的人增加了,还有许多人进入了更高的税率等级,这样,政府的税收增加,而公众纳税数额增加,实际收入减少。这种情况不利于储蓄的增加,也会影响私人与企业投资的积极性。

2. 产出效应

通货膨胀对产出的影响表现在以下三方面。

第一种情况是,随着通货膨胀出现,产出增加。这就是需求拉动的通货膨胀的刺激,促进了产出水平的提高。假设总需求增加,经济复苏,造成一定程度的需求拉动的通货膨胀,在这种情况下,产品的价格会跑到工资和其他资源的价格前面,由此扩大了企业的利润。利润的增加会刺激企业扩大生产,从而减少失业,增加国民产出。通货膨胀的再分配后果,会被更多的就业、增加的产出所获得的收益所抵消。

第二种情况是,成本推动的通货膨胀会引起产出和就业的下降。当成本推动的压力抬高物价水平时，既定的总需求只能在市场上支持一个较小的实际产出，因此，实际产出会下降，失业会上升。例如，1973年末，石油输出国组织把石油价格翻了两番，成本推动的通货膨胀的后果是美国1973—1975年的物价水平迅速上升，与此同时，美国的失业率从1973年的不到5%上升到了1975年的8.5%。

第三种情况是，恶性或超速通货膨胀将导致经济崩溃。首先，随着价格持续上升，居民和企业都会产生通货膨胀预期，估计物价会再度升高。这样，人们为了不让自己的储蓄和现有的收入贬值，宁愿在价格进一步上升前把它花掉，从而会产生过度的消费购买。因此，储蓄和投资都会减少，进而使经济增长率下降。其次，随着通货膨胀而来的生活费用的上升，会使劳动者要求提高工资。于是，企业增加生产和扩大就业的积极性就会逐渐丧失。再者，企业在通货膨胀率上升时会力求增加新设备。不过，企业这些行为在无法筹措到必需的资金时会停止。当人们完全丧失对货币的信心时，货币就再不能执行它作为交换手段和储藏手段的职能。这时，任何一个有理智的人将不愿再花精力去从事财富的生产和正当的经营，而会进行种种有机活动或者尽快把钱花出去，经济将陷入大规模的混乱。

第三节　失业与通货膨胀的关系

一、菲利普斯曲线

菲利普斯曲线(Phillips Curve)是用来表示失业与通货膨胀之间反向变动关系的曲线，由新西兰经济学家菲利普斯(A. W. Phillips)提出。1958年，菲利普斯根据英国1861—1957年间失业率和货币工资变动率之间的交替关系绘制的曲线如图13-1所示。

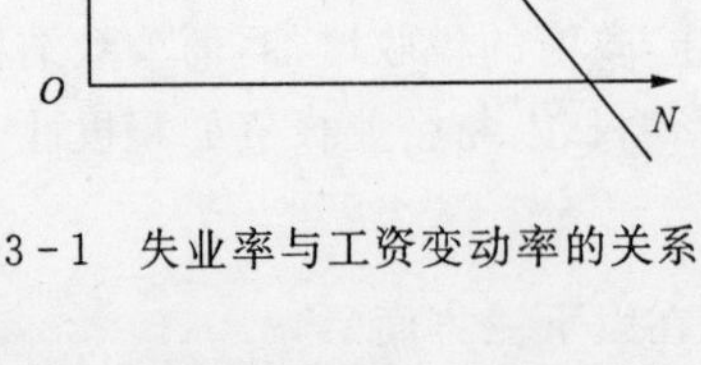

图13-1　失业率与工资变动率的关系曲线

在上图中，横轴 N 代表失业率，纵轴 W 代表工资增长率。向右下方倾斜的菲利普斯曲线PC表明：当失业率较低时，货币工资增长率较高；反之，当失业率较高时，货币工资增长率较低，甚至是负数。存在反向关系的原因在于：存在较高失业率时，工人们可以选择的其他工作机会较少，因而不会强烈地要求工资上涨；另外，较高失业率意味着较低利润率，企业主会更有力地抵制工人要求涨工资的压力。

这一关系后来发展为失业率与通货膨胀之间的反向关系。把货币工资增长率与失业率之间的变动关系解释为通货膨胀与失业之间的变动关系，即失业率高，则通货膨胀低；失业率低，则通货膨胀率高。也就是说，失业率高表明经济处于萧条阶段，此时工资与物价水平都较低，从而通货膨胀率也低；反之，失业率低则表明经济处于繁荣阶段，这时工资与物价水平都较高，从而通货膨胀率也就高。失业率与通货膨胀率之间的这种交替关系可以表示为图 13-2。

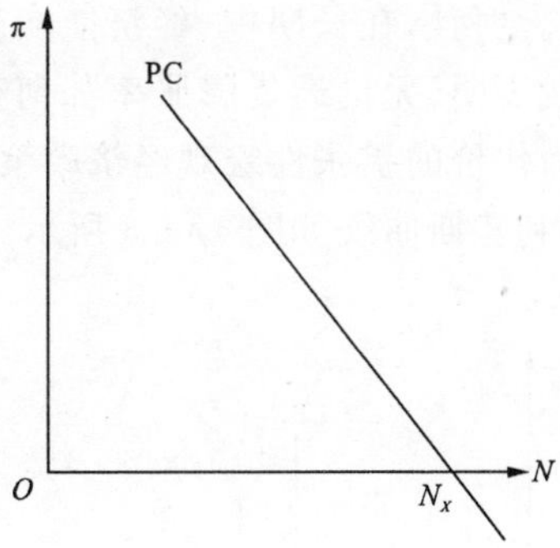

图 13-2　菲利普斯曲线

图 13-2 给出的是一条典型的向右下方倾斜的菲利普斯曲线，它表示较高的失业率伴随着较低的通货膨胀率。通货膨胀率为零时的失业率 N_X 即为自然失业率。菲利普斯曲线在该点上表明，当经济达到自然失业率状态时，工资及物价都是稳定的，不存在通货膨胀。典型的菲利普斯曲线揭示的通货膨胀和失业之间这种交替关系的政策含义是，较少的失业能够通过承受较高的通货膨胀率而获得，而通货膨胀率则能通过承受较多的失业为代价而下降。政府可以运用扩张性宏观经济政策，以较高的通货膨胀率来换取较低的失业率；也可以运用紧缩性宏观经济政策，以较高的失业率来换取较低的通货膨胀率。

菲利普斯曲线所反映的这种失业与通货膨胀之间此消彼长的交替关系基本符合西方国家的实际情况，但偶尔也会出现例外。比如，20 世纪 70 年代后，由于滞胀的出现，失业与通货膨胀之间就不存在这种交替关系，而是较高的失业率与较高的通货膨胀率并存；21 世纪初，克林顿执政时期的美国出现了新经济现象，是较低的失业率与较低的通货膨胀率并存，这也是所有经济学家追求的经济状态。

二、菲利普斯曲线的变化

20 世纪 70 年代，由于石油危机等因素的冲击，西方国家经济出现了滞胀，即高失业和高通货膨胀并存的现象，现实状况不再支持菲利普斯曲线所描述的失业与通货膨胀之间的交替关系。为了解释新的宏观经济现象，现代菲利普斯曲线对原始的形式作了重要的修正。

以弗里德曼为代表的货币主义者指出，传统的菲利普斯曲线忽略了通货膨胀预期对工资率决定的影响。货币主义者在解释菲利普斯曲线时引入了预期的因素。它们所用的预期概念是适应性预期，即人们根据过去的经验来形成并调整对未来的预期。它们根据适应性预期，把菲利普斯曲线分为短期菲利普斯曲线与长期菲利普斯曲线。

在短期中，工人来不及调整通货膨胀预期，预期的通货膨胀率可能低于以后实际发生的通货膨胀率。这样，工人所得到的实际工资可能小于先前预期的实际工资，从而使实际利润增加,刺激了投资,就业增加,失业率下降。在此前提下,通货膨胀率与失业率之间存在交替关系。

但是,在长期中,工人将根据实际发生的情况不断调整自己的预期。工人预期的通货膨胀率与实际上发生的通货膨胀率迟早会一致。这时,工人会要求增加名义工资,使实际工资不变,从而通货膨胀不会起到减少失业的作用。这时菲利普斯曲线是一条垂直线,表明失业率与通货膨胀率之间不存在交替关系。而且,在长期中,经济能实现充分就业,其失业率是自然失业率。因此,垂直的菲利普斯曲线表明,无论通货膨胀率如何变动,失业率总是固定在自然失业率的水平上,以引起通货膨胀为代价的扩张性宏观经济政策并不能减少失业。

短期菲利普斯曲线与长期菲利普斯曲线如图 13-3 所示。

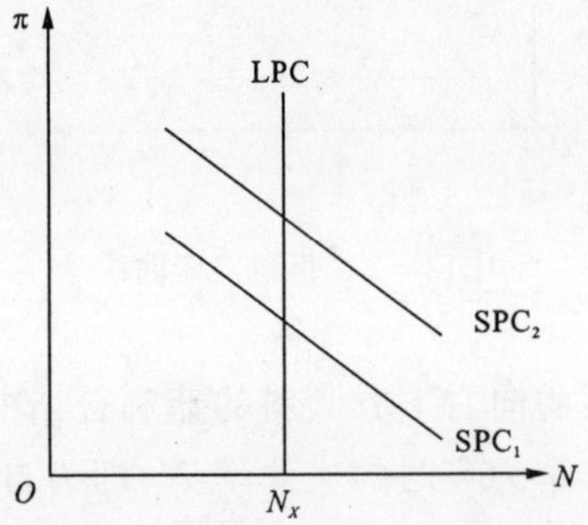

图 13-3 短期菲利普斯曲线与长期菲利普斯曲线

图 13-3 中,SPC_1和SPC_2为不同的短期菲利普斯曲线,LPC 为长期菲利普斯曲线。短期菲利普斯曲线向右下方倾斜,表明失业率与通货膨胀率之间存在交替关系。在每条短期菲利普斯曲线上,预期的通货膨胀率都是固定的,对通货膨胀预期的变化会造成短期菲利普斯曲线的移动。长期菲利普斯曲线是一条从自然失业率 N_X 出发的垂直线,说明长期中失业率是自然失业率,失业率与通货膨胀率之间不存在交替关系。

本章小结

1. 失业指在一定年龄范围内,在特定考察期内没有工作而又有工作能力,并且正在寻找工作的人。衡量一个经济中失业状况的最基本指标是失业率,即失业人口占劳动力人口的百分比。

2. 从失业产生的原因看,失业包括周期性失业、摩擦性失业和结构性失业三种类型。其中周期性失业是由经济衰退,即总需求不足引起的;摩擦性失业是工人和工作岗位匹配过程中所形成的;而结构性失业则是由于经济结构变化等原因造成的。

3. 通货膨胀是指一般物价水平有相当幅度持续上涨的现象。通货膨胀的程度通常用通货膨胀率来衡量。

4. 向右下方倾斜的菲利普斯曲线反映失业与通货膨胀之间存在此消彼长的交替关系。在引入预期因素后,这种交替关系只能在短期内存在,而在长期中不存在。长期菲利普斯曲线是一条从自然失业率出发的垂直线,说明长期中失业率是自然失业率,失业率与通货膨胀之间不存在交替关系。

案例 1　中国失业率到底是多少?

中国的失业率到底是多少?似乎永远是个谜,官方公布的统计数据跟百姓的实际感受似乎总是相差甚远。按照近几年来国家人力资源和社会保障部公布的官方数据,即便在世界金融危机发生后的 2008 年和 2009 年,中国的城镇登记失业率也始终保持在 5%以下。

但很多半官方和民间的研究机构的调查结果远没有官方部门那么乐观。例如,2008 年 12 月 16 日中国社会科学院公布的《社会蓝皮书》称,中国城镇失业率约为 9.4%,这一数字是人社部统计数字的两倍还要多。

而且同样是“官方”代表身份的国务院总理温家宝,在 2010 年 3 月会见出席中国发展高层论坛的外方主要代表时,透露“中国的失业人口多达 2 亿人”。此言一出,更是一石激起千层浪,似乎揭开了长期以来官方有关部门统计数字的那层美丽的面纱。之所以出现这么大的偏差,主要的原因在于统计方法的偏差。首先这一数据没有涵盖广大的农村人口,尤其是近年来随着城镇化的发展,进城务工的农民工和刚刚通过城镇化变为“城市人”的城郊人口都没有纳入到统计的范围。

其次,即便以现有人口管理制度下所谓的“城镇人口”来说,“登记失业率”又将大批无业城市劳动人口排除在统计数据之外,因为多数高收入失业人群和短暂失业者一般不去失业救济部门登记,毕竟这种登记手续啰嗦而且救济很难拿到。

再次,20 世纪 90 年代国企改革导致的大批下岗人员,也不属于政府定义的“失业”人员,因为这部分人与原单位名义上的雇佣关系依然存在。如果当下美国采取中国统计局和社会保障部的统计方法,美国现在的失业率大概为 2.9%,远远低于其官方统计的约 10%的数字。

如果以中国科学院 2008 年底城镇 7 680 万人替代人社部的数字,中国 2008 年的失业率将高达 14.2%,这一数字远远高于美国和欧盟 9%左右的水平。如果将 14.2%折合成实际的失业人数,大约为 1.13 亿人。由于上面的估算均为“保守”的估算方法,如果严格地将农村中存在的巨大隐性失业人口、广大在城市谋生而没有当地户口的流动人口等包括进来,温家宝总理所说的的 2 亿失业人口倒是更接近真相。

资料来源:刘金贺 . www. cnfol. com . 2010 - 04.

案例 2　中国商品缘何贵过美国?

近段时期以来,中国部分商品价格高过美国的话题引起了广大民众的广泛关注。特别是部分中国出口商品,其国内售价甚至要高过国外市场的售价,形成了内外销商品的价格“倒挂”。内外销商品价格“倒挂”的背后,其实就是用中国的国家财政和低工资、低利润去补贴发达国家的消费者。

按理,中国出口商品到美国,除了要经过更精细的包装,还要漂洋过海,故其价格定然要比国内高得多。然而,不少出口到美国的商品不但价格不高,低于国内售价的也不在少数。比如刚刚调价后中国国内 500 毫升装的 53 度茅台价格为 1 200 元,但在美国纽约华人聚居区,两斤装 53 度茅台的售价只有 1 500 元左右,375 毫升茅台酒才四五百元。此外,中国大量出口的纺织服装、电子产品等，价格也大都要比国内低。

从1978年至2007年，中国对外贸易总体规模扩大了57倍，其中出口扩大了44倍，年均增长达到16.4%，远远超出同期GDP的增长速度；到2010年前三季度，我国实现出口总值11 346.4亿美元，占全部进出口总额的52.8%。与此同时，我国外贸出口占全球比重从1978年的0.8%提高到目前的10%左右，对世界贸易增长的贡献率也超过10%。30多年的快速发展，已经使我国跃升为名副其实的世界第一出口大国。只是在国际贸易的利润蛋糕中，中国人得到的份额太少太低。商务部的统计数据显示，我国出口商品平均的利润率尚不及2%。廉价出口，甚至是“赔本赚吆喝”。

导致中国国内商品价格比出口商品价格高的原因有很多。比如国内企业的税费负担普遍比较高，按照财政部公布的数据，2007年至2009年，我国宏观税负分别为24%、24.7%和25.4%。

另外，流通费用高也是推高国内物价的重要因素。1千克货物从上海到贵州，通过公路运输需要花费6元到8元人民币，而从上海通过海运运到万里之遥的纽约，却只要花费1.5元人民币。从宏观的角度看，在中国，全社会物流总成本占GDP的比重为21.3%左右，而发达国家则是10%左右。

经过30多年的发展，我国的经济社会环境发生了翻天覆地的变化，经济发展的约束条件也有了很大的改观，但出口导向型发展战略却并未发生根本改变。对地方政府来讲，大搞出口创汇经济，获得更多的外汇资金，构成了“GDP崇拜”的重要一环，似乎外汇挣得越多，政绩就越大，而全然不顾出口效率和效益如何。

其结果，中国以庞大而又廉价的商品维持了美国高收入低通胀的格局，美国的通货膨胀率长期保持在3%以下。与此相对应的是，由于企业利润微薄和劳动者收入过低，在中国就形成了低工资、高物价的局面。而过量的外汇占款所引发的输入型通胀，又加剧了中国国内的通胀压力。

需要提醒的是，内外销商品价格“倒挂”的背后，其实就是用中国的国家财政和低工资、低利润去补贴发达国家的消费者。要改变这种不正常的贸易格局，除了加快出口导向型发展战略的转变外，改革现行的出口退税制度、适当加快人民币升值的步伐都是必要之举。否则，中国商品“墙内开花墙外香”的怪现象很难从根本上得到扭转。

资料来源：李长安：中国商品缘何贵过美国？搜狐财经.2011-01.

本章练习

一、名词解释

失业、充分就业、自然失业率、结构性失业、摩擦性失业、通货膨胀、菲利普斯曲线

二、选择题

1.失业率的计算方法是(　　)。

A. 失业人口/总人口　　B. 失业人口/劳动力人口

C. 失业人口/劳动年龄人口　　D. 失业人口/就业人口

2.下列哪一种有关自然失业率的说法是错误的？(　　)。

A. 自然失业率就是自愿失业率

B. 自然失业率等于实际失业率减去周期性失业率的差额

C. 自然失业率就是经济处于充分就业状态时的失业率

D. 自然失业率的形成主要是因为市场的不完全造成的,如摩擦性失业等

3. 充分就业的含义是( )。

A. 人人都有工作,没有失业者　B. 消灭了周期性失业的就业状态

C. 消灭了自然失业的就业状态　D. 消灭了自愿失业的就业状态

4. 引起周期性失业的原因是( )。

A. 工资刚性　B. 总需求不足

C. 经济结构的调整　D. 经济中劳动力的正常流动

5. 一般用来衡量通货膨胀的物价指数是( )。

A. 消费物价指数　B. 生产物价指数　C. GDP 平减指数;　D. 以上均正确

6. 在通货膨胀不能完全预期的情况下,通货膨胀将有利于( )。

A. 债务人　B. 债权人　C. 在职工人　D. 离退休人员

7. 根据菲利普斯曲线,降低通货膨胀率的办法是( )。

A. 减少货币供给量　B. 降低失业率　C. 提高失业率　D. 增加财政赤字

8. 由工资提高导致通货膨胀的原因是( )。

A. 需求拉动　B. 成本推动　C. 结构性　D. 其他

9. 由原材料价格提高导致通货膨胀的原因是( )。

A. 需求拉动　B. 成本推动　C. 结构性　D. 其他

三、简答题

1. 如何界定和衡量失业?

2. 失业有哪几种类型?它们分别是由什么原因造成的?

3. 如果你的房东说:“工资、公用事业以及别的费用上升太快了,我只得提高你的房租。”这是属于成本推进型的还是需求拉动型的通货膨胀?如果店主说:“可以提价出售,别愁卖不了,店门口排队的人多着呢!”这是属于成本推进型的还是需求拉动型的通货膨胀?

4. 什么是菲利普斯曲线?它有什么政策含义?

5. 为什么长期内的菲利普斯曲线是垂直的?

第十四章　总需求与总供给

学习目的：

1.理解短期经济波动的原因与特点；

2.了解总需求曲线和总供给曲线的特征和变化规律；

3.理解总需求与总供给如何实现均衡。

教学要求：

1.理解经济波动总是围绕长期趋势的短期波动；

2.掌握并使用总需求与总供给模型解释现实经济问题；

3.理解总需求与总供给实现均衡的条件与方式。

在西方经济学中，价格和产量是由供求曲线决定的；这一原理在微观经济学和宏观经济学中的表述有所不同。在微观经济学中，供求所决定的是个别商品的价格和产量，而在宏观经济学中，供求所决定的则是整个社会的价格水平和产量，也就是国民收入。

前面有关宏观经济问题的讨论，都是在一般价格水平固定不变的假定下进行的，这些讨论都没有说明产量(收入)和价格水平之间的关系。本章将要论述的总需求—总供给模型则取消了价格水平固定不变的假定，着重说明产量和价格水平的关系。总需求函数(曲线)和总供给函数(曲线)是宏观经济学重要的分析工具，也是理解宏观经济学中的一些重大问题的基础。

本章的目的在于引出总需求和总供给曲线，并且说明这两条曲线的作用如何造成价格水平和国民收入的波动。

必须指出，对总需求曲线，西方学者的认识大致相同，但是，对总供给曲线，他们之间却存在着重大的分歧，从而，该曲线成为目前最有争议的一个主题。

经济活动每年都有波动。什么因素引起了经济活动的波动呢？尤其是短期波动。如果可能的话，能够用什么公共政策来防止收入减少和失业增加的时期出现呢？当衰退和萧条发生时，决策者如何缩短其持续时间以及减轻其严重性呢？这些正是我们现在要论述的问题。

虽然经济学家对于如何分析短期波动仍然存在一些争论，但大多数经济学家都使用总需求与总供给模型。学会如何运用这个模型来分析各种事件和政策的短期效应是首要任务。本章介绍这个模型的两个部分——总需求曲线与总供给曲线。

第一节　总需求与总供给模型

短期经济波动模型将注意力集中在两个变量上：第一个变量是，用真实 GDP 衡量的经济中物品与劳务的产出；第二个变量是，用 CPI 或 GDP 平减指数衡量的物价总水平。要注意的是，产量是真实变量，而物价水平是名义变量。

我们用如图 14－1 所示的总需求与总供给模型来分析整个经济的波动。图中纵轴表示经济中的物价总水平，横轴表示经济中物品与劳务的总产量。总需求曲线表示在每一种物价水平时，家庭、企业、政府和外国客户想要购买的物品与劳务的数量。总供给曲线表示在每一种物价水平时，企业生产并销售的物品与劳务的数量。根据这个模型，物价水平与产量的调整使总需求与总供给达到平衡。

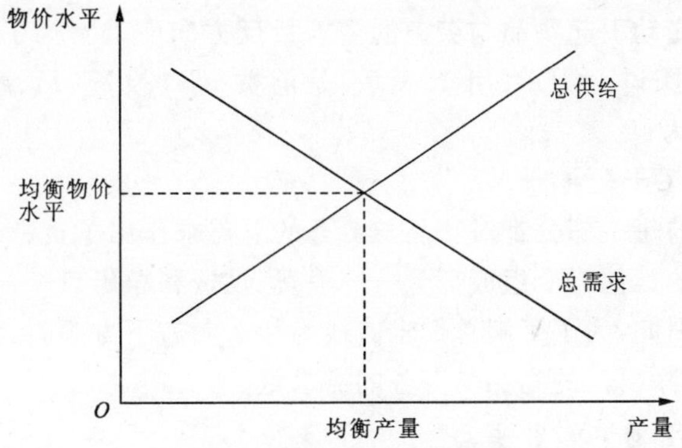

图 14-1　总需求与总供给

也许有人会认为，总需求与总供给模型不过是微观经济学中介绍的市场需求与市场供给的模型的放大形式而已。实际上，这两个模型是完全不同的。毕竟我们的模型所要解释的量——真实 GDP——衡量了所有市场上所有企业生产的物品与劳务的总量。为了理解为什么总需求曲线向右下方倾斜，而总供给曲线向右上方倾斜，我们需要一种解释物品与劳务总需求量和物品与劳务总供给量的宏观经济理论。

第二节　总需求曲线

总需求曲线告诉我们在任何一种既定物价水平时经济中所有物品与劳务的需求量。如图 14-2 所示，总需求曲线向下方倾斜。

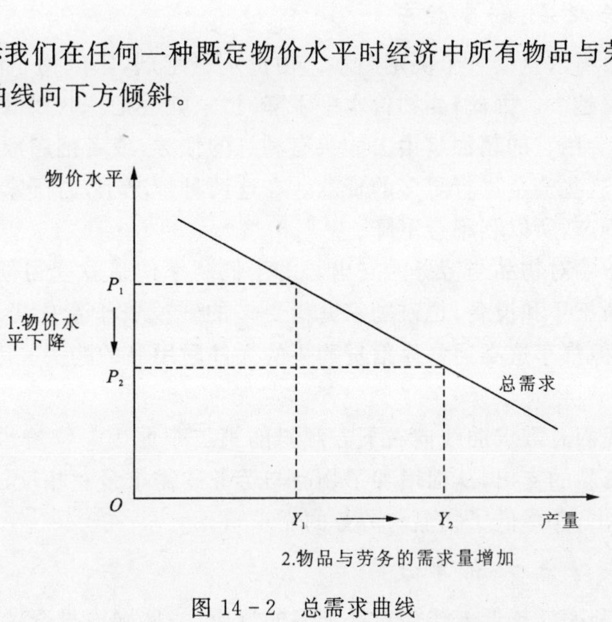

图 14-2　总需求曲线

这意味着，在其他条件相同的情况下，经济中物价总水平的下降（比如说，从 P_1 下降到 P_2）会增加物品与劳务的需求量（从 Y_1 增加到 Y_2）；相反，物价水平的上升会减少物品与劳务的需求量。

一、总需求曲线向右下方倾斜

为什么物价水平变动引起物品与劳务的需求量反方向变动？为了回答这个问题，我们从GDP的结构出发进行探讨。GDP（用 Y 表示）是消费（C）、投资（I）、政府购买（G）和净出口（NX）之和，其表达式为：

$$Y=C+I+G+NX$$

这四个组成部分的每一部分都对物品与劳务的总需求作出了贡献。现在假设政府支出是由政策固定的。支出的其他三个组成部分——消费、投资和净出口——取决于经济状况，特别是取决于物价水平。因此，为了了解总需求曲线为什么向右下方倾斜，必须考察物价水平如何影响用于消费、投资和净出口的物品与劳务的需求量。

1. 物价水平与消费：财富效应

考虑你在钱包中和银行账户上所持有的货币。这种货币的名义价值是固定的：1元人民币总是值1元人民币。但1元人民币的真实价值并不固定。如果一个棒棒糖的价格是1元人民币，那么1元人民币就值一个棒棒糖。如果一个棒棒糖的价格下降到5角，那么1元人民币就值两个棒棒糖。因此，当物价水平下降时，你所拥有的人民币的价值上升了，这就增加了你的真实财富以及你购买物品与劳务的能力。

这个逻辑给了我们总需求曲线向右下方倾斜的第一个原因。物价水平下降提高了货币的真实价值，并使消费者更富有，这又鼓励他们更多地支出，消费者支出增加意味着物品与劳务的需求量更大。相反，物价水平上升降低了货币的真实价值，并使消费者变穷，这又减少了消费者支出以及物品与劳务的需求量。

2. 物价水平与投资：利率效应

物价水平是货币需求量的一个决定因素。物价水平越低，家庭为了购买想要的物品与劳务需要持有的货币就越少。因此，当物价水平下降时，家庭会把一些钱借出去而减少货币持有量。例如，家庭可能会用它的超额货币去购买有利息的债券，或者把超额货币存入有利息的储蓄账户，而银行将用这些资金进行更多的贷款。在这两种情况下，由于家庭试图把自己的一些货币换为有利息的资产，所以利率会下降。

利率反过来又影响对物品与劳务的支出。由于低利率使借款变得便宜，这就鼓励企业更多地借款并投资于新工厂和设备，也鼓励家庭借更多的钱投资于新住房。低利率也可能会刺激消费支出，特别是像汽车这类通常靠信贷购买的大件耐用品的购买。因此，低利率增加了物品与劳务的需求量。

这个逻辑给了我们总需求曲线向右下方倾斜的第二个原因。物价水平下降降低了利率，鼓励更多地用于投资品的支出，从而增加了物品与劳务的需求量。相反，物价水平上升提高了利率，抑制了投资支出，并降低了物品与劳务的需求量。

3. 物价水平与净出口：汇率效应

物价水平越低，利率就越低。作为对低利率的反应，一些国内投资者通过在国外投资而寻求更高的收益。例如，当中国政府债券的利率下降时，共同基金就会出售中国政府债券，以购买美国政府债券。当共同基金为了购买美国债券试图把它的人民币兑换为美元时，它就增加了外汇市场上人民币的供给。

要兑换为欧元的美元供给增加引起美元相对于欧元贬值。这就引起真实汇率——国内物品与国外物品的相对价格的变动。由于美元的相对价格的变动，每一美元购买的外国通货单位少了，外国物品相对于本国物品变得昂贵了。

相对价格变动反过来又影响物品与劳务的支出，既影响国内的，也影响国外的。由于外国物品现在变得昂贵了，中国人从其他国家购买的东西就少了，这引起中国物品与劳务的进口减少。同时，由于美国物品现在变得昂贵了，外国人从中国购买的东西就多了，因此，中国的出口增加。净出口等于出口减进口，因此，这两种变动都引起中国的净出口增加。这样，人民币的真实汇率值下降引起了物品与劳务的需求量增加。

这个逻辑提供了总需求曲线向右下方倾斜的第三个原因。当中国物价水平下降引起中国利率下降时，人民币在外汇市场上的真实价值下降了，这种贬值刺激了中国的净出口，从而增加了物品与劳务的需求量。相反，当中国物价水平上升并引起中国利率上升时，人民币的真实价值就会上升，而且这种升值减少了中国的净出口以及物品与劳务的需求量。

三个不同但相关的原因，简明而透彻地说明了为什么物价水平下降增加了物品与劳务的需求量：

(1)消费者更富有了，这刺激了消费品需求；

(2)利率下降，这刺激了投资品需求；

(3)通货贬值，这刺激了净出口需求。

同样，这三种效应也在相反的方向起作用：当物价水平上升时，财富减少抑制了消费支出，高利率抑制了投资支出，而且通货升值抑制了净出口。

要记住，总需求曲线(和所有需求曲线一样)是在假设“其他条件相同”的情况下画出来的。特别是，我们对向右下方倾斜的总需求曲线的三个解释都假定货币供给是固定的。这就是说，是在假设经济中货币供给不变的情况下来考虑物价水平的变动如何影响物品与劳务的需求的。我们将要说明，货币量的变动会使总需求曲线移动。现在只要记住，总需求曲线是根据一个既定的货币供给量做出的。

二、总需求曲线的移动

总需求曲线向右下方倾斜表明物价水平下降增加了物品与劳务的总需求量。但是，许多其他因素也影响物价水平既定时的物品与劳务的需求量。当这些因素中的一种变动时，在每一种物价水平时物品与劳务的需求量改变了，总需求曲线就会移动。

1. 消费变动引起的移动

假设中国人突然变得更为关注其退休后的生活，从而减少了他们的现期消费。由于在物价水平既定时，物品与劳务的需求量减少了，所以总需求曲线向左方移动。相反，设想股市高涨使人们更富有了，并且不太关心储蓄了。这种情况所引起的消费支出增加意味着在物价水平既定时物品与劳务的需求量增加了，因此总需求曲线向右移动。

可见，任何一个改变人们在物价水平既定时想消费多少的事件都会使总需求曲线移动。

具有这种效应的政策变量之一是税收水平。当政府减税时，它鼓励人们更多地支出，因此总需求曲线向右移动。当政府增税时，人们就会削减支出，因此总需求曲线向左移动。

2. 投资变动引起的移动

任何一个改变企业在物价水平既定时想投资多少的事件也都会使总需求曲线移动。例如，设想电脑行业引进了运算速度更快的电脑，而且许多企业决定投资于新电脑体系。由于在物价水平既定时物品与劳务的需求量增加了，所以总需求曲线向右移动。相反，如果企业对未来经济状况持悲观态度，它们就会削减投资支出，这将使总需求曲线向左移动。

税收政策也可以通过投资影响总需求。投资税收优惠(税收减免与企业的投资支出相关)增加了企业在利率既定时需求的投资品数量。因此，投资税收优惠使总需求曲线向右移动。相反，投资税收优惠的取消减少了投资，使总需求曲线向左移动。

影响投资和总需求的另一个政策变量是货币供给。在短期中，货币供给增加必然降低利率，这种利率的下降会使借款成本减少。借款成本减少又刺激投资支出，从而使总需求曲线向右移动。相反，货币供给减少提高了利率，抑制了投资支出，从而使总需求曲线向左移动。

3. 政府购买变动引起的移动

决策者使总需求曲线移动的最直接的方式是通过政府购买。例如，假设国防部决定减少新武器系统的购买，由于在物价水平既定时物品与劳务的需求量减少了，所以总需求曲线向左移动。相反，如果交通运输部建设更多的高速公路，结果是在物价水平既定时物品与劳务的需求量增多了，因此总需求曲线向右移动。

4. 净出口变动引起的移动

在物价水平既定时任何一个改变净出口的事件也会使总需求曲线移动。例如，当美国经历经济衰退时，它从中国购买的物品变少了，这就减少了中国在每一物价水平上的净出口，使中国经济的总需求曲线向左移动。当美国从衰退中复苏时，它又增加购买中国物品，这又会使总需求曲线向右移动。

有时，净出口的变动是因为国际投机者的活动引起了汇率变动。例如，假设这些投机者对外国经济失去信心，想要将其一些财富转移到中国经济中，这样做的结果是他们使外汇市场上的人民币价值上升。这种人民币升值使中国物品相对于外国物品更为昂贵，这就抑制了中国的净出口，使总需求曲线向左移动。相反，引起人民币贬值的投机活动刺激了净出口，使总需求曲线向右移动。

第三节　总供给曲线

总供给曲线说明在任何一种既定的物价水平时企业生产并销售的物品与劳务总量。与总是向右下方倾斜的总需求曲线不同，总供给曲线的走势取决于所考察的时间长短。在长期中，总供给曲线是垂直的；而在短期中，总供给曲线向右上方倾斜。为了了解短期经济波动，以及经济的短期行为如何与长期行为不一致，那就既要考察长期总供给曲线，又要考察短期总供给曲线。

一、长期中总供给曲线是垂直的

什么因素决定长期中物品与劳务的供给量？在长期中，一个经济的物品与劳务生产(它的真实 GDP)取决于它的劳动、资本和自然资源供给，以及可得到的用于把这些生产要素变为物品与劳务的生产技术。

分析决定长期经济增长的这些因素时，根本不需要提到物价总水平。这是因为，物价水平并不影响这些真实 GDP 的长期决定因素，所以长期总供给曲线是垂直的。如图 14-3 所示。

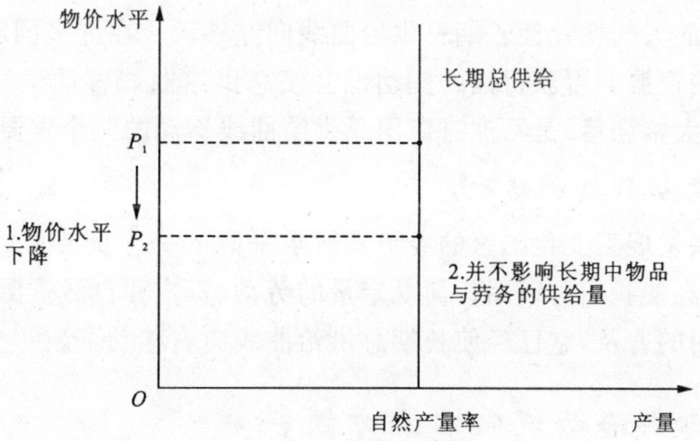

图 14-3　长期总供给曲线

换句话说，在长期中，经济体的劳动、资本、自然资源和技术决定了物品与劳务的总供给量，而且无论物价水平如何变动，供给量都是相同的。

垂直的长期总供给曲线意味着产量(真实变量)不取决于物价水平(名义变量)。

二、长期总供给曲线会移动

长期生产水平有时称为潜在产量和充分就业产量，我们称它为自然产量率，因为它表明失业为其自然率或正常率时经济中所生产的东西。自然产量率是经济在长期中所趋向的生产水平。

经济中任何改变自然产量率的变动都会使长期总供给曲线移动。因为古典模型中的产量取决于劳动、资本、自然资源和技术知识，所以我们可以把长期总供给曲线的移动划分为这四个原因所引起的移动。

1. 劳动变动引起的移动

设想一国的移民增加使工人的数量增多，那么，该国的物品与劳务的供给量也会增加，结果，长期总供给曲线将向右移动。相反，如果许多工人离开这个国家去了国外，那么长期总供给曲线将向左移动。

长期总供给曲线的位置还取决于自然失业率，所以自然失业率的任何一种变动都会使长期总供给曲线移动。例如，如果一国政府大幅度提高最低工资，自然失业率就会上升，从而该国生产的物品与劳务量就会减少，结果，长期总供给曲线将向左移动。相反，如果失业保险制度改革鼓励失业工人更努力地寻找新工作，自然失业率就会下降，长期总供给曲线将向右移动。

2. 资本变动引起的移动

一国资本存量的增加必然提高其生产率，这会增加物品与劳务的供给量，结果，长期总供给曲线将向右移动。相反，一国的资本存量减少降低了生产率，这会减少物品与劳务的供给量，会使长期总供给曲线向左移动。

3. 自然资源变动引起的移动

一国的生产受制于自然资源，包括土地、矿藏和天气。新矿藏的发现使长期总供给曲线向右移动；使农业减产的天气变化使长期总供给曲线向左移动。在许多国家，重要的自然资源是从国外进口的。这些资源的可获得性的变动也会使总供给曲线移动。例如，世界石油市场所发生的事件（如油价大幅涨落）是石油进口国总供给曲线移动的一个重要原因。

4. 技术知识变动引起的移动

发达国家和新兴发展工业化国家的经济发展水平高的一个重要原因是科学技术的进步。例如，电脑的发明已经使我们可以用任何既定量的劳动、资本和自然资源生产出更多的物品与劳务。随着电脑应用的普及，它已经使长期总供给曲线向右移动了。

三、短期中总供给曲线向右上方倾斜

短期中总供给与长期中总供给的关键差别是总供给的状况不同。长期总供给曲线是垂直的，因为在长期中物价总水平并不影响一国生产物品与劳务的能力。与此相反，在短期中物价水平确实影响一国的产量。这就是说，在一年或两年的时期内，一国物价总水平上升往往会增加物品与劳务的供给量，而物价水平下降往往会减少物品与劳务的供给量。结果，短期总供给曲线如图 14－4 所示向右上方倾斜。

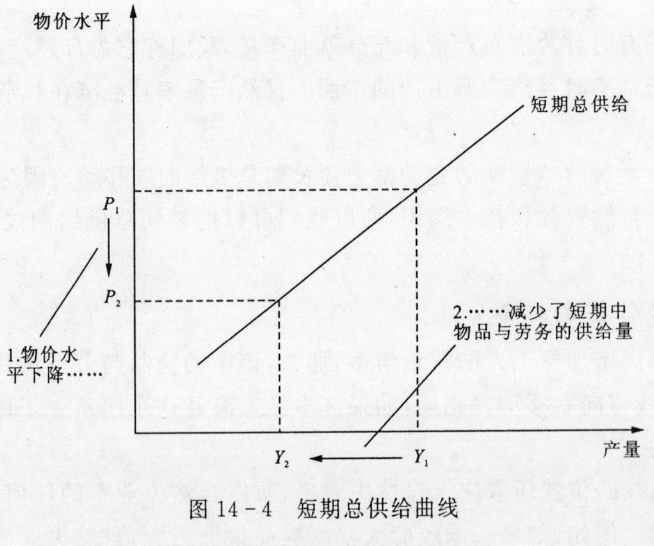

图 14－4 短期总供给曲线

为什么物价水平的变动在短期中影响产量呢？宏观经济学家提出了三种说明短期总供给曲线向右上方倾斜的理论。在每一种理论中，某个市场的不完全性引起供给一方的短期行为与长期不同。虽然以下每一种理论在细节上不同，但它们具有一个共性：当一国的实际物价水平背离了人们预期的物价水平时，供给量就背离了其长期水平或自然水平。当物价水平高于人们预期的水平时，产量就高于其自然率；当物价水平低于预期水平时，产量就低于其自然率。

1. 黏性工资理论

根据这种理论，短期总供给曲线向右上方倾斜是因为名义工资对经济状况变动的调整缓慢。换句话说，工资在短期中是“黏性的”。在某种程度上，名义工资调整缓慢是由于工人和企业之间签订了固定名义工资的长期合同。有时这种合同的期限是 3 年。此外名义工资调整缓慢也可能是由于影响工资确定的社会规范和公正的观念变动缓慢。

设想一年前，一个企业预期现在的物价水平是 100，并且根据这种预期与工人签订了合同，同意支付给他们每小时 20 元的工资。实际上，物价水平 P 结果只是 95。由于物价水平降到预期水平以下，企业从其每单位产品销售中得到的收入比预期少了 5%。但是，用于生产这些产品的劳动成本仍然是 20 元。现在生产不太有利了，因此企业少雇用工人，并减少产品供给量。随着时间的推移，劳动合同会到期，企业会与其工人就工资下调再次进行谈判(工人可能会接受较低的工资，因为物价也下降了)，但同时就业与生产将仍然低于其长期水平。

同样的逻辑也在相反的方向起作用。假设物价水平结果是 105，并且工资仍然是每小时 20 元。企业看到，它出售每单位产品得到的收入增加了 5%，而其劳动成本并没变。企业的反应就是雇用更多的工人，并增加供给量。最终工人会要求更高的名义工资来补偿更高的物价水平，但在一段时间内，企业可以通过使就业和产品供给量高于其长期水平来利用这个可以赚取更多利润的机会。

简言之，根据黏性工资理论，短期总供给曲线向右上方倾斜是因为名义工资是基于预期的物价确定的，并且当实际物价水平结果不同于预期水平时，名义工资并不会立即对此作出反应。工资的这种黏性激励了企业在实际物价水平低于预期水平时生产较少的产量，而在实际物价水平高于预期水平时生产较多的产量。

2. 黏性价格理论

一些经济学家提出了用于解释短期总供给曲线向右上方倾斜的另一种方法，称为黏性价格理论。正如我们刚才所讨论的，黏性工资理论强调名义工资随着时间推移调整缓慢。黏性价格理论则强调一些物品与劳务的价格对经济状况变动的调整也是缓慢的。这种缓慢的价格调整，部分是因为调整价格要付出成本，即所谓的菜单成本。这些菜单成本包括印刷和分发目录的成本，以及改变价格标签所需要的时间。由于这些成本，短期中价格和工资可能都是黏性的。

为了说明黏性价格如何解释总供给曲线向右上方倾斜，假设经济中每个企业都根据它所预期的未来一年的经济状况提前宣布了该企业生产的物品和劳务的价格。再假设在价格宣布以后，经济中出现了未预料到的货币供给紧缩，这将降低长期中的物价总水平。虽然一些企业对经济状况变动的反应是迅速降低自己所生产的物品和劳务的价格，但还有一些企业不想引起额外的菜单成本，结果它们在降低自己所生产的物品或劳务的价格上暂时滞后了。由于这些滞后企业价格如此之高，所以它们的销售减少了。销售减少又引起企业削减生产和就业。

3. 错觉理论

解释短期总供给曲线向右上方倾斜的第三种方法是错觉理论。根据这种理论，物价总水平的变动暂时误导供给者对自己出售产品的个别市场发生的事情的看法。由于这些短期的错觉，供给者对物价水平的变动作出了反应，并且这种反应引起了总供给曲线向右上方倾斜。

为了说明这种理论如何起作用，假设物价总水平降到供给者预期的水平之下。当供给者看到他们产品的价格下降时，他们可能会错误地认为，他们的相对价格下降了。这就是说，他们会认为与其他价格相比，他们的产品价格下降了。例如，种小麦的农民在注意到他们作为消费者购买的许多物品的价格都下降之前先注意到了小麦价格的下降，他们可能从这种观察中推知生产小麦的报酬暂时降低了，并且他们的反应可能是减少他们所供给的小麦。同样，工人在注意到他们所购买的物品价格下降之前先注意到他们的名义工资下降了，他们就会由此推知他们的工作报酬暂时低了，并作出减少他们供给的劳动量的反应。在这两种情况下，较低的物价水平引起供给者对相对价格的错觉，而且这些错觉又引起供给者对较低物价水平作出减少物品与劳务的供给量的反应。

当实际物价水平高于预期的水平时，类似的错觉也会产生。物品与劳务的供给者可能只注意到自己产品的价格上升了，并错误地推断他们产品的相对价格上升了，他们就会得出结论，这是生产的好时机。在他们的错觉得到纠正之前，他们对高物价水平的反应是增加物品与劳务的供给量。这种行为就引起短期总供给曲线向右上方倾斜。

四、短期总供给曲线的移动

短期总供给曲线告诉我们短期内在任何既定物价水平时物品与劳务的供给量。这条曲线与长期总供给曲线相似，但由于黏性工资、黏性价格以及错觉的存在，它不是垂直的，而是向右上方倾斜。因此，当考虑什么引起短期总供给曲线移动时，必须考虑使长期总供给曲线移动的所有变量以及一个新变量——预期的物价水平，它影响黏性工资、黏性价格和对相对价格的错觉。

我们从对长期总供给曲线的了解开始。长期总供给曲线的移动通常是由于劳动、资本、自然资源和技术知识的变动。这些相同的变量也会使短期总供给曲线移动。例如，当一国的资本存量增加而提高了生产率时，就能够生产更多的产品，因此无论长期还是短期总供给曲线都向右方移动。当最低工资增加从而提高了自然失业率时，就业的工人就少了，生产的产品也少了，因此无论长期还是短期总供给曲线都向左方移动。

影响短期总供给曲线位置的重要新变量是人们预期的物价水平。正如我们所讨论的，在短期中，物品与劳务的供给量取决于黏性工资、黏性价格和错觉。但工资、价格和错觉都是根据预期的物价水平确定的，因此当人们改变他们对物价水平的预期时，短期总供给曲线也将移动。

为了使这种思想更具体，我们考虑一种明确的总供给理论——黏性工资理论。根据这种理论，当工人和企业预期物价水平要上升时，他们就倾向于达成一个高水平名义工资的合同。高工资增加了企业的成本，而且在任何既定的实际物价水平下减少了企业供给的物品与劳务量。因此，当预期的物价水平上升时，工资就会提高，成本增加，并且企业在实际物价水平既定时生产的物品和劳务减少，这样，短期总供给曲线向左移动。相反，当预期的物价水平下降时，工资下降,成本下降,企业在实际物价水平既定时增加产量,短期总供给曲线向右移动。同样的逻辑也适用于每一种总供给理论。一般性结论如下:预期物价水平上升减少了物品与劳务的供给量,并使短期总供给曲线向左移动;预期物价水平下降增加了物品与劳务的供给量,并使短期总供给曲线向右移动。在短期中,预期是固定的经济处于总需求曲线与短期总供给曲线的交点。在长期中,如果人们观察到物价水平不同于他们的预期,他们的预期就会得到调整,短期总供给曲线将移动。这种移动保证了经济最终会处于总需求曲线与长期总供给曲线的交点。

第四节　经济波动的两个原因

总需求与总供给模型是分析经济活动波动所需要的基本工具。特别是,我们可以用所学的关于总需求与总供给的内容来考察短期波动的两个基本原因:总需求移动与总供给移动。

为了使事情简化,假设经济开始时处于长期均衡,如图 14－5 所示。均衡产量和物价水平在长期中是由总需求曲线和长期总供给曲线的交点决定的,如图中 A 点所示。在这一点时,产量为其自然率。由于一国经济总是处在短期总供给曲线上,即短期总供给曲线也通过这一点,这表示预期物价水平已经调整到了这种长期均衡。也就是说,当一国经济处于长期均衡时,预期物价水平必定等于实际物价水平,从而总需求曲线与短期总供给曲线的交点和总需求曲线与长期总供给曲线的交点重合。

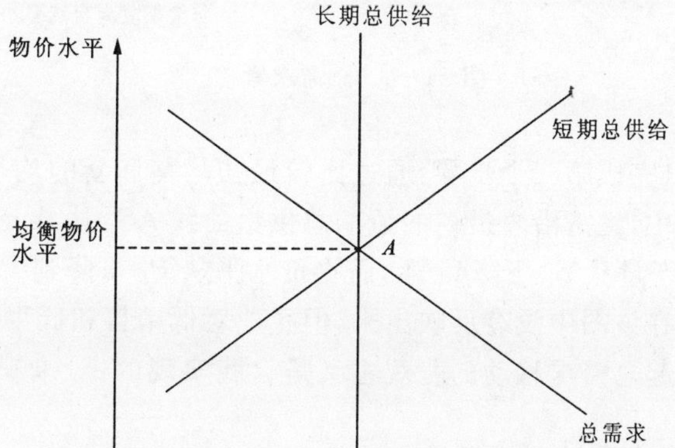

图 14－5　长期均衡

一、总需求移动的影响

假设悲观的情绪突然笼罩了一国经济。原因可能是政局变动、股票市场崩溃,或者战争爆发。由于这些事件,许多人对未来失去信心并改变了他们的计划。家庭削减了支出并且延迟了重大购买,企业则放弃了购买新设备。这种悲观情绪对宏观经济有什么影响呢?我们可以遵循四个步骤。

(1)确定某个事件是使总需求曲线移动，还是使总供给曲线移动(或者两条曲线都移动)。

(2)确定曲线移动的方向。

(3)用总需求和总供给图说明这种移动如何影响短期的产量和物价水平。

(4)用总需求和总供给图分析经济如何从其新的短期均衡变动到其长期均衡。

前两步很容易。第一，由于悲观情绪影响支出计划，所以它影响总需求曲线。第二，由于家庭和企业现在在任何一种既定的物价水平时想购买的物品与劳务量减少了，所以这个事件减少了总需求。如图 14－6 所示，总需求曲线从 AD_1 向左移动到 AD_2。

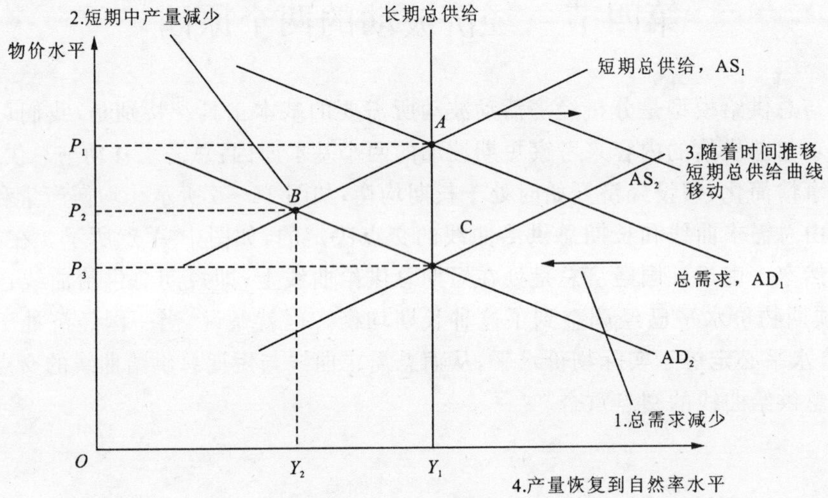

图 14－6 总需求紧缩

利用该图，我们可以完成第三个步骤：通过比较最初均衡和新的均衡，我们可以说明总需求减少的影响。在短期中，经济沿着最初的短期总供给曲线 AS_1 从 A 点变动到 B 点。随着经济从 A 点移动到 B 点，产量从 Y_1 下降到 Y_2，而物价水平从 P_1 下降到 P_2。产量水平下降表明经济处于衰退中。虽然在该图中没有反映出来，但企业对低销售和低生产的反应是减少就业。因此，在某种程度上，引起总需求移动的悲观主义是自我实现的：对未来的悲观引起收入下降和失业增加。

现在进行第四步——从短期均衡向长期均衡的转变。由于总需求减少，物价水平最初从 P_1 下降到 P_2。因此，物价水平低于在总需求突然减少之前人们的预期水平(P_1)。尽管人们在短期中会感到吃惊，但他们不会一直这样。随着时间的推移，预期物价水平也下降了。预期物价水平的下降改变了工资、价格和感觉，这又影响了短期总供给曲线的位置。例如根据黏性工资理论，一旦工人和企业逐渐预期到物价水平下降，他们就开始接受较低名义工资的议价；劳动成本减少，鼓励企业雇用更多的工人，并在任何既定的物价水平时扩大生产。因此预期物价水平下降使短期总供给曲线向右从图 14－6 中的 AS_1 移动到 AS_2，这种移动使经济接近于 C 点，新的总需求曲线(AD_2)与长期总供给曲线在这一点相交。

在新的长期均衡 C 点时，产量回到了其自然率。经济纠正了自己：即使决策者不采取任何行动，长期中产量的减少也会逆转。尽管悲观情绪已经减少了总需求，但物价水平大大下降(到 P_3)抵消了总需求曲线移动的影响，而且人们也会预期到这种新的低物价水平。因此在长期中，总需求曲线的移动完全反映在物价水平上，而根本没有反映在产量水平上。换句话说，总需求移动的长期效应是一种名义变动（物价水平下降）而不是真实变动（产量相同）。

当面对总需求的突然减少时，决策者应该做些什么呢？在前面的分析中，我们假定他们什么也不做。另一种可能是，只要经济进入衰退（从 A 点变动到 B 点），决策者就可以采取行动增加总需求。正如以前讲到的政府支付增加或者货币供给增加都会增加任何一种物价水平时的物品与劳务需求量，从而使总需求曲线向右移动。如果决策者以足够快的速度采取足够准确的行动，他们就可以抵消总需求最初的移动，使总需求曲线回到 AD_1，并使经济回到 A 点。如果政策是成功的，低产量和低就业的痛苦时期的长度就会缩短，其严重性也会减轻。

二、总供给移动的影响

再设想一国经济处于长期均衡。现在假设一些企业的生产成本突然增加了。例如，农业产区的坏天气可能摧毁了一些农作物，这将使生产食品的成本上升；或者，中东的一场战争可能会中断原油运输，这将使生产石油产品的成本上升。

为了分析这种生产成本增加的宏观经济影响，我们遵循同样的四个步骤。第一步，哪一条曲线受影响？由于生产成本影响供给物品与劳务的企业，所以生产成本的变动改变总供给曲线的位置。第二步，曲线向哪个方向变动？由于高生产成本使销售物品与劳务变得不太有利可图，所以企业现在在任何一种既定的物价水平时都要减少供给量。因此，如图 14－7 所示：短期总供给曲线从 AS_1 向左移动到 AS_2（根据这个事件，长期总供给曲线可能也会移动。但为了使事情简单，我们假设长期总供给曲线不会移动）。

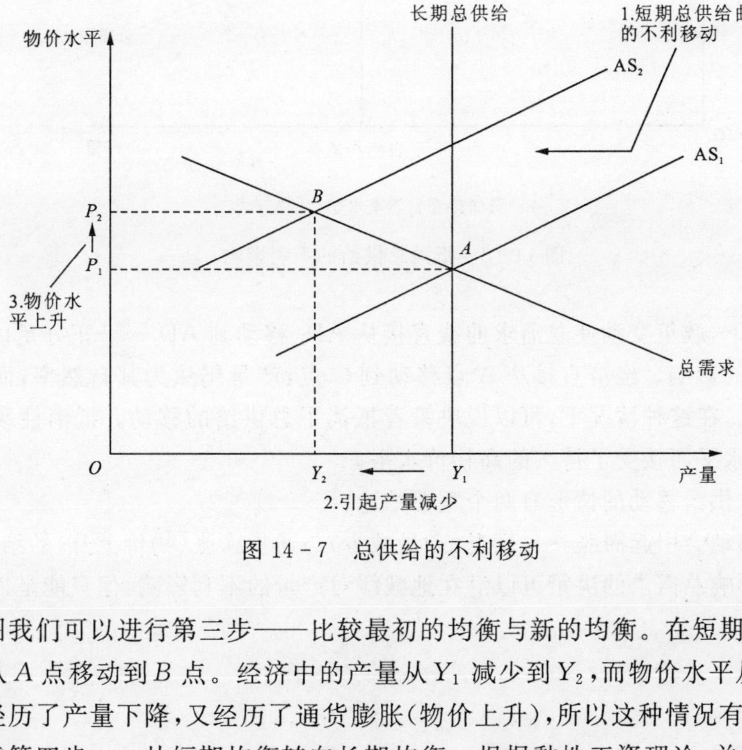

图 14－7　总供给的不利移动

利用该图我们可以进行第三步——比较最初的均衡与新的均衡。在短期中经济沿着现在总需求曲线从 A 点移动到 B 点。经济中的产量从 Y_1 减少到 Y_2，而物价水平从 P_1 上升到 P_2。由于经济既经历了产量下降，又经历了通货膨胀（物价上升），所以这种情况有时被称为滞胀。

现在考虑第四步——从短期均衡转向长期均衡。根据黏性工资理论，关键问题在于滞胀如何影响名义工资。企业和工人最初对高物价水平的反应是提高它们对物价水平的预期,并确定更高的名义工资。在这种情况下,企业的成本还会再上升,而且短期总供给曲线将进一步向左移动,这将使滞胀问题加剧。高物价引起高工资,高工资又引起更高的物价,这一现象有时被称为工资—物价螺旋式上升。

在某一点时,这种工资和物价的螺旋式上升会放慢。低产量与低就业水平将压低工人的工资,因为当失业率较高时工人的议价能力就小了。当名义工资下降时,生产物品与劳务变得更有利可图了,当短期总供给曲线移动回 AS_1 时,物价水平下降了,而且产量也接近于其自然率。在长期中,经济又回到了 A 点,总需求曲线与长期总供给曲线在这一点相交。

然而这种回到最初均衡的转变假设——在整个过程中总需求不变,在现实世界中,不可能是这种情况。控制货币政策与财政政策的决策者会力图通过移动总需求曲线来抵消短期总供给曲线移动的一些影响。图 14-8 说明了这种可能性。

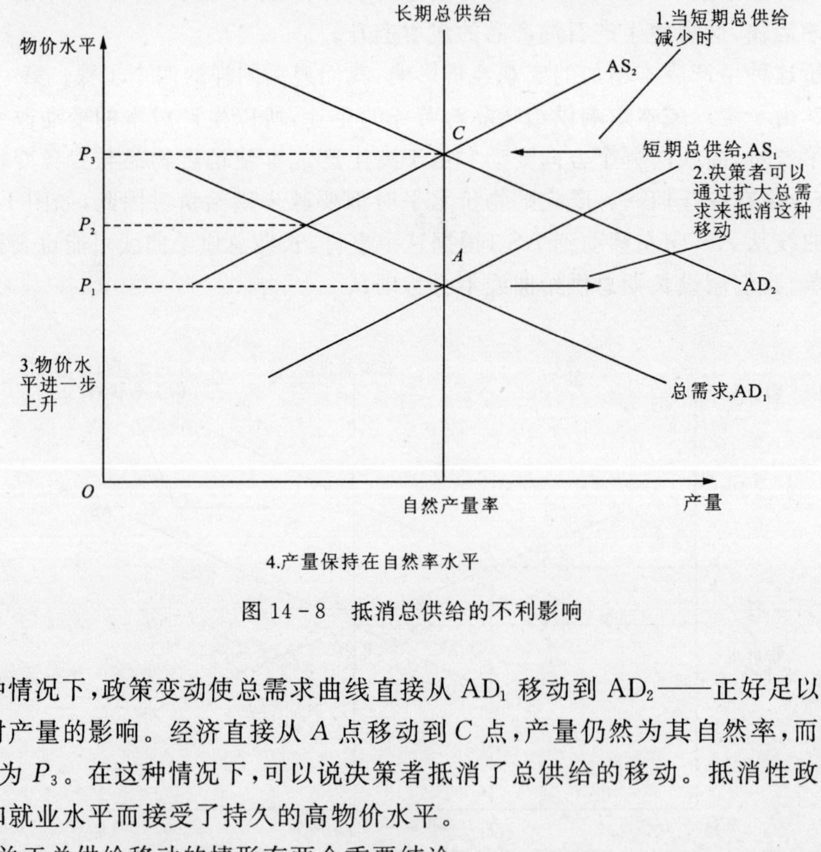

图 14-8 抵消总供给的不利影响

在这种情况下,政策变动使总需求曲线直接从 AD_1 移动到 AD_2——正好足以阻止总供给曲线移动对产量的影响。经济直接从 A 点移动到 C 点,产量仍然为其自然率,而物价水平则从 P_1 上升为 P_3。在这种情况下,可以说决策者抵消了总供给的移动。抵消性政策为维持较高的产量和就业水平而接受了持久的高物价水平。

总之,关于总供给移动的情形有两个重要结论:

(1)总供给移动会引起滞胀——衰退(产量减少)与通货膨胀(物价上升)的结合。

(2)那些能影响总需求的决策可以潜在地减缓对产量的不利影响,但只能是以加剧通货膨胀为代价。

本章小结

1. 所有社会都经历过围绕长期趋势的短期波动。这些波动是无规律的，是不可预测的。

2. 古典经济理论建立在货币供给和物价水平等名义变量不影响产量和就业等真实变量这一假设的基础之上。

3. 总需求曲线由于财富效应、利率效应、汇率效应三原因向右下方倾斜。

4. 长期总供给曲线是垂直的，短期总供给曲线由于黏性工资、黏性价格和预期错觉三原因而向右上方倾斜。

5. 经济波动的原因是总需求的移动和总供给的移动。

案例 1　美国经济 2001 年的衰退

在历史上最长的经济扩张之后，美国经济在 2001 年经历了一次衰退。失业率从 2000 年 12 月的 3.9%上升到 2001 年 8 月的 4.9%，以后又上升到 2003 年 6 月的 6.3%。从那时起失业率开始下降，到 2005 年 1 月，失业率已下降到 5.2%。

是什么引起了这次衰退？又是什么结束了这次衰退？这两个问题的答案都是总需求的移动。

衰退开始于股市上网络泡沫的结束。在 20 世纪 90 年代，许多股市投资者对信息技术持有乐观态度，他们抬高了股票价格，特别是高科技公司的股票价格。从事后看，说这种乐观过度了是公平的。最终，这种乐观消失了，从 2000 年 8 月到 2001 年 8 月，股票价格下跌了 25%左右。股市下跌减少了家庭财富，从而减少了消费者支出。此外，当新技术开始表现出不像原来那么有利可图时，投资支出也减少了。因此，总需求曲线向左移动。

对经济的第二个冲击是 2001 年 9 月 11 日对纽约和华盛顿的恐怖主义袭击。在那次袭击后的一周内，股市又下跌了 12%，这是自从 20 世纪 30 年代大萧条以来一周内最大的跌幅。而且，这次袭击增加了人们对未来的不确定性。不确定性会减少支出，因为家庭和企业推迟了计划，等待不确定性的解决。因此，恐怖主义袭击使总需求曲线进一步向左移动。

使总需求减少的第三个事件是一系列公司财务丑闻。在 2001 年和 2002 年间，几个大公司，包括安然和世通，被发现误导公众对其赢利能力的看法。当人们知道真相时，它们股票的价值大跌。由于股市投资者不信任所有财务数据，甚至诚信的公司也经历了股价下跌。这种股市下跌进一步抑制了总需求。

决策者迅速对这些事件作出反应。一旦经济增长放慢变得显而易见，联邦储备就推行扩张性货币政策。货币增长加速了，利率也就下降了。联邦基金利率（银行之间的贷款利率，美联储把它用作短期政策目标）从 2000 年的 6.5%下降到 2003 年 6 月的 1.0%。低利率通过降低借贷成本刺激了支出。同时，在总统的催促下，国会在 2001 年通过了减税法案，包括直接的退税，而且在 2003 年又通过了一项减税法案。减税的一个目标是刺激消费支出和投资支出。利率下降和减税共同使总需求曲线向右移动，抵消了经济所经历的三次紧缩性冲击的影响。

2001 年的衰退是许多种可以影响总需求从而影响经济发展方向的事件的一个信号。

案例 2 石油与经济

1970 年以来,美国经济中一些最大的经济波动起源于中东的产油地沙特阿拉伯、科威特和其他中东国家。当某个事件(通常起源于政治)减少了来自这个地区的原油供给时,世界石油价格就会上升。美国生产汽油、轮胎和许多其他产品的企业的成本就会增加,而且这些企业发现在任何一种既定的价格水平时供给他们的物品与劳务是无利可图的。结果总供给曲线向左移动,这又会引起滞胀。

第一起这种事件发生在 20 世纪 70 年代中期。石油储藏丰富的国家作为石油输出国组织成员(OPEC)走到了一起,OPEC 是一个卡特尔——一个企图阻止竞争并减少生产以提高价格的卖者集团。而且,石油价格的确大幅度上升了。从 1973 年到 1975 年,石油价格几乎翻了一番。世界石油进口国都同时经历了通货膨胀和衰退。在美国,按 CPI 衡量的通货膨胀率几十年来第一次超过了 10%,失业率也从 1973 年的 4.9%上升到 1975 年的 8.5%。

几乎完全相同的事件在几年后又发生了。在 20 世纪 70 年代末期,OPEC 国家再一次限制石油的供给以提高价格。从 1978 年到 1981 年,石油价格翻了一番还多,结果又是滞胀。第一次 OPEC 事件引起的通货膨胀本已渐渐平息,但现在每年的通货膨胀率又上升到 10%以上。由于美联储不愿意抵消这种通货膨胀的大幅度上升,所以经济很快又进入了衰退。失业从 1978 年和 1979 年的 6%左右上升到几年后的 10%左右。

世界石油市场也是总供给有利移动的来源。1986 年 OPEC 成员之间爆发了争执,成员国违背了限制石油生产的协议。在世界原油市场上,价格几乎下降了一半。石油价格的下降减少了美国企业的成本,企业现在发现在任何一种既定的物价水平时供给物品和劳务都是更加有利可图的。结果,总供给曲线向右移动。美国经济经历了滞胀的反面:产量迅速增长,失业减少,而且通货膨胀率达到了多年来的最低水平。

近年来,世界石油市场并没有成为经济波动的重要来源。部分原因是,节油的努力和技术变革降低了经济对石油的依赖程度。生产一单位真实 GDP 所需的石油量自从 20 世纪 70 年代的 OPEC 冲击以来已下降了 40%左右。结果,今天石油价格的任何变动对经济的影响都比过去小。

但是,不能过早地得出美国不再需要担心石油价格的结论。如果石油价格上升得足够高,宏观经济的结果就很可能类似于 20 世纪 70 年代的情形。在 2008 年,世界石油价格的确正在大幅度上升,部分是由于迅速增长的中国的需求增加。这种石油价格上升使一观察家担心,美国经济很可能又一次遭遇滞胀。

本章练习

一、名词解释

总需求、总供给、财富效应、利率效应、汇率效应、长期总供给曲线、自然产量

二、选择题

1. 总需求曲线向右下方倾斜是由于价格水平上升时(　　)。

A. 投资会减少　　B. 消费会减少　　C. 净出口会减少　　D. 以上因素都是

2. 总需求曲线在其他条件不变时因(　　)而右移。
   A. 名义货币供给量增加　　B. 政府支出减少
   C. 价格水平上升　　D. 税收减少
3. 使总供给曲线上移的原因是(　　)。
   A. 工资提高　　B. 价格提高　　C. 需求增加　　D. 技术进步
4. 根据总供求模型,扩张性货币政策使价格水平(　　)。
   A. 增加　　B. 减少　　C. 不变　　D. 不确定

三、简答题

1. 总需求曲线为什么向右下方倾斜?
2. 长期总供给曲线为什么是垂直的?短期总供给曲线为什么是向右上方倾斜的?
3. 经济波动的原因有哪些?试分析之。

四、分析题

1. 假设经济处于衰退中,如果决策者没有采取行动,随着时间的推移经济会如何变动?用文字和图形比照解释。
2. 在A经济中,所有工人都由雇主将支付给他们的名义工资提前与雇主达成了协议。在B经济中,有一半工人签订了名义工资合同,而另一半工人签订了指数化合同,因此他们的工资会自动随物价水平上升或下降。根据总供给的黏性工资理论,指出哪一个经济的短期供给曲线更为陡峭。为什么?
3. 用AD-AS模型说明下面各项对短期和长期的产出和通货膨胀的影响。假设经济从长期均衡开始。
   (1)消费者信心的增加,带来较高的消费;
   (2)税收的减少;
   (3)央行宽松的货币政策;
   (4)石油价格急剧上升降;
   (5)战争带来政府采购的增加。

第十五章 货币政策和财政政策

学习目的：

1. 掌握货币政策和财政政策的含义；
2. 理解流动性偏好理论；
3. 理解财政政策的正面与负面效应；
4. 了解财政与货币政策的区别及搭配模式。

教学要求：

1. 掌握货币政策和财政政策的含义、作用及其相互关系；
2. 理解流动性偏好理论的含义；
3. 理解财政政策的正面与负面效应，全面比较分析财政与货币政策的区别及搭配模式。

在上一章中，我们用总需求与总供给模型考察了经济的波动。当总需求或总供给受到冲击时，经济的总产出或物价水平会发生波动。此时，为了抵消经济波动带来的不利影响，政府会采取各种措施来稳定经济。政府部门调控经济的主要目标是，实现经济的增长，实现充分的就业，稳定物价水平，保持对外的国际收支平衡。政府采取的政策主要分为货币政策与财政政策。

在本章中，我们将进一步考察政府的政策工具对总需求与总供给的影响。主要包括货币政策与财政政策的主要内容，其传导机制及两者的搭配模式等问题。

第一节 货币政策

一、货币政策的含义

货币政策(monetary policy)是指政府或中央银行为影响经济活动所采取的控制货币供给以及调控利率的各项措施。用以达到或维持特定的政策目标——比如，抑制通胀，实现完全就业或经济增长。根据货币政策工具的具体内容，将货币政策又分为狭义货币政策与广义货币政策。

狭义货币政策：指政府或中央银行运用各种工具调节货币供给量和利率，进而影响宏观经济的方针和措施。

广义货币政策：指政府、中央银行和其他有关部门所有有关货币方面的规定和采取的影响金融变量的一切措施。

两者的不同主要在于，前者是中央银行在稳定的体制中利用贴现率、准备金率、公开市场业务达到改变利率和货币供给量的目标；后者的政策制定者包括政府及其他有关部门，他们往往影响金融体制中的外生变量，改变游戏规则，如硬性限制信贷规模、信贷方向等。

二、货币政策的工具

般性货币政策的工具由贴现政策、法定准备金政策、公开市场业务构成。

公开市场操作(open - market operations)是指中央银行直接参与买卖政府债券，进而调控经济中流通的货币量。比如，当中国人民银行在市场上购买政府债券时，增加了公众持有的人民币的数量，这些新增的人民币一些作为通货持有，一些则存入银行，作为通货持有的一元人民币直接增加了一元人民币货币供给，而存入银行的每一元人民币增加的货币供给大于一元，因为在部分准备金制度下，银行体系有创造货币的功能。这就是第十二章分析的货币乘数。

为了减少经济中流通的货币量，中央银行可以在市场上出售政府债券，公众用其持有的通货和银行存款来购买政府债券。若用通货购买政府债券，会直接减少流通中的货币量；若公众提取银行存款购买政府债券，会减少银行系统的准备金，通过货币乘数方向作用，会减少银行创造的货币量。公开市场操作是中央银行最常用的货币政策的工具。

法定准备金政策(reserve requirements)是指中央银行调控法定准备金率，进而调控经济中流通的货币量的政策。法定准备金率的大小直接影响货币乘数，影响银行创造的货币量。法定准备金率增加，则银行需要持有更多的准备金，银行可以放贷出去的货币就减少，货币乘数减小，货币供给减小；法定准备金率减少，则银行持有准备金减少，可以放贷出去的货币增加，货币乘数增加，货币供给增加。

中央银行很少采用改变法定准备金率的方法，因为改变法定准备金率，会影响银行正常的经营业务。比如，当中央银行提高法定准备金率时，在吸收存款不变的情况下，银行仍然要增加准备金量。结果银行必须减少贷款，这势必影响银行的经营决策。

贴现政策(discount rate)是指中央银行通过调控中央银行向银行发放贷款的利率，进而影响经济中货币供给量的政策。当银行发放的贷款过多或是有未预料到的挤兑时，银行准备金太少而不能达到法定准备金要求，或是不能满足公众提款的需要，银行就会向中央银行贷款。如果中央银行向银行发放贷款，会增加银行体系的准备金，进而增加银行体系创造的货币量。

中央银行可以通过调整贴现率来调控货币供给。较高的贴现率将抑制银行从中央银行借款，因而减少了银行系统的准备金量，减少货币供给量；反之，较低的贴现率将鼓励银行从中央银行借款，因而增加了银行系统的准备金量，增加货币供给。

以上三种调控货币供给量的政策是货币政策的主要工具，但是中央银行对货币供给的控制并不精确。其主要原因是：首先，中央银行不能控制公众持有通货或是持有银行存款的量。如果公众减少通货持有量，增加银行存款，则银行系统的准备金增加，银行系统创造的货币量增加；反之，则相反。其次，中央银行不能控制银行的贷款量。银行可以按照法定准备金率的规定持有准备金，也可以持有超额准备。如果银行持有超额准备金，则货币乘数变小，银行系统创造的货币量减少。因为中央银行无法控制或预期公众及银行的行为，所以它也无法准确控制经济中货币的供给量。

具体而言，我国的货币政策包括的主要措施有：第一，控制货币发行。这项措施的作用是，钞票可以整齐划一，防止币制混乱；中央银行可以掌握资金来源，作为控制商业银行信贷活动的基础;中央银行可以利用货币发行权调节和控制货币供应量。第二,控制和调节对政府的贷款。为了防止政府滥用贷款助长通货膨胀,资本主义国家一般都规定以短期贷款为限,当税款或债款收足时就要还清。第三,推行公开市场业务。中央银行通过它的公开市场业务,起到调节货币供应量,扩大或紧缩银行信贷,进而起到调节经济的作用。第四,改变存款准备金率。中央银行通过调整准备金率,据以控制商业银行贷款,影响商业银行的信贷活动。第五,调整贴现率。贴现率是商业银行和中央银行之间的贴现行为。调整贴现率,可以控制和调节信贷规模,影响货币供应量。第六,选择性信用管制。它是对特定的对象分别进行专项管理,包括:证券交易信用管理、消费信用管理、不动产信用管理。第七,直接信用管制。它是中央银行采取对商业银行的信贷活动直接进行干预和控制的措施,以控制和引导商业银行的信贷活动。

三、货币政策的作用

首先来看货币政策的传导机制,它是指货币政策工具实施以后,通过什么途径传递使最终目标发生预期的显著变化。一般通过以下机制来传导。

(1)资产组合调整效应,因为货币政策工具的实施会引起货币供应量的变化,从而引起资产价格和收益率的变化,人们要调整资产结构,引起资源的重新配置,这会使货币政策最终目标发生变化。

(2)财富效应,因为货币供应量的变化,会引起财富的变化,以至于影响消费行为的变化,最终影响经济增长。

(3)利率效应,是指货币供给量的变化,改变市场利率,进而影响投资,并使总需求发生变化,进而影响经济增长。

(4)预期效应,是指人们根据货币政策工具的变化对未来的经济形势进行预测,调整自己的行为,结果导致货币政策最终目标的变化。

(5)汇率效应,是指由于本国的货币供应量变化,导致本国利率的改变,从而影响到汇率,进而影响到净出口,使总需求发生变化。

在以上效应中,对总需求影响最大的是利率效应。下面我们将分析货币市场供求的变化如何影响利率,以及利率变化对经济的影响。凯恩斯认为,利率的调整会使货币市场的供给与需求平衡。这就是著名的流动性偏好理论(theory of liquidity preference)。

所谓流动性,是指资产可以转换为经济中交换媒介的难易程度。公众持有资产的形式有很多种,比如通货、银行活期存款、定期储蓄、有价证券、房屋产权等,而这些资产能够承担交易媒介的能力有很大差异。通货及银行活期存款是变现能力最强的资产,而房产变现的能力则很差。为了简化分析,假设公众有持有通货与有价证券这两种资产选择。

根据流动性偏好理论,货币需求来自于公众持有通货的需求,而公众选择持有货币而不持有其他能够提供较高收益的资产,是因为货币可以用于购买物品与劳务。而持有货币的机会成本则是有价证券能够带来的收益——利息,影响有价证券收益利息的主要因素则是市场的利率水平。换句话说,当市场利率上升时,增加了持有货币的成本,因此货币需求量减少。利率水平(r)与货币需求量(M)两者负相关。如图 15-1 所示。

再来看货币供给,根据第十二章及本章前半部分的分析,经济中货币供给由中央银行控制。中央银行可以调控存款准备金率、贴现率及公开市场业务来实现调控货币供给的目标。经济中的货币供给完全由中央银行政策所决定,不取决于其他经济变量,同样也不取决于利率

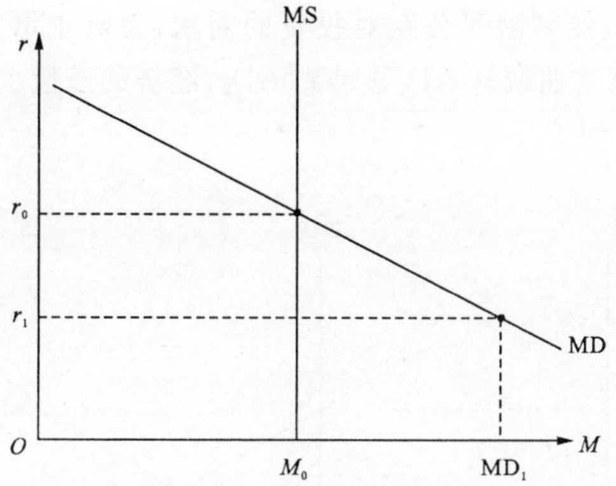

图 15 - 1　货币市场的均衡

水平。一旦中央银行作出了政策决策,货币供给就固定下来。如图 15 - 1 所示,货币供给曲线(MS)表现为一垂直于横轴的竖线。

最后来看货币市场的均衡,根据流动性偏好理论,利率的调整使货币市场供求平衡,此时的利率为均衡利率,如图 15 - 1 所示的 r_0。当市场利率等于均衡利率,货币供给量等于货币需求量;当市场利率在其他水平,公众会调整资产组合,使利率重新回到均衡利率水平。

如图 15 - 1 所示,假设市场利率为 r_1,此时货币的需求量 MD_1 大于货币的供给量,因此,公众通过减少持有的有价证券来增加货币的持有量。随着公众不断减少有价证券的持有量,使得证券发行者不得不提高利率来吸引公众购买,这样,利率就会上升并趋向于均衡利率。反之,当市场利率高于均衡利率时,市场利率又会回落,并趋向均衡利率,这一过程由读者自行分析。

下面来分析货币政策对经济的影响。结合前面对货币政策含义的分析,我们主要分析货币供给的变动对总需求的影响。如图 15 - 2 所示,假设物价水平不变,中央银行通过公开市场业务购买了政府债券来增加货币供给。货币供给的增加使货币供给曲线从 MS_1 移动到 MS_2,而货币需求 MD 不变,市场利率从均衡利率 r_1 下降到 r_2,并形成新的均衡。

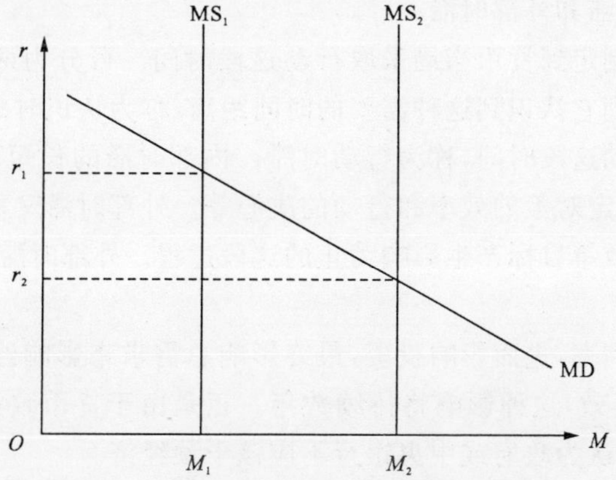

图 15 - 2　货币供给增加对货币市场的影响

根据利率效应，利率的变化会影响经济对物品和劳务的总需求。较低的利率减少了借款的成本和储蓄的收益，这直接刺激了公众对投资的需求，总需求增加会使总需求曲线向右移动。如图 15－3 所示，总需求曲线从 AD_1 移动到 AD_2，经济的产量水平从 Y_1 上升到 Y_2，失业率降低，物价水平从 P_1 上升到 P_2。

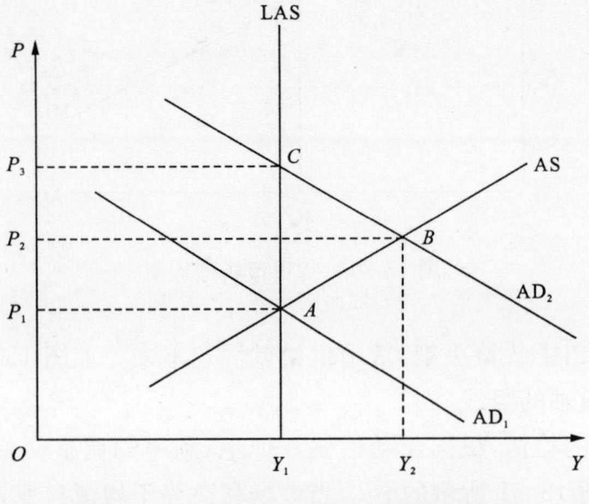

图 15－3　货币供给增加对总需求的影响

图 15－3 中，由于货币供给的增加，经济从 A 点波动到 B 点，但是，这只是经济的短期波动结果，结合第十章和十四章的分析，当经济中真实投入的生产要素没有发生变化时，经济会回复到充分就业时的产量水平 Y_1。其调整的机制是：在长期中，由于物价水平上升，公众对物价的预期也会上升，名义工资、名义价格会随着物价的上升而上升，企业的利润会减少，企业会相应减少产量，经济中的总产量从 Y_2 下降到 Y_1，物价水平从 P_2 上升到 P_3，经济从 B 点波动到 C 点，经济又回到长期均衡状态。

四、货币政策的效应

货币政策从制定到获得主要的或全部的效果，必须经过一段时间，这段时间称为时滞。时滞由两部分组成：内部时滞和外部时滞。

内部时滞指从政策制定到货币当局采取行动这段时间。可分为两个阶段：①从形势变化需要货币当局采取行动到它认识到这种需要的时间距离，称为认识时滞；②从货币当局认识到需要行动到实际采取行动这段时间，称为行动时滞。内部时滞的长短取决于货币当局对经济形势发展的预见能力、制定对策的效率和行动的决心等。外部时滞又称影响时滞，指从货币当局采取行动开始直到对政策目标产生影响为止的这段过程。外部时滞主要由客观的经济和金融条件决定。

货币政策通过改变利率，进而影响投资，最终影响总需求来影响经济，所需要的时间至少 6 个月，而且，一旦政策奏效，这种影响将持续数年。正是由于货币政策对经济的影响有相当长的时滞，一些经济学家认为政府或中央银行不应该干预经济。

第二节 财政政策

一、财政政策的含义

财政政策(fiscal policy)是指国家根据一定时期政治、经济、社会发展的任务而规定的财政工作的指导原则,通过财政支出与税收政策来调节总需求。增加政府支出,可以刺激总需求,从而增加国民收入;反之则压抑总需求,减少国民收入。税收对国民收入是一种收缩性力量,因此,增加政府税收,可以抑制总需求从而减少国民收入;反之,则刺激总需求增加国民收入。它由国家制定,代表统治阶级的意志和利益,具有鲜明的阶级性,并受一定的社会生产力发展水平和相应的经济关系制约。

二、财政政策的工具

国家财政由政府收入和支出两个方面构成,其中政府支出包括政府购买和转移支付,而政府收入则包含税收和公债两个部分。

政府支出是指整个国家中各级政府支出的总和,由具体的支出项目构成,主要可以分为政府购买和政府转移支付两类。政府购买是指政府对商品和劳务的购买,如购买军需品、机关公用品、政府雇员报酬、公共项目工程所需的支出等都属于政府购买。政府购买支出是决定国民收入大小的主要因素之一,其规模直接关系到社会总需求的增减。购买支出对整个社会总支出水平具有十分重要的调节作用。政府转移支付是指政府在社会福利保险、贫困救济和补助等方面的支出。转移支付不能算作国民收入的组成部分,它所做的仅仅是通过政府将收入在不同社会成员之间进行转移和重新分配。

政府的收入是指税收收入与公债之和。税收是政府收入中最主要的部分,它是国家为了实现其职能按照法律预先规定的标准,强制的、无偿的取得财政收入的一种手段。与政府购买支出、转移支付一样,税收同样具有乘数效应,即税收的变动对国民收入的变动具有倍增作用。当政府税收不足以弥补政府支出时,就会发行公债,使公债成为政府财政收入的又一组成部分。公债是政府对公众的债务,或公众对政府的债务。它不同于税收,是政府运用信用形式筹集财政资金的特殊形式,包括中央政府的债务和地方政府的债务。

三、财政政策的作用

财政政策的作用主要包括以下几个方面。

1. 物价相对稳定

物价相对稳定。这是世界各国均在追求的重要目标,也是财政政策稳定功能的基本要求。物价相对稳定,并不是冻结物价,而是把物价总水平的波动约束在经济稳定发展可容纳的范围之内。物价相对稳定,可以具体解释为,避免过度的通货膨胀或通货紧缩。在采取财政措施时,必须首先弄清导致通货膨胀或通货紧缩的原因。如果是由于需求过旺或需求不足造成的,则需要调整投资性支出或通过税收控制工资的增长幅度;如果是由结构性摩擦造成的,则必须从调整经济结构着手。总之，物价不稳定，对于我们这样一个资源相对短缺、社会承受能力较弱的发展中国家来说，始终是经济发展中的一大隐患。因此，在财政政策目标的选择上必须予以充分考虑。

2. 经济可持续均衡增长

经济增长是一个国家生存和发展的条件。它要求经济的发展保持在一定的速度区间，既不要出现较大的下降、停滞，也不要出现严重的过热。因此，经济增长是实际增量，而不是由于通货膨胀造成的虚假增长；增长的速度可以持续，不是大起大落。经济增长是全社会总量的实际增长和人均数量的实际增长。

衡量经济增长除总量的增长外，还应包括质的提高，比如，技术的进步、资源的合理配置、社会结构、生态平衡等。经济增长对质的要求是非常重要的，如果只强调量的增长，将会带来一系列社会问题，如通货膨胀加剧、环境污染严重、生态失衡、能源紧张，等等。这些后果必将导致社会资源的浪费和经济发展的不稳定。因此，健康的经济增长，应该是经济的可持续、均衡增长。作为财政政策，则在于如何去引导经济发展实现最佳的经济增长。

3. 收入合理分配

收入合理分配是指社会成员的收入分配公正、合理，公平与效率相结合，避免过于悬殊。公平分配并不是平均分配，它是在一定社会规范下既有差距又注意均衡协调的分配。我国当前处理分配问题的原则是"效率优先，兼顾公平"。

财政在追求公平分配目标时要做到：首先，合理适度地确定纳税人的税收负担；其次，为所有纳税人创建一个公平竞争的税收环境，不因国别、所有制等不同而实施不同的税收政策；最后，要通过对高收入人群实行累进税率的个人所得税、财产税、遗产税等，对低收入层实行最低生活保障、社会保障等财政转移支付，防止和纠正收入水平的过分悬殊。

4. 资源合理配置

资源合理配置是指对现有的人力、物力、财力等社会资源进行合理分配，使其发挥最有效的作用，获得最大的经济和社会效益。在市场经济条件下，资源的配置主要是通过市场机制来进行，通过价值规律、供求关系以及竞争机制的作用，把有限的资源配置到能够提供最高回报的地方去。但是，市场机制不是万能的，存在着市场失灵的现象。由于许多行业和商品的生产存在自然垄断的特点，因此政府有必要从全社会的整体利益出发，在市场自发作用的基础上对社会资源的配置进行合理的调节。

财政作为政府对资源配置进行调节的重要工具，其方式表现为两个方面：一是通过财政收入和支出的分配数量和方向直接影响各产业的发展，如对需要鼓励和发展的产业或事业加大财政投入的力度，或者实行财政补贴，通过财政资金的示范和鼓励，引导社会资金的流入；二是通过制定合理的财政税收政策，引导资源在地区之间、行业之间的合理流动，如通过实行低税政策或加速折旧、投资抵免等税收优惠政策，吸引社会资源流入国家鼓励发展的产业。

应当指出的是，财政调节资源合理配置是为了弥补存在的市场失灵，它不能代替市场机制在资源配置方面的基础作用，更不能干扰正常的市场规则和市场运行，以免对市场效率造成伤害。

5. 提高社会生活质量

经济发展的最终目标是满足社会全体成员的需要。需要的满足程度，不仅仅取决于个人消费需求的实现，更重要的是社会的共同消费需求的实现。社会共同的消费需求，包含公共安全、环境质量、生态平衡、基础科学研究和教育、文化、卫生等水平的提高。因此，社会共同消费需求的满足程度，即为社会生活质量的水平。财政政策把社会生活质量作为政策目标之一，主要采取定期提高工教人员的工资，增加社会公共设施的投资，提高公共福利的服务水平，对农副产品的生产和流通实施多种补贴等。

四、财政政策效应

财政政策效应（effects of fiscal policy）是财政政策作用的结果，即社会经济对财政政策作出的反应。财政政策效应既有积极的一面，也有消极的一面，下面对财政政策的正面及负面效应分别进行阐述。

1. 财政政策的正面效应

(1)内在稳定器

所谓“内在稳定器”是指这样一种宏观经济的内在调节机制：它能在宏观经济不稳定的情况下自动发挥作用，使宏观经济趋向稳定。财政政策的这种“内在稳定器”效应无需借助外力就可直接产生调控效果。财政政策工具的这种内在的、自动产生的稳定效果，可以随着社会经济的发展，自行发挥调节作用，不需要政府专门采取干预行动。财政政策的“内在稳定器”效应主要表现在两方面：累进的所得税制和公共支出尤其是社会福利支出的作用。

累进的所得税制，特别是公司所得税和累进的个人所得税，对经济活动水平的变化反应相当敏感。如果当初政府预算收支平衡，税率没有变动，而经济活动出现不景气，国民生产就要减少，致使税收收入自动降低；如果政府预算支出保持不变，则由税收收入的减少导致预算赤字发生，从而“自动”产生刺激需求的力量，以抑制国民生产的继续下降。

公共支出尤其是社会福利支出，在健全的社会福利、社会保障制度下，各种社会福利支出一般会随着经济的繁荣而自动减少，这有助于抑制需求的过度膨胀，也会随着经济的萧条而自动增加，这有助于阻止需求的萎缩，从而促使经济趋于稳定。如果国民经济出现衰退，就会有很多人具备申请失业救济金的资格，政府必须对失业者支付津贴或救济金，以使他们能够维持必要的开支，从而使国民经济中的总需求不致下降过多；同样，如果经济繁荣来临，失业者可重新获得工作机会，在总需求接近充分就业水平时，政府就可以停止这种救济性的支出，使总需求不致过旺。

(2)乘数效应

乘数效应包括正反两个方面。当政府投资或公共支出扩大、税收减少时，对国民收入有加倍扩大的作用，从而产生宏观经济的扩张效应；当政府投资或公共支出削减、税收增加时，对国民收入有加倍收缩的作用，从而产生宏观经济的紧缩效应。

投资或公共支出乘数效应是指投资或政府公共支出变动引起的社会总需求变动对国民收入增加或减少的影响程度。一个部门或企业的投资支出会转化为其他部门的收入，这个部门把得到的收入在扣除储蓄后用于消费或投资，又会转化为另外一个部门的收入。如此循环下去，就会导致国民收入以投资或支出的倍数递增。以上道理同样适用于投资的减少。投资的减少将导致国民收入以投资减少的倍数递减。公共支出乘数的作用原理与投资乘数相同。

税收乘数效应是指税收的增加或减少对国民收入减少或增加的程度。由于增加了税收，消费和投资需求就会下降。一个部门收入的下降又会引起另一个部门收入的下降,如此循环下去,国民收入就会以税收增加的倍数下降,这时税收乘数为负值。相反,如果减少了税收,则使私人消费和投资增加,从而通过乘数影响国民收入增加更多,这时税收乘数为正值。一般来说,税收乘数小于投资乘数和政府公共支出乘数。

预算平衡乘数效应,指的是这样一种情况:当政府支出的扩大与税收的增加相等时,国民收入的扩大正好等于政府支出的扩大量或税收的增加量;当政府支出减少与税收的减少相等时,国民收入的缩小正好等于政府支出的减少量或税收的减少量。

(3)奖抑效应

奖抑效应主要是指政府通过财政补贴、各种奖惩措施、优惠政策,对国民经济的某些地区、部门、行业、产品及某种经济行为予以鼓励、扶持或者限制、惩罚而产生的有效影响。

(4)货币效应

货币效应直接影响货币流通,表现为政府投资、公共支出、财政补贴等本身形成一部分社会货币购买力,从而对货币流通形成直接影响,产生货币效应。

公债政策的货币效应主要体现在公债上。公债政策的货币效应又取决于公债认购的对象和资金来源。如果中央银行用纸币购买公债,这无异于纸币发行,从而产生通货膨胀效应;如果商业银行购买公债,且可以用公债作为准备金而增加贷款的话,也会导致货币发行,从而使流通中的货币增加等。

2. 财政政策的负面效应

中国自 1998 年开始实施积极的财政政策,当初的预期是 3 年时间,但在实施过程中,这一短期政策却出现了长期化的趋势。从积极财政政策的实施效果来看,它对有效地抵御亚洲金融危机和保持经济增长方面确实起到了明显的积极作用,在实现发展稳定、就业稳定和社会稳定方面也是功不可没。但是,这一政策的长时期延续也相应地产生了副作用,在发展与改革两个方面都出现了比较明显的负面效应。

(1)挤出效应

积极财政政策的长期化产生了直接的与间接的挤出效应。从直接方面来说,政府的投资规模过大对社会投资产生了挤出效应,近年来社会投资增长乏力和居民储蓄存款暴增就是这种挤出效应的直接反映。同时,政府在经济运行中的作用过强就必然导致市场机制的作用趋弱,使得市场和市场机制不能对经济运行产生全面的和有效的调节作用。从间接方面来看,目前,财政的基本职能还没有从行政型财政转向公共型财政,在吃饭与建设两个方面,用于建设的资金的扩大就必然导致用于吃饭即消费的资金的减少,从而也就必然间接地减弱消费对经济增长的拉动作用。由于积极财政政策的实施是以财政收入的稳定增长为前提的,因而税赋过重所导致的民间收入、民间投资和消费的减少就是一个不可避免的过程。因此,积极财政政策实际上是一把双刃剑:在扩大了政府投资的同时也挤缩了社会投资,在增加了政府收入的同时也限制了民间消费。怎样解决政策实施过程中的这种矛盾,是摆在我们面前的一个紧迫课题。

(2)递减效应

财政政策的递减效应主要体现在三个方面。

1)对经济拉动效应的递减。近年来,中国的国债发行和投资都呈现出日益扩大的趋势,但对经济增长的拉动作用却在递减。据有关部门测算,国债投资对 GDP 的拉动作用,1998 年为

1.5 个百分点，1999 年为 2 个百分点，2000 年为 1.7 个百分点，而 2001 年则约为 1.67 个百分点。

2)投资与消费传导效应的递减。1998—2000 年，全国城镇居民人均纯收入的提高幅度分别为 5.13%、7.91% 和 7.28%，但农村居民人均纯收入的提高幅度却分别只有 3.44%、2.23%和 1.95%，呈绝对的递减趋势。投资对居民收入特别是对占中国人口绝大部分比重的农村人口的收入不能形成有效的拉动作用，就无法在投资与消费之间建立起有效的传导桥梁，从而也就不能对消费市场的扩大起到有效的刺激作用。

3)国债投资收益的递减。由于国债投资大都是政府投资，建设项目大都为国有项目，形成的企业也大都是国有企业，因而在没有强有力的财产约束机制与利益激励机制的情况下，这种投资的收益率是很难保证的。根据有关专家的测算，在国债投资中，只有 30%是有效益的。这样低的盈利状况和这样大规模的连续投资，将很可能给中国未来的经济发展带来重大隐患，甚至可能会引发财政危机与金融危机。对于国债投资的机制和效率问题，也应该引起足够的重视和关注。

(3)稀释效应

国债投资的方式是集中性的而不是社会化的，投资的机制是行政性的而不是市场化的，因而这种投资规模再大，在分散到各个地区和部门以后，也不过是杯水车薪，不足以对社会经济产生持续的和有效的拉动作用。特别是目前国债投资的方向大都为基础设施建设，其在产业发展链条上的前项关联与后项关联都相对较弱，再加上中国生产资料市场已处于典型的买方市场格局，因而以基础设施为主要投向的国债投资对经济增长的拉动作用也就具有比较明显的局限性。

(4)依存效应

依存效应体现在发展依存与体制依存两个方面。发展依存是指经济的有效增长对积极财政政策已经产生了比较明显的依赖性，似乎要保持 7%以上的经济增长，就必须实施积极的财政政策；体制依存是指行政性的投资选择机制所造成的层层的行政依附，并且导致企业在对市场依赖与政府依赖的选择中，自觉或不自觉地向后者倾斜，这又会在客观上放大政府与行政机制对市场和市场机制的遏制作用。

上述四个方面的负面效应已经在中国的经济运行中逐步开始显现，应当引起政府和相关部门的充分重视。鉴于世界经济与中国经济的现实状况，在短期内淡出积极财政政策还不可能，因此，在继续实施积极财政政策的过程中，应当赋予这种政策以更充分的改革内涵，并且要在政策的作用方向和作用机制上进行必要的甚至是比较大的调整，以便把积极财政政策的实施与中国经济的市场化及国际化进程有机地结合起来和协调起来。

第三节　财政和货币政策的应用

财政政策与货币政策在实践中往往要配合使用。在研究财政政策和货币政策如何配合应用之前，我们先要了解一下财政政策和货币政策之间的差异。

一、财政政策与货币政策的差异

制定政策的主体有差别。财政政策主体是政府，货币政策主体是一国货币当局(一般为中央银行)。

政策目标有区别。虽然经济增长、物价稳定、充分就业和国际收支平衡等都是财政政策和货币政策的宏观经济目标,但二者各有侧重。货币政策侧重于货币稳定,而财政政策多侧重于其他更广泛的目标。在供给与需求结构的调整中,财政政策起着货币政策所不能取代的作用,如调节产业结构,促进国民经济结构的合理化。在调节收入分配公平方面,货币政策也往往显得无能为力,只能通过税收、转移支付等财政政策手段来解决。

政策手段有区别。财政政策主要手段是税收、政府公共支出、政府转移支出;货币政策主要手段是公开市场业务、法定存款准备金率、贴现率、信用控制等。它们在特性、运作方式等方面都有很大差异。

政策时滞不同。政策时滞是指从发生问题、认识到需要采取政策行动到政策产生效果为止所需要的时间。任何政策都存在着时滞问题,时滞越短,政策当局越能够对有关情况作出及时反应,政策越能及时发挥作用。按照不同阶段,政策时滞可划分为内部时滞和外部时滞。

内部时滞是从发生问题到政策当局意识到应该采取措施,到政策制定并开始执行所需要的时间。一般来说,货币政策的内部时滞较短;而要变更财政政策手段如公共支出、税收等则需要通过冗长的立法程序。

外部时滞是指从政策开始执行到政策对目标发挥作用之间需要的时间。相对来说,财政政策的外部时滞较短,而货币政策则是通过货币供给量、利率来间接地影响微观组织的经济活动。

二、财政政策与货币政策的搭配模式

所谓财政政策和货币政策的配合,是指政府将财政政策和货币政策按某种形式搭配组合起来,以调节总需求,最终实现宏观经济的内外平衡。财政政策与货币政策的配合使用,一般有四种模式。

1. 扩张性的财政政策和扩张性的货币政策,即"双松"政策

松的财政政策和松的货币政策能更有力地刺激经济。一方面通过减少税收或扩大支出规模等松的财政政策来增加社会总需求,增加国民收入,但也会引起利率水平提高。另一方面通过降低法定准备金率、降低再贴现率、买进政府债券等松的货币政策增加商业银行的储备金,扩大信贷规模,增加货币供给,抑制利率的上升,以消除或减少松的财政政策的挤出效应,使总需求增加,其结果可在利率不变的条件下,刺激了经济,并通过投资乘数的作用使国民收入和就业机会增加。这样可以消除经济衰退和失业,比单独运用财政政策或货币政策更有缓和衰退、刺激经济的作用。扩张性的财政政策和扩张性的货币政策搭配所适用的经济初始状态是:①存在比较高的失业率;②大部分企业开工不足,设备闲置;③大量资源有待开发;④市场疲软、没有通胀现象;⑤国际收支盈余过多。在此状态下,这种搭配模式一方面会刺激对进口产品的需求,减少国际收支盈余,另一方面对推动生产和降低失业率有促进作用。这种模式能够短时间内提高社会总需求,见效迅速,但运用时应谨慎,如果掌握的尺度不好会造成通货膨胀。

2. 紧缩性的财政政策和紧缩性的货币政策,即"双紧"政策

当经济过度繁荣,通货膨胀严重时,可以把紧的财政政策和紧的货币政策配合使用。这就是说通过增加税收和减少政府支出规模等紧的财政政策压缩总需求,从需求方面抑制通货膨

胀。而利用提高法定存款准备金率等紧的货币政策减少商业银行的准备金,会使利率提高,投资下降,货币供给量减少,有利于抑制通货膨胀,同时,由于紧的财政政策在抑制总需求的同时会使利率下降,而通过紧的货币政策使利率上升,从而不使利率的下降起到刺激总需求的作用。其结果可在利率不变的情况下,抑制经济过度繁荣,使总需求和总产出下降。实施紧缩性的财政政策和紧缩性的货币政策搭配的初始状态是:①经济处于高通货膨胀;②不存在高失业率;③国际收支出现巨额赤字。削减总需求一方面有利于抑制通货膨胀,保证货币和物价的稳定,另一方面有助于改善国际收支状况,减少国际收支赤字。但是,这一模式如果运用不当往往会造成经济停滞的后果。

3. 扩张性的财政政策和紧缩性的货币政策

这种政策组合的结果是利率上升,总产出的变化不确定。具体说来这种模式在刺激总需求的同时又能抑制通货膨胀,松的财政政策通过减税、增加支出,有助于克服总需求不足和经济萧条;而紧的货币政策会减少货币供给量,进而抑制由于松的财政政策引起的通货膨胀的压力。实施扩张性的财政政策和紧缩性的货币政策搭配适宜的条件是:①经济停滞不前,甚至衰退;②社会总需求不足;③物价稳定,没有通货膨胀迹象;④失业率高;⑤国际收支赤字。在这种条件下,用松的财政政策来拉动内需,对付经济衰退;用紧的货币政策来减少国际收支赤字,调节国际收支平衡,从而有助于促进宏观经济的内外均衡。

4. 紧缩性的财政政策和扩张性的货币政策

同扩张性的财政政策和紧缩性的货币政策相反,这种政策组合的结果是利率下降,总产出的变化不确定。一方面,通过增加税收,控制支出规模,压缩社会总需求,抑制通货膨胀;另一方面,采取松的货币政策增加货币供应,以保持经济适度增长。实施紧缩性的财政政策和扩张性的货币政策搭配适宜的条件是:①经济过热;②物价上涨、通货膨胀;③社会失业率低;④国际收支出现过多顺差。在此状态下,采取紧缩性的财政政策和扩张性的货币政策的配合是适宜的,前者可以用来对付通货膨胀,后者可用来减少过多的国际收支盈余(通过刺激进口和以低利率刺激资本流出),从而有助于促进宏观经济的内外均衡。

可以看出,上述四种组合各有特点,在现实经济生活中,这四种政策的搭配与选择是一个很复杂的问题。采取哪种形式,应视当时的经济情况而定,灵活、适当运用。

本章小结

1.货币政策是指政府或中央银行为影响经济活动所采取的措施,尤指控制货币供给以及调控利率的各项措施。一般性货币政策的工具由再贴现政策、存款准备金政策和公开市场业务组成。

2.财政政策是指国家根据一定时期政治、经济、社会发展的任务而规定的财政工作的指导原则,通过财政支出与税收政策来调节总需求。

3.财政政策和货币政策的配合,是指政府将财政政策和货币政策按某种形式搭配组合起来,以调节总需求,最终实现宏观经济的内外平衡。财政政策与货币政策的配合使用,一般有四种模式:(1)扩张性的财政政策和扩张性的货币政策,即“双松”政策;(2)紧缩性的财政政策和紧缩性的货币政策,即“双紧”政策;(3)扩张性的财政政策和紧缩性的货币政策;(4)紧缩性的财政政策和扩张性的货币政策。

案例 1　中国的宏观经济政策搭配实践

第一阶段(1988 年 9 月—1990 年 9 月),实行“紧财政紧货币”的双紧政策。从 1988 年初开始,中国经济进入过热状态,表现为经济高速增长(工业产值增幅超过 20%),投资迅速扩张(1988 年固定资产投资额比 1987 年增长 18.5%),物价上涨迅速(1988 年 10 月物价比上年同期上升 27.1%),货币回笼缓慢(流通中的货币增加了 46.7%)和经济秩序混乱。在这种形势下,中国于 1988 年 9 月开始实行“双紧”政策。具体措施有:收缩基本建设规模,压缩财政支出,压缩信贷规模,严格控制现金投放和物价上涨,严格税收管理等。

“双紧政策”很快见效,经济增长速度从 20%左右跌至 5%左右,社会消费需求大幅下降,通货膨胀得到遏制,1990 年第三季度物价涨幅降到最低水平,不到 1%。

第二阶段(1990 年 9 月—1991 年 12 月),实行“紧财政松货币”的一紧一松政策。在“双紧政策”之后,中国经济又出现了新的失衡。表现为市场销售疲软,企业开工不足,企业资金严重不足,三角债问题突出,生产大幅下降。于是,从 1990 年 9 月开始,实行了宽松的货币政策,中央银行陆续多次调低存贷款利率,以刺激消费、鼓励投资。这些政策在实施之初效果并不显著,直到 1991 年下半年,市场销售才转向正常。

第三阶段(1992 年 1 月—1993 年 6 月),实行“松财政松货币”的双松政策。1992 年,财政支出 4 426 亿元,其中财政投资 1 670 亿元,分别比年初预算增长 107%和 108%。信贷规模也大幅度增长,货币净投放额创历史最高水平。

“双松政策”的成效是实现了经济的高速增长,1992 年 GDP 增长 12.8%,城市居民人均收入增长 8.8%,农村居民人均收入增长 5.9%。但是“双松政策”又带来了老问题,即通货膨胀加剧、物价指数再次超过两位数;短线资源再度紧张。

第四阶段(1993 年 7 月—1996 年底),实行“适度从紧的财政与货币政策”。具体措施有:控制预算外投资规模;控制社会集资搞建设;控制银行同业拆借;提高存贷利率等。与 1988 年的紧缩政策相比,财政没有大动作,但货币紧缩力度较缓。

适度的“双紧政策”使我国的宏观经济终于成功实现了“软着陆”。各项宏观经济指标表现出明显的改善:1996 年 GDP 的增长率为 9.7%,通货膨胀率降为 6.1%,外汇储备达到 1 000 多亿美元。这次政策配合实施被认为是中国治理宏观经济成效较好的一次,为中国以后实施经济政策积累了正面的经验。

第五阶段(1997 年至今),实行适度宽松的货币政策和积极的财政政策。1997 年到 1998 年,中国经济发展经受了亚洲金融危机和国内自然灾害等多方面的冲击。经济问题表现为通货紧缩式的宏观失衡,经济增长的力度下降,物价水平持续下降,失业增加,有效需求不足,出口不振等。面临新形势,中国政府实施了较有力度的财政扩张政策,其措施是大量发行国债,投资于基础设施方面的建设;实施适当的货币政策,连续下调人民币存贷款利率,改革商业银行体系等。这些政策使中国经济成功地应对了亚洲金融危机的挑战,保持了国民经济的持续增长。

案例2　克林顿经济学的调控作用

自从20世纪30年代凯恩斯主义产生之后，它就几乎成了国家干预主义的代名词。凯恩斯主义的具体的理论和政策主张可以说大致经历了如下四个阶段的发展和变化：一是以凯恩斯本人的有效需求理论为基础，以摆脱大萧条和严重失业为己任，主张实行以刺激总需求为目标、以需求管理为内容的扩张性财政和金融政策；二是由汉森首倡并以菲利普斯曲线为理论基础，主张实行周期平衡的补偿性财政和金融政策；三是以托宾等人为代表的、以就业空位与失业并存的结构性滞胀理论为基础，主张实行以就业培训、人力政策为中心的结构性或微观化的宏观经济政策；四是20世纪80年代中期兴起的并且新近成为克林顿政府官方经济学的新凯恩斯主义，采用了工资和物价黏性的说法，并引入了经济人和理性预期的假设，重新解释了资本主义经济危机和严重失业的原因。从现实来看，新凯恩斯主义对于美国经济正在产生着越来越大的影响，这是不能不引起人们重视的。

从理论上讲，新凯恩斯主义其实是一个将凯恩斯主义、现代货币主义、供给学派和理性预期学派的理论与政策主张进行了更为广泛"综合"的"新综合"。因而，所谓克林顿经济学不过就是人们对克林顿政府所主张和实施的一系列新凯恩斯主义的经济政策的一个统称或代名词。克林顿经济学的基本要义就是既反对完全自由放任的政府，又反对过度干预的政府。用克林顿自己的话说就是"我们将走第三条道路"。不仅如此，克林顿经济学还在很大程度上受到日本产业政策的影响，吸收了其中许多有益的东西。克林顿政府的宏观经济政策已经不仅仅是将重点放在总量的简单平衡上，而是在考虑总量平衡的同时，更为注重结构问题。因此可以说，新凯恩斯主义或克林顿经济学对经济乃至西方经济学本身就是极其讲究实用性的。

克林顿经济学在经济政策的实施上主要包括以下几方面。

实施了较为合理的财政政策。克林顿上台后，大力削减财政赤字，同时，政府和国会达成协议，要在2002年消灭财政赤字，实行平衡预算。因此，克林顿执政以来，联邦政府财政赤字稳步下降，1996年财政赤字已减少到1 073亿美元，1997年已降至千亿美元以下。政府预算赤字的减少实际上增加了市场的资本供应量，有利于促使长期利率下降并保持在较低水平，从而刺激企业投资。同时，财政赤字的稳定下降也有助于增强人们对美国经济前景的信心，促进了长期利率的下降，推动了投资市场的繁荣。近几年来，虽然美国财政政策的目标主要在于减少财政赤字，但它并不是采取以前各任总统所采取简单减少支出的办法，而是采用有增有减的结构性的财政政策。其主要措施包括：通过增加投资、经济转型和增长战略来增加财政收入；削减国防经费；取消非生产性开支，鼓励私人投资；削减联邦行政开支。财政赤字的减少也成为近年来美国股票市场在大多数情况下走势较好的一个重要原因。投资市场的繁荣对美国公司吸收资金和扩大投资起到了积极作用，从而也促进了经济的稳定发展。

制定和执行了正确的货币政策。里根执政初期，当时的美联储主席沃尔克为了制止通货膨胀，不惜把美国经济再次拖进衰退，大幅度提高利率。1987年接任美联储主席的格林斯潘在沿用沃尔克坚决反通货膨胀做法的同时，更加强调采取"预防性"的措施，在通货膨胀还没有明显苗头的情况下就实行紧缩政策，将通货膨胀消灭在萌芽状态，从而保持了经济的持续稳定增长。可以说，在货币政策上，克林顿政府所采用的是较为温和、谨慎的货币政策。这一点可以从过去几年美联储的数次利息升降中看出来。近些年来，以格林斯潘为首的美联储执行的是以控制通货膨胀为首要目标的低增长率和低通胀率的货币政策。每当经济出现过热迹象时，格林斯潘总是毫不手软地采取坚决措施，实施货币紧缩政策以对经济实行刹车。实践证明，这一政策对美国经济的稳定增长起到了重要的保证作用。由于私人消费占美国国内生产总值的2/3，大幅度紧缩银根对美国的消费热起到了降温作用，保证了最近两年经济继续沿着低速而稳定增长的轨道运行。

迅速开发和应用高新技术。高新技术迅速开发和应用使得美国的生产率得到了很大的提高。近几年来，高新技术的发展日新月异，电脑技术的普遍运用使产品的开发、生产、销售和库存的控制发生了革命性的变化。这一方面大大提高了生产率，降低了生产成本，增强了产品的竞争力，限制了物价的攀升；另一方面生产和市场信息的准确和快速的收集，也减少了生产的盲目性，有效地控制了库存的增长，降低了由于生产过剩最终导致经济危机发生的可能性。一些经济学家指出，1990年美国投到信息业的资本首次超过对其他产业的投资，标志着美国已开始进入信息社会。据美国政府统计，1996年，美国用于计算机等信息处理及其相关设备的投资额达2 028亿美元，比1996年的1 832亿美元增加了12.5%，是其他工业设备投资的1.6倍，信息技术投资已占企业固定资本投资的35.7%。自1993年以来，美国工业取得的增长中，约有45%是由电脑和半导体创造的。计算机技术带来的更大影响是彻底改变了企业的运作方式。随着公司内部电脑网络的普及，公司的科研人员可以在同一时间对同一课题进行攻关，从而大大缩短了新技术和新产品的研究与开发时间。网络化还使公司根据市场情况对生产、销售和库存随时进行调整，从而在相当大程度上降低了生产过剩引发经济危机的可能性或者至少推迟了衰退到来的时间。

实行以开拓国外市场为核心的贸易政策。克林顿政府将一直以提倡“自由贸易”为荣的美国贸易传统转变到目前更体现实用主义的“公平贸易”上来。鉴于经济竞争已成为冷战后国际竞争的核心内容，对外贸易特别是出口的扩大已成为支撑美国经济扩展的重要因素，克林顿政府前所未有地把开拓国外市场、扩大对外贸易置于对外战略的优先地位。为此，美国政府制定了美国有史以来第一个“国家出口战略”，确定了六大重点出口产业。

强调供给政策是克林顿经济学中很独特的一个组成部分。它的供给政策在很大程度上是吸收了里根经济学中供给管理政策的有益成分，同时又吸收了日本等东亚国家过去30年经济快速成长的经验。这一政策包括：①继续保持较低的税率，以刺激商品和劳务的供给。②政府机构开始加强对技术开发的投入。1994年，美国成立了由总统任主席的国家科学委员会，其地位与国家安全委员会、国家经济委员会平等，从而把科技工作提到了空前重要的地位。③大幅度增加了对技术改造项目的奖励，设立专门的投资税收信贷政策，鼓励企业参与国际竞争，购置高效率的机器设备；对开创性的技术公司提供长期信贷税收基金。④提高人力资源素质，提倡终身教育。⑤提高能源利用率，走可持续发展的道路。克林顿政府几年来一直提倡减少能源消耗，防止空气和水污染，保护环境，鼓励废物的回收和利用，以提高经济效益。

尽管新凯恩斯主义和克林顿经济学的实践在前些年对美国经济产生了积极的作用，并在今后两三年内仍将继续影响美国经济，使其继续保持低速稳定的增长态势，但它们是否能够使美国政府完全摆脱周期性危机的阴影，还是值得怀疑的。

资料来源：胡希宁. 文汇报，2001-10-9.

本章练习

一、名词解释

货币政策、财政政策、流动性偏好理论、内在稳定器、“双紧”政策、“双松”政策

二、选择题

1. 宏观经济政策的目标是(　　)。
   A. 通货膨胀率为零,经济加速增长
   B. 减少失业,稳定物价,保持经济稳定地增长,国际收支平衡
   C. 充分就业,通货膨胀率为零
   D. 充分就业,实际工资的上升率等于或超过通货膨胀率
2. 中央银行在公开市场上购买政府债券将引起(　　)。
   A. 商业银行准备金增加,从而货币供给增加
   B. 商业银行准备金减少,从而货币供给减少
   C. 商业银行准备金增加,从而货币供给减少
   D. 商业银行准备金减少,从而货币供给增加
3. 商业银行之所以会有超额储备,是因为(　　)。
   A. 应对突发的提款需求　　B. 找不到合适的贷款对象
   C. 向中央银行申请的贴现太多　　D. 以上几种情况都有可能
4. 在经济衰退时期,如果政府不加干预的话,会出现(　　)。
   A. 税收减少,政府支出减少　　B. 税收减少,政府支出增加
   C. 税收增加,政府支出减少　　D. 税收增加,政府支出增加
5. 双松政策将使国民收入(　　)。
   A. 增加较多　　B. 增加较少　　C. 减少较多　　D. 减少较少

三、简答题

1. 货币政策的含义是什么？我国常用的货币政策工具有哪些？
2. 财政政策的含义和财政政策的效应。
3. 财政政策与货币政策的搭配模式。
4. 简述“双紧”政策对经济的影响。

四、分析题

1. 中央银行扩大5%的货币供给。
   (1)用流动性偏好理论说明这种政策对利率的影响。
   (2)用总需求与总供给模型说明利率的变动对短期中产量和物价水平的影响。
   (3)当经济从其短期均衡转向长期均衡时,物价水平会发生什么变动？
2. 由于各种原因,当产量和就业波动时,财政政策自动变动。
   (1)解释经济进入衰退时税收收入与政府支出会如何变动？
   (2)如果政府实行严格的预算平衡政策,当经济衰退时,政府会如何做？这会加剧还是缓和经济衰退？

第十六章 开放经济中的宏观政策

学习目的：

1. 掌握支出改变政策和支出转换政策的基本概念、作用及其局限性；
2. 理解内外部均衡的涵义、性质及其相互之间关系；
3. 了解实现内外部均衡的政策组合。

教学要求：

1. 掌握支出改变政策和支出转换政策的相关基本概念、作用及其局限性；
2. 理解内部均衡与外部均衡的涵义、性质及其相互关系；
3. 了解实现内外部均衡的政策组合及其相关原理。

第一节 开放经济中的均衡

20世纪90年代以来，中国经济的市场化和国际化趋势在不断加快，内部经济和外部经济之间的互动性也在逐渐增强，在这种背景下，中国经济开始出现了明显的内外失衡的矛盾。就内部经济失衡而言，一方面生产能力过剩、内需不足，另一方面存在结构性的局部过热；就外部经济失衡而言，主要表现为持续扩大的“双顺差”。应该说，在经济全球化日益发展的今天，回归均衡发展乃是当今中国经济非均衡环境下的最佳选择。为此，有必要正确认识并深入理解开放经济下宏观经济内外部均衡的含义及相互关系的一般规律，这对于进一步探讨中国内外部均衡状况之间的相关性，以及寻找协调内外失衡的方法和途径，具有重要的理论和现实意义。

一、内部均衡与外部均衡的涵义

内部均衡是指一国国内经济运行所达到的理想状况，因此其本身包含着价值判断。对内部均衡与否的判断标准与人们对经济运行的理解有密切的联系。随着人们对经济运行看法的改变，对内部均衡的界定和理解也经历了一个演变的过程。

最早提出内部均衡这一概念的是英国经济学家詹姆斯·米德(James Meade)。米德认为，在开放经济条件下，如果一国经济划分为生产贸易品的贸易部门与生产非贸易品的非贸易部门，那么，内部均衡是指对国内商品和劳务的需求足以保证非通货膨胀下的充分就业，即非贸易品市场处于供求均衡状态。或者简单地说，内部均衡是指国内经济处于无通货膨胀的充分就业状态。

在20世纪50年代末，随着菲利普斯曲线的出现，由于菲利普斯曲线给出了失业率和通货膨胀率的各种不同的组合，那么内部均衡概念就进一步解释为菲利普斯曲线上的某一个最优点，即失业率与通货膨胀的最优组合点。60年代以后，又出现了埃德蒙·费尔普斯(Edmund

Phelps)与米而顿·弗里德曼的自然失业率假说。自然失业率假说背景下的内部均衡就是指国内的失业率水平处于自然失业率水平的状况。一般将封闭经济条件下政府的宏观经济政策目标——充分就业、物价稳定和经济增长，归为内部均衡目标。

由于没有类似于充分就业、物价稳定和经济增长等具有社会福利意义的参考指标来衡量，外部经济均衡比内部经济均衡更难定义。许多国内外学者(最早是米德)和宏观决策者将国际收支平衡当做外部均衡的目标，但实际上，国际收支平衡不一定意味着外部均衡，国际收支平衡和外部均衡二者之间既有联系又有差异。

国际收支平衡是指在某一段时期内，一国对外货币收支正好相抵，不存在差额。国际收支平衡是一静态概念，它是动态性质的外部均衡的必要条件，而不是充分条件。外部均衡应该是一个国家理想的国际收支平衡或理想的国际收支状态，它不但表现为高水平的(国际贸易和国际资本流动的最佳规模状态)国际收支基本平衡，而且表现为内部均衡基础上或以较小的调节成本为代价的国际收支基本平衡。

外部均衡或国际收支均衡总目标又被分解成若干子目标。于是，经常账户差额、贸易账户差额、外汇储备账户差额以及资本与金融账户差额等均被列入外部均衡目标的范畴。所以，外部均衡可以理解为与一国宏观经济发展相适应的合理的国际收支结构，合理的国际收支结构不是短期的各项目收支平衡的概念，而是长期的、动态的各项目收支差额之间的协调与平衡。

二、内部均衡与外部均衡的性质

1. 一般均衡

从内部均衡与外部均衡的含义中我们可以理解，宏观经济内外部均衡不是一个简单的数学概念，而是一个与一国经济发展、物价水平、就业状况、资本流动、货币汇率、国际储备等宏观经济变量有密切关系的综合性的经济概念。因此，内外部均衡不应是局部的均衡，而应是一般均衡，亦即内部经济与外部经济相互影响和作用下的共同均衡，内部均衡是基础，外部均衡反作用于内部均衡。

2. 长期均衡

内外部均衡不应只是一年两年的短期均衡，而应是一个较长时期(中长期)的均衡，而且短期的内外失衡也并不一定影响一国中长期的内外均衡。影响一国经济短期内外失衡的因素是多方面的，其中有的因素只是暂时起作用，我们只有分析较长时期起作用的因素才能准确地判断宏观经济是否实现了内外部经济的均衡。

3. 动态均衡

内外部经济均衡不是一个静态的概念，而应属于动态均衡的范畴。静态均衡是某一时点的存量均衡，而动态均衡则是一定时期内流量的均衡，即宏观经济各个经济变量合理运动，在从一个时期到另一个时期的运动中达到和谐一致。

4. 总量均衡

内外均衡的目标往往体现为经济增长、充分就业、物价稳定和理想的国际收支状态，因此，内外均衡首先表现为总量均衡，即较高的经济增长率，较低的失业率和通货膨胀率，以及国际收支的平衡结构。并且，在内部均衡与外部均衡的总量关系上，国内储蓄和投资之间的差额可以由外部经济来弥补。

5. 结构均衡

内外均衡除了表现为总量均衡外，也要表现为结构上的协调。如果国内总供给和总需求即使在总量上达到平衡，但存在供求的结构性差异，那么国内经济就会出现一方面需求不足，另一方面在某些部门出现投资过热的局面。同时，国内供求之间的结构性差异可以由外部经济来弥补，从而使外部经济亦出现失衡。

6. 优化均衡

尤为重要的是，宏观经济内外部均衡应当是一种优化的均衡。事实上，内外部均衡的实现存在着究竟是高水平均衡还是低水平均衡的问题，只有在内部经济与外部经济相互作用、相互促进下的内外部共同均衡，才是高水平的、理想的、最优的经济均衡。

7. 双锋均衡

在动态的环境中，宏观经济总是处于发展和变化之中，内外失衡乃是宏观经济运行的常态，而内部经济和外部经济同时实现均衡便是一种刀刃情况。也就是说，优化的内外均衡其实只是宏观经济运行的理想状态而已，在现实中很难实现，但它是我们所追求的目标，现实中的内外经济运行状态就是围绕着这个目标上下波动。

三、内部均衡与外部均衡的关系

在开放经济条件下，内部均衡与外部均衡是宏观经济四大目标的具体化和形式化，经济增长、充分就业、价格稳定这三个内部均衡目标与国际收支平衡这一外部均衡目标之间是相互联系、相互影响的。由于充分就业与经济增长之间关系的一致性，再加上往往还缺乏能够真实反映充分就业水平的失业率指标，所以我们主要分析经济增长、价格稳定与国际收支平衡之间的关系。一般而言，内部均衡决定外部均衡，而外部非均衡也会反作用于内部均衡。即一国经济增长的快慢和物价的稳定状况，会对国际收支特别是经常账户余额起到决定作用；而国际收支的不平衡，尤其是经常账户的较大盈余或赤字，也会影响一个国家的经济增长和物价稳定。内外均衡之间关系的最终表现，正是上述作用力与反作用力的共同结果，在某些条件下，可能内部均衡状况对外部均衡状况作用程度更大，而如果条件发生变化，外部均衡状况对内部均衡状况的反作用力很可能被加强，所以现实经济中经济增长、物价稳定和国际收支之间的关系是复杂的。

第二节　支出改变政策与支出转换政策

一、支出改变政策

支出改变政策(expenditure changing policy)也叫支出调整政策，是通过实施财政货币政策直接影响总需求或总支出水平，从而调节内部均衡。同时，总支出的变化又会通过边际进口倾向和利率机制来影响国际收支，从而影响外部均衡。

它等同于在封闭经济条件下，凯恩斯主义的需求管理政策，即财政政策和货币政策组合。

通过实施支出调整政策可达到改变支出水平从而改变收入水平的目的。其实质是对总需求的水平进行管理。

支出改变政策的方法是政府运用紧缩性或扩张性的财政货币政策，通过收入效应、利率效应和相对价格效应加以调节。财政政策调节一般是从收支两方面进行的，即通过对各类税收的调节和通过对公共支出系统的调节来实现政策目标。财政当局根据国际收支失衡的不同情况，分别采取松动的或紧缩的财政预算对总需求进行直接调整，并通过国内企业的传递，特别是涉外企业的传递来实现对国际收支的调节。货币政策是指货币当局利用金融调控手段干预金融市场，进而伸缩需求规模，达到平衡国际收支的目的。这些调控手段包括调整利率、信贷政策和公开市场操作等。

二、支出转换政策

所谓支出转换政策（expenditure switching policy）指能够通过影响本国贸易商品的国际竞争力，改变支出构成而使本国收入相对于支出增加的政策，如汇率调整、关税、出口补贴、进口配额限制等都属于支出转换政策范畴。狭义的支出转换政策则专指汇率政策。支出转换政策的实质是在总需求的内部进行结构性的调整，使得总需求的构成在国内吸收与净出口之间保持恰当的比例。

支出转换政策是一种常用的调整国际收支的政策，其主要的政策工具是汇率贬值（包括采取紧缩性政策使国内物价水平下降），其次是贸易管制（包括关税、补贴及配额）。该政策旨在影响支出结构，即通过贬值将本国和外国的支出转移到对本国产品的开支上来；通过对进口品的管制，将本国支出由进口品转移到本国产品；有时则通过补贴出口而使外国的支出转移到对本国产品的购买上。支出转换政策除上述作用外，还具有直接的吸纳作用，即减少支出效应。例如，贬值会导致贸易条件恶化，贸易管制也会限制人们选择国外商品的自由，这两者均会减少实际的国民收入，进而直接影响人们的支出，收到贸易收支改善的效果。

支出转换政策是否能够有效地改善贸易收支取决于以下几点。

(1)从需求方面来看，能否将对外国产品的需求转换为对本国产品的需求，取决于进出口产品的需求价格弹性是否足够大。若进出口的需求缺乏弹性，刺激出口、限制进口的政策措施非但不能使需求转换的方向对本国产品有利，反而会使国内外支出转离本国产品；若进出口产品的需求富有弹性，则需求转换的方向对本国产品有利，且能够使进、出口数量产生足够大的变动，促使贸易收支得到改善。

(2)从供给方面来看，一国生产能力能否提供额外的产出以满足支出转换所产生的额外需求，取决于该国是否实现充分就业。若该国尚未达到充分就业，则采用支出转换政策将使就业、产出增加，支出结构的变动与收入的提高均将有助于贸易收支的改善。若该国业已达到充分就业，则采用支出转换政策就无法增加就业和产出，而只会导致通货膨胀。在这种情况下，应同时辅以实施支出减少政策。即使是单独实施支出转换政策而导致通货膨胀，仍可借助于通货膨胀所产生的现金余额效应来减少实际支出，并最终达到改善国际收支的目的。例如，假设一国已充分就业，但国际收支发生逆差，该国采用贬值方式来实行支出转换政策，这时物价虽然上涨，但在货币供给量保持不变的条件下，实际现金余额将减少，个人及厂商将减少支出并将出售金融证券。这样一来，一方面直接减少了总支出，使国际收支改善；另一方面，证券价格下跌，利率上升，从而间接减少了总支出，也能使国际收支改善。若再引入国际资本移动的因素，则证券价格下跌必然会吸引国外长期资本流入；利率上升则可吸引短期资本流入，两者均可加速国际收支的改善。除上述现金余额效应外，收入再分配等效应也将有助于国际收支的改善。

第三节　实现内部与外部均衡的政策组合

上一节我们提到了“内部均衡”的概念，它是反映国内充分就业、物价稳定情形下国内总供给与国内总需求相等的状态。斯旺(T. Swan)将内部均衡分为短期、中期和长期三个阶段：短期(总需求可变、总供给不变、潜在产出不变、生产效率不变)、中期(总需求和总供给可变、潜在产出不变、生产效率不变)、长期(四个指标全部可变)。

“外部均衡”是指国内经济处于充分就业、物价稳定状态下的自主性国际收支平衡。也就是在内部均衡实现的基础上的国际收支平衡。国际收支调节的目的，从简单和直接的意义上讲是要追求国际收支的平衡；从更深一层意义上讲，尤其是当国内经济处于不均衡的情况下，要追求国际收支的均衡。

一、内部均衡与外部均衡的相互冲突

在开放条件下，政府对经济进行调控的中心任务是在实现经济稳定与发展的同时，确定合理的开放状态，并解决这两者之间存在的矛盾。也就是说，各国的宏观经济政策会优先考虑并保证实现内部均衡，进而考虑国际收支平衡的问题，即先内部均衡，再外部均衡。造成内外均衡的冲突的根源在于经济的开放性。

在封闭经济下，一国政府追求的主要经济目标是经济增长、充分就业和价格稳定。在封闭经济中，这三个目标也存在冲突，例如失业率与通货膨胀之间可能存在相互替代的关系，而经济增长也往往会带来通货膨胀。可以说，在封闭经济中，政策调控的主要任务在于协调这三者的关系，确定并实现这三者的合理组合。

在开放经济中，政府的政策目标发生改变，目标数量增加了，加入了“国际收支平衡”一项，另外各种目标之间关系发生变化。在相当多情形下，宏观经济在封闭条件下的主要目标与开放条件下国际收支平衡这一新的目标之间存在的冲突成为经济面临的突出问题，某一个目标的实现可能会导致另一目标的恶化。

例如：一国经济高速发展时，国内需求旺盛，投资需求高，总供给(总产出)跟不上总需求(总支出)的速度，如果要满足国内需求，实现内部均衡，就得发生净进口，导致国际收支逆差。

二、内部均衡和外部均衡的外来冲击

在开放经济条件下，一国的内部均衡和外部均衡是很容易受到外部冲击和影响的。这种冲击传递主要有三种机制。

1. 外部冲击传导的收入机制

我们知道，两国的国民收入一般是通过贸易收支发生联系。在边际进口倾向存在时，一国国民收入增加会引起进口量的增加。这种收入机制是指，外国国民收入的变动会导致外国进口(反过来为本国出口)发生变动，这会首先影响本国的外部平衡，然后通过对外贸易乘数效应

带来本国国民收入的变动。外国的边际进口倾向越高，本国的乘数效应越大，本国内部均衡和外部平衡受外国收入变动的冲击就越大。对外贸易乘数效应：即外贸出口对国内产业产生连锁效应，出口部门收入扩大→消费扩大→其他部门生产、收入扩大→消费进一步扩大→国民收入倍数增加的良性循环。

2. 外部冲击传导的利率机制

利率机制对冲击的传导主要是通过国际资金流动进行的，两国利率的差异会影响国际资金流动。具体来说，当外国利率发生变动时，会影响外国资金的流入和本国资金的流出，改变本国的外部平衡状况，进而引起本国利率、价格的变动，最终影响本国的内部均衡。国际间资金流动的自由程度越高，这一机制对冲击的传导效果就越显著。

3. 外部冲击传导的价格机制

两国间商品的相对价格变动会通过国际贸易影响内外均衡。相对价格机制包括价格水平的变动、名义汇率变动两个方面。名义汇率变动和价格水平的变动引起实际汇率的变动，使得两国商品的国际竞争力发生变化，从而影响贸易收支和国内均衡。

三、实现内部均衡和外部均衡的政策组合

开放经济的政策目标包括内部均衡和外部均衡两部分。在开放条件下，各种经济变量通过各种机制发生着复杂的联系，政府必须运用可控制的变量即政策工具，来实现经济的稳定以及合理开放，从而实现内外部均衡。开放经济的政策调控需要有新的规则，西方经济学家提出不同的政策搭配方法。其中蒙代尔(R. Mundell)提出通过财政政策和货币政策的搭配来解决内部均衡和外部平衡的矛盾；斯旺(T. Swan)提出用支出转换政策和支出增减政策的搭配来解决这种矛盾。

蒙代尔以预算作为财政政策的代表(用横轴表示)，以利率作为货币政策的代表(以纵轴表示)，来论述其搭配的方法。见图 16－1，在财政和货币政策的搭配图中，IB 曲线表示内部均衡，在这条线上国内经济达到均衡。在这条线的左边，国内经济处于衰退和失业增加状态；右边，国内经济处于膨胀状态。EB 曲线表示外部均衡，在这条线上，国际收支达到平衡。在这条线的上边，表示国际收支逆差，下边表示国际收支顺差。沿预算轴线向右移动，表示财政政策扩张、预算增加；向左移动，表示财政政策紧缩、预算削减。沿利率轴线向上移动，表示货币政策的扩张，银根放松；向下移动，表示货币政策紧缩，银根收紧。IB 曲线和 EB 曲线的斜率都为负，表示当一种政策扩张时，为达到内部均衡或外部平衡，另一种政策必须紧缩；或一种政策紧缩时，另一种政策必须扩张。IB 曲线比 EB 曲线更为陡峭，是因为蒙代尔假定：相对而言，预算对国民收入、就业等国内经济变量影响较大，而利率则对国际收支影响较大。例如，在收缩货币的同时，只需要较少的预算扩大即可使国内经济平衡；而在扩大预算时，只需要较少的货币收缩就可以使国际收支平衡。

Ⅰ：顺差、衰退；Ⅱ：逆差、膨胀；Ⅲ：顺差、膨胀；Ⅳ：顺差、衰退

蒙代尔认为，当国内宏观经济和国际收支都处于失衡状态时(比如在区间Ⅰ的 A 点时)，采用财政政策解决经济衰退问题，扩大预算，使 A 点向 B 点移动。同时，采用紧缩性货币政策解决国际收支问题，使得 B 点向 C 点移动。对扩张性财政政策与紧缩性货币政策的如此反复搭配使用，最终会使 A 点迫近 E 点。E 点表示国内经济达到均衡，国际收支达到平衡，即内外同

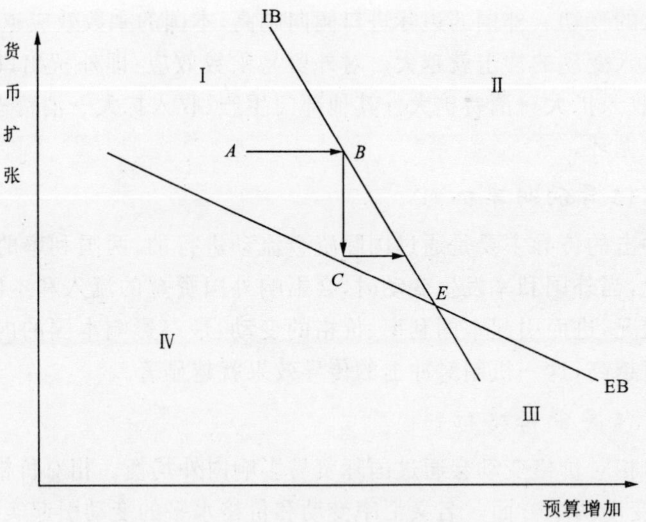

图 16-1　蒙代尔模型——财政政策与货币政策

时均衡。同理在其他区间通过政策搭配，也会有从不均衡到均衡的过程。由此可以得到如表16-1所示的几种政策搭配情形。

表 16-1　财政政策与货币政策的搭配

区间	经济状况	财政政策	货币政策
Ⅰ	失业、衰退/国际收支逆差	扩张	紧缩
Ⅱ	通货膨胀/逆差	紧缩	紧缩
Ⅲ	通货膨胀/顺差	紧缩	扩张
Ⅳ	失业、衰退/顺差	扩张	扩张

应注意的是，财政政策和货币政策的效果都不是单一的，并不是说财政政策只会影响内部均衡，而货币政策只影响外部平衡。例如，当政府扩大预算时，国际收入增加，一方面，收入增加会带来进口需求增加，形成经常账户的逆差；另一方面，在货币政策不变的情况下，利率会上升，进而形成资本账户的顺差，这都会对外部平衡带来影响。之所以用财政政策来调节内部均衡，用货币政策调节外部平衡，完全是基于预算和利率对国内外经济变量影响各有强弱这一假设之上的。只有选择影响力较强的政策对相应变量进行调节，才可能以较小代价使经济重新回到内外均衡的位置上。这就是蒙代尔提出的最优"分配原则"(assignment rule)(又称"有效市场分类原则)在政策搭配中的运用。最优分配原则是指：每一目标应当指派给对这一目标有着相对最大影响力、在影响政策目标上有相对优势的工具。或者说，政策工具应该分配给它能最大影响的、而且影响能有相对效率的目标上。如果在目标与工具的对应分配上出现错误，则经济会不稳定，且距均衡点会越来越远。

支出转换政策与支出增减政策的搭配是澳大利亚经济学家斯旺(T. Swan)提出来的。斯旺模型如图16-2所示。

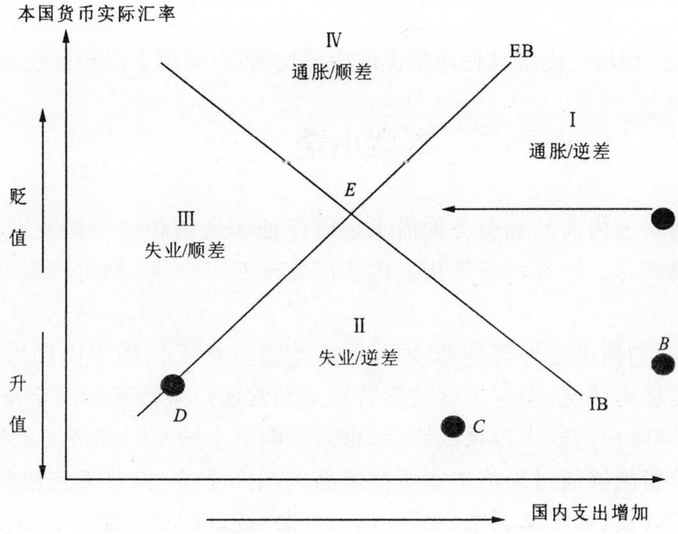

图 16－2　斯旺模型：支出转换与支出增减政策的搭配

图 16－2 中，横轴表示国内支出（消费、投资、政府支出），政府支出增减型政策可以明显影响国内支出总水平。纵轴表示本国货币的实际汇率（直接标价法），单位外币折合的本币数上升，表示本币贬值。

IB 线（内部均衡）代表实际汇率与国内吸收结合条件下，实现的内部均衡。从左到右向下倾斜，表示汇率上升将减少出口、增加进口，所以要维护内部均衡就必须增加国内支出。在 IB 线的右边，有通货膨胀的压力，因为汇率一定时，国内支出大于维持内部均衡所需要的国内支出；在 IB 线的左边，有通货紧缩压力，因为国内支出比维护内部均衡所需要的国内支出要少。

EB 线（外部均衡）表示实际汇率与国内支出结合以实现外部均衡，即经常项目的收支平衡。该线从左到右向上倾斜，这是因为汇率降低会增加出口、减少进口，所以，要防止经常项目收支出现顺差，就需要扩大国内支出，抵消进口的减少。*EB* 线右边，国内支出大于维持经常项目平衡所需要的国内支出，结果出现经常项目收支逆差；*EB* 线的左边，就会出现经常项目收支顺差。

点 *A*：仅仅紧缩国内总需求政策就可以向 *E* 点靠近。总需求在紧缩过程中，使得国内物价难以上涨，相对于国外商品的价格优势形成，有利于扩大出口、抑制进口，减少逆差问题；另一方面国内通货膨胀率下降。

点 *B*：如果只采用紧缩国内总需求、大幅削减支出政策，可以使得外部失衡减少，但会使得国内经济走向失业和衰退，因此还需要采用支出转换性政策（如本币贬值、扩大出口、限制进口）。

点 *C*：如果只使用支出增减性政策来紧缩国内总需求，虽有利于减轻逆差问题，但失业问题加剧；如果采用支出增减性政策来扩大国内总需求，虽有利于实现国内经济复苏，降低国内失业率，但逆差会进一步加大。所以必须配套以支出转换性政策。

点 *D*：已经处在外部平衡，但国内经济萎缩、存在失业。采用支出增减性扩大国内需求的政策，同时提高出口与进口，实现经济增长。（为什么出口与进口能同时提高？在扩大国内总需求时，物价上涨将会刺激进口增加，但生产扩张也会扩大出口供给能力，由此使得外部平衡持续下去；当然，如果总需求增加时，也导致了外部失衡，一样还可以配套以支出转换性政策，减少逆差。)

所以,基本思路是:利用支出增减性政策谋取内部均衡,而利用支出转换政策谋取外部均衡。

本章小结

1.内部均衡是指对国内商品和劳务的需求足以保证非通货膨胀下的充分就业,即非贸易品市场处于供求均衡状态。外部均衡是指国内经济处于充分就业、物价稳定状态下的自主性国际收支平衡。

2.一般而言,内部均衡决定外部均衡,而外部非均衡也会反作用于内部均衡,即一国经济增长的快慢和物价的稳定状况,会对国际收支特别是经常账户余额起到决定作用;而国际收支的不平衡,尤其是经常账户的较大盈余或赤字,也会影响一个国家的经济增长和物价稳定。

3.支出转换政策指能够通过影响本国贸易商品的国际竞争力,改变支出构成而使本国收入相对于支出增加的政策,如汇率调整、关税、出口补贴、进口配额限制等都属于支出转换政策范畴。支出改变政策是通过实施财政货币政策直接影响总需求或总支出水平,从而调节内部均衡。

4.利用支出增减性政策谋取内部均衡,而利用支出转换政策谋取外部均衡。

案例1 中国已出现"米德冲突"

本周公布的中国居民消费价格指数:5.6%。2007年7月份的CPI指数创下1997年2月以来的新高。其中,食品价格涨幅达到15.4%,鲜菜价格同比上涨了18.7%,此前6月份涨幅仅为4.8%,而鲜蛋价格的涨幅也高达37.9%。新一轮宏观紧缩,似乎正在中国一触即发。加息?再提法定准备金率?土地政策?行政手段再次霸王硬上弓?或兼而有之?目前尚不得而知,但是,按照中国政府此前的政策趋势和思维,一切都只是时间问题。

不过,无论中国出台怎样的紧缩政策,中国的通胀压力或许可能暂时低头。可是,如果国际收支失衡的局面不能根本扭转,通胀的幽灵随时可能再次抬头,就像现在CPI指数的压力再次简单地重复2004年的情形一样。

中国已进入标准的"米德冲突"。英国经济学家米德提出的这个概念旨在说明:一国如果要同时实现内部均衡和外部均衡,则必须同时使用支出调整和支出转换政策。单独强调任何一种政策,将导致一国内部均衡与外部均衡之间的冲突。换句话说,在中国,通货膨胀和贸易顺差就像跷跷板的两头,官方的经济政策按下任何一头,另一头都将高高跷起。

道理就是这么简单,一旦中国为了抑制通胀,在国内实行紧缩政策,最后将是国内需求减少,更多的产品在目前的开放经济中到境外寻找出路,接踵而至的又是贸易顺差迭高不下,外汇占款泛滥,流动性过剩,银行贷款冲动。相反,如果中国要减少正在高位运行的贸易顺差,就必须在国内实行扩张性的财政政策和货币政策,加大目前国内的消费和投资,而这种经济政策的后果将对目前的中国通胀压力雪上加霜,而其他许多针对贸易顺差的政策,在它们改变国内需求前,一切都是纸上谈兵。

为避免米德冲突,就需要为不同的目标制定相互独立且有效的政策工具,即满足所谓的丁伯根法则(Tinbergen's rule)。但是"丁伯根法则"看上去在中国已经碰壁。至少,从目前的情况来看，这个药方仍未使高烧不退的中国经济回春。

当然，目前中国的通胀压力仍是虚热，仍未形成实质性通胀，或是结构型通胀。通胀压力主要为食品价格推动的结构性通胀，核心 CPI 和工业品出厂价格指数仍在低位运行。但是，从趋势看，全面通胀正在中国蠢蠢欲动，从衡量投资品和消费品的 GDP 缩减指数来看，上半年高 4.1%，同比上升 1.6 个百分点。而中国的服务价格也在趁热打铁。与此同时，土地、房地产、股票等资产价格也在全面上扬。

相反，中国的贸易顺差却未见减速，继 6 月份中国外贸顺差创下历史新高后，7 月份中国的贸易顺差仍在历史次高位运行，高达 243.6 亿美元。或许，中国的这种经济政策冲突，可通过国际经济政策合作来解决。但是目前"中国威胁论"仍在全球流行，中国所需要的高科技产品都只是珍贵的"鱼饵"，不是万不得已西方绝不会允许中国进口。而中低端的消费品，中国这个"世界工厂"的车间中应有尽有。更重要的是，作为目前国际货币体系核心的美国，即使任由美元在风雨中飘摇，即使它的财政赤字和贸易赤字都在历史高位，也绝不收缩国内的财政政策和货币政策。

对中国来说，与其在贸易顺差和通货膨胀两害中挣扎，不如在两者中择其轻，实行适度通胀，但前提是，改变目前倾向于政府和企业的收入分配方式，大幅提高居民收入，使其高于通胀涨幅，从而彻底改变中国粗放式的经济增长方式。

资料来源：陈旭敏. 金融时报（英国），2007-8-14.

本章练习

一、名词解释

开放经济、外部均衡、支出改变政策、支出转换政策

二、选择题

1. 当本国实施扩张性财政政策时（　　）。

A. 本国均衡国民收入增加　　B. 资本内流

C. 与本国有贸易关系的其他国家收入增加　　D. 以上都正确

2. 如果一国内部实现均衡，国际收支有顺差，这时适宜采取（　　）。

A. 紧缩性财政政策　　B. 紧缩性货币政策

C. 紧财政松货币政策　　D. 松财政紧货币政策

3. 如果一国处于国内失业、国际收支有逆差的状况，这时适宜采取（　　）。

A. 扩张性财政政策　　B. 扩张性货币政策

C. 紧财政松货币政策　　D. 松财政紧货币政策

4. 在开放经济条件中，下列（　　）项不是政府宏观政策的最终目标。

A. 国际收支平衡　　B. 不存在贸易顺差或逆差

C. 经济均衡增长　　D. 消除通货膨胀

三、简答题

1. 外部均衡与内部均衡的关系如何？

2. 内部均衡与外部均衡的冲突表现在哪些方面？

3. 如何实现内部均衡与外部均衡？

主要参考文献

高鸿业.西方经济学(宏观部分)[M].北京:中国人民大学出版社,2007.

高鸿业.西方经济学(微观部分)[M].北京:中国人民大学出版社,2007.

何晖,吴义熊.西方经济学[M].武汉:武汉大学出版社,2010.

和炳全.微观经济学(第2版)[M].重庆:重庆大学出版社,2008.

李立春,王新生,李惠杰.西方经济学[M].北京:高等教育出版社,2004.

梁小民.经济学习题集[M].北京:中国社会科学出版社,1996.

梁小民.微观经济学[M].北京:中国社会科学出版社,1999.

梁小民.微观经济学纵横谈[M].北京:生活、读书、新知三联书店出版社,2000.

孙学敏.西方经济学[M].北京:清华大学出版社,2009.

童光荣,胡放之,张健威.微观经济学[M].上海:上海财经大学出版社,2007.

汪祥春.宏观经济学(第4版)[M].辽宁:东北财经大学出版社,1990.

杨君昌.微观宏观经济学习题与解答[M].上海:立信会计出版社,2000.

尹伯成.西方经济学简明教程[M].上海:格致出版社,2008.

张元超,韩庆华.西方经济学[M].北京:经济科学出版社,2001.

[美]范里安.微观经济学:现代观点[M].费方域等,译.上海:格致出版社,2009.

[美]罗伯特·H.弗兰克,本·S.伯南克.宏观经济学原理(第4版)[M].李明志,译.北京:清华大学出版社,2010.

[美]罗伯特·H.弗兰克,本·S.伯南克.微观经济学原理(第4版)[M].李明志,译.北京:清华大学出版社,2010.

[美]曼昆.经济学原理(第5版)宏观经济学分册[M].梁小民,梁砾,译.北京:北京大学出版社,2009.

[美]曼昆.经济学原理(第5版)微观经济学分册[M].梁小民,梁砾,译.北京:北京大学出版社,2009.

[美]平狄克,鲁宾费尔德.微观经济学(第4版)[M].张军等,译.北京:中国人民大学出版社,2000.

[美]萨谬尔森,诺德豪斯.经济学(第16版)[M].萧琛等,译.北京:华夏出版社,1999.

[美]史蒂芬·斯拉文等.微观经济学[M].史先诚,译.南京:南京大学出版社,2009.